丁家云　倪国爱

U0505571

皖江经济发展研究报告
——供给侧结构性改革专题
（2017）

WanJiang JingJi FaZhan YanJiu BaoGao

中国财经出版传媒集团

经济科学出版社
Economic Science Press

图书在版编目（CIP）数据

皖江经济发展研究报告. 2017：供给侧结构性改革专题／丁家云等主编. —北京：经济科学出版社，2020.5

ISBN 978 - 7 - 5218 - 1547 - 4

Ⅰ. ①皖… Ⅱ. ①丁… Ⅲ. ①区域经济发展 - 研究报告 - 安徽 - 2017 Ⅳ. ①F127. 54

中国版本图书馆 CIP 数据核字（2020）第 075533 号

责任编辑：凌　敏
责任校对：郑淑艳
责任印制：李　鹏　范　艳

皖江经济发展研究报告（2017）
——供给侧结构性改革专题

丁家云　倪国爱　夏美武　金利娟　主编

经济科学出版社出版、发行　新华书店经销

社址：北京市海淀区阜成路甲 28 号　邮编：100142

教材分社电话：010 - 88191343　发行部电话：010 - 88191522

网址：www. esp. com. cn

电子邮箱：lingmin@ esp. com. cn

天猫网店：经济科学出版社旗舰店

网址：http：//jjkxcbs. tmall. com

北京密兴印刷有限公司印装

787 × 1092　16 开　20 印张　450000 字

2020 年 12 月第 1 版　2020 年 12 月第 1 次印刷

ISBN 978 - 7 - 5218 - 1547 - 4　定价：69.00 元

（图书出现印装问题，本社负责调换。电话：010 - 88191510）

（版权所有　侵权必究　打击盗版　举报热线：010 - 88191661

QQ：2242791300　营销中心电话：010 - 88191537

电子邮箱：dbts@ esp. com. cn）

前　言

2010 年 1 月，"皖江城市带"以其区域位置、资源要素、产业基础、环境承载、跨越发展等方面所具有的不可替代的优势，获批全国首个承接产业转移示范区。"十三五"期间，国家面临着新一轮战略机遇调整期，经济转型发展提质，皖江经济的发展又要以其新视角面对新格局变化来研究各类重大现实问题。

铜陵学院位于"皖江城市带"山水秀丽的铜陵市，是一所以经济管理为主，理工联动、文法艺支撑的多学科协调发展的省属本科院校。2009 年，学校被批准为安徽省省级示范应用型本科院校立项建设单位；2015 年，获批安徽省地方应用型高水平大学立项建设单位。为更好地服务国家"一带一路"、"互联网＋"、中国制造、人工智能、创新创业、绿色生态文明等经济转型发展战略，以"皖江城市带承接产业转移示范区"建设对接"长江经济带"发展的需要。铜陵市也大力支持我校的地方应用型高水平大学立项建设。铜陵学院立足创新，精心设计，科学谋划办学思路，强化特色，凝练品牌，主动调整学科专业设置。在学校建设和改革中明确了区域经济研究所的发展定位，设立了极具铜陵学院科研特色的"皖江区域经济专项研究课题"。

铜陵学院设立"皖江区域经济专项研究课题"和连续出版《皖江经济发展研究报告》旨在充分发挥学校区位优势，提升科学研究服务社会的能力。在打造铜陵学院区域经济科研团队的同时，促进铜陵学院围绕国家产业战略调整和安徽省经济转型及地方经济发展开展科学研究，做实"校地、校企、校校"合作，更好地服务"皖江城市带"的区域经济发展。

《皖江经济发展研究报告》是铜陵学院集"皖江区域经济专项研究课题"优秀研究成果为一体的公开出版物。自 2010 年起，《皖江经济发展研究报告》每年出版一辑，已形成系列。您现在阅读的是第八辑《皖江经济发展研究报告——供给侧结构性改革专题（2017）》。该报告也是铜陵学院区域经济研究所（皖江经济发展研究中心——安徽省高等学校人文社会科学重点研究基地）成果。本辑《皖江经济发展研究报告》的特色集中体现在三个方面：一是以服务"皖江城市带"的区域经济发展进行跨区域的研究；二是从四个篇目对皖江城市带供给侧改革进行研究，即政策研究篇、产业发展篇、细分行业篇、市县篇；三是在突出经济学、管理学研究特色的同时兼容了其他相关学科的研究成果，共择优收录 38 篇文章。

铜陵学院高度重视《皖江经济发展研究报告》的出版工作，力争把学校区域经济研究所（皖江经济发展研究中心——安徽省高等学校人文社会科学重点研究基地）建设成安徽省皖江经济与社会文化领域理论与实践创新的咨政高地、创新区域经济研究的科研基地、地方党委政府的决策咨询中心、社会影响力不断提升的特色机构，同时打造与地方经济社会发展需求相适应的智库平台，充分发挥研究成果为地方党委政府提供决策咨询的能力，提升学校学科专业互补发展优势及服务地方经济建设的能力，为铜陵学院的地方应用型高水平大学立项单位建设增添光彩。

铜陵学院党委书记　丁家云

铜陵学院校长　倪国爱

2018 年 7 月

目　录

政策研究篇

皖江城市带供给侧结构性改革理论依据与政策选择研究
.... 丁家云　雷勋平（ 1 ）
皖江城市带供给侧结构性改革实践路径研究 .... 倪国爱　许晓芳（11）
皖江城市带供给侧结构性改革与生态文明建设研究 .... 夏美武　蒋诗泉（20）
皖江城市带供给侧结构性改革与发展规划问题研究 .... 周　娟（29）
皖江城市带供给侧结构性改革与区域经济发展研究 .... 刘中侠（45）
皖江城市带供给侧结构性改革与创新驱动研究 .... 崔琚琰（57）
皖江城市带供给侧结构性改革税收政策支持研究 .... 游振宇（65）
皖江城市带供给侧结构性改革社会保障政策支持研究 .... 杜莹莹（72）
皖江城市带供给侧结构性改革财政政策支持研究 .... 毋爱琴（80）
皖江城市带供给侧结构性改革法治逻辑研究 .... 张　佑（89）

产业发展篇

供给侧结构性改革背景下铜陵市铜产业转型升级研究 .... 张　艳（95）
供给侧结构性改革背景下皖江城市带农业行业改革路径研究
.... 张晓毅　崔文琴（104）
供给侧结构性改革背景下皖江城市带农村产业融合发展研究
　　——以庐江县为例 .... 徐璐璐（113）
供给侧结构性改革背景下皖江城市带城镇化动力研究 .... 丁　波（124）
供给侧结构性改革背景下皖江城市带建筑业发展研究 .... 江六一（130）
供给侧结构性改革背景下皖江城市带外贸产业发展研究 .... 丁玉敏（136）
供给侧结构性改革背景下皖江城市带地方性商业银行发展研究
.... 胡　芳　李增来　张　晖（144）

供给侧结构性改革背景下安徽非银行金融业务发展研究 ……………芮训媛（152）

供给侧结构性改革背景下皖江城市带保险业发展研究 ……………刘 琼（161）

供给侧结构性改革背景下皖江城市带文化产业改革路径研究 ………邵晓芬（169）

供给侧结构性改革背景下皖江城市带旅游产业改革路径研究 ………郭 瑞（179）

供给侧结构性改革背景下皖江城市带体育产业一体化研究 …………夏素文（185）

供给侧结构性改革背景下皖江城市带养老服务业发展研究 …………汪娅娅（193）

细分行业篇

供给侧结构性改革背景下铜陵地方生态服务业发展研究

…………………………………………………… 金利娟 安一瑾（201）

供给侧结构性改革背景下皖江城市带图书馆行业发展研究

…………………………………………………… 艾家凤 向 斐（207）

供给侧结构性改革背景下皖江城市带会计行业发展研究 …………刘溢华（213）

供给侧结构性改革背景下皖江城市带语言服务行业发展路径研究

……………………………………………………………… 盛 榕（219）

供给侧结构性改革背景下皖江城市带人力资源服务行业发展研究

……………………………………………………………… 徐 婧（224）

市县篇

铜陵市供给侧结构性改革问题研究 ………………………………曲泽静（231）

合肥市供给侧结构性改革问题研究

　　——以新能源汽车产业为例 ……………………………谢国根（237）

马鞍山市供给侧结构性改革问题研究

　　——以钢铁行业为例 ……………………………………韩德春（245）

芜湖市供给侧结构性改革问题研究 ………………张美玲 许 咏（254）

池州市供给侧结构性改革问题研究 ………………………………何一顿（262）

安庆市供给侧结构性改革问题研究 ………………………………汪 滢（271）

滁州市旅游产业供给侧结构性改革问题研究 ……………………曹佳蕾（279）

宣城市供给侧结构性改革问题研究 ………………………………胡雪琪（287）

合肥市县域供给侧结构性改革问题研究 …………………………瞿娟娟（298）

无为县供给侧结构性改革问题研究 ………………陈兆荣 江 平（306）

皖江城市带供给侧结构性改革理论依据与政策选择研究

丁家云　雷勋平

一、供给侧结构性改革的内涵

供给侧结构性改革可用"供给侧＋改革"来理解，即从提高供给质量出发，用改革的办法推进结构调整，矫正要素配置扭曲，扩大有效供给，提高供给结构对需求变化的适应性和灵活性，提高全要素生产率，更好地满足广大人民群众的需要，促进经济健康可持续发展。[1]

从经济学角度来看，和需求侧相比，供给侧对于如何拉动经济增长有着不同的理念。供给侧管理认为，市场可以自动调节，使实际产出回归于潜在产出，拉动经济增长需要提高生产能力即提高潜在产出水平，其核心在于提高全要素生产率。供给侧有劳动力、土地和资源、资本、创新与制度等五大要素，这五大要素的改进本质上是一个长期过程，决定着中长期的潜在增长率。供给侧结构性改革，即用改革的办法矫正供需结构错配和要素配置扭曲，使供需在更高水平上实现新的平衡。[2]

二、供给侧结构性改革的理论依据

（一）萨伊定律

19 世纪初，法国著名的经济学家萨伊指出，商品与货币相互交换的过程中，货币作为中间媒介的作用时间较短，交易结束后，不同产品间的等价交换就会随之出现，买与卖是相通的，即：供给是需求的充分必要条件，也就是"供给创造了需求"，称之为"萨伊定理"。该定理重视供给、主张自由放任、强调实物经济和充分就业，是新古典宏观经济学的思想基础。[3]具体观点如下：一是产品生产本身能创造自己的需求；二是货币仅仅作为流通的媒介，商品买卖的实质是产品与产品之间的交换；三是某种产品过剩是因为另一种产品供给不足，故造成生产过剩的原因是供给不足。萨伊认为，社会供求关系即使是处于一个动态变化的过程中，但是它们的变化趋势都是朝向平衡方向发展。由此可见，在一个完全自由的市场经济中，由于供给会创造自己的需求，因而社会的总需求始终等于总供给。

（二）凯恩斯定律

20世纪中期，西方国家社会经济发展处于萧条时期。这一时期内社会需求较低，供求关系严重失衡，基于该经济背景，凯恩斯认为，"萨伊定律"在实际应用中存在一定问题。同时他还指出，社会供求关系在一定条件的作用下会发生严重的失衡，即：社会供给与需求之间不再是等同关系，这些影响因素包括：边际消费的递减性、资本边际递减以及资本流动偏好导致的利率增长，都会致使社会供给过剩，最终影响经济发展，严重时甚至会导致社会经济发展出现倒退，而缓解这一问题的主要措施就是扩大社会需求，缩小供求之间的差距。[4]在该过程中，政府需求管理发挥着十分重要的作用。

（三）供给学派

我国推行供给侧结构性改革的主要理论依据是供给学派观点。在20世纪70年代，西方国家经济发展普遍出现了停滞不前的情况，但是这一时期内产品的价格却在不断增加，在这种情况下，政府制定了一系列的需求管理方案，但其作用微乎其微，甚至部分方案还导致产品价格增长速度加快的现象，供给学派理论因此应运而生。供给学派在其理论中指出，凯恩斯定律中过分强调社会需求在社会供求关系中的重要作用，而忽视了供给，实质上导致西方国家经济发展减缓的主要原因就是社会供给方出现问题，该问题出现的主要原因就是政府对社会总需求的过分干预。[5]因此，为了从根本上解决经济发展不前的现状就应当切实发挥社会供给在供求关系中的作用，即：政府部门应当逐渐降低对社会供求关系的干预程度，并将一些不必要的规章制度等进行取缔，同时还应当降低税率，从根本上刺激社会总供给。综上，供给学派主张"四减四促"，其中"四减"是指减税、减管制、减垄断、减货币发行或控制通胀，旨在调动积极性，促进生产供给；"四促"是指促进私有化、促进市场竞争、促进企业家精神的发挥、促进技术创新和智力资本投资。

就我国当前而言，必须调整经济发展的理念与思路，把目光放在供给与生产端，通过解放生产力，调整结构，解决供给水平弱化的主要矛盾，建立供需相匹配的新经济结构，打造中国经济的调整升级版，目的是提高供给体系质量和效率，增强经济持续增长动力，推动我国社会生产力水平实现整体跃升。由此可见，我国强调供给侧结构性改革与萨伊定律没有理论来源关系，是党中央和习近平总书记立足我国经济社会发展现实问题，立足解决实际问题的理论回应和实践创新。同时，党中央和习近平、李克强共同提出的供给侧结构性改革就是把问题导向与目标导向统一起来，着眼全面深化改革，用改革办法建立有效创新创业的制度环境，通过市场化、法治化、国际化的制度保障体系，

推动供给侧的改善，由此实现结构的调整，解决我国经济下行的压力问题。[6]可见提出供给侧结构性改革并不是源自教科书中的理论，更不是对现实中实践的照搬和套用；而是面对我国经济进入新常态党中央着眼解决实践问题的必然选择和实践深化。

三、皖江城市带供给侧结构性改革成效

（一）去产能方面

在《安徽省扎实推进供给侧结构性改革实施方案》的指导下，皖江城市带各市纷纷出台化解产能严重过剩矛盾的实施方案、工业转型升级专项行动方案，清理在建和严控新增过剩产能项目，淘汰落后产能，处置"僵尸企业"，引导过剩产能在供给侧减量，通过兼并重组、债务重组和破产清算等方式，实现市场出清。[7]例如：2016 年，马鞍山市坚决去产能，配合马钢公司压减钢铁过剩产能 139 万吨，妥善安置员工 1.33 万人，"三供一业"移交工作有序推进，马钢股份实现利润 12.28 亿元，同比减亏增利超 60 亿元；① 滁州市已压减 60 万吨水泥产能等；② 六安市成功盘活企业 300 多家，清理闲置资产 40 多亿元、闲置土地 1.2 万亩，六大高耗能行业占工业总量比重下降至 17.2%；③ 铜陵市关停落后产能企业 14 家，淘汰小矿山 7 家，关破重组一批"僵尸企业"，成功化解印制电路板（Printed Circuit Board，PCB）产业链债务风险；④ 2017 年，芜湖市启动 32 户企业实施兼并重组，开展 9 家矿山治理；⑤ 宣城市提前完成省定 33 万吨过剩产能化解任务，职工得到妥善安置，分类处置"僵尸企业" 40 户。⑥

（二）去库存方面

围绕去库存，皖江城市带结合新型城镇化，有序引导农民工市民化；结合保障房改革，大力推进棚户区改造货币化安置；加强商品房供应管理，因城施策调整土地供应量，努力促进房地产供求平衡。例如：截至 2016 年 11 月 30 日，池州市主城区（不含乡镇区域）新建商品住宅库存套数约 7553 套，较 10 月底（7800 套）减少了 247 套，剩余房源理论去化周期仅需 9.2 个月，相对于 10 月的理论去化周期（10 个月）已缩短 0.8 个月；⑦ 安庆市 47 个项目有 29 个采用货币化安置方式，货币化安置率 60.23%，高

① 左俊. 马鞍山市人民政府工作报告（2017）[R]. 马鞍山：马鞍山市人民政府办公室，2017.
② 张祥安. 滁州市人民政府工作报告（2017）[R]. 滁州：滁州市人民政府办公室，2017.
③ 毕小彬. 六安市人民政府工作报告（2017）[R]. 六安：六安市人民政府办公室，2017.
④ 倪玉平. 铜陵市人民政府工作报告（2017）[R]. 铜陵：铜陵市人民政府办公室，2017.
⑤ 潘朝晖. 芜湖市人民政府工作报告（2017）[R]. 芜湖：芜湖市人民政府办公室，2017.
⑥ 张冬云. 宣城市人民政府工作报告（2017）[R]. 宣城：宣城市人民政府办公室，2017.
⑦ 星空地产研究院. 用数据说话，揭露最真实的池州楼市 [EB/OL]. https://www.sohu.com/a/120406348_558215，2016-12-01.

于安徽省棚户区改造货币化安置率 3.73 个百分点；① 滁州市商品住宅库存面积较去年底减少 143 万平方米，下降 31.6%，去化周期 8.1 个月，比 2015 年底缩短 3.7 个月；② 2017 年，芜湖市拆迁改造市区棚户区 252 万平方米，改造老旧小区 21 个，并率先开展住房租赁试点，发放住房公积金贷款 26.7 亿元、人才购房安家补助 3 亿元，商品住宅房销售面积同比增长 7.4%，促进房地产市场平稳健康发展；③ 宣城市商品住宅去化周期比安徽省短 3.4 个月。④

（三）去杠杆方面

根据安徽省《关于去杠杆防风险促进经济社会稳定健康发展的实施意见》，皖江城市带各市根据区域、行业、主体及不同类型企业和企业所处阶段、经营状况等特点，正确处理去杠杆力度节奏与可承受程度的关系，一企一策，精准发力。例如：2016 年，铜陵市有效防控金融风险，化解企业不良资产 43 亿元，规上企业资产负债率降低 1.33 个百分点，银行不良贷款余额和不良贷款率实现"双下降"；⑤ 六安市分类施策去杠杆，新增政府债券 41.54 亿元，置换债券 70.87 亿元，节约政府债务利息 3 亿元；⑥ 滁州市把发展直接融资作为引导企业去杠杆的重要手段，开润股份顺利过会，扬子地板报会待审，新增新三板挂牌企业 7 家，实现直接融资 75 亿元。⑦

（四）降成本方面

皖江城市带从"降、免、改、奖"四个方面着力，突出从降低制度性交易成本、企业人工成本、税费负担、财务成本、用能用地成本、物流成本等六大方面打好"组合拳"，着力优化实体经济发展环境。例如：2016 年，滁州市率先出台降低工业企业运行成本专项扶持政策，全年可为企业减负 10 亿元。2017 年，宣城市落实减税降费政策，累计减少企业支出 4.8 亿元，减免退税 43.7 亿元，规模以上工业企业利润增长 9%；六安市多措并举降成本，严格实行涉企收费清单制度，累计减免缓抵各类税费 31 亿元；⑧ 铜陵市多措并举降低企业成本 35 亿元，用电大户全部实现直供电。⑨

（五）补短板方面

皖江城市带重点围绕创新能力提升、现代农业发展、制造业升级、现代服务业发

---

① 安庆市住房城乡建设委住房保障办公室. 安庆市 2016 年棚户区建设进展情况 [EB/OL]. http：//aqxxgk. anqing. gov. cn/show. php? id = 434379,2016 - 04 - 03.

② 江淮分水岭区域发展研究中心. 滁州市 2016 经济社会发展情况综述 [EB/OL]. http：//toutiao. manqian. cn/wz_1cg8Z6rGGF. html,2017 - 03 - 28.

③ 芜湖市统计局. 2017 年芜湖市国民经济和社会发展统计公报 [EB/OL]. http：//www. ahmhxc. com/tongjigongbao/9815_2. html,2018 - 04 - 06.

④ 张冬云. 宣城市人民政府工作报告（2017）[R]. 宣城：宣城市人民政府办公室，2017.

⑤⑨ 倪玉平. 铜陵市人民政府工作报告（2017）[R]. 铜陵：铜陵市人民政府办公室，2017.

⑥⑧ 毕小彬. 六安市人民政府工作报告（2017）[R]. 六安：六安市人民政府办公室，2017.

⑦ 张祥安. 滁州市人民政府工作报告（2017）[R]. 滁州：滁州市人民政府办公室，2017.

展、基础设施建设、民生保障体系、生态文明建设等领域，坚持问题导向，强化项目支撑，补齐拉长短板。兼顾当前和长远，把握力度和节奏，注重强化项目带动和政策配套，发展的协调性和平衡性进一步增强。例如：2016 年，滁州市推进一批项目，前 9个月重点项目开工 371 个、竣工 178 个，分别占年度目标的 123.7% 和 89%。① 2017年，芜湖市围绕强基础补短板，城南过江隧道、芜黄高速等一批补短板重大基础设施开工建设。铜陵市"五聚焦"补齐短板，即：聚焦项目、创新、产业、民生和生态攻坚补短板，一是率先启动"项目建设协调月"，攻坚项目投资，推动项目建设提质增效；二是坚持创新驱动，重点推进创新平台建设和企业创新能力提升；三是以制造业升级和战略性新兴产业培育为重点，推进新型工业发展，推动现代服务业和现代农业等提质增效；四是扩大优质教育资源覆盖面，建成一批全民阅读示范点，推进医养结合试点等，提升公共服务供给力度；五是开展"生态建设提升年"活动，生态文明建设持续加强。

四、皖江城市带供给侧结构性改革的政策选择

（一）促进经济结构调整，培育供给侧结构性改革新动力

1. 推进产业结构调整

皖江城市带产业结构失衡，在一定程度上制约了其经济发展，推进产业结构调整迫在眉睫。第一，各市要巩固其主导产业的核心地位。如：铜陵市立足铜产业优势，发展铜深加工业和精加工业，延长铜产业链条，提高和增加产品附加值。同时，积极鼓励和支持现代服务业发展，引导生产性服务业向专业化和价值链高端延伸，推动生活性服务业向精细化和高品质方向发展，开发新的服务消费热点，满足各类消费主体的需要。此外，要大力推行"互联网＋"行动计划，提升服务业质量和效率，打造服务行业的知名品牌。第二，调整优化工业内部结构。如马鞍山市要逐步降低钢铁工业比重，铜陵市要降低重化工业比重，淘汰落后产能，促进各自第二产业总量平衡；同时，利用高新技术改造提升传统产业，开发新产品、新市场，推进工业化和信息化深度融合，促进优势传统产业集群化发展。如化工产业是铜陵市、安庆市、滁州市具备优势的传统产业，应充分利用建设承接产业转移示范区的契机，积极推进皖江城市带化工产业转型升级。此外，合肥市尤其是芜湖市的汽车产业应重点培育以江淮汽车、奇瑞汽车为代表的零部件园区，加大核心技术的研发投入，打造长三角一流、国内知名的汽车产业基地。第三，支持发展战略性新兴产业。皖江城市带各城市要用好战略性新兴产业发展基金，各地要着眼长远发展布局，根据自身资源禀赋特点和优势选择战略性新兴产业重点发展领域，加强错位发展和差异发展，以市场终端消费为主导，带动和促进新材料、节能环保、生物医药、高端装备制造、新一代信息技术、节能与新能源汽车、新能源等战略性新兴产业发展。

---

① 张祥安. 滁州市人民政府工作报告（2017）［R］. 滁州：滁州市人民政府办公室，2017.

2. 优化升级供给机构

一要全面实施质量品牌升级工程，增加有效供给。质量品牌升级工程的初衷与供给侧结构性改革不谋而合，要推行调转促"4105"行动计划，大力实施品牌发展战略，以推进质量安徽建设为指导，持续推进皖江城市带质量品牌升级工程，增加有效供给。二要提高产品质量，改善供给品质。以安徽省政策为指导，实施工业产品质量提升计划，建立食品、药品、母婴用品、汽车等重点消费品领域覆盖产品全生命周期的质量管理和追溯制；开展质量标杆和领先企业示范行动，推广先进质量管理技术和方法；完善质量监管体系，加大对质量违法和假冒品牌行为的打击和惩处力度，强化企业质量主体责任，激励企业诚信经营、多出优品、打造精品。三要把打造一批拿得出、叫得响、有市场的著名品牌，作为扩大有效供给的切入点。积极推进打造皖江城市带企业品牌经济，鼓励他们积极开展品牌创建，潜心专注品质提升，在市场竞争中提升品牌价值，通过做优品质、做实内涵，打造具有核心竞争力、品牌影响力的优秀企业，培育一批竞争力强、附加值高、美誉度好的知名品牌，更多向品牌要市场、要效益、要竞争力。综上，通过优化升级供给结构，促进供给结构与需求结构的平衡与匹配，促进皖江城市带供给侧结构性改革顺利进行。

3. 壮大微观经济主体

和发达地区相比，民营企业成为皖江城市带经济发展的一大短板。因此，要不断壮大微观经济主体，充分发挥民营企业对皖江城市带经济发展的带动作用。一是完善促进民营经济发展的法律法规。着力清理废除和改革阻碍民营经济发展的地方性政策规定，制定扶持民营企业发展的法律法规和举措，建立健全法律制度，为民营企业发展保驾护航；为民营企业在融资等方面提供便利，政府应出台相关扶持民营经济发展的优惠政策，为民营经济发展提供更良好的环境；工商部门作为市场秩序的管理者，应正确引导和帮助民营企业的发展，向民营企业主积极宣传相关法律法规，定期向民营企业主开展商品知识、商标保护、消保维权、广告知识等培训，提高民营企业主的综合素质。二是放宽民营经济的准入门槛。按照"非禁即准"原则，全面放开投资领域，每年定期组织面向民间资本的政府投资项目推介对接活动，鼓励民营资本投资金融、教育、医疗和交通等领域，做到平等准入、放手发展；搭建信息平台，做好示范推进，扎实开展政府和社会资本合作；实行财政扶持、金融支持、便捷准入等措施，促进"个转企、小升规"；因地制宜打造一批产业型、商贸型、旅游型乡镇，形成特色鲜明、效益凸显的块状经济。三是充分调动民营企业积极性。确立民营企业在县域经济发展中的主体地位，加大宣传推介力度，提高民营企业的形象和地位；鼓励民营企业以多种形式与国企平等合作，参与国企改制，支持民营企业联合重组，壮大实力；依法减少和取消各种限制条件，纠处各类收费行为，使民营企业在相对自由、宽松的氛围内加快发展。四是鼓励全民创业。支持和鼓励各类人才创业、兴业；完善县域创业公共服务体系，搭建创业公共服务平台，创新扶持政策、拓展服务、搭建平台，为各类创业、兴业主体创造发展壮大的良好条件。

（二）加快基础设施建设，强化供给侧结构性改革新支撑

1. 推进交通基础设施建设

一是完善等级高、覆盖广的公路网络。筹措项目建设补助资金，贯通"三纵五横四联"的综合运输通道，以快速客运铁路和城际铁路建设为重点，加快区域对外通道、区域内快速通道及重要枢纽客运设施建设，构建长三角一体化布局的快速客运铁路网，推进皖江城市带城际轨道交通体系的规划建设。二是完善机场布局，提高机场吞吐能力，扩大航空运输服务覆盖范围。完善合肥新桥国际机场功能，形成华东地区重要的干线机场；完善安庆机场民航设施；建设芜宣民用机场，规划建设蚌埠、亳州、宿州机场。积极拓展示范区至国内主要城市的航线网络，努力增加国际航线，提高航班密度。三是建设高效畅通的内河水运网络。皖江城市带应大力发展港口物流，依托芜湖港、合肥港、马鞍山港、安庆港、池州港发展区域性物流中心。整治多条水路，推进江海直达运输，提高可通航船舶吨位，增强可靠性。

2. 推进城乡基础设施建设

支持宜居城市创建。围绕创建宜居城市，重点在智慧城市、海绵城市、地下管廊、公共交通、污水垃圾处理等领域，推进一批市政基础设施项目建设，强化城市修补、生态修复，支持铜陵市在资源型城市转型方面开展城市修补、生态修复试点工作，提升城市管理水平。

3. 支持新型城镇化建设

以经济强镇、特色名镇和特色小镇建设为目标，推进小城镇基础设施、公共服务、绿化美化和产业发展支撑项目建设，进一步统筹城乡发展，积极稳妥扎实推进皖江城市带新型城镇化，促进县域经济发展，全面提升小城镇综合实力。夯实皖江城市带县域城镇化发展基础，增强县域城镇化发展活力和动力，提高城镇综合承载能力，实现县域城镇发展扩面提质。

4. 支持生态乡村建设

以美好乡村建设、乡村环境综合整治、基础设施建设和民风建设为重点，实施"村屯绿化、饮水净化、道路硬化"专项活动，切实改善乡村生产生活条件，优化乡村生态环境，提升乡村文明水平，提高"绿色村屯"数量和质量。通过争取中央支持，积极筹措资金支持皖江城市带保障性安居工程和农村危房改造，大力推进保障性住房建设，帮助住房困难家庭实现安居愿望。

（三）实施创新驱动战略，打造供给侧结构性改革新引擎

1. 优化创新体制机制环境

针对皖江城市带创新体制存在的突出问题，要努力补齐创新短板。进一步强化企业创新主体地位和主导作用，鼓励企业开展基础性、关键性、前沿性创新研究。推动科教融合发展，促进皖江城市带高等学校、职业院校和科研院所全面参与皖江城市带创新体系建设。大力发展市场导向型的新型研发机构，推动跨领域、跨行业协同创新。围绕国

家和安徽省战略需求和目标，瞄准国际科技前沿，尝试布局建设一批高水平国家实验室，提升皖江城市带战略领域的创新能力。

2. 加强科学技术创新

一是培养创新型人才。皖江城市带应该充分利用中国科学技术大学、合肥工业大学等高等院校的教育资源优势，重点培养创新型人才，为其提供良好的创新平台和条件。二是积极引进科研人才，建立健全人才引进机制，完善人才激励机制，鼓励更多的优秀人才定居皖江城市带，将其创新创业能力和精神挥洒在皖江地区。三是确立企业自主创新的主体地位。企业应培养和增强员工的创新意识，加大科研的人财物投入，更加注重原始自主创新，建立独立完整的产业创新体系，拓宽产学研联合的广度和深度，并制定相应的创新奖励制度，营造敢于质疑、勇于突破的企业环境和氛围以及独特的企业文化。四是加大政府支持力度。既要加大对企业创新活动的税收和金融支持力度，又要充分发挥皖江城市带承接产业转移示范区的带动作用，鼓励支持芜湖机器人的研发，加快发展科技园区，还要进一步完善和发展产学研相结合的技术创新体系，促进科技成果向现实生产力的转化。科学技术进步与创新有助于增强皖江城市带经济发展后劲，成为推进皖江城市带经济供给侧结构性改革的根本保证。

3. 实行融资方式创新

一是鼓励发展直接融资方式。直接融资方式是指投资者与融资者直接对接，投资者直接将资金交给融资者使用，属于风险投资。而间接融资则是指投资者将多余的钱存到银行，银行再通过贷款的方式贷给融资者，到一定期限时投资者将会得到本金及一定的利息。皖江城市带政府应积极支持引导民间资本进行直接投资，为民营企业的发展提供更便利的资金支持。二是建立多层次的资本市场体系。在资本市场上，投资者的投资规模与投资偏好不同，融资者的资金需求也不同，这就决定了建立多层次资本市场体系的必要性和必然性。为了促进皖江城市带国有企业和民营企业的共同发展，该区域应充分发展包括主板市场、二板市场、三板市场在内的多层次的资本市场体系，为不同规模的企业提供多样化的资金支持和金融服务，有利于解决民营企业融资难问题，促进民营企业的发展，也有利于防范和化解金融风险。三是深化金融体制改革。在新常态背景下，皖江城市带应加快金融体制改革，构建覆盖面广、层次分明的金融机构，逐步提高直接融资的比例，发展互联网金融，提高金融服务效率，使金融惠及中小微企业，实现共享发展。通过创新融资方式，为皖江城市带供给侧结构性改革提供强有力的财力支持。

（四）完善宏观调控方式，营造供给侧结构性改革新环境

1. 积极实施"政策＋改革"的宏观调控方式

供给侧结构性改革本质是一场改革，因此必须让改革成为调控的"常规武器"，政策交给政府，改革交给市场。目前的宏观调控已经不是传统意义上宏观经济政策的调控，而是政策与改革二者交融的调控格局，即充分发挥政府与市场在资源配置中的协同作用，皖江城市带供给侧结构性改革既要坚持宏观经济政策布局，又要供给侧通过改革迈上经济健康发展轨道。政府方面，主要发挥其积极的引导作用，一方面，对于供给侧结构性改革中难以通过市场实现资源合理配置的公益性项目（如绿色、文化、环保、公共服务等），政府要大力引导、鼓励 PPP 项目参与进来，有效填补市场资源配置的空缺；另一方面，以政策扶持推进供给侧结构性改革，既要围绕"降成本"助力企业特别是中小企业"减税降费"，又要鼓励创新，加大研发与创新投入力度，转换经济发展动能，使创新真正成为经济增长的重要动力。此外，政府还应积极构建各类载体与平台，即：帮助优势企业建立战略性新兴产业共享平台、鼓励和引导有实力的企业建立剩余产能吸收平台，提升供给侧结构性改革效率。市场方面，一是要逐步调整产业布局，皖江城市带各城市应结合自身优势，加快产业链整合，并依托区际间要素流动，稳步解决去产能问题；二是创新驱动发展，以市场配置引导，提升生产要素集聚配置效率，从而形成促使企业自主创新的"倒逼机制"，提高皖江城市带发展竞争力。

2. 转变政府职能，破除体制机制障碍

供给侧和结构性问题的根源于体制机制障碍，集中体现在政府的"越位、缺位、错位"上。破除体制机制障碍是保障公平竞争环境，提高公共服务质量和效率，进一步激发市场主体活力和创造力的保障措施。要大力推行简政放权，全面提升政府效能。皖江城市带各级政府要清理政府部门行政审批中介服务项目和服务事项，取消各地各行业中介服务机构执业限制、限额管理，全面落实小微企业免征部分政府性基金政策。

（五）推进社会民生改善，巩固供给侧结构性改革新成果

1. 完善就业和社会保障体系

全面落实"大众创业、万众创新"的政策，制定并积极实施更加灵活的就业政策，加强对重点群体（如大学生、因去产能失业的部分员工）的就业援助及帮扶力度。完善就业补助政策，尤其是扩大补助范围、提高补助金额，整合各类就业创业资金，加强对就业创业资金的管理，提升资金使用绩效。支持完善就业服务体系，提升就业服务能力，维护劳动者平等就业权利。支持推行终身职业技能培训制度，提高劳动力素质。进一步完善社会保险制度体系建设，稳步推进养老保险制度改革。坚持精算平衡、强化激励约束、推动制度整合，确保社会保险制度更加公平更可持续。加强社会保险基金监管，防范基金支付风险，确保社会成员合理分享改革发展成果。

2. 深化医疗卫生体制改革

健全基本医疗保障体系，促进基本医疗卫生保障体系可持续运行。继续支持实施基本公共卫生服务项目和重大公共卫生服务项目，进一步提高均等化服务水平。深入推进医药卫生体制改革，支持和完善公立医院综合改革，推动公立医院回归公益性属性。进一步完善医疗卫生体系服务体系，提升医疗卫生服务能力。完善计划生育服务投入政策，促进人口和社会经济和谐发展。

3. 支持基本公共文化发展

健全公共文化服务财政保障机制，促进基本公共文化服务标准化、均等化，按照国家保障标准和安徽省基本公共文化服务实施标准，统筹落实基本公共文化服务项目所必需的资金，保障公共文化服务体系建设和运行；推进实施重点文化惠民工程，促进基层

公共文化体育服务设施有效整合，切实提高公共文化体育资源使用效益，建立群众评价和反馈机制，推动文化惠民项目与群众文化需求有效对接，确保"建得成、用得好"。

4. 加大精准扶贫支持力度

针对不同原因、不同类型的贫困，采取不同的支持方式，支持解决农村贫困人口脱贫。进一步挖掘存量、优化增量、增加总量，加大脱贫攻坚财政专项投入和行业投入，建立完善财政扶贫投入稳定增长机制，为扶贫攻坚工作开展提供财力保障。完善扶贫资金资源整合机制，把专项扶贫资金、相关涉农资金和社会帮扶资金切块下达到县，支持集中连片特困地区县和扶贫开发工作重点县以脱贫规划为引领，以重点扶贫项目为平台，捆绑集中使用，提高资金使用效率。

参考文献

[1] 张任之，戚聿东. 中国供给侧结构性改革研究述评 [J]. 首都经济贸易大学学报，2017，19 (6)：86 – 94.

[2] 张俊山. 深刻把握"供给侧结构性改革"的科学内涵——基于马克思主义政治经济学视角的解读 [J]. 当代经济研究，2019 (6)：20 – 29 + 113.

[3] 方福前. 寻找供给侧结构性改革的理论源头 [J]. 中国社会科学，2017 (7)：49 – 69 + 205.

[4] 逄锦聚. 经济发展新常态中的主要矛盾和供给侧结构性改革 [J]. 政治经济学评论，2016，7 (2)：49 – 59.

[5] 刘秀光. 经济理论和经济政策变迁的回顾与反思——兼论中国宏观经济的供给侧结构性改革 [J]. 管理学刊，2017，30 (1)：1 – 9.

[6] 董竹，周悦. 金融体系、供给侧结构性改革与实体经济发展 [J]. 经济学家，2019 (6)：80 – 89.

[7] 周密，刘秉镰. 供给侧结构性改革为什么是必由之路？——中国式产能过剩的经济学解释 [J]. 经济研究，2017，52 (2)：67 – 81.

皖江城市带供给侧结构性改革
实践路径研究

倪国爱 许晓芳

当前，皖江城市带经济整体上呈现出稳步上升的发展趋势，特别是在新常态背景下，皖江城市带的供给侧结构性改革得到不断的深化，但在改革实践中也不可避免地出现或多或少的问题，因此，研究如何进一步深化皖江城市带供给侧结构性改革具有重要的经济效益和社会效应。皖江城市带供给侧结构性改革具有良好的发展机遇和资源基础，也面临着一些挑战和压力，通过采取积极、有效和合理的改革措施与深化手段，有助于进一步促进皖江城市带供给侧结构性的改革，增强皖江城市带经济活力，进而全面提升皖江城市带综合竞争力。

一、研究背景分析

皖江城市带以皖江城市群为支撑，包括合肥、芜湖、马鞍山、铜陵、安庆、池州、滁州、宣城 8 市全境，以及六安市的金安区和舒城县，共 59 个县（市、区），土地面积 7.6 万平方公里。[1][2] 皖江城市带是实施促进中部地区崛起战略的重点开发区域，是泛长三角地区的重要组成部分，在中西部承接产业转移中具有重要的战略地位。在面对机遇和更大的发展空间时，皖江城市带如何选择有效的供给侧结构性改革路径与对策，是一个重大而紧迫的现实课题。

"供给侧"结构性改革是相对于"需求侧"的生产端的改革，即对供给一方的主体，包括劳动力、土地、资本、制度创新等要素，进一步对经济结构进行调整，使要素实现最优配置，从而提升经济增长的质量和数量。供给侧结构性改革的基本要求是通过化解产能过剩、降低企业成本、消化企业库存、防范金融风险四个方面构筑能够抵御金融危机的健全经济体系，实现经济的全面平稳运行。[3]

"十三五"期间，皖江城市带面临外需疲软、内需动力不足等问题，此时，研究城市带供给侧结构性改革实践路径，有利于协助皖江城市带经济结构调整转型，带来新的经济增长点。对于更加深刻地理解供给侧结构性改革的内涵和核心、供给侧结构性改革的必然性，具有重大理论意义和实践指导价值。

二、皖江城市带供给侧实践基本状况

（一）皖江城市带经济发展基本情况

从 2011～2017 年皖江城市带的 GDP 数据可以看出（具体见表 1 和图 1），以合肥为代表的皖江城市在 2016 年和 2017 年的增速较快，说明供给侧结构性改革在一定程度上实现了潜在经济增长点。但是，皖江城市带经济发展仍然存在不均衡现象。[4][5]例如，合肥、芜湖、马鞍山、铜陵是安徽经济最发达的核心地区，[6]4 个城市的 GDP 明显领先省内其他城市，皖北和皖西南地区却落后于全省平均水平，而 2017 年池州 GDP 为654.1 亿元，其发展速度远远低于全省平均水平，最主要的原因在于，该城市的第一产业占比较重，高于全省的平均水平，因此，在供给侧实践的过程中，产业结构的调整任务仍然是比较艰巨的。此外，皖江城市带的新型产业虽然发展的速度比较快，但由于其基数较小，从而使得其对 GDP 的贡献占比较小，传统的工业企业仍然占皖江城市带企业中的大多数。[7]因此，从长远的角度来说，调整皖江城市带经济结构的任务依然任重而道远。

表 1　　　　　　　　　　　　皖江城市带 2011～2017 年 GDP　　　　　　　　　　　单位：亿元

城市	2010 年	2011 年	2012 年	2013 年	2014 年	2015 年	2016 年	2017 年
合肥	2702.5	3636.61	4164.34	4672.91	5157.97	5660.3	6200	7213.4
芜湖	1108.63	1658.24	1873.63	2099.53	2307.9	2457.3	2660	3065.52
马鞍山	811.01	1144.18	1232	1293	1357.41	1365.3	1440	1738.09
铜陵	466.6	579.4	621.3	680.6	716.3	721.3	960	1163.9
安庆	988.11	1215.7	1359.7	1418.2	1544.3	1613.2	1500	1708.6
池州	300.8	372.5	417.4	462.2	503.7	544.7	583	654.1
滁州	695.65	850.49	970.7	1086.17	1184.8	1305.7	1418	1607.7
宣城	525.7	671.4	757.5	842.8	912.5	971.5	1050	1188.6
六安	676.1	821	918.2	1010.3	1086.4	1143.4	1108.1	1218.7

资料来源：根据历年《安徽统计年鉴》整理而得。

（二）皖江城市带供给侧劳动力改革基本情况

在我国大力推行供给侧结构性改革的经济新形势下，新兴科技对劳动力市场的冲击较大，大量的劳动力面临着转岗，这使得劳动力市场的供给矛盾日益加剧。因此，劳动力的供给侧改革势在必行。[8]所以，安徽省为加快劳动力供给侧方面的改革，为贯彻落实《国务院关于强化实施创新驱动发展战略进一步推进大众创业万众创新深入发展的意见》和《国务院办公厅关于建设第二批大众创业万众创新示范基地的实施意见》精

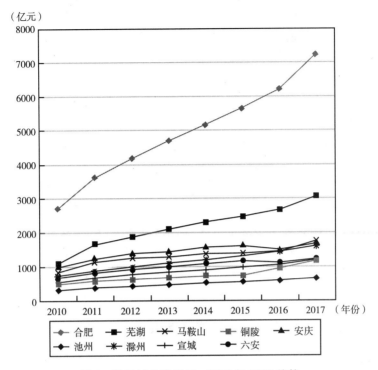

（亿元）

图1 皖江城市带 2011 ~ 2017 年 GDP 趋势

合肥 芜湖 马鞍山 铜陵 安庆
池州 滁州 宣城 六安

神，鼓励、支持、汇聚创新人才，培育、营造、繁荣创新文化，进一步打造融合、协同、共享的创新创业生态环境，积极推进劳动力供给侧改革，2017 年 12 月，发布了《安徽省人民政府关于进一步推进大众创业万众创新深入发展的实施意见》，其中主要措施为"健全人才流动激励机制"，主要目标是提高劳动力素质，优化劳动力市场的结构。

（三）皖江城市带供给侧土地改革基本情况

对于土地政策而言，由于过去几年着力于保障经济发展用地和民生用地，结果导致去库存压力很大，但是新兴产业用地、医疗、养老、旅游以及中小企业用地等需求满足度不高。也就是说，土地供应也存在着结构亟须优化的问题。为此，2016 年 2 月，安徽省国土厅下发通知，优化完善旅游用地管理制度，采用土地差别化管理与引导旅游供给结构调整相结合，支持利用荒地、荒坡、荒滩、废弃矿山开发旅游项目，支持企事业单位利用存量房产、土地资源兴办旅游业，主要区域包括皖江城市带的池州、铜陵、芜湖、马鞍山、宣城等，这些城市可依据安徽区域规划适当增加旅游项目发展用地的比例。

（四）皖江城市带资本改革基本情况

李克强总理在 2017 年廉政会议上提到，资本的要义不仅要管好而且要用好，市场

经济的核心要素是资本，中国资本主要涵盖四个领域：一是公共财政；二是国有资金；三是民营资本；四是公民钱袋子。因此，在安徽省经济处于改革的关键时期，面临着经济增速换挡、产业结构调整、传统行业消化过剩产能等多重压力，为充分利用多层次资本市场促进安徽省经济转型升级，2015 年 9 月 23 日，安徽省政府出台了《安徽省人民政府关于充分利用多层次资本市场着力调结构转方式促升级的意见》，其中就有通过各项政策措施加以保障上市企业（挂牌）的融资渠道等。2017 年 2 月，安徽省印发了《支持政府和社会资本合作（PPP）若干政策》，此举也是旨在国内市场给民营资本提供更好的投资途径，譬如在混合所有制改革中，使其能够进入到国有企业的核心区域，让资本的来源和资本的利用更多元化，结构更科学。2017 年 12 月，安徽省又印发了《省国资委以管资本为主推进职能转变方案》，加大国有企业的混合所有制改革，使国有资本实现增值保值。2018 年 3 月，《安徽省国有资产运营公司改组为国有资本运营公司试点方案》出台，其主要目的是深化企业改革，加快资本运营体制机制创新，包括全面清理僵尸企业等具体措施，从而完善资本结构供给侧的改革。

（五）皖江城市带供给侧创新改革基本情况

创新本身就是一个企业乃至一个国家发展之根本动力。创新，不仅不断引领和助推各领域的供给侧结构性改革，而且其本身也是一种供给。为了加大创新的力度，安徽省在各个领域的供给侧进行了创新，尤其大力创新了农业的供给侧改革。例如，安徽省委省政府出台了《中共安徽省委、安徽省人民政府关于落实发展新理念加快农业现代化实现全面小康目标的实施意见》，提出用发展新理念破解"三农"新难题；2017 年，全省农村会议强调"深入推进农业供给侧结构性改革加快培育农业农村发展新动能"的现代农业的创新性改革。另外，以"两化"深度融合为切入点，把智能制造作为主攻方向，推进"名牌名品名家"计划，开展"强基强企强区"行动，重点实施智能制造、科技创新、绿色制造工程，以创新为核心提升安徽省制造业核心竞争力。

总体来说，随着中部崛起战略以及皖江城市带承接产业转移示范区规划的实施，供给侧的改革取得了一定的成果。例如，2015 年，安徽省出台《安徽工业精品培育三年行动计划（2015 - 2017 年）》，力争通过 3 年努力，实现认定 1000 个省级新产品、树立 200 户质量标杆企业、培养 200 名品牌经理、打造 300 个安徽精品（见表2）；而截至 2017 年，安徽省坚持把工业精品作为供给侧结构性改革的重要抓手，大力实施增品种、提品质、创品牌"三品"战略和"安徽工业精品培育三年行动计划"，连续四年举办工业设计大赛，每年开发省级新产品 400 个以上，累计认定安徽工业精品 355 个。具体来说，从表2 显示的2015 年首批"安徽工业精品"认定数量可以看出，皖江城市带的占有数量达到 66.67%，占据安徽省工业精品数量的 2/3，而其他城市占有数量较少。可见，皖江城市带在促进企业质量提升方面贡献了重要力量。

表2	2015年皖江城市带"安徽工业精品"入选数量分布
城市	数量（个）
合肥	20
芜湖	10
马鞍山	7
铜陵	6
安庆	7
池州	4
滁州	6
宣城	5
六安	5
皖江城市带合计	70
安徽省合计	105
皖江城市带占安徽省的百分比（%）	66.67

资料来源：中安在线。

三、皖江城市带供给侧结构性改革面临的机遇

（一）皖江城市带具有区位、资源要素优势

皖江城市带在区位优势、资源要素等方面具有不可替代的优势。第一，皖江城市带处于中国人口密集、消费需求较大的中部地区，是承东启西、连南接北的综合交通枢纽，其主要城市都在长三角经济区的辐射半径内，区位优势突出；第二，皖江城市带劳动力资源丰富、成本相对较低，人口红利显著；第三，地方高校是区域发展的助推器，[9]安徽省3/4以上的高校资源密集在皖江城市带，且每年毕业生较多，能够为皖江城市带供给侧结构性改革提供强有力的人才支撑；第四，安徽省自然资源丰富，其中耕地面积422万公顷，林地329万公顷，① 另外，安徽还拥有较为全面的矿产资源，这些自然资源也为皖江城市带供给侧结构性改革提供了有力支撑。

（二）皖江城市带供给侧结构性改革获得了良好的政策支持

皖江城市带建设已被纳入国家发展战略。示范区将在承接国内外产业转移中，承担起合作发展的先行区、科学发展试验田的作用。国家及安徽省相关部门均出台了各项有利政策确实推进皖江城市带供给侧结构性改革。例如，《国务院关于进一步推进长江三角洲地区改革开放和经济社会发展的指导意见》、国务院批准的《皖江城市带承接产业

---

① 中华人民共和国中央人民政府网站，http：//www.gov.cn/guoqing/2013-03/22/content_5046156.htm。

转移示范区规划》的实施以及《中共中央关于制定国民经济和社会发展第十三个五年规划的建设》提出的"着力推进供给侧结构性改革，使供给能力满足广大人民日益增长、不断升级和个性化的物质文化和生态环境需要"，都意味着皖江城市带发展已经进入了重要的战略机遇期。

（三）"长江经济带"助力皖江城市带产业升级

自党的十八大以来，国务院发布《依托黄金水道长江经济带发展指导意见》的部署，拟通过增强自主创新，推动信息化与企业融合发展，着力培育世界级产业集群，打造沿江绿色能源产业带，增强长江经济带产业竞争力，促进产业转型升级。同时，皖江城市带中各市也积极承接产业转移，促进产业转型升级，着力培育高新技术企业，协同"长江经济带"战略，[10]助力皖江城市带发展。

（四）皖江城市带紧跟"一带一路"倡议

"一带一路"倡议是我国重大战略之一，旨在打造跨区域合作经济带，加强基础设施的建设和完善。因此，近期对钢材、轨道交通、有色金属等需求量巨大。同时，皖江城市带主导生产钢铁、冶金、装备等产品，并且，皖江城市带已经形成冶金、汽车及零部件、建材、家电、化工等产业集群，拥有马钢、奇瑞、安庆石化、海螺水泥等一批国内知名企业，现代农业、物流服务业、金融业等产业综合配套能力不断进步。在与长三角经济圈的长期融合中，形成了产业发展的共生圈，皖江城市带加工产品的50%以上为长三角配套，汽车、家电等产业所需零部件70%左右来自长三角。① 与此同时，皖江城市带的产业承接平台也更趋完善，共拥有4个国家级开发区，65个省级开发区，[6]每个县都有自己的特色工业园区，支持政策也日趋完善。紧跟"一带一路"倡议，将进一步促进皖江城市带供给侧结构性改革。

四、皖江城市带供给侧结构性改革面临的压力和挑战

（一）产业结构不够合理，产业发展后劲受阻

产业是城市的生命力所在，[1]皖江城市带产业结构和我国相对较发达省份和地区相比还不够合理，产业差距也较为明显，主要表现为以下几个方面：首先，第一产业的人均收入低，劳动力素质不高，皖江城市带土地面积广，劳动人口多，大部分劳动人口均集中在第一产业，人均产值明显低于其他产业人均产值，皖江城市带第一产业产业化水平低，农业基础设施薄弱，大部分仍是以家庭为主的低附加、低效率生产；其次，第二产业仍以重工业为主，技术集约化低，皖江城市带工业重心仍放在粗放式加工和低技术

---

① 国务院批复《皖江城市带承接产业转移示范区规划》［EB/OL］. 中央政府门户网站，2010 - 01 - 21. ht-tp：//www.gov.cn/jrzg/2010 - 01/21/content_1516462.htm.

水平制造上，这种以重工业为主的低技术的代加工生产方式明显不符合当前时代发展主流方向；最后，第三产业资金投资低，发展缓慢，投资增幅和产值增幅比例不符。

（二）企业成本居高不下，企业活力疲软

企业成本主要包括制度性交易成本、劳动力成本、税负成本和企业经验管理成本等相关成本，皖江城市带企业同样面临着诸多成本因素的困扰，这在很大程度上影响着企业发展和壮大。另外，受到整体经济环境和企业成本的影响，也就不可避免地使得企业发展活力出现疲软，进而使得整体经济带在供给侧结构性改革进程中难以有效进行。

（三）企业融资受限，产业创新能力不足

皖江城市带范围内企业以中小企业居多，在筹融资方面受到诸多限制和约束；而国有大型企业可以获得政府补助、银行借款和股票筹资等多方位、多渠道的资金筹集。然而，作为市场经济中最具活力的中小企业难以取得多渠道的资金筹集，也正是由于难以获得必要的资金，使得众多企业科研创新能力严重不足，也让企业投融资成本偏高，严重挫伤了众多中小企业的科研创新积极性，降低了企业活力，难以有效完成整个皖江城市带的供给侧结构性改革。

（四）缺乏高素质人才，改革战略单一

皖江城市带共包括安徽省七市沿江范围，要想顺利完成整个城市带的供给侧结构性改革，这就必不可少需要大量高素质、高水平的劳动力。然而，在皖江七市中由于紧靠长三角地区，其高素质人才的培养和引进就成了一个难题。同时，在供给侧改革进程中改革战略较为单一，不能像之前一样靠内需消费去拉动生产，而是要在投资、消费和出口中寻求动态平衡。

五、皖江城市带供给侧结构性改革有效推进的举措

（一）坚持经济结构转型升级，着力增强产业竞争力

在供给侧结构性改革的背景下，皖江城市带要抓住机遇，促进产业结构优化升级，着力提升整体经济带的竞争力。一方面，要不断优化产业结构，由以第一、第二产业为主向第二、第三产业主导转变，特别是要着力优化第二产业，从供给源头上解决产量过剩的问题，提升重工业技术含量的同时有侧重地发展轻工业；另一方面，坚持经济结构转型升级，着力增强行业竞争力，皖江城市带第三产业增速和贡献率不断攀升，呈现出一定的增长潜力，这个关键时期更需要政府加以重视，加大对其资金的投入，促进第三产业保质保量的发展，解决一系列结构性难题。

（二）降低企业成本，激发企业活力

供给侧结构性改革目标之一，就是要释放企业活力，推动发展。[8]第一，政府为企业做到减税和减少行政审批，如实行"五证合一"政策极大简化了企业制度成本。通过将不同的收费纳入统一标准，既能防止政府部门权力寻租，又能帮助企业减少如五险一金等费用成本。第二，企业建立品牌意识，通过品牌效益实现企业的定位，避免同质化产品和假冒伪劣产品。通过优势资源的不断整合，集中精力打造一批最能够体现皖江城市带特色且能有效引领相关产业发展的龙头企业。通过品牌化战略达到促进企业重视质量和效率的规模化生产，减少企业生产成本，同时减少消费者交易成本的目的。

（三）完善企业融资体系，提高创新能力

首先，单靠国家财政支持显然不能够满足企业不断增加的资金需求，这就需要建立完善的投融资金融体系，鼓励民间资本参与，规范各类非银行金融机构的发展，放开市场自由竞争，为皖江城市带产业转型升级和供给侧结构性改革提供高水平的金融服务支持。要完善新三版和区域性股权市场的发展，鼓励中小企业上市（挂牌），为其提供筹措资金的渠道，以降低企业投融资成本，为企业减负，增加企业的积极性，企业自主进行产业转型升级。其次，鼓励企业科技创新，以科技创新促进产业创新、企业创新、产品创新、市场创新。产业转型升级又会给科技创新提供更多的资源，这是一个相互影响，共同进步的过程。最后，提高产业创新能力最有效的方法在于提高资金投入，政府要实现精准投资，主要投资于高新技术产业和骨干产业等重要领域，通过投资引导的方式实现皖江城市带供给侧结构性改革。

（四）培养高素质人才，构建多方位、多层次改革战略

应当引导和督促地方高校秉持"供给侧结构性改革"思维，积极提升自身的区域适切性，主动融入区域发展战略，有效助推区域经济社会发展的转型升级。[11]由于皖江城市带主要精力投入到了第二产业，导致第三产业的资金和人才远远不足。应建立科技人才资源平台，人才结构不合理，再多的资金也无法支持产业创新。利用人才资源平台，为企业打造一大批科技人才，只有拥有核心科技的企业才具有核心竞争力。另外，皖江城市带要抓住机遇，充分利用自身资源优势，构建一套多方位、多层次的整体改革战略，依靠改革契机来创造源源不断的经济价值。

参考文献

［1］冯长春，曹敏政，甘霖. 皖江城市带承接产业转移的空间适宜性研究［J］. 经济地理，2014（10）：90－97.

［2］梁雯，陈广强，柴亚丽，孙红. 皖江城市带区域经济与区域物流耦合协调度研究［J］. 华东经济管理，2018（4）：78－86.

［3］曹淼孙. 供给侧改革背景下我国国有企业改革发展路径探寻［J］. 改革与战略，2016

皖江经济发展研究报告

（10）：140－144．

　　［4］张锋．长三角城市区域可持续发展的态势、目标与路径［J］．江淮论坛，2011（1）：18－23．

　　［5］刘芳，赵奎．皖江城市带创新型城市竞争力研究——基于安徽省城市统计年鉴数据［J］．江淮论坛，2014（2）：51－55．

　　［6］韩会然，焦华富，李俊峰，王荣荣．皖江城市带空间经济联系变化特征的网络分析及机理研究［J］．经济地理，2011（3）：384－389．

　　［7］张亨明．民营企业在皖江城市带承接产业转移示范区建设中的作用研究［J］．华东经济管理，2013（4）：1－5．

　　［8］洪银兴．准确认识供给侧结构性改革的目标和任务［J］．中国工业经济，2016（6）：14－21．

　　［9］刘延东．贯彻落实全国教育工作会议精神和教育规划纲要　加快建设中国特色现代高等教育［N］．中国教育报，2012－08－25．

　　［10］江小国，周海炜，贾兴梅．皖江城市带和长三角地区产业联动性研究——基于空间引力模型［J］．经济与管理评论，2017（1）：148－153．

　　［11］张金福．提升地方本科高校的区域适切性：供给侧结构性改革的视角［J］．中国高教研究，2017（1）：60－63．

皖江城市带供给侧结构性改革与生态文明建设研究

夏美武　蒋诗泉

一、引　言

党的十九大报告提出要深化供给侧结构性改革。建设现代化经济体系，必须把发展经济的着力点放在实体经济上，把提高供给体系质量作为主攻方向，显著增强我国经济质量优势。[1]加快建设制造强国，加快发展先进制造业，推动互联网、大数据、人工智能和实体经济深度融合，在中高端消费、创新引领、绿色低碳、共享经济、现代供应链、人力资本服务等领域培育新增长点，形成新动能。支持传统产业优化升级，加快发展现代服务业，瞄准国际标准提高水平。促进我国产业迈向全球价值链中高端，培育若干世界级先进制造业集群。加强水利、铁路、公路、水运、航空、管道、电网、信息、物流等基础设施网络建设。坚持去产能、去库存、去杠杆、降成本、补短板，优化存量资源配置，扩大优质增量供给，实现供需动态平衡。[2]激发和保护企业家精神，鼓励更多社会主体投身创新创业。建设知识型、技能型、创新型劳动者大军，弘扬劳模精神和工匠精神，营造劳动光荣的社会风尚和精益求精的敬业风气。

经过改革开放，我国社会主义现代化建设获得举世瞩目的伟大成就，但人与自然的矛盾也日趋凸显。为达到全面建设小康社会，建设美丽中国的伟大目标，既需要经济的改革与稳健发展，又需要生态文明的保护与建设。党的十七大确定了社会主义生态文明观，党的十八大进一步将生态文明建设放在总体布局的高度，党的十九大又提出了加快生态文明体制，建设美丽中国。[3]当前，我国的工业化、城镇化、现代化仍在加速发展，工业企业的扩张导致了环境的污染，人口的迁移也导致了生态的破坏，人们对自然的改造已突破了生态承载力。人与自然的协调发展面临严峻挑战。我们应从政策的制定与执行层面两手抓两手硬，使之制度化、常态化。加快转变经济发展模式，稳增长，调结构。建设和发展生态文明，实现科学发展，是促进全面建成小康社会的根本要求。

为此，2014年2月8日，国家发展改革委等12部门印发了《全国生态保护与建设规划（2013—2020年）》，明确了保护森林、草原、荒漠、湿地与河湖、农田、城市、海洋七大生态系统和防治水土流失、推进重点地区综合治理、保护生物多样性、保护地下水资源、强化气象保护等十二项建设任务。为贯彻落实全国规划，按照安徽省政府要求，2016 年 6 月，由安徽省发展改革委牵头组织编制了《安徽省生态保护与建设规划》。2016 年 4 月，国家出台《关于健全生态保护补偿机制的意见》，对生态补偿提出了更高的目标和更具体的任务。2016 年 7 月 22 日，安徽省人民政府办公厅正式印发了《关于健全生态保护补偿机制的实施意见》。

2010 年 1 月 12 日，国务院正式批复《皖江城市带承接产业转移示范区规划》，从而为推进安徽省参与泛长三角区域发展分工，探索中西部地区承接产业转移新模式，也为中部地区加速崛起点燃了"助推器"。有利于调动全社会的力量集中达成建设发展目标，推动皖江城市带的健康发展，推进生态保护规范化、制度化，提升大众保护生态环境的积极性，促进欠发达地区贫困人口共享改革发展成果，对于推进转型升级、绿色发展，加快生态文明建设具有十分重要的意义。同时，应不断探索创新发展模式、生态保护模式，将经济学与生态结合，探索供给侧改革与生态文明建设的关系。

二、供给侧结构性改革对经济发展和生态文明驱动作用

对于供给侧结构性改革，习近平总书记在中央财经领导小组会议、中央经济工作会议上反复强调："在适度扩大总需求的同时，着力加强供给侧结构性改革，着力提高供给体系质量和效率。"党的十九大报告再次提出要深化供给侧结构性改革。建设现代化经济体系，必须把发展经济的着力点放在实体经济上，把提高供给体系质量作为主攻方向，显著增强我国经济质量优势，更多强调科技创新和制度创新。

供给侧结构性改革将经济发展的主要推动力由投资、出口、消费转型，经济增长不再靠"扩大需求、刺激消费"拉动。不再致力于说服更多的消费者购物，而在于升级原有的产业，从而吸引消费者主动购买新的优质产品和服务。

(一) 供给侧结构性改革在经济发展中的作用

我国的供给体系，总体上是一种中低端产品过剩、高端产品供给不足的状况。传统产业产能过剩，同时存在着结构性的有效供给不足。供给侧结构性改革就是替换传统从需求侧入手刺激经济的方式，着眼于产业的升级。结构顺畅了，经济才不至于滞涨且技术创新的主体一定是企业。就像党的十九大报告指出的，中国特色的社会主义进入新时代，我国的主要矛盾已经转化为人们日益增长的美好生活需要和不平衡不充分的发展之间的矛盾。供给侧结构性改革不但符合工业企业未来的发展利益，也符合普通民众的利益。供给侧结构性改革如同精准扶贫，是看准病根，对症下药，根除一直抑制经济发展的病灶。

著名经济学家吴敬琏教授认为改善供给侧，核心在于提高效率。供给侧结构性改革中的三个主要阶段：第一阶段是增长速度换挡期，速度下降，这是部分落后传统产业被替换后的必然结果；第二阶段是结构调整阵痛期，优化经济结构，扶持新的产业发展，鼓励新的技术市场化，为实现生态文明而布局；第三阶段是前期刺激政策消化期，这期间应平衡资源配置，使产业链的每一环都得到提升后的检验。每一环都是新产业的发展期，每一环都是对新兴产业的考验。短期的经济数据下滑是难以避免的，但从长期来

看，改革无疑疏通了经济发展中的死结，疏解了经济发展与环境之间的矛盾；将资本引向了更具发展潜力的领域，我国经济在未来将会出现新的增长极。

在社会主义生态文明观指导下，我国进一步将生态文明的建设放在总体布局的高度，为建设"美丽中国"而改革，不仅仅改革经济领域，更对生态环境有着重大促进作用，在吸取各发达国家的发展经验与教训后，我们拥有了全局观，既要金山银山，又要绿水青山。当然这其中存在着一些难以调和的矛盾，如何平衡就需要改革者的智慧了。所以供给侧结构性改革主攻方向，一是全面提高产品和服务质量是提高供给体系质量的中心任务；二是加快增长动力转型，全面提升实体经济特别是制造业水平；三是强化基础体系支撑，加强水利、公路电网、信息、物流等基础实施网络建设；四是发挥人力资本作业，更加注重调动和保护人的积极性。

（二）供给侧结构性改革在生态保护中的作用

传统行业的低附加值和高污染导致了低生产价值和高生态破坏，应淘汰一批、升级一批、替代一批。将难以进行产业升级、技术升级的企业淘汰；协助技术落后的企业进行产业升级；将落后产业替代为可持续且高附加值的产业。在提升当地经济发展潜在动力的同时也将对环境有巨大破坏的企业淘汰。在经济利益与生态利益间不仅达到平衡，更达到双赢。杨伟民指出，有些产业、产能已经达到了物理性的峰值，也就是说，价格再怎么降，产品也很难卖得出去，再怎么扩大投资，需求也很难消化现有的产能。同时有些产业，达到了资源环境约束的承载能力峰值，也就是说，如果以全球消费量为我们自己的产能峰值的话，我们就不得不忍受更加严重的雾霾。供给侧结构性改革为经济发展提供了新思路新方法的同时，也为生态环境的保护提供了新机遇。

在对皖江城市带的乡村地区进行产业设计之前，不仅应考虑到乡村地区的环境承受力有限，而且存在于监管的边缘区，发展过程中更易对其环境造成不可逆的破坏。因此亟须在发展过程中破解这一"先发展、后治理"的怪圈。目前低碳发展这一新的概念、新的实践，还属于探索阶段，可以在有条件的乡镇先试行。通过结合多年以来对致贫因素、致富理论的研究，整合"人口—社会—环境"系统，对乡镇在生态文明背景下的经济建设提供"锦囊"。突出扶贫基金的低碳走向，以"碳盈余"为中心引导扶持资金配置，促进土地要素的供给侧改革，从贫困地区的实际现状出发，以技术引进和减排目标为核心，合理调整环境控制目标和经济发展目标。

皖江城市带的基础设施建设还有非常多的空间，相对发达城市仍缺乏很多公共设施，这也是经济发展的潜在空间。皖江城市带在产能更新、承接产业转移加快发展的同时，也面临着保护生态环境的问题。应加强政策引导，深化改革，以发挥市场导向和政府推动的"两只手"，探索产业合理布局，在规划的同时照顾到环境问题，对各类开发活动进行严格管制，减少对生态系统的干扰，保证环境的稳定。特别是乡村更应在基础设施的设计之初就注重规划的科学性、可持续性。在厂房建设与城市化进程中，严把规划关，对影响环境要素的选址规划仔细分析论证。大力开展生态文明的建设工作，也是经济发展中的生态机遇，在建设中创文明生态。

三、皖江城市带生态文明建设现状

（一）生态文明的内涵

习近平总书记在党的十九大报告中强调，坚持人与自然和谐共生，建设生态文明是中华民族永续发展的千年大计。[4]生态文明的核心是坚持人与自然的和谐共生，基于这样的出发点，建设生态文明：第一，要尊重自然、顺应自然、保护自然、保护自然生态系统、维护人与自然之间形成的生命共同体；第二，要树立和践行绿水青山就是金山银山的理念；第三，要坚定不移地推动形成绿色发展方式和生活方式，坚持节约资源和保护环境的基本国策，实行严格的生态环境保护制度，以新的发展理念为指导，创新生产方式，改变生活方式，坚持走生产发展、生活富裕、生态良好的文明道路。要把生态文明建设融入经济建设、政治建设、文化建设、社会建设各方面和全过程，着力树立生态文明理念、完善生态文明体制、维护生态安全、优化生态环境，形成节约资源和保护环境的空间格局、产业结构、生产方式、生活方式，建设美丽中国，开创社会主义生态文明新时代。随着人类的发展，人类改造自然的能力也愈来愈强，人与自然的关系也在不断更新。从原始社会到工业社会，人类对环境的破坏越来越严重，而环境也开始反作用于人类。环境问题的日益严重迫使人类开始反思自己的发展观、生存观，思考如何创建一个优良的生态文明。

（二）皖江城市带生态文明的现状分析

安徽在全国较早地提出了生态强省发展战略，省委省政府制定出台了《安徽省生态文明体制改革实施方案》，提出"十三五"期间构建系统完整的安徽特色生态文明制度体系。2016年8月，安徽省委省政府印发《关于扎实推进绿色发展着力打造生态文明建设安徽样板实施方案》，提出以生态保护建设等六大工程为抓手，力争到2020年，资源节约型和环境友好型社会建设取得重大进展，[5]"三河一湖（皖江、淮河、新安江、巢湖）"生态文明建设安徽模式成为全国示范样板。近年来在安徽各级政府的不懈努力下，皖江地区的生态环境有了明显的改善，但仍有很多需要解决的问题：

在地理上，皖江城市带拥有丰富的旅游资源，又处于中部的交通枢纽地区，优势和重要性不言而喻，但产业结构的不合理导致生态旅游资源没得到充分利用。第一产业和第二产业的占比大于第三产业，农业在GDP中的占比很大。由此可以看出，皖江城市带的产业结构还是农业和工业。在战略支持和供给侧结构性改革的背景下，升级产业与转移并进，对生态的直接作用有限，而建设中需要大量环境资源支持，客观上又加速了对生态的破坏，因此生态文明的建设亟须得到政策保障：在大气污染治理、水污染治理、湿地保护、城乡建设绿色发展、林区生态保护等方面的政策法规应不断出台和完善。

管理机制不断健全。建立并完善了支撑保障和监管考核机制，形成了经济发展与生

态保护并进的工作格局。完成了省及下属单位编制的生态建设规划，从政策层面提出总体意见。在监督体制的指导下，开展市、县级人民政府及各部门的目标责任年度考核评价，考核结果纳入政府绩效管理体系。

各级各类试点项目不断推进。在国家级生态文明先行示范区、国家湿地生态效益补偿、国家级绿色循环低碳交通运输城市、国家园区循环化改造示范试点园区、国家湿地生态效益补偿试点、水生态文明城市建设试点、低碳生态试点城市、国家森林城市等国家级试点示范项目上，取得较大突破。省级生态镇（乡）、省级生态村、省级森林城市（县、市、区）、省级森林城镇（乡镇）、森林村庄、美好乡村建设先后被命名。

淮河、巢湖水质稳定向好，耕地保护红线未被突破，实施千万亩森林增长工程。池州、合肥、安庆、黄山、宣城进入国家森林城市行列，巢湖流域、黄山市、蚌埠市、宣城市等获批国家生态文明先行示范区。安徽生态文明建设步入全国平均水平以上，并呈现持续上升的趋势。

虽然各地在政策层面对生态文明的重视不断升级，在供给侧结构性改革的大背景下也是对生态保护与建设的机遇，但环境保护的主线仍是行政手段，且在法律的执行方面仍有所欠缺，缺乏企业和公众的自觉行动。环境质量改善的程度和进度与群众、规划的要求仍有较大差距。

四、皖江城市带供给侧结构性改革与生态文明建设中的问题分析

（一）供给侧结构性改革中面临的问题

2017 年 7 月 17 日，《2016 安徽区域发展报告供给侧结构性改革下的安徽产业发展》正式发布，在"创新、协调、绿色、开放、共享"五大发展指数指标体系指导下，对各个城市的发展做出评价。创新发展水平是在供给侧结构性改革下最重要的指标，创新也正在成为安徽发展最鲜明的特色和最强劲的动力。以合肥为中心，各城市潜能不断激发，使安徽创新发展正从"单极支撑"向"多极支撑"转变，但仍然存在以下问题：

1. 技能人才供需矛盾突出

为顺应供给侧结构性改革要求，引导用人单位加大人才开发，积极构建以产业集聚人才、以人才支撑产业发展的新格局，安徽省编制发布了《安徽省人力资源需求目录（2017—2020 年)》。从总体情况来看，安徽省人力资源需求旺盛，供给有缺口。2018 ~ 2020 年，战略性新兴产业人力资源供需差值平均约为 2.6 万人次，特别是技能人才供需矛盾更为突出，2019 年达到峰值。行业间人力资源供需差异明显。高端装备制造和新材料产业人力资源供需矛盾最为突出，70% 左右的岗位均非常紧缺；新一代信息技术产业次之，超过 40% 的岗位非常紧缺；生物和大健康、绿色低碳行业、信息技术产业约有 50% 的岗位较为紧缺。人力资源需求与产业发展成正比。新一代信息技术、高端装备和新材料产业的紧缺岗位占此次发布岗位总数的六成，也是制约发展的重要因素之一。

2. 部分市县的发展不均衡，城乡差异大，贫困人口参与度低

对于这个问题，应精准施策，加快贫困民族村脱贫步伐，平衡劳动力空缺，将绿色产业引进农村，以产业促脱贫，特色产业助力皖江城市带各个城市乡村"共同发展"。农业方面：长期重产量而忽视生产与消费、产品与市场衔接，对品种、品质和品牌建设重视不够。单一的农业经济也是脆弱的，没有多元化的收入层次，乡村的发展总受制于发展的无形"天花板"。发展乡村旅游扶贫，支持少数民族乡村旅游扶贫重点村通过发展乡村旅游实现脱贫。这不仅仅是简单地重复旧有的农家乐度假村模式，而应以市场需求为导向，因地制宜创新，提供更为优质而有吸引力的项目。真正地将改革成果惠及每一位民众，以皖江城市带的发展改革为先锋，带动全省的科学发展。

3. 资金资源的合理使用与配置

淘汰旧产能的速度某种程度上决定了改革的成效，没有壮士断腕的精神就难以真正实现改革目标。而旧产能的淘汰与新产业的配置都需要稳定的政策支持与资金支持。如何确保中央的精神准确反映为当地的政策性文件，如何让文件的指示得到有力执行，如何分配资金才能以最低的成本达到改革的目标与愿景，即产业结构升级的成本—收益比应如何控制。这些都成为政策制定的难题。有效的供给才能创造需求，有效的资金投放才能创造新产业。

4. 消费群体的观念转变

在传统针对需求侧的经济政策下，企业落后的市场观念导致其供给体系主要是面向低收入群体为主，而短短几年国内中等收入群体迅速扩张，消费结构变化巨大。企业没有及时跟上市场的变化。新形势下产业主要矛盾由总量不足转变为低质量的产品结构性过剩。"唯洋货论"只吹捧进口外国造而贬低一切国产品牌，这是落后的消费观，需要通过企业的适当宣传与引导，培训消费市场。当然观念的转变依赖于质量过硬的产品及服务，精品才能出"溢价"。国产品牌的优势或许也在同类产品更适应国人使用习惯，同类产品的服务维护成本也比外国更低，这就是潜在的优势，也是供给侧结构性改革的机遇所在。

（二）生态文明建设中面临的问题

1. 观念意识落后

在过去粗放型经济政策下，政府对企业的监管不严格，造成了大量污染事件，而乡镇的生态环境较为脆弱，经不起大量污染排放，也易引起粮食安全问题。但过去的观念仍影响着当地的发展逻辑。执法队伍的建设也存在很大问题，要提升执法队伍的专业素质建设，在乡镇这个监管边缘区，杜绝"权力寻租、钱权交易、以权谋私"，加大对违法乱纪的处罚力度。提升法律的威慑力，减少乡镇企业在违法违规中的粗放式野蛮生长。

2. 生态文明立法体系不完整

《中华人民共和国宪法》中缺乏对生态文明的保护条文，导致了部分不良企业故意利用漏洞逃避责任肆意破坏环境。而少数已完成的地方性法律又有政绩工程之嫌，追求

速度，忽略了立法的全面性，盲目跟风，造成法律"水土不服"，执行力不强。生态文明立法是一个专业性强的复杂工程，要从根本上解决问题，需要科学文化知识作为支撑。而在立法团队中，专业人士的缺乏也是导致立法缺乏科学性、系统性的主要原因。

五、皖江城市带供给侧改革与生态文明建设的对策

习近平总书记在党的十九大报告中强调，建设现代经济体系，必须坚持质量第一，效益优先，以供给侧结构性改革为主线；同时也强调必须要树立和践行绿水青山就是金山银山的理念，并明确要求加大生态系统保护力度。在党的十九大精神的指引下，结合皖江城市带的现状，具体对策如下：

（一）主攻供给侧，打造制造业"升级版"

对于皖江城市带的发展，工业企业扮演着重要的角色，同时对生态环境有更大的影响力。应让新兴产业快速增长，形成一系列完整的产业链，快速补上旧动能趋缓的空缺。要按照供给侧改革的需求，以创新为驱动，发展高端制造，深化融合发展。用好旧产业的人才，新产业的技术，用先进的低碳技术，加大投入改造提升，在制造业模式转变中实现平稳过渡。

同时，制造业的技术升级也朝着绿色可持续的方向发展，在保证生产效率的同时，减轻对环境的压力。以供给侧结构性改革为主线，加快调转促的工作进程，鼓励新建生态产业，着力构建节约环保的产业结构。推动战略性新兴产业和先进制造业健康发展。因地制宜，在不同区域分别建立以健康产业、培训教育和乡镇旅游等为主的生态吸引型产业。在工业转移为主线的同时，不断壮大新型生态产出型产业为副线，以积极培育发展现代高端农业为支撑。让人与自然和谐相处的生态文明观真正成为皖江城市带的新发展观念。切实按照安徽省委、省政府要求，"加快调转促"使制造业高端化、智能化、绿色化、精品化和服务化。

（二）实施"互联网＋制造"融合发展

其一，夯实智能制造基础。支持大型制造企业建立基于互联网的创业孵化、协同创新、网络众包等"双创"平台。加快两化融合管理体系标准的普及推广，广泛推广首席信息官制度，组织开展企业两化融合评估诊断、对标提升工作，分行业、分领域培育一批示范企业。提升智能产品在线服务能力，深化物联网标识解析、工业云服务、工业大数据分析等在重点行业的应用，完善工业信息安全保障体系。

其二，推广智能制造模式。从"点线面"布局智能制造，"点"上开展机器换人工程，"线"上进行生产线和车间的数字化改造，"面"上推进网络协同制造、推广个性化定制等模式，打造智能工厂。

（三）实施"基地＋基金"集群发展

大力引导企业向基地集聚，促进集群发展，推进新型显示、集成电路、智能语音、

机器人等战略性新兴产业集聚发展基地建设，壮大智能家电、新能源汽车等一批国家和省级新型工业化产业示范基地，推动建成智慧产业集群，培育一大批小微企业创业创新基地和众创空间等，形成一批"大而优""小而专"的产业集群和中小企业产业园。

（四）金融助力，创新发展，对接电子商务新业态

新产业不仅需要国家的直接扶持，更需要释放积极信号，鼓励民间资本进入。民间的资本和智慧即是李克强总理提到的"大众创业万众创新"。形成全社会合力，集中力量进行供给侧结构性改革，这也减轻了国家引导的资金压力。

首先，可以划出创新工业园区，为入园企业提供短期的税收和土地租金的优惠，吸引新技术、新产业。大力支持教育培训、文化旅游和健康产业等，进行一定的筛选工作，将资源用在刀刃上。同时，在企业与生态环境的关系上创造优秀样本，监督各个企业的生态责任，不仅改革经济，更从思想上改变发展观念，将工业文明改善升级为生态文明。

其次，给特定行业放国家贴息贷款，为新产业创业者减轻一定的资金压力。适度开放分行业的国家贴息贷款，为新技术的落地应用提供稳健的资金支持。用"看不见的手"推动企业发展，在政策的引导中时刻以供给侧结构性改革为目标，形成更合理的政企关系。

最后，充分利用电子商务平台，在不断的合作中寻求利益最大化。减少新兴产业"想卖的卖不掉、想买的买不到"的尴尬现状。同时，企业应加强品牌意识，在企业的文化和价值观上与生态文明对接，用科学的发展观念为皖江城市带的生态文明建设出力。

（五）形成节约资源和保护环境的产业结构

形成节约资源和保护环境的产业结构，就是按照提升发展质量和效益、降低资源消耗、减少环境污染的要求，建立绿色低碳循环发展的产业结构和经济体系。要限制高污染、高耗水、高耗能的产业发展，从供给侧的角度选择用高新技术和先进适用技术改造传统产业，淘汰落后工艺、技术和设备，实现产业集群绿色升级，实现资源循环利用和阶梯利用。要构建市场导向的绿色技术创新体系，发展绿色金融，大力发展节能环保等产业，构建清洁低碳、安全高效的能源体系，加快发展环境友好的现代服务业，推动服务主体生态化，服务过程清洁化。大力促进低成本要素投入、高生态环境代价的粗放生产方式向创新发展和绿色发展的双轮驱动的集约生产方式转变，推动能源资源利用从低效率、高排放向高效、绿色、安全转型。

（六）实施"集约＋循环"绿色发展

促进高效节能技术、产品和装备应用，支持企业实施节能改造项目，提升工业能源利用水平，优化能源消费结构和产品结构，推进淘汰落后产能。围绕"技术、管理、结构"三个节能，实施节能环保"五个一百"专项行动，促进企业节约集约降成本。

大力开展绿色产品、绿色工厂、绿色工业园区、绿色供应链试点，逐步建立覆盖工业产品全生命周期、全产业链的绿色管理体系，形成"绿色设计—绿色生产—绿色产品—绿色产业—绿色消费—绿色经济"融为一体的绿色发展模式。

（七）实施"龙头＋配套"协同发展

推进技术和产业、平台和企业、金融和资本、制度和政策四大创新体系建设，实施"龙头企业带动"工程，支持龙头企业加快科技创新、管理创新、产品创新和商业模式创新，加强质量和品牌建设，增强核心竞争力。通过兼并重组、交叉持股等多种方式积极引入各类社会资本，着力打造一批行业领军型企业。鼓励龙头企业与相关中小企业配套协作，通过专业分工、服务外包、订单生产和引资设厂等方式，带动中小企业发展。

（八）完善法律法规，加强行业自律

在皖江城市带加强供给侧结构性改革的同时如何确保生态文明建设跟上经济发展的速度？仅仅依靠文件精神是不够的，还要靠法律法规的约束、监管部门的检查指导、行业内的规范自律。要强化社会各界的生态保护意识，征求社会意见尽快制定出适应新发展形式的地方生态文明建设条例，推动生态文明成为社会主流价值观。因地制宜，将经济发展和环境责任统一起来，明确生态文明建设是政府、企业和公众的共同责任。

增强生态监管问责有效性和警示性，让一批不符合减排标准的企业限期整改，并通报其他同类型企业。促进产业集群化，便于集中进行管理和宣传。在新形势下优化政绩考核机制，将 GDP 和生态文明建设的政绩有机结合起来。

建立企业履行生态文明责任的自律机制。将环境要素加入企业信用管理制度，并适度升级占比，完善企业环境信用评级制度，评价结果及时向社会公开。将评级与银行贷款融资评级挂钩，提高违法违规成本。支持有绿色发展经验的企业申报国家级和省级生态文明各类示范项目，在审批上给予程序简化与优惠政策。改变"守法成本高、违法成本低"的现状。鼓励企业进行绿色采购、绿色生产、绿色包装、绿色物流、绿色产品、绿色回收等，优化生产流程。同时加强供应链管理，让每一环都朝着绿色、可持续、生态友好的方向发展。

参考文献

［1］智强. 现代化经济体系怎么建［J］. 中国新时代，2018（4）：88 - 91.

［2］宋晓梧. 去产能要理顺政府与市场关系［J］. 金融博览（财富），2017（12）：13 - 16.

［3］周晓阳，胡哲. 我国大学生生态文明教育存在的主要问题及其原因分析［J］. 中国电力教育，2013（28）：22 - 27.

［4］郭瑞，王亮. 长江绿色廊道：安徽省生态文明建设先行示范区绿色发展概说［J］. 铜陵学院学报，2018，17（2）：15 - 17.

［5］习近平. 决胜全面建成小康社会，夺取新时代中国特色社会主义伟大胜利——在中国共产党第十九次全国代表大会上的报告［Z］. 2017.

皖江城市带供给侧结构性改革与发展规划问题研究

周　娟

一、概念界定与问题的提出

（一）供给侧结构性改革的内涵界定

供给侧结构性改革是在我国经济持续下行、供需结构失衡以及近年来单纯依靠需求侧宏观调控政策但其边际效应递减凸显的情势下提出来的，它的实施效率将决定着我国"十三五"乃至更长周期内经济体系的发展方向。[1]供给侧改革并非我国首创，其最早运用于20世纪60年代初美国肯尼迪政府，美国和英国都曾通过实行减税和国企改革等相继实现经济复苏。但我国的供给侧改革与上述实践存在明显差别：我国的供给侧改革并不是简单地调节供给总量，实际上是一种结构性改革，包括要素层面和生产层面的改革[2]，具体指通过优化要素配置、鼓励企业创新、淘汰落后产能、降低税赋和深化国企改革、发展战略性新兴产业和现代服务业等方式，使要素自由流动、产业充满活力、创新蓬勃发展，实现经济社会的持续健康发展。[2]

要素层面的改革则将涉及劳动力、土地及自然资源、资本、制度、创新这五大要素，它们是支持经济长期增长的主要动力来源。其中，前三项对于中等收入经济体的经济增长的贡献较大，但进入中等收入阶段之后，后两项将成为关键动力。[3]因此从该层面上来讲，供给侧结构性改革也是新常态下我国跨越中等收入陷阱的必然选择。生产层面的改革就是要求清理僵尸企业、淘汰落后产能，降低企业税收负担，鼓励企业创新，深化国有企业、战略性新兴产业以及现代服务业等领域的改革等。

综上，供给侧结构性改革主要是从要素与生产双层面改革入手，通过优化要素资源的配置、调整经济结构和产业结构并不断优化，破除不合理的体制机制障碍，激发各个经济主体的活力与创新动力，推动经济和社会的持续健康发展。

（二）问题的提出

结合当下中国的实际情况，供给不足、供给过剩的问题都存在；与此同时，国内消费需求增速不断下降，境外消费需求却日益提高。所以，我国面临的不仅仅是供给问题，还有需求下降和外移的问题。因此，与国外已有改革实践不同，我国既要强调供给

侧改革也要重视需求侧的调控，即供给与需求双侧都要发力。其中，供给侧改革更偏重于长远的转型升级和改造，从经济运行的源头来入手；需求侧更偏重于短期，从经济运行的结果入手，主要通过投资、鼓励消费等方式来扩大需求，采取短期的特定宏观调控政策来拉动短期经济增长，但可能不利于经济持续健康发展。[2] 所以，需求侧的短期措施与供给侧的长期改革必须要结合起来，以此来对抗供给与需求双不足的现实状况，从而推动经济和社会的成功转型。

综上，本文认为供给侧改革应在要素与生产两个层面、同时要结合需求侧的改革来进行发展与规划。其中，要素层面主要围绕劳动力、土地与自然资源、资本、创新与政府来进行规划；生产层面主要围绕国有企业、战略性新兴产业、现代服务业等领域进行规划与发展；需求侧主要围绕投资、消费、出口三个方面进行规划。皖江城市带供给侧改革发展规划的理论框架如图1所示。

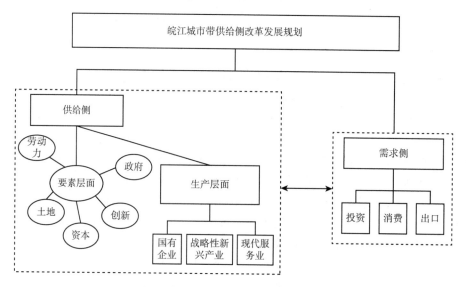

图1　皖江城市带供给侧改革发展规划理论框架

二、皖江城市带供给侧改革发展规划现状及存在的主要问题

皖江城市带坚持企业主体、政府推动、市场引导、依法依规、突出重点以及改革创新为基本原则，扎实推进与落实供给侧改革发展与规划，发展效益和效率得以提升，发展动能得以增强，促进安徽省经济迈上新台阶。但是规划过程中，皖江城市群在要素与生产层面仍然存在一定的供给约束与供给抑制，具体如下。

（一）要素层面

1. 人口及劳动力相关政策有效性不足

改革开放以来，以农民工及其家庭成员为代表的农村人口向城市、向工业领域大量转移，充足的劳动力成为中国经济过去的主要增长动力。但2011年中国人口结构出现拐点，2012年开始15~64岁劳动年龄人口的总数和占比都出现了下降。如图2所示，2011~2013年，皖江城市带15~64岁劳动年龄人口数量不断下降，在经历了2014~2015年劳动人口数量上升之后，2016年又出现了下滑。根据《安徽统计年鉴》，65岁以上老年人口从2011年的106.35万增长到2016年的114.87万，2013年甚至达到118.32万。2011~2016年，多数城市人口向外省流动的意愿在减弱，但是除了合肥、铜陵两个城市的流动人口流向外省的比例低于41%之外，其他城市的流动比例仍在58%以上，代表很大一部分劳动人口及其家庭成员都流向了外地。因此，皖江地区的人口老龄化现象在加剧，劳动适龄人口的平均增速远小于老龄化的速度，劳动力外流严重，造成劳动力有效供给减少。

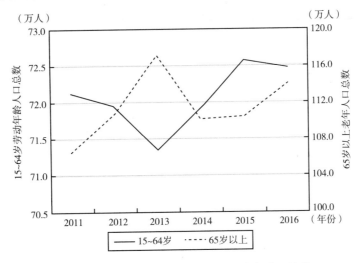

图2　皖江城市带劳动年龄人口以及老年人口情况

资料来源：根据2011~2016年《安徽统计年鉴》整理。

由表1可知，皖江城市带，农村和城镇居民的可支配收入年年在提高，职工工资水平也在不断上涨，意味着劳动力成本在上涨。近几年，频繁出现民工荒、招工难等现象就是很好的证明，这也意味着将增加企业经营的成本压力和负担。因此，皖江地区依靠充足的廉价劳动力来发展经济的优势正在不断削弱。

表1　　　　　　　　　　皖江城市带工资水平与可支配收入情况　　　　　　　　　　单位：元

项目	2011年	2012年	2013年	2014年	2015年	2016年
城镇非私营单位就业人员平均工资	47529	45803	50100	53871	58547	59349
城镇常住居民人均可支配收入	20978	23774	26248	26861	32178	31733
农村常住居民人均可支配收入	7329	8324	9609	11618	12681	13723

资料来源：根据2011~2016年《安徽统计年鉴》整理。

虽然皖江城市带人口受教育程度在不断上升，但截至 2016 年，平均受教育年限仍为初中及以下水平，还有很大上升空间；从事农林牧渔业等人力资本要求较低行业的人员比重虽有所下降，但仍然维持在较高水平，约为 31%，高学历人才比较少。由于皖江城市带的公共教育投资水平较落后于浙江、江苏、上海等地，这些地区的社保制度、医疗服务也较为完善，因而对于全国包括皖江城市带的高素质人才的吸附与集聚能力更强。因此，对于皖江城市带来说，劳动力流动固然有利于资源的优化配置，但一个系统若"只出不进"，将无法保证该系统的可持续循环，造成皖江城市带高素质人才的进一步短缺；同时，这些较高收入者的"出走"，以及各地户籍与住房制度等限制，将会不利于皖江城市带房地产库存的消化。

2. 土地与自然资源规划方面的前瞻性与灵活性亟待加强

土地，特别是建设用地，作为最重要的经济发展空间载体和基本生产要素，加强其供给侧改革，提高利用率对经济整体效率有着深刻影响。[4] 近年来，皖江城市带经济发展呈现速度加快、后劲增强的趋势，2008～2016 年 GDP 平均每年增加 1545.75 亿元，随着城镇化的发展，皖江城市带的大量农村土地通过各种形式转化为城市发展用地。如图 3 所示，2016 年较 2008 年皖江城市带农用地面积有一定缩小，但总体变化并不显著，这可能与耕地保护政策有关，这些地方政府的土地规划缺乏协调性、土地管理审批程序复杂烦琐，阻碍了农用地向建设用地的转化。

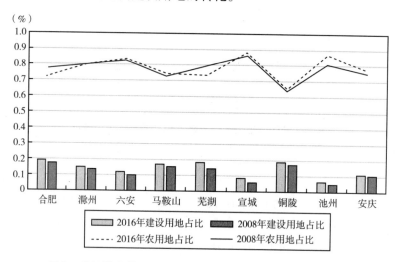

图 3　皖江城市带 2008 年和 2016 年农用地、建设用地情况

资料来源：根据 2008 年和 2016 年《安徽统计年鉴》整理。

由图 4 可知，2017 年皖江城市带的城镇化率最高水平已达到 73.75%，最低为 45.41%，整个皖江地区的平均城镇化率达到 57.3%，这意味着皖江城市带在承接产业转移过程中对于建设用地的需求日益增强，但从土地利用效率看，2017 年全省每亿元 GDP 占用的建设用地比全国高出近六成，因此皖江城市带的建设用地使用效率不高、用地规划方面缺乏前瞻性与灵活性，供需矛盾必将愈加激烈。

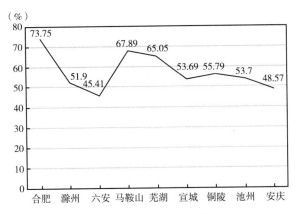

图 4　2017 年皖江城市带城镇化率

资料来源：根据《安徽统计年鉴》（2017）整理。

由于农村土地为集体所有，在转化农村土地的过程中，产生了一系列现实问题，例如小产权房、以地换社保等。这些措施有利有弊，甚至可能不合法；土地产权不够明确、征收补偿不够合理，农民无法分享土地的增值收益；由于农村缺乏如城市一样的社会保障制度，农民进城的成本太高，造成农村集体建设用地流转不彻底。

此外，由于地方政府发展观念偏差、环境准入门槛高低不同等因素，在产业转移过程中可能会造成污染转移。因而，造成各类水体、土壤、大气污染问题以及资源能源挥霍式耗用等严重问题。尤其是合肥、芜湖、铜陵、马鞍山和滁州等工业型城市，2016年工业废气排放总量占安徽省的 50.5%，废水排放总量占 40.8%，污染较重。

3. 资本市场制度不健全，企业"减负"力度亟待加强

企业成本高、资本利用率低下仍然是皖江城市带供给侧结构性改革的致命硬伤。以工业企业为例，2011 ~ 2016 年，皖江城市带规模以上工业企业主营业务成本不断增加，主营利润空间不断减小；截至 2015 年底，皖江城市带规模以上工业企业应收账款和产成品库存占流动资产比重为 38.3%，比全省高 0.9%；主营业务收入中，主营业务成本占比高达 86%，各种税费占比 1.1%，主营利润占比仅仅 12.8%，如图 5 所示。同时，企业用工、用电、物流等成本负担依然较重，融资难融资贵问题仍较突出。在需求持续收缩的大背景下，叠加了高企的成本与费用，将会使得企业的盈利雪上加霜。有研究表明，产能利用率与主营活动利润率高度相关，2011 年以来，皖江城市带规模以上工业企业的主营利润率从 13.4% 下降到 2016 年的 12.8%，一定程度上，代表皖江城市带工业企业产能利用率不断下滑，企业盈利随之恶化，反映资本使用效率的低下，去产能、去杠杆刻不容缓。

承接产业转移是皖江城市带最重要的一项战略，其本质就是资本的转移，因此需要依靠有效的金融支持。由表 2 可知，皖江城市带金融市场结构较为单一，直接融资在金融市场中比例不高，比较依赖间接融资。而间接融资相对于直接融资，不仅融资效率不高，成本巨大；而且容易滋生融资企业滥用金融资源的现象，因此直接融资的规模还需提高。截至 2016 年，皖江城市带共有上市公司 78 家，主要分布在合肥、芜湖、马鞍

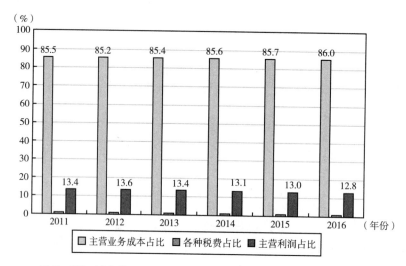

图5 皖江城市带 2011～2016 年规模以上工业企业主营业务情况

资料来源：根据 2011～2016 年《安徽统计年鉴》整理。

山、铜陵这 4 座城市，至 2016 年池州仍然只有 1 家上市公司。如图 6 所示，上市公司直接融资规模方面，各地差异很大；直接融资结构方面比较单一，皖江城市带基本以发行股票为主，公司债券市场不够活跃，其他形式的直接融资渠道则更少。

表2   2017 年皖江城市带各市融资情况

城市	间接融资			直接融资	
	贷款余额 （亿元）	比年初增减额 （亿元）	比上年增长 （％）	融资额 （亿元）	比上年增长 （％）
合肥（含省直）	13550.8	1196.9	−40.7	3463.8	47.9
滁州	1703.4	271.4	21.7	86.8	−10.8
马鞍山	1501.9	151.4	−9.0	699.2	77.8
芜湖	3211.5	358.9	−0.6	342.1	−22.6
宣城	1230.0	177.9	22.9	61.7	−14.8
铜陵	1059.5	88.3	42.4	107.9	12.9
池州	562.9	55.1	101.1	18.9	−42.8
安庆	1707.6	225.4	36.0	111.3	17.0

资料来源：皖江战略网。

为了更好地满足增速极快的信贷需求、提高融资供给、解决"三农"以及对就业贡献最大的小微企业等的融资难题、支持"双创"发展等，皖江城市带近几年各类金融机构异军突起，例如金融公司、财务公司，小额贷款公司和融资担保公司等新兴金融机构。但与银行业金融机构相比，数量与规模还是偏小，民资外资占比过低，证券公司也大多来

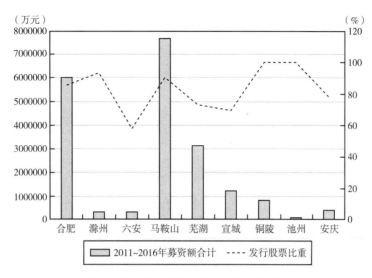

图6　皖江城市带上市公司直接融资情况

资料来源：根据2011~2016年《安徽统计年鉴》整理。

自域外，本土资本市场功能较齐全的证券公司很少，造成企业的融资渠道狭窄，因此，如何盘活有限的自有金融资源、吸引区域外金融资源很重要。此外，新兴非银行金融机构的经营规范性可能存在一些隐患，会抬高融资成本与风险，将对监管机构提出较高的要求。

4. 原始创新动力不足，创新能力有待提升

得益于创新驱动战略的实施，"十二五"期间，皖江城市带科技创新活动成果显著。净增高新技术企业1363家，2015年达2455家。高新技术产业增加值年均增长16.1%，增加值占全部工业比重2015年达到44.1%。申请与授权专利数、科技论文产量均大幅度上涨，2015年申请专利数甚至达到2011年的4倍。平板显示、太阳能光伏等战略性新兴产业全国领先，全超导托卡马克、量子通信、语音合成等高端科技成果居世界领先水平。

实施创新驱动发展战略，就是要推动以科技创新为核心的全面创新。作为科技活动的核心，R&D是一项知识密集型的创造性活动，它是衡量一个地区经济发展、科技进步和创新竞争力的重要因素，并在一定程度上反映地区经济增长的潜力和可持续发展能力。

R&D经费虽然与财政科技支出概念不同，但是对R&D经费支出的分析，也可对一个地区财政科技的总体水平略见一斑。[5] "R&D经费支出/GDP比值"是国际上通用的反映R&D投入强度最为重要、最为综合的指标，按照"全国科技进步统计监测和综合评价"和"创新型国家进程统计监测研究"结果，该比值达到2.5%，代表该地区具有一定的创新能力。[6] 如图7所示，2011~2015年，皖江城市带R&D投入强度不断增强，从2011年的1.127%增加到2015年的1.806%，但是均未达到2.5%，因此相对于国民经济发展水平和建设创新型经济体的战略目标而言，皖江城市带的R&D经费投入强度还要继续提高。

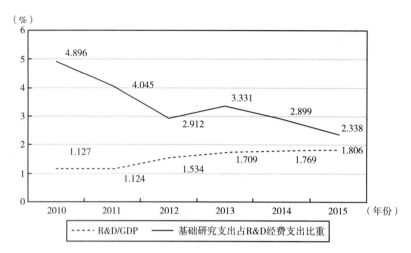

图 7　皖江城市带科技创新情况

资料来源：根据 2011～2015 年《安徽统计年鉴》整理。

基础研究、前沿探索是一个国家和地区提升原始创新能力的关键，发达国家都是依靠基础研究的重大成果去发展相关技术与产业，因此原始创新就在于基础研究，它是创新的供给侧。但是，基础研究投资的周期长风险大，公共产品属性最强，私人不愿介入，对政府的资金依赖程度最大。政府虽将绝大部分的 R&D 资金投向了高校和科研机构，但它们可能并没有将基础研究作为其发展重点。如表 3 所示，2015 年，宣城的基础研究经费占 R&D 支出的比重仅有 0.01%。皖江城市带的基础研究投入虽然在不断提高，但总体占 R&D 的比重和强度却很低，直接反映示范区未来创新驱动发展的原创储备不足。

表3　　　　　　　　　　**2015 年皖江城市带 R&D 经费支出结构**　　　　　　　单位：%

城市	基础研究	应用研究	试验发展
合肥	10.51	12.43	77.06
滁州	0.97	7.44	91.59
六安	0.74	1.42	97.84
马鞍山	0.93	6.81	92.26
芜湖	1.50	1.96	96.54
宣城	0.01	0.13	99.86
铜陵	0.50	3.06	96.43
池州	0.88	0.73	98.39
安庆	5.00	2.26	92.74

资料来源：根据《安徽统计年鉴》（2015）整理。

5. 政府自我管理、公共管理和服务能力亟待提升，存在缺位、越位和错位

皖江城市带供给侧结构性改革已进入快车道，但是各个皖江城市地方政府在推进职能与制度方面的变革普遍存在一定的滞后。在实际的经济生活中，审批环节过多，政府

管理层次较多，政府行为缺乏有效监督，权力"设租"和"寻租"的现象还比较普遍。"设租寻租"成为腐败的新特点，公职人员利用权力在行政审批、工程建设、财政补贴、贷款发放等过程中，违规插手招投标、协助"公关"，甚至直接参与造假，向特定关系企业或亲友输送利益，严重妨碍了市场环境的公平公正，因此，简政放权、加强政府管理体制改革势在必行。

此外，财税、金融、土地、国企等关键和重点领域的调整要么落后于社会预期，要么缺乏针对性。例如，皖江城市带所承接转移而来的产业，很多是尚处高风险低利润的发展期而亟须低成本空间发展壮大的新兴产业，或是在原区域内发展受阻、业绩已经下滑的传统产业[7]，这些转移产业对于融资支持通常存在个性化的需求，需要承接地政府多花心思对其调研与其交流以制定富有针对性的"一对一"的金融扶持政策，但皖江城市带各地政府所制定的政策千篇一律，或者大多以"补贴""优惠""专项"等方式代替扎实的市场环境打造与市场基础建设[2]，因此很难解决各地产业企业的实际具体问题，无益于转移产业的发展。

（二）生产层面

1. 国有企业改革中市场导向性、开放协同性较为缺乏

国务院发展研究中心企业研究所副所长张文魁先生曾表示，国企改革才是货真价实的供给侧结构性改革。可见，国有企业将是供给侧结构性改革重中之重。但是，皖江城市带的国企，尤其是地市级国企改革存在很多问题。

由于市场导向性缺乏，国企深受产能过剩的制约。"十二五"期间，在各类企业中，国有工业企业总体上以最高的资产负债率和最低的主营收入利润率，资产负债率最高接近70%、主营收入利润率最低只有3%，导致了收入、利润的最大幅下滑，如图8所示。此外，还存在着产业结构层次不高，钢铁等部分行业产能过剩，主导产业和特色产业发展不足，资源环境约束日益增强，区域间产业同质化竞争激烈等问题。这意味着，各类企业中，国企的盈利能力最为堪忧，产能过剩、长期亏损、资不抵债最为严重，未来必定是化解产能过剩、清除"僵尸企业"的主要承担者。

由于开放协同性不足，国企尤其是地方级国企改革障碍和问题较多。整体上市、员工持股和引入战略投资者已经成为推动安徽省央企和省属企业改革大提速的"三驾马车"，但地市级国企所能享受到的政策红利却很有限、面对的困难也更大更多。例如铜化集团，股权转让从方案设计到资产评估再到正式挂牌耗时2年，整个过程也才走了一半。这仅仅是皖江城市带以及各地市级国企改革的一个缩影，它们在改革过程中，协调、上报、审批程序过于冗长，沟通成本太大，有时几乎难以操作，等完成审批，可能早已错过合适的市场与战略投资者。此外，地方国资委存在照搬国务院国资委对央企的监管模式的问题。由于地方国企本自身管理水平与规模都要低于央企，因此地方国资委大多按照国务院国资委规划的相关职能行事，依靠转发和执行国务院国资委的宏观政策方针来监管下属企业，但这其实是一种行政思维方式，缺乏灵活性和针对性，无益于地方国有资产的保值和增值。

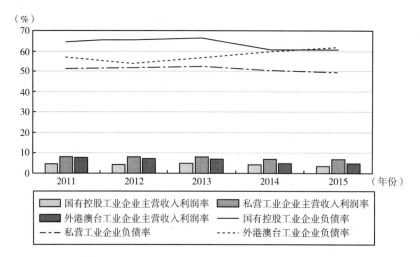

图 8　皖江城市带各类工业企业主营收入利润率与资产负债率情况

资料来源：根据 2011～2015 年《安徽统计年鉴》整理。

政企不分，治理机制不完善。国企高管主要由上级任命并向他们负责，决策、考核等都倾向于行政化，企业发展更多是出于政绩考核，容易忽视经济增长、就业增长等目标，忽视人才的激励、企业价值的最大化，可持续发展能力不强。

2. 战略性新兴产业规划缺乏系统性，有可能引发新一轮产能过剩

由表 4 可知，"十二五"期间皖江城市带战略性新兴产业发展势头良好，已成为加快产业结构调整升级的强劲推动力，对安徽省经济增长的贡献进一步提升。2016 年，皖江城市带战略性新兴产业产值达到 7725 亿元，占安徽省 76%，但是较 2015 年增长放缓，对安徽省贡献下降 0.5%，同时与《安徽省战略性新兴产业"十二五"发展规划》提出的到 2015 年力争新兴产业产值突破 1 万亿元的既定目标还存在差距。

表 4　　　　　　　　　**2011 年和 2015 年皖江城市带战略性新兴产业产值**

市名	企业数（户）		产值（亿元）	
	2011 年	2015 年	2011 年	2015 年
全省	1552	2856	4132.1	8921.5
合肥	385	466	1331.9	2788.8
芜湖	246	389	732.1	1371.1
马鞍山	113	209	224.6	438.3
铜陵	31	85	287.4	625.2
安庆	93	229	156.4	477.9
滁州	115	190	282.1	521.6
六安	34	93	80.6	248.5
池州	35	67	47.2	85.9
宣城	73	245	139.7	446.8

资料来源：安徽省统计局。

2016 年，合肥、芜湖的集成电路、新能源汽车、机器人等基地在 15 个首批战略性新兴产业集聚发展基地中，发展速度排名比较靠前，合肥的智能语音基地甚至位于第一；虽然铜基新材料基地的发展速度较低，但对于铜陵市的工业总产值增长的贡献率达到了 38.4%，较好地达到了"以铜兴市"的发展目标。但是，由于缺乏领军企业，以点带线、以线带面的辐射联动效应并不明显；在发展中还存在缺乏核心技术、产业发展不平衡、产业集聚度不高等问题；这些新兴领域的发展还受到一些体制机制制约，短期还难以形成像房地产、汽车等传统引擎的拉动力；各地发展战略性新兴产业的热情持续高涨，但由于投资体制可能已经过时，地区之间出现了一定的低水平重复投资、产能过剩的局面。

3. 现代服务业的投资力度与方向需要加强与调整

近 1 年来，依托于良好的区位条件、丰富的旅游资源和文化底蕴、众多教育科研基地以及渐趋成熟的产业承接平台，皖江城市带现代服务业门类不断增多、发展迅速，尤其以金融业为代表，滨湖国际金融后台基地初具规模，浦发银行、中国人保财险等一批总部级后台服务中心先后入驻，金融业增加值占比由 10.2% 提高到 13.6%。[①]

2016 年，皖江城市带服务业生产总值占 GDP 的比重为 41%，但是低于全国水平 51.6%，因此皖江城市带服务业比重偏低，在一定程度上反映了产业结构仍需优化，转型升级步伐仍需加快。相比较周边苏南、上海等地区，皖江城市带现代服务业总体规模和企业规模仍然偏小，对工业、农业的带动和支撑作用不强，尚未形成互为支撑、互为促进的循环体系。特别是在市、县级地区，由于服务业发展环境受基础设施和软件环境等条件制约，现代服务业如现代物流、金融服务等发展跟不上当地工业发展的需要。

皖江城市带现代服务业固定资产投资虽有很大提升，2015 年达 6475 亿元，但是仍然以交通运输、仓储业等传统服务业以及政府融资平台主导的商务服务业等为主，拥有自主知识产权、自主品牌的创新型企业规模偏小。此外，企业成本不断上升，因此创新能力必须增强。[②]

三、皖江城市带供给侧结构性改革发展规划建议

(一) 要素层面

要素层面的发展规划，最关键在于提升劳动力、土地、资本等要素的使用效率，推动发展方式由要素驱动向效率驱动、创新驱动转变。

1. 劳动力

进一步放开生育政策，提高生育水平，并出台配套鼓励措施，这将作为皖江城市带劳动力要素改革的基础，在进一步释放生育潜力的同时，减缓人口老龄化压力，增加劳

---

① 安徽省统计局"十二五"全省经济社会发展系列分析之二十六。
② 安徽省统计局 2015 年全省经济形势系列分析之十八。

动力供给，补充人口红利。

推动户籍制度改革，实现社保制度一体化，化解房地产库存。户籍、社保等制度改革将是劳动力要素改革的关键内容，其目的在于促进劳动力要素的跨地区流动。"十三五"规划明确提出加快提高户籍人口的城镇化率。虽然皖江城市带近几年城镇化率不断提高，但是质量并不高，因为很多常住人口并没有落户。地方之间、城乡之间的社保、医疗服务等也不统一，因而劳动力自由流动的成本较高、购房意愿与条件不足、无法享受同等福利等，妨碍了劳动力的最优化配置。因此，要加快户籍与住房制度改革，实现社保、医疗服务的一体化，从而提高有效劳动力供给、促进皖江城市带一体化、加快城镇化，同时创造需求、消化房地产库存。

推动人口红利向人才红利转变，加大人力资本投资。进一步加大基础教育、高等教育和职业教育投资力度，提升劳动者素质；引导和支持企业建立有效的员工培训与激励制度，鼓励企业进行人力资源开发，利用股票期权、员工持股计划等分配方式来吸引和激励人才。

2. 土地与自然资源

要建立城乡统一的建设用地市场和土地产权制度。设立流转监管制度，对于入市土地进行严格审批。农村土地流转以确权为基础，以放活经营权流转为目的，从而提升土地要素的流动性。同时，放活农村土地经营权流转意味着未来廉价的农村土地用地供给瓶颈将打开，也有助于抑制地产泡沫、加速地产库存去化。

健全建设用地监督和管理机制。完善相关立法、加大执法力度，对建设用地的用途、交易价格进行严格审批，规范和完善产权登记；建立健全听证会报告机制，提高政府决策中人民的参与度，使得政府决策更加透明、公开和有效，提高政府决策效率。

缩小征地范围，完善土地征收补偿制度。农民被征收土地的补偿要参照土地出让的价格来进行设计，而不是原用途的价格；在征收补偿过程中，要确保征地农民的全程参与，若有纠纷出现，还可以考虑设立征地赔偿争议裁决机构，为弱势农民提供法律援助；征地之后农民的生活、工作问题也要考虑，可以对失地农民进行再就业培训、提供创业贷款与优惠政策、购买社保等。

各地政府要正视产业转移中的污染转移问题，保护皖江自然资源，转变发展观念，提高产业准入门槛，完善控制污染转移的环境法治建设，强化公众参与的环境管理机制。

3. 资本

资本要素改革的方向之一就是降低企业成本，提高资本回报率；要继续推行资源性产品价格改革，降低企业原材料成本；实施减税降费和加速折旧，降低企业财税成本；推进利率市场化，结合降息降低企业财务成本；实施养老保险体系改革，降低企业人力成本。另一个方向是淘汰落后产能，提升资本使用效率，改善企业盈利；加快对僵尸企业的处置，积极进行商品房去库存，尽快将被占用的存量资本引导到新兴领域和环节。

在"四个歼灭战"中，习近平总书记对建设股票市场的论述最为详尽：要防范化解金融风险，加快形成融资功能完备、基础制度扎实、市场监管有效、投资者权益得到充分保护的股票市场。这意味着，改革融资体制，促进直接融资发展，将是未来的重点方向。

关于皖江城市带，笔者有以下几点规划建议：

缩小各地金融发展水平差距，合理配置招商资源，加快池州、滁州、宣城等较落后的城市融资发展进程，营造良好的经济氛围，吸引更多转移产业在当地开花结果。

加快皖江城市带各地直接融资渠道建设，提高直接融资比例。加大对潜力巨大、涉足战略性新兴产业的中小企业的上市培育和扶持力度，奖励上市成功的企业，以吸引更多企业进行股权融资；鼓励暂时无法上市的企业进行债券融资，降低对间接融资的过分依赖，扩大承接产业专业的企业的债券发行规模，并引导相关机构积极配合，例如保险机构的投保等，政府相关部门进行监督，确保债券市场的公平有序；国家正在大力发展多层次资本市场，皖江城市带要适时利用各市场，例如新三板市场。

创新金融产品和服务方式，提高融资效率。加快吸引域外金融机构在皖江城市带的入驻，加强与这些机构的合作、学习与交流，打破区域壁垒的同时提升本土金融机构竞争力；积极开展银行信贷产品与服务创新，缓解企业融资困难；加大对融资担保公司和小额贷款公司的支持与监管，分担银行负担；构建风投平台，支持产业转移。

4. 创新

创新驱动作为经济社会发展的供给侧，其核心为科技创新，因而加大对 R&D 活动，尤其是基础研究的投资是关键。皖江城市带各地政府要积极对高校、科研机构、企业等进行引导，提高它们对基础研究等科技创新的重视，出台相关优惠和鼓励政策，清理不必要的收费和审批环节。资本市场要对以基础研究为核心的创新活动进行支持，提高相关企业的创新意愿。加大知识产权保护力度，完善相关立法，并严厉惩处相关违法行为。

推动"双创""安徽制造2025""互联网＋"计划，提升创新转化。推进官产学研协同创新，提升创新转化率；为创新创业企业提供更为便利的资金支持，例如私募；提供创新创业企业的税费减免政策，例如研发费用抵税等。

5. 政府

改革行政体制，降低制度成本。企业除了要面对原材料、财税、人力等显性成本，还要面对腐败寻租、垄断、管制等隐性成本，因此政府要加紧尤其隐性领域的改革。转变政府职能，狠抓反腐，建立依法、透明、规范的管理制度；打破垄断，形成公平竞争、促进企业健康发展的制度环境，促进各要素自由流动；进一步简政放权，放松管制，限制政府对企业经营决策的干预，让市场发挥更大作用。

（二）生产层面

1. 国有企业

加速国企合并重组，清理"僵尸国企"，提高资源利用效率。坚持"混改"，优化产权结构，转让处理劣等资产，将优质资产注入优势主业，从而形成全新的分工合作体系。加大技术投入，增强创新能力，淘汰落后生产要素，奠定企业转型升级的基础。清理"僵尸国企"、淘汰落后产能的过程将有可能造成大批国企员工下岗，因而发展皖江

城市带服务业吸纳就业便是必然选择。

对于皖江城市带地市级国企的"混改",政府要提高沟通效率、降低沟通成本。若地方政府权力有限,可能还很难给予相关企业有利政策,相关政府与企业可以考虑借助上市公司这样的优势作为一个招商引资的平台,通过转让上市公司控股权,吸引有实力的大企业或财团来当地投资。皖江城市带各地方国资委要以支持地方国企发展为目的,不要仅仅以指示、文件、审核等方式来监管下属国企,而要制定具有灵活性和针对性的政策,从而推动地方国有资产的保值增值。

皖江城市带各项政治、经济改革的推动将有利于国企政企不分、受政府行政干预过多等问题的解决。因此,国企要抓住机遇,构建和谐高效的公司治理体系,通过由国资委、企业高管和外部专业人员构成的"大董事会"理顺皖江城市带各地政府与国企之间的关系。在此基础上通过业务整合、优化产业结构及战略调整,将有限的地方国有资本向地方基础产业、战略产业和关键领域集中,达到支撑、引导和带动皖江城市带经济发展的目的。

2. 战略性新兴产业

扶持"龙头"企业发展,提高产业集聚度。各地要认真贯彻落实"4105行动"计划,以加快建设战略性新兴产业集聚发展基地为突破口,扎实推进国家级和安徽省级战略性新兴产业集聚发展基地建设,充分发挥基地在产业转型升级中的示范带动效应。通过专项资金引导、扩大基金投入、强化要素保障、创新体制机制等政策措施,引导企业、资金、技术、人才等资源加速集聚,构建战略性新兴产业加快发展新格局。

战略性新兴产业体制机制的变革还需要继续深化,以释放产业新增长点。例如,创新药物和医疗器械产业的审批周期冗长,定价和采购机制不合理,各类许可繁杂重复等问题,发展新能源汽车面临场址规划、充电基础设施建设等问题,在解决这些问题的过程中,一方面可以促进这些新兴产业的发展,同时还可以催生相关产业新的增长点。

优化新兴产业投资机制,合理配置投资资源。注重把淘汰落后产能和创新创业结合起来,把原来"僵尸企业"占用的各种资源,包括土地、信贷等,在皖江城市带各地政府的引导下流向战略性新兴领域,实现以旧换新。

3. 现代服务业

依托工业转型升级,加快发展生产性服务业。要把握皖江城市带制造业加快转型升级的机遇,推动服务业和制造业有机融合、互动发展。引导大中型制造企业实施非核心业务剥离,鼓励各类生产性服务企业,围绕制造产业集群和战略性新兴产业,做好专业化服务的跟进,提供适合企业需求的"快餐式"外包服务。

突出发展重点,推进现代服务业加快发展。坚持"高端、高效、高辐射力"的产业发展方向,加快推动皖江城市带现代服务业集聚区建设,重点围绕现代物流、文化创意、科技研发、商务会展、服务外包等服务业高端平台及载体建设,加大生产要素支持力度,推进现代服务业快速发展。

优化发展环境,降低企业成本。采取更加精准的扶持政策和多样化措施,降低企业成本,增强投资者的积极性。加强对企业运行状况的监测与引导,及时解决企业在融贷、用工、土地使用等环节遇到的困难，尽快实现用电、用水、用气价格与工业同价，切实降低企业生产成本。

创新供给，激发企业活力。以"互联网＋""双创"为抓手，加快发展电子商务、云计算、数字创意等新兴产业。支持企业加大对符合产业升级方向的相关技术研发和推广应用的力度。继续深化"放管服"改革，简政放权，激发活力；对企业开展创新创业活动给予资金支持和市场品牌推广支持。用好服务业发展引导资金。

（三）需求侧

除了供给侧发力之外，需求侧的改革规划也要重视。需求侧的各项改革措施要与以上两个层面的供给改革进行配合，从而推动皖江城市带的经济和社会转型升级。具体如下：

1. 投资

"十二五"期间，皖江城市带固定资产投资累计 62693 亿元，年均增长 20%，其中基础设施投资达 10042 亿元，房地产去库存取得一定成效。总之，投资建设成果比较丰硕，但是投资端的政策措施还须进一步完善以配合供给侧结构性改革：稳住房地产、基础设施、现代服务业、新兴产业和装备制造业等重点领域投资，降低高能耗等传统行业投资，注重科技经费公共投资，优化研发资源配置，与此同时注重提高投资效率；促进投资融资体制改革，放宽社会资本准入渠道，充分运用推广 PPP、特许经营等融资模式，鼓励民间资本进入公共基础设施等公共品建设，补充皖江城市带经济社会发展的缺口和短板，提升投资质量和效益。

2. 消费

"十二五"期间，皖江城市带消费增长与投资的差距明显缩小，但对经济增长的拉动作用仍显不足，长此以往将会制约投资规模的扩大，造成大量生产能力闲置浪费和企业库存挤压，投资效益也难以得到保障。因此，皖江城市带的消费环境还需优化，人们的消费能力与市场还需进一步提升。具体如下：

健全法治，严厉"打假"，加大处罚力度，提升消费品安全与质量水平，切实保障消费者合法权益；加快信用体系和公共服务平台建设，提升人们消费信心和满意度。

提高个税起征点等提高人们在收入初次分配中的比例；加大对低收入群体的补助力度，逐步提高最低收入水平；鼓励创新创业、完善投资环境等以扩大中等收入群体，提高人们消费能力。

随着人们消费能力的提升，人们的消费需求呈现多样化、品质化等特点，对于娱乐、教育、文化等相关服务的需求日益扩大；随着"二孩"时代的到来，有关老年、婴幼儿等产品与服务的需求在不断增大，例如老年医疗、母婴保健等，因此皖江各地需要制定针对性措施以满足这些市场。

3. 出口

2015 年，皖江城市带出口 271.1 亿美元，增长 7.8%，比安徽省高 2.6%，但合肥、铜陵、马鞍山等都有一定下滑，最根本原因就是要素成本不断上升，因此要加快培育皖

江城市带技术、品牌、质量、服务等出口竞争新优势，不断提升价值链地位。建筑、汽车、水泥等"走出去"成果丰硕，它们在"一带一路"沿线国家积极投资，例如海螺水泥境外盈利已经占总盈利的70%。但是整体上走出去的高技术产业、生产性服务业还很少，针对民营企业的扶持政策也不健全，相关专业人才还比较缺乏，综合信息服务平台的建设还要加快。此外，皖江城市带要继续完善区域对外开放总体规划，拓展贸易方式，积极承接区域外外资产业转移，促进外资和外贸的良性互动发展。

参考文献

［1］李智，原锦凤. 基于中国经济现实的供给侧改革方略［J］. 价格理论与实践，2015（12）：12－17.

［2］纪念改革开放40周年系列选题研究中心. 重点领域改革节点研判：供给侧与需求侧［J］. 改革，2016（1）：35－51.

［3］贾康，苏京春. 论供给侧改革［J］. 管理世界，2016（3）：1－24.

［4］马克星等. 上海市土地市场供给侧改革研究［J］. 中国土地科学，2017，31（1）：37－47.

［5］吴知音，倪乃顺. 我国财政科技支出研究［J］. 财经问题研究，2012（5）：75－79.

［6］江苏省科技情报研究所. 2014江苏省创新型城市评价报告［EB/OL］. 2015－07－23，2017－06－13. http：//www. jssts. com/Item/531. aspx.

［7］陈吉超. 皖江城市带的融资支持研究［D］. 安徽农业大学，2012.

皖江城市带供给侧结构性改革与区域经济发展研究

刘中侠

一、皖江城市带发展趋势与供给侧结构性改革出台背景

(一) 国家区域经济战略背景下的皖江城市带的发展趋势

2010 年 1 月 12 日，国务院正式批复《皖江城市带承接产业转移示范区规划》，承接产业转移示范区的安徽沿江城市带建设正式纳入国家发展战略，成为迄今全国唯一以产业转移为主题的区域发展规划，对促进区域协调发展，推进安徽参与泛长三角区域发展分工，探索中西部地区承接产业转移新模式，为中部地区的发展起到巨大的推动作用。2010 年 5 月，国务院公布《长江三角洲地区区域规划》，这是我国首个跨省级行政区的区域发展规划。2011 年 3 月，国务院公布《国民经济和社会发展第十二个五年规划纲要》，这是我国"十二五"经济社会发展的纲领性文件。这三个国家级规划对区域经济发展提出了新思路，进行了新布局，我们必须把握在国家区域经济战略背景中的皖江城市带的发展趋势、发展走向，追求并实现皖江城市带的崛起。皖江城市带处于中国人口密集、消费需求较大的最靠近东部的中部地区，以合肥为中心，半径 500 公里，覆盖上海、江苏、浙江、河南、江西、湖北、山东、安徽七省一市，这一区域经济发展水平高，经济总量在安徽省占比大，消费潜力巨大，城市竞争力相较于皖北城市群和皖中城市群更具有发展潜力和竞争力。

(二) 供给侧结构性改革出台背景

自 2015 年以来，我国经济发展进入了一个新阶段，主要经济指标间的联动性出现背离，比照经典经济学理论，当前在我国出现的这种情况既非传统意义上的滞胀，也非标准形态的通缩。与此同时，宏观调控层面货币政策持续加大力度而效果差强人意，旧经济疲态显露，弊端明显，而以"互联网＋"为依托的新经济却焕然一新，生机勃勃。换言之，我国经济的结构性分化正趋于明显。为适应这种经济形势的变化，改变传统的管理方式，优化管理环境，提升传统经济管理的空间，此时迫切需要改善供给侧环境、对供给侧机制进行优化，通过改革制度供给，激发微观经济主体的活力，改变传统的经济增长方式，发展以"互联网＋"为主要经济增长点的新经济，增强我国经济长期稳

定发展的新动力。[1]在此国内环境下，我国于 2015 年 11 月 10 日，在中央财经领导小组第十一次会议上习近平总书记的讲话中，首次提出"供给侧改革"这个概念。11 月 11 日，李克强总理主持召开国务院常务会议，提出以消费升级促进产业升级的战略部署，以培育形成新供给新动力的方式来扩大内需，带动经济增长。2017 年 11 月 17 日，李克强在"十三五"《规划纲要》编制工作会议上予以强调，在供给侧和需求侧两端发力促进产业升级迈向中高端。11 月 18 日，习近平总书记在 APEC 会议上再次提及"供给侧改革"。同年 12 月，中央经济工作会议再次强调，要加大力度推进供给侧结构性改革，推动经济持续健康稳定的发展。在创新、协调、绿色、开放、共享的五大发展理念的引领下，加大结构性改革的力度，矫正要素配置扭曲现象，增加有效供给，减少或避免无效供给，提高供给结构的适应性和灵活性，提升全要素生产率。

二、供给侧结构性改革与区域经济的关系

在新经济发展已经成为常态的经济形式下，供给侧结构性改革已经成为我国中央政府宏观调控的政策取向。自 2015 年后，我国经济发展速度逐渐变缓，2015 年之前我国国内生产总值（GDP）增长率以超过 7% 的增速高速发展，如 2013 年 GDP 增速 7.7%，2014 年 GDP 增速 7.5%，但是到了 2015 年 GDP 增速降至 6.9%，2016 年 GDP 增速 6.7%，亚洲开发银行曾在《2017 年亚洲发展展望》中预测，中国国内生产总值增长率将从 2016 年的 6.7% 放缓至 2017 年的 6.5%，2018 年则降为 6.2%。经济增长持续下行与 CPI 持续低位运行，居民收入虽有所增加但是企业利润率下降，投资下降而消费上升等。为解决我国当前面临的经济增速下滑、结构性矛盾凸显等问题，后续政府围绕着"供给侧结构性改革"这一调控思路出台了一系列的意见和政策，为经济的发展提供了有效的政策工具。改革开放以来，我国一直致力于促进区域经济全面、协调发展，实现既定的经济目标，但是我国区域经济发展长期以来都面临着不平衡、不协调、可持续性不强等诸多问题，如果上述问题缺乏有效的解决办法，我国经济的"木桶效应"就会愈加明显，经济发展中出现"木桶效应"必然会加深社会矛盾的激化，引起严重的社会问题，势必会影响到"十三五"期间全面建成小康社会的目标。纵观中国经济的发展史会发现，供给侧结构性改革和区域经济发展密切相关。一方面，供给侧结构性改革是基于当前经济发展状况，解决和优化经济发展中存在的一系列现实问题，在问题解决的过程中不断探索、检验和创新解决问题的方法和手段，从而促进经济整体持续健康发展，这是供给侧结构性改革和区域经济发展具有关联统一性的一面。另一方面，供给侧结构性改革从本质上来说依然是改革，就应该具有改革所具有的一般特质。而改革不可避免地会对现有的经济结构造成一定的冲击，改变现有经济的平衡，对现有的经济模式带来改变，甚至是破坏现有的经济发展环境。因此，如果对区域经济支柱性行业的供给侧改革没有把握好尺度，没有找准改革的关键点，出现矫枉过正或改革方向上的偏差，将导致区域经济支柱性行业发展受阻。供给侧结构性改革不但不能为区域经济带来新的经

济增长点，相反势必会对区域经济发展造成不利影响，这是供给侧结构性改革和区域经济发展对立性的一面。[2]

（一）供给侧结构性改革与区域经济发展的统一性

无论是供给侧改革还是需求侧改革，改革的目的都是基于当前经济发展现状，解决现存的经济问题和优化经济发展中进程存在的一系列问题。供给侧结构性改革的适度推进，不仅能够有效增加区域制度供给创新，而且能够促进制度供给与经济增长的长远目标匹配，进而带动区域经济转型升级、促进区域经济的协同发展。供给侧结构性改革主要的落脚点是完成去产能、去库存、去杠杆、降成本、补短板五大任务，而这五大任务的完成对区域经济的健康发展有着不可替代的作用。仅以落实去产能这一任务为例，去产能就是要化解过剩产能，根据中央秉承的原则去产能就是要尽可能的多兼并重组，少破产清算。如果能够把皖江城市带各城市的产能过剩行业的企业进行行业重组，提高重组企业的市场占有率，一方面重组企业能够取得一定的市场定价权，避免出现非理性降低价格的恶性竞争局面；另一方面企业还能够降低生产成本，实现规模效益，产能过剩行业的经营情况会得到好转，使皖江城市带经济群焕发新的活力，带来新的经济增长点。

（二）供给侧结构性改革与区域经济发展的互动性

仍以皖江城市带供给侧结构性改革的落脚点"去产能"为例，去产能要求皖江城市带中淘汰一批产能过剩行业中不能适应市场的企业。虽然淘汰企业的过程中会不可避免地对区域的财政收入、就业总量带来负面影响，但是经济的结构性调整会大力发展新兴产业，使经济增长从要素驱动、投资驱动转向创新驱动，这可以为皖江城市带经济可持续发展提供足够动力，使皖江城市带经济增长更趋平稳。

例如皖江城市带中的铜陵市在"去产能"任务中面临着深度调整的局面。铜陵市存在着产业结构过于单一的问题，经济发展过于依赖个别行业，以有色金属的上下游产业为主，但铜陵市又是一个资源枯竭型城市，原有的产业发展过度依赖资源的开采和开发，所以产业的升级转型是亟须解决的问题。

（三）供给侧结构性改革背景下区域经济的发展机遇

1. 推进经济结构优化升级

"十二五"规划以来，皖江城市带的经济发展虽然得到了一定的发展，取得了一些显著的成就，但仍然存在很多问题。经济结构不平衡、技术含量低是皖江城市带经济发展中一个长期存在的重要问题。长此以往，将对皖江城市带经济的发展造成十分不利的影响。加快皖江城市带经济供给侧结构性改革能够促进皖江城市带经济结构不断优化升级。[3]皖江城市带的经济发展中传统经济增长模式主要是由高污染、高投入的一些工业组成，科技水平较低，同时高污染、高能耗的缺点也给资源环境带来了很多破坏。而"供给侧政策"提倡节约资源、保护环境、高效益、可持续的科学发展方式，这将使得

皖江城市带的经济结构不断升级，向着质量更高、污染更小、水平更高的方向发展，促进经济的可持续发展。这是当前皖江城市带经济发展的必然选择。供给侧政策的提出，有利于各区域经济立足自身发展现状，促进经济结构的优化，给区域经济发展带来机遇。

2. 推动经济发展动力转换

长期以来，皖江城市带经济发展动力以要素和投资为主要驱动，这一经济增长方式已经逐渐失去活力和竞争力，显示出其劣势，尤其对于皖江城市带中一些资源枯竭型城市，如铜陵市，依靠要素和投资驱动的经济增长方式已日渐乏力，因此迫切需要寻找新的经济增长的驱动力，而创新在经济发展中发挥着越来越重要的驱动作用。供给侧结构性改革有利于区域经济发展的动力转换。区域经济要想得到更为持久、健康的发展，就要重视创新，在经济发展中采用一系列新技术、新方法，新制度、新政策，以创新作为新的经济增长点，形成结构优化、布局合理、机制完善的开放型创新体系，完成经济增长新旧动力转换，进而推动经济发展方式转变。

3. 促进资源优化配置

资源配置对于经济发展有着十分重要的意义，实现良好的资源配置，不仅有利于资源的有效利用，更有利于区域经济的良好发展。当前皖江城市带各城市间经济发展极不平衡，资本、劳动力、技术、政策等一系列资源分配不平衡，因此，促进资源的优化配置，实现各生产要素的合理利用是十分重要的。供给侧结构性改革中强调了资源配置不平衡的经济发展问题。在这一背景下，区域经济发展应促进资源优化配置，这是当前区域经济发展的一个重要机遇，同时也是一项挑战。

4. 生态文明建设

在经济高速发展的当代社会，如何实现经济社会发展与生态环境的协调一致是目前区域经济发展中面临的一项重要问题。生态环境与经济发展应该是相辅相成的，牺牲环境谋求经济发展是不可取的。供给侧结构性改革为生态文明建设提供了机遇。因此，在经济建设的同时注重生态文明建设是当前经济建设中一个十分重要的部分。供给侧结构性改革与生态文明建设有密切关系，生态文明的本质是绿色发展，而绿色发展的核心是减少单位资源消耗量或单位污染排放的产出率。因此，在转变生产方式和工业化建设中，应采用较低能耗的生产技术，开发一系列高科技产品用于生产，在实现绿色生产目标的同时，实现绿色、安全、可持续的经济发展模式，为皖江城市带经济取得更为长远的发展做出贡献。

三、皖江城市带经济发展水平及地位分析

（一）皖江城市带各城市经济总量发展水平（2011~2016年）

我们以皖江城市带各地区的地区生产总值分年度数据来看皖江城市带各城市经济发展基本情况（见图1）。

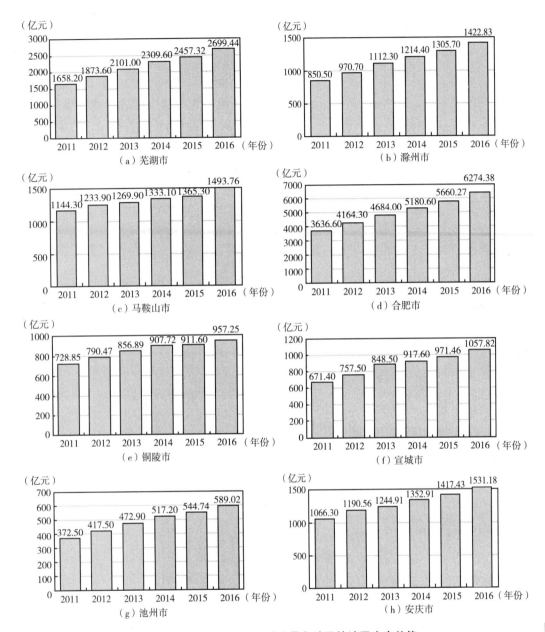

图1　2011～2016年皖江城市带各地区的地区生产总值

资料来源：2011～2016年《安徽统计年鉴》。

从图1可以看出，皖江城市带各城市经济发展总量逐年上升，部分城市经济发展速度增长很快，皖江城市带城市间的经济发展具有联动性，某些城市的发展会带动和辐射与其地理相近或产业相关的城市的发展。所以皖江城市带各城市发展势头良好，会形成一个良性的经济循环，进而对安徽省其他城市有辐射和促进作用。

（二）皖北城市群经济发展现状

2016 年 12 月，国务院正式批复《中原城市群发展规划》。安徽省淮北市、亳州市、宿州市、蚌埠市、阜阳市 5 市纳入规划范围。旨在通过战略引领和政策推动，促进纳入规划范围的淮北市、亳州市、宿州市、蚌埠市、阜阳市 5 市加快推进新型城镇化建设，发挥自身优势，积极融入网络化、开放式、一体化的中原城市群发展格局，力争将其打造成中原城市群的重要支撑轴带、新发展理念的先行示范区，推动皖北地区经济社会持续健康发展（见图 2）。

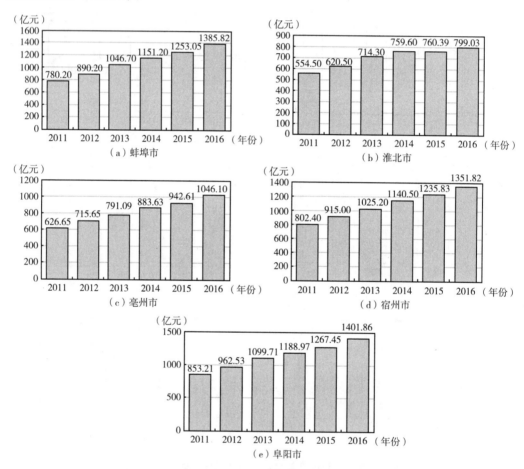

图 2　2011～2016 年蚌埠市、淮北市、亳州市、宿州市、阜阳市的地区生产总值
资料来源：2011～2016 年《安徽统计年鉴》。

从 2011～2016 年皖江城市带和皖北城市群的地区生产总值的发展数据可以看出，安徽省近 6 年来经济发展总量稳步上升，皖江城市带、皖北城市群两大城市群经济发展呈现出"稳中向好"的态势，城市群综合经济实力不断提升，但城市群之间发展不平衡、经济差异显著、城市群内部产业结构不甚合理、中心城市辐射带动作用不强、区域特色优势产业有待加强，此外与南京都市圈相比皖江城市带和皖北城市群的经济发展速度和辐射作用尚显不足，存在较大的经济差距。结合《安徽城市发展研究报告（2016）》中统计分析结果，从经济总量、产业结构、利用外资、消费、进出口贸易等五个方面对城市群进行了比较研究，综合而言，皖江城市带经济实力最强，皖北城市群最弱。安徽省城市辐射力排名依次为合肥市、芜湖市、马鞍山市、铜陵市、蚌埠市、淮北市、淮南市、阜阳市、宣城市、安庆市、宿州市、六安市、滁州市、亳州市、池州市、黄山市。安徽省城市辐射力最强的城市前四名均来自皖江城市带，可见皖江城市带的经济实力强劲，发展势头迅猛，成为引领安徽省经济发展的核心城市，为安徽省的经济发展注入新的能量。

（三）皖江城市带人均 GDP 发展水平

从表 1 中的数据可以看出，皖江城市带中以合肥市、芜湖市、马鞍山市、铜陵市经济发展水平最好，安庆市、池州市、宣城市、滁州市经济发展水平明显劣于合肥市、芜湖市、马鞍山市、铜陵市。但是从发展趋势来看皖江城市带经济是稳步上升的，芜湖市和合肥市的上升速度在皖江城市带中是最快的。

表 1　　　　　　　　　　皖江城市带人均 GDP 发展水平　　　　　　　　单位：元

年份	安庆市	池州市	滁州市	合肥市	马鞍山市	铜陵市	芜湖市	宣城市
2011	23852	26446	21634	48540	52108	46498	46626	26428
2012	26628	29471	24650	55182	56306	50205	52453	29687
2013	27735	33294	28136	61701	57683	54268	58573	33152
2014	29968	36267	30562	67689	60091	57342	64039	35726
2015	31101	38014	32634	73102	60802	57387	67592	37610
2016	33294	40919	35301	80138	65833	59960	73715	40739

资料来源：2011～2016 年《安徽统计年鉴》。

安徽省综合实力不断提升，产业结构不断优化，城市建设成效突出，经济活力显著增强，社会事业全面发展。在《安徽城市发展研究报告（2016）》中，对安徽省各地市城市竞争力进行统计排名，皖江城市带中的合肥市、芜湖市经济发展实力强劲，各项指标均位于全省前列。安徽省城市经济竞争力较强的是皖中地区、皖北次之、皖南最后。城市经济综合竞争力排名前五的城市为：合肥市、阜阳市、芜湖市、滁州市、蚌埠市。其中，合肥市、芜湖市、阜阳市、滁州市的发展速度竞争力、产业竞争力均名列前五。其中三个城市是皖江城市带中的，一个城市是皖北城市群中的。可见皖江城市带对安徽省经济的发展起到引领和示范作用，好的发展模式和制度建设可以为其他城市的发展提供参考和借鉴的作用。

四、推进皖江城市带供给侧结构性改革，促进区域经济协调发展的对策与建议

（一）凝聚发展合力，将皖江城市带打造成为长三角新兴增长极

2016 年 6 月，国家发改委等印发《长江三角洲城市群发展规划》[4]，将安徽省合肥市、芜湖市、马鞍山市、铜陵市、安庆市、滁州市、池州市、宣城市 8 市纳入规划范围。长三角城市群定位为全球一流品质的世界级城市群，是国家层面首次提出要打造成世界级、形成引领全国在更高层面参与国际合作和竞争强大引擎的城市群，长三角城市群发展规划为安徽省未来经济发展和腾飞提供了重要平台和广阔空间。

皖江城市带应该围绕国家的战略规划，在长三角城市群的发展带动和辐射下，缩小与沪苏浙在经济基础、体制机制、一体化和国际化水平上存在的差距。不断加强与合肥经济圈聚合发展，加快沿江城市跨江发展和产业布局协同一体化发展，着力打造产城一体化，推进皖江城市带快速发展。根据 2016 年安徽省统计局发布的数据，2015 年前三季度，皖江城市带示范区生产总值比上年同期增长 9.2%，增幅比全省高 0.5 个百分点。皖江城市带不断释放发展新动能，成为安徽省创新驱动转型升级的新引擎。

皖江城市带截至 2016 年底，面积占全省的 45%，人口占 50%，经济总量占了66.4%，其中合肥市、芜湖市、马鞍山市、安庆市、滁州市、宣城市 6 市经济总量均已超过千亿元。皖江城市带内的工业已在安徽省居主导地位，成为带动安徽省经济的发动机。

皖江城市带区位优越，与长三角地区相接，在产业和资源要素方面，皖江城市带已形成冶金、汽车及零部件、建材、家电、化工等产业集群，是国家级汽车生产和出口基地、国内重要的铜基材料精深加工基地和优质铸管生产基地、国内重要的内河船舶及家电等装备制造业基地、世界级水泥生产基地和国内重要的非金属矿及制品生产基地。皖江城市带拥有马钢、奇瑞、安庆石化、海螺水泥等一批国内知名企业。在产业结构方面，皖江城市带承接产业转移示范区将明确把装备制造业、原材料产业、轻纺产业、高技术产业、现代服务业和现代农业作为重点发展的六大支柱产业。

在产业园建设方面，以现有的产业园区为基础，推动园区的规范、集约、特色化发展，突破行政区划制约，在皖江沿岸适宜开发地区高水平地规划建设承接产业转移的集中区，以适应产业大规模、集群式转移的趋势。江北产业集中区依托马鞍山市、芜湖市，利用皖江北岸深水岸线资源优势，重点在无为县、和县沈巷镇沿江一带规划建设承接产业转移集中区，主要承接新型化工、装备制造、高新技术等产业，推动产业协作、共同发展。江南产业集中区依托安庆市、池州市、铜陵市，利用皖江沿岸承载空间大的优势，在池州市梅龙镇共建承接产业转移集中区，主要承接有色金属深加工、石油化工、机械制造等产业，促进产业合作、联动发展。按照示范区规划的四大战略定位，皖江城市带将立足安徽省，融入长三角，联结中西部，积极承接产业转移，大力建设长三

角拓展发展空间的优选区，努力成为长江经济带协调发展的战略支点，奋力担当引领中部地区崛起的重要增长极。

（二）将合肥市打造成长三角世界级城市群副中心城市，带动区域经济协调发展

为将皖江城市带打造成长三角世界级城市群的重要支撑带、新发展理念的先行示范区，《长江三角洲城市群发展规划安徽实施方案》明确指出"将合肥打造成长三角世界级城市群副中心城市"作为首要任务。《长江三角洲城市群发展规划安徽实施方案》提出，瞄准打造长三角世界级城市群副中心和"一带一路"节点城市，积极创建国家级合肥滨湖新区，加快建设"大湖名城、创新高地"。合肥市作为长三角城市群副中心城市，是完善长三角城市体系、打造长三角世界级城市群的客观要求，对皖江城市带发挥中心城市辐射作用、进而带动安徽省的协调发展。

合肥市在《长江三角洲城市群发展规划安徽实施方案》指导方针下，大力发展经济，拉高标杆，奋起直追，加快建设，将合肥市建设成为实至名归的长三角世界级城市群副中心城市，推进供给侧结构性改革，提升城市发展能级，主要指标增速保持"两位数"，到2020年，合肥地区生产总值将达到1万亿元，届时将占全省地区生产总值的28%，在合肥投资的世界500强企业数争取超过50家，市区吸纳和集聚常住人口将达到500万人，使合肥市成为长江经济带具有较强影响力的区域性特大城市，将合肥市打造成长三角城市群建设的引领核心。

（三）聚焦技术支撑，打造具有国际竞争力的皖江城市产业创新基地

皖江城市带需要利用长三角城市群的联动作用推动产业分工协作，在皖江城市带中建设具有国际竞争力的产业创新基地。[5]加强区域资源整合与区域间的合作，形成科技、人才、市场和品牌等方面的竞争优势；形成特定空间范围内多个产业互相融合，众多机构相互联结的共生体。最终形成全球化的市场、知识导向和创新驱动的区域、完善的辅助机构、良好的社会资本等，形成产业鲜明的产业集群。

皖江城市带还需重点突出与沪苏浙的链式合作，围绕高科技产业链关键环节、传统产业链高增值环节，有针对性地承接产业梯度转移，共同打造产业整体竞争优势。加强服务业的一体化发展，尤其是推动服务业和高端制造业有机融合，加快物流、科技、金融等生产性服务业的发展，引导优势制造业企业打造"服务＋制造"的网络化协同生产服务体系，形成服务业与制造业良性互动的发展格局。

（四）加快皖江城市带转型升级，打造区域联动、优势互补的沿江发展带

皖江城市带要注重发挥文化生态优势带动产业转型升级，在需求加速升级的背景下，消费者从注重产品使用功能，日益转向追求文化、时尚以及由此带来的体验和价值。所以皖江城市带应围绕产业集群加快发展生产性服务业，整合资源加快发展现代物流服务业，优化环境，强化金融服务业的发展，提升价值，加快完善科技信息服务，立

足皖江城市带的特色资源着力发展旅游业，科学开发打造具有区域特色的旅游精品，挖掘内涵，积极宣传特色文化，扩展延伸，发展旅游、文化等相关产业。在大力发展文化产业、现代服务业、促进生态旅游资源综合开发的同时，进一步推动文化创意、生态与制造业特别是消费品工业融合发展，支持建设一批创意文化产业集聚发展基地，提高产品和服务的附加值，加快培育形成新的经济增长点。

沿江地区是安徽省经济社会发展的优势区域，是参与长三角城市群建设的主体。根据《长江三角洲城市群发展规划安徽实施方案》的发展纲领，要着重发挥皖江城市带承东启西的区位优势，借力国家"一带一路"倡议的发展契机，全面对接长三角城市群空间布局，协调沿江城镇生产生活生态关系，将皖江城市带打造成为区域联动、优势互补、经济繁荣、城镇密集的沿江发展带。沿江发展带上的亮点体现在"城镇密集""区域联动""优势互补"三个方面。按照《长江三角洲城市群发展规划安徽实施方案》对沿江主要城市的未来人口的吸纳和集聚作用，合肥市到2030年将成为人口过千万的超大城市，芜湖市、马鞍山市、安庆市、池州市、铜陵市的人口规模预计达到900万左右，人口呈现加速集聚态势，推动沿江地区形成城镇密集的发展带。"区域联动"，这既包括了推动沿江城市的跨江发展，港口、产业与城市的互动发展；也涉及与沪苏浙沿江城市在生态联防、市场共建、基础设施互联、流域管理等方面的联动协调。"优势互补"则强调发挥区域特色优势，形成分工合理、良性竞争、错位发展的新格局。

（五）将皖江城市带打造成泛长三角经济一体化的合作平台

泛长三角经济一体化是区域经济发展的未来趋势，区域合作与发展的战略需要，区域经济的发展从以城市为中心的极化发展向以城市群为重心的泛化发展。近年来，区域合作与发展进程逐渐加快。珠三角从原来的广东省内的区域经济一体化到大珠三角，再演变为9+2的泛珠态势；京津冀经济协作区，目前已发展成为环渤海湾区域的合作；北部湾区域合作已走到泛北部湾区域合作。在国内几大区域的泛化发展的大背景下，长三角泛化发展就成了必然趋势、必然选择。从小长三角到大长三角再到泛长三角，这不仅仅是地理概念的变化，更是区域经济发展的客观趋势。当前，长三角（沪苏浙）经济一体化程度迅速提高，而泛长三角（沪苏浙皖）的经济一体化也是区域经济发展的战略趋势。

1. 基础设施一体化建设

首先，加快建立皖江城市带与长三角地区的高速公路、轨道交通、内河航运、机场、过江跨海通道和港口建设，形成以区域内各核心城市为节点、多种运输方式相互衔接、协同发展、快速便捷、功能完备的泛长三角综合运输体系，增强区域核心城市之间的相互可达性，促进区域内的经济一体化联动发展。其次，加快信息基础设施建设，搭建共同的信息网络交互平台，为皖江城市带与长三角区域间的合作提供及时准确的信息保障，降低合作的信息成本，充分发挥出各自的区位和资源优势，为共享区域内的各类资源提供保障。最后，加强公共服务建设，建立区域内统一的流动人员管理服务平台，实施区域内养老保险关系、社保、城乡医疗保险、基本医疗保险和新型农村合作医疗等的无缝对接，建立皖江城市带与长三角地区的社会保障体系一体化制度。

2. 产业发展与产业空间布局一体化

"产业同构"是影响区域产业发展和整体竞争力提升的重要因素，实现泛长三角区域产业发展和布局的一体化，是皖江城市带充分融入泛长三角，参与泛长三角区域分工与合作的必由之路。首先，根据皖江城市带及长三角各区域工业化发展阶段和层次，各地区应根据自身资源禀赋、产业基础和比较优势来确定产业定位，有选择地确立各城区的支柱产业。其次，依据产业链的空间外延，协同发展不同层次的城市和地区之间产业链分工，促进产业发展与布局的横向和纵向一体化。最后，以国际、国内和区域市场为导向，按照已有的产业基础，利用区域内的各种资源优势，整合区域内的人力、技术、资本和市场，对产业链进行改进和优化，形成分工合理和梯度互补的规模型、集约型的产业聚集区，使皖江城市带以整体竞争优势参与市场竞争。

3. 区域市场一体化

产品和要素在区域间的快速流动和共享，是经济一体化的中心问题。清除皖江城市带与长三角地区间的产品和要素的"区域市场壁垒"，营造一个更加开放、公平、公正、透明的市场竞争环境，充分发挥市场机制的作用，进而实现人流、车流、信息流、资金流的快速互动和优化配置，从而构建泛长三角区域内统一的大市场体系，是实现泛长三角区域市场一体化的必然。首先，皖江城市带区域内各核心城市应通过政府制度建设，整合区域政策，加强行政协商，优化区域内市场。其次，加强政府引导，强化企业主导，加快国有企业改革，进一步实现政企分开，建立现代企业制度，组建更多跨区域大型集团，发挥区域协同作用。最后，建立合理完善的促进皖江城市带地区融入泛长三角实现一体化发展的各种法律、制度等保障措施，抑制地方政府各自为政，片面追求本地利益最大化，以达到降低交易成本，促进区域市场一体化的快速形成。

（六）皖江城市带因城施政促进区域经济协调发展

合肥市要进一步承接汽车及其零部件制造业、工程机械及其零部件制造业、家电及其零部件制造业，在做好现有产业的基础上，通过承接产业转移，进一步加快产业集群化发展；要重点培育电子信息及软件产业、生物技术及新医药产业、有优势有特色的高技术产业和现代服务业等新兴产业。在原巢湖市的工业基础上要进一步承接电工器材产业、建材产业、化工产业，结合资源优势和地理位置下一步着重发展承接食品加工制造业、船舶制造产业。

芜湖市要以汽车制造为龙头的机械制造和汽车零部件、家用电器及电子产品制造业、新型建材等支柱产业为主，在此基础上承接产业转移，做强优势产业；重点培育现代生物与医药产业、船舶（含游艇）制造业。

马鞍山市要以优质钢材发展为基础，继续延长延压加工链，加强对耗钢量较大产业的承接，加快机械设备及金属制品业、新型材料产业发展。

"铜都"铜陵市要集中精力将铜及其深加工、铜为原料的产品制造业做大做强，围

绕铜及铜合金的延伸建设一批高精度铜材加工项目，切实实施铜产业千亿元工程。

安庆市要围绕安庆石化做深做透文章，协调好地方与企业的关系，按照产业链延伸原则，以"龙头"企业带动形成石化及其延伸产业集群；围绕华茂集团和利用安庆棉花种植优势发展纺织服装制造业产业集群；以环新集团、美祥轴瓦、金光机械为主发展一批汽车零部件产业；大力培育农产品深加工业、现代医药业。

池州市根据自然环境特点和科学发展要求，应该在旅游业发展上做活文章，大力培育机械仪表产业，承接大中型项目转移，要高度重视低碳经济和无污染项目发展和承接，不得因承接产业转移而破坏美好环境；重点培育和承接森林旅游业、森林食品产业，不宜过度发展传统产业非金属矿物深加工及应用。

滁州市要重点承接电子信息、现代家电、汽车及零部件等产业，形成集群化发展，围绕盐化一体化向下游延伸，做长产业链，承接以盐化为原料的深加工企业和相关制造业；围绕着凤阳硅（玻璃）原料，向下游延伸，承接相应的高端硅（玻璃）原料的加工品，提高附加价值，提高资源利用率。

宣城市旅游资源丰富，要按照生态化要求发展一些对环境影响不大的新兴产业。根据现有产业基础，承接汽车零部件产业、机械产业是发展趋势，而重点是旅游资源的开发和旅游产业的承接。

舒城县适宜于承接农副产品加工、轻纺服装、旅游业和机械电子产品配套加工业；金安区要在轴承、齿轮、电机产业上多做文章，加大承接力度，形成产业集群优势；要利用优质大麻生产基地承接麻纺织业，形成麻纺产业的逐步集群化发展；要借助于农业基础好的优势发展现代农业和农产品加工业。

参考文献

［1］肖林，林峰. 供给侧结构性改革与中国经济结构调整——新供给经济学的视角［J］. 科学发展，2016（91）.

［2］俞东毅，成青青. 供给侧结构性改革与县域经济发展——基于海门市的实践与思考［J］. 经济研究导刊，2016（20）.

［3］陆岷峰，吴建平. 供给侧改革背景下区域经济发展的机遇和对策［J］. 华北金融，2016（6）.

［4］解读长江三角洲城市群发展规划安徽省实施方案［EB/OL］. http：//news. xinhuanet. com/house/hf/2017－02－06/c_1120415115. htm.

［5］王叶军. 供给侧改革与区域经济协调发展［J］. 未来与发展，2016（11）.

皖江城市带供给侧结构性改革
与创新驱动研究

一、引　言

　　经济理论一直以来不管是由凯恩斯主义主导，还是由新自由主义诸流派引领，长期侧重于"需求管理"，主要重视和强调如何以政策管理需求端。供给学派的理论源头是萨伊定律，即供给创造需求，是一个理想的经济运行机制。由于社会、政治体制等制约，同时没有有效推进结构性改革以充分释放供给潜力。[1]自 2014 年以来，面对经济发展中严峻的供需结构矛盾，习近平总书记提出要"适度扩大总需求的同时，着力加强供给侧结构性改革"。同时，针对地区情况（包括人口资源特点、文化传统、市场潜力与供求结构特点、所处经济发展阶段差异等）考虑仍嫌不够，部分政策实施后造成经济短期波动较大（如房地产政策前后左右不够协调、成效不佳，甚至引发社会各界责难），市场、环境、资源等多方面的扭曲不容忽视，诸多领域呈现"两难""多难"局面，我们需要着力通过有效的制度供给来支持结构优化，激活全要素生产率的所有潜力来支持全面小康。[2]马克思主义认为生产力决定生产关系，经济基础决定上层建筑。目前，皖江城市带的情况还处于社会主义初级阶段，地区人民日益增长的物质文化需要同落后的社会生产之间的这一社会矛盾没有变。供给侧经济学理论同样适用于皖江城市带地区，该理论是中国传统经济思想和文化的精华与当代文明先进认识成果的紧密结合。供给侧经济学理论就是利用供给自动创造需求的理想经济运行机制，刺激新供给，创造新需求。

二、供给侧结构性改革与创新驱动之间的关系

　　供给侧结构性改革实际是解决我国经济中存在的有需求无供给、有供给无需求、供给体系低效率抑制有效需求三个方面的供需失衡，实质是在外部经济环境或内部要素条件发生变化的情况下，对生产要素进行创新性的重组或改良，对管理体制或制度条例进行创新，提供市场的适应性，降成本，增收益，实现经济稳步地可持续发展。[3]

　　供给侧结构性改革的主体是企业，以产品创新满足并带动市场需求，以技术创新提高效率、降低成本，以管理创新增强企业发展活力。供给侧结构性改革的主导是政府，

首先政府要保证市场环境的有序性，制定有效的产业政策，同时完善结构布局的合理性。最终检验供给侧结构性改革的是市场，看企业经过创新发展是否能完成经营目标，政府在进行创新驱动后能否实现宏观经济目标，可持续发展是检验供给侧结构性改革的试金石。

三、皖江城市带供给侧结构性改革的政策性安排及改革现状

（一）政策安排

2010年1月12日，国务院批复《皖江城市带承接产业转移皖江城市带地区规划》（以下简称《规划》），这是新中国成立以来安徽第一个上升为国家战略层面的区域发展规划，也是到目前为止国务院唯一批复的以承接产业转移为主题的区域发展规划。皖江城市带五年到期后，安徽省发改委结合发展理念的调整，起草了新的"《规划》加强版"，经安徽省政府报至国家发改委待批。其实之前安徽承接产业转移还是以劳动密集型、资源密集型企业为主，《规划》出台后产生了很多变化，例如京东方落户后，带来了一大批配套企业，未来安徽皖江城市带会更加注重创新发展和绿色发展，增加高新技术企业承接，注重人才的引进。

皖江城市带的发展，对其他地区最大的启示在于要顺应国家的发展政策。《规划》批复之后，减少了制度上的摩擦，大大促进了皖江城市带的基础设施建设，连高铁线路都会优先考虑布局皖江城市带内的城市。同时，顺应经济发展规律也很重要。在《规划》批复之初，"区域转移粘性"成为各方对皖江城市带的"担心"之一。"区域转移粘性"是指被产业转移的地区，可能会出于地方政绩的考虑，阻挠企业向安徽转移，实际上这也在日后成为皖江城市带发展的制约之一。

江苏、上海企业向安徽转移的阻力较大。特别是近几年，随着经济下行压力增大，安徽承接产业转移的增速出现放缓。这些地区无视安徽的区位优势和低廉成本，实际上违背了经济发展规律，会在未来某个时期付出代价。在发展长江经济带的大背景下，未来50年，甚至是100年，长江经济带都是中国发展的重点区域，特别是从湖北武汉到安徽皖江城市带这一段'经济洼地'，更加值得沿线省份注意。

（二）改革现状

皖江城市带承接产业转移皖江城市带地区包括合肥、芜湖、马鞍山、铜陵、安庆、池州、滁州、宣城8市全境，以及六安市的金安区和舒城县，共59个县（市、区），土地面积7.6万平方公里，人口3058万人。2017年上半年，皖江城市带地区经济运行总体平稳，进出口、实际利用外商投资等指标增速高于安徽省，消费增幅与安徽省持平，GDP、工业、财政收入等指标增速略低于安徽省。GDP稳定增长。2017年上半年，皖江城市带地区生产总值（不含金安区、舒城县）7851亿元，比上年同期增长8.4%，增幅比安徽省低0.1个百分点，比上年同期、2017年第一季度分别回落0.7个和0.1个

百分点。其中，第一产业增加值 392 亿元，增长 3.2%；第二产业增加值 4311.7 亿元，增长 8.1%；第三产业增加值 3147.3 亿元，增长 9.4%。三次产业占比由上年同期的 5.6∶54.6∶39.8 调整为 5.0∶54.9∶40.1。分市看，滁州 GDP 增长 9.2%，增幅居安徽省第 2 位；马鞍山增长 8.8%，增幅居安徽省第 6 位；芜湖增长 8.7%，增幅居安徽省第 7 位。工业增长较快。2017 年上半年，皖江城市带地区规模以上工业实现增加值 3629.5 亿元，增长 8.5%，增幅比安徽省低 0.1 个百分点，与前 5 个月持平（见表 1）。分行业看，在 37 个工业大类行业中，同比增长的有 33 个，其中 2 个行业增幅超过 20%，计算机通信和电子设备业、汽车制造业、通用设备制造业、电气机械和器材制造业分别增长 23.1%、10.5%、8.7%、9.9%。从产品产量看，彩电、空调、水泥、洗衣机、冰箱、钢材分别增长 18.2%、12.9%、11.2%、10%、5.3%、4.6%，汽车下降 5.1%。投资增幅持续回落。2017 年上半年，皖江城市带地区固定资产投资 9471.6 亿元，增长 8.6%，增幅比安徽省低 2.1 个百分点，比上年同期和当年前 5 个月分别回落 2.7 个和 1.7 个百分点。其中，工业投资 4332.4 亿元，增长 11.2%，比安徽省低 1 个百分点；房地产开发投资 1527.3 亿元，增长 5.8%，比安徽省低 8.5 个百分点。重点产业中，装备制造业、轻纺产业、现代服务业和高技术产业分别完成投资 1789.2 亿元、719.5 亿元、631.9 亿元和 602.9 亿元，增长 26.8%、34%、19.5% 和 55.5%。市场消费平稳增长。2017 年上半年，皖江城市带地区社会消费品零售总额 3301.4 亿元，增长 12%，增幅与安徽省持平，比第一季度提高 0.1 个百分点。限额以上消费品零售额中，粮油食品类增长 18.3%，建筑及装潢材料类增长 17.6%，家用电器及音像器材类增长 14.6%，石油及制品类增长 14.4%，汽车类增长 4.7%，金银珠宝类增长 4.2%。进出口增长加快。2017 年上半年，皖江城市带地区进出口总额 215.4 亿美元，增长 26.6%，增幅比安徽省高 0.7 个百分点，比前 5 个月提高 4.2 个百分点。其中，出口 117.9 亿美元，增长 15.8%，增幅比安徽省低 0.5 个百分点；进口 97.4 亿美元，增长 42.8%，增幅比安徽省高 0.6 个百分点。实际利用外商直接投资 59.9 亿美元，增长 7.4%，增幅比安徽省高 0.2 个百分点。财政收入保持较快增长。2017 年上半年，皖江城市带地区财政收入 1709.2 亿元，增长 12.2%，增幅比安徽省低 0.1 个百分点，比上年同期提高 2 个百分点。其中，财政支出 1697 亿元，增长 17.2%，比安徽省低 1.6 个百分点（见表 1）。

表 1 　　　　　　　　　　　2017 年上半年皖江城市带主要指标

指标	单位	绝对数	比上年增长（%）	绝对数占全省比重（%）	增幅比全省高低（＋百分点）
一、规模以上工业增加值	亿元	3629.5	8.5	67.7	−0.1
战略性新兴产业产值	亿元	3472.3	21.4	73.5	−1.3
二、限额以上消费品零售额	亿元	1448.5	11.2	67.0	−0.7
三、全部财政收入	亿元	1709.2	12.2	58.4	−0.1
其中：地方财政收入	亿元				

指标	单位	绝对数	比上年增长（％）	绝对数占全省比重（％）	增幅比全省高低（＋百分点）
财政支出	亿元	1697.0	17.2	50.5	−1.6
四、进出口总额	亿美元	215.4	26.6	87.6	0.7
出口	亿美元	117.9	15.8	83.1	−0.5
进口	亿美元	97.4	42.8	93.8	0.6
五、固定资产投资	亿元	9471.6	8.6	71.7	−2.1
其中：工业	亿元	4332.4	11.2	74.4	−1.0
房地产	亿元	1527.3	5.8	61.9	−8.5
六、实际到位亿元以上省外资金	亿元	2619.7	7.0	65.9	−2.5
实际利用外商直接投资	亿美元	59.9	7.4	67.9	0.2
七、新增贷款	亿元	1040.4	−19.3	53.8	−21.9
直接融资	亿元	1924.1	43.4	85.1	12.0

资料来源：《安徽统计年鉴》（2018），皖江战略网。

招商引资稳步回升。2017 年上半年，皖江城市带地区在建亿元以上项目 2530 个，到位资金 3289.5 亿元，增长 8.5％，增幅比安徽省低 1.6 个百分点，比前 5 个月提高 1.5 个百分点；引进省外投资项目三次产业到位资金比达到 2.8∶74.8∶22.4。实际利用外商直接投资 59.9 亿美元，增长 7.4％，增幅比安徽省高 0.2 个百分点，比前 5 个月提高 2 个百分点。[①]

融资态势总体平稳。2017 年上半年，皖江城市带地区新增贷款和直接融资总额 3377 亿元，占安徽省总量的 66.4％，比上年同期多增 153.4 亿元。从信贷投放来看，截至 2017 年 6 月末，皖江城市带地区本外币贷款余额 23299.8 亿元，占安徽省 70％；新增本外币贷款 1297.5 亿元，比上年同期减少 355.2 亿元。从直接融资来看，皖江城市带地区实现直接融资 2079.5 亿元，占安徽省 80.3％。[②]

（三）分析得出的相关结论

萨伊定律说明生产的最终目的是为了满足消费需要，因而经济体在完全自由市场条件下不会出现过剩危机。现阶段萨伊定律在我国的新内涵在于通过供给侧结构性改革，促进结构优化和效率提升，使得生产与消费在更高水平上进行有效结合，形成新的经济增长点，保证经济体系的有序运行。[4]我国的供给侧结构性改革立足于我国的国情，立足于地方的发展，基于现阶段经济发展需求，针对经济下行压力，寄望于结构优化、驱动机制构建、供给改良带动总需求提升，从而实现全民福利水平的提高。

---

①② 皖江战略网，http：//ah.people.com.cn/GB/376709/。

1. 现阶段皖江城市带内部要素发展

2015 年，皖江城市带地区生产总值达到 14639.3 亿元，增长 9.6%；引进亿元以上省外投资项目到位资金 5891.5 亿元，增长 14.3%；实际利用外商直接投资 95.3 亿美元，增长 12.3%，大大超过 2010 年皖江城市带获批时确立的目标。当生产力低下时，人们面临的是社会财富不足，因而供小于求，社会矛盾是如何扩大供给；而随着生产力的提高，部分领域内会出现供大于求的现象，因而造成资源浪费，出现产能过剩。皖江城市带地区现在的低速发展企业，如钢铁、煤炭等也必然面临去产能压力及产业优化升级变革。皖江城市带存在的主要问题有：第一，部分城市指标增幅偏低。皖江 8 市中，安庆市 GDP、规模以上工业增加值、消费、农村居民收入等指标增幅分别居全省第 12、13、12 和 16 位；池州市 GDP、投资、城镇居民收入增幅分居第 11、12、15 位；宣城市规模以上工业增加值、投资、财政收入增幅分居第 11、13、12 位；马鞍山市财政收入、城镇居民和农村居民收入分居第 13、13、12 位；铜陵市财政收入居第 14 位。第二，工业效益下滑明显。37 个工业行业中，12 个行业利润增幅下降，8 个由同期增长转为下降，4 个降幅扩大。2016 年 9 月末，皖江城市带地区工业产成品库存由 6 月末下降 2.1% 转为增长 4.4%，增幅比上年同期高 3.5 个百分点，比全省高 0.1 个百分点。第三，战略性新兴产业增长放缓。2016 年，皖江城市带地区战略性新兴产业产值 5484.7 亿元，增长 14.6%，增幅比安徽省、皖北分别低 1.2 个百分点和 7.2 个百分点，比上半年、上年同期分别下降 1.3 个和 1.1 个百分点。

皖江城市带地区建设依然存在一些问题，主要有：产业结构不尽合理，体制机制有待完善，资金、技术、人才等要素支撑条件和交通、能源、水利等基础设施尚需进一步加强。皖江城市带高速的发展离不开新型显示、机器人、智能语音、新能源汽车等产业集聚基地的发展，也离不开重点项目的推进，如京东方 10.5 代线、康宁玻璃、晶合 12 英寸晶圆等。此外，还包括更多的消费、服务类品牌，如位列"女装十强"的高梵和打通"网上丝绸之路"的大龙网。安徽作为服装产业聚集区，承接了很多沿海服装产业转移。除了大量服装代工企业，在电商时代，在天猫等平台上颇具知名度的羚羊早安、蝶恋等品牌，都出自安徽省，产业聚集带来的效应正在不断发酵。

现阶段，我国也面临"刘易斯拐点"的到来。随着各地现代产业部门对劳动力的不断吸纳，安徽省地区的劳动力不断回流，在皖江城市带就近解决就业问题，使得劳动力资源优势明显。

2. 以承接产业转移作为着力点

2015 年，安徽人冯剑锋终于如愿以偿把自己创立的跨境电商平台大龙网的分公司开到了合肥，帮安徽开通"网上丝绸之路"。作为中国跨境电商第一梯队的成员之一，总部位于重庆的大龙网最大的不同点在于"云仓储"和通关优势，就此而言，大龙网其实不完全是一家互联网企业。2015 年 12 月，大龙网正式在安徽开展业务，运营初期就创造了一天 10 万美元的"小高潮"。跨境电商是我国应对外贸呈现下行趋势的重要举措之一，它顺应了当前的消费模式转化，有利于企业捕捉市场新变化，引领外贸模式的转变。据悉，安徽省一直走在跨境电商发展的前列。在皖江城市带承接的企业中，相当

一部分纺织、服装及制造业企业对外贸的依赖程度高，因此，在外贸疲软的背景下，寻找机会扩大市场空间显得尤为重要。除了技术和平台优势，合肥大龙网正在对接安徽和其他国家、地区推出"双国双馆"计划，如在韩国开通池州特色的九华山地藏王菩萨精品馆，利用合肥高新技术企业的产品到德国开通合肥精品馆。

正是京东方、联保电子、高梵集团、大龙网这样的外来企业保证了安徽省经济近几年的持续高速增长，在经济新常态下，要不是抓紧产业转移，安徽省 2014 年、2015 年的经济指标就会非常尴尬。目前，整个安徽省表现比较好的产业几乎都是转移过来的。公开数据显示，2013 年、2014 年、2015 年安徽省 GDP 增速分别为 10.4%、9.2%、8.7%，均大大高于全国平均水平。除了数量上的发展，皖江城市带同样重视质量的发展。皖江城市带地区战略性新兴产业实现产值 6825.4 亿元，占整个安徽省战略性新兴产业的 76.5%。

2015 年，皖江城市带地区新型显示、机器人两个国家级战略性新兴产业集聚基地深入推进，智能语音、新能源汽车等 11 个战略性新兴产业集聚基地启动建设，京东方 10.5 代线、康宁玻璃、晶合 12 英寸晶圆等多个百亿级项目开工建设。另外，在国家号召生态发展的背景下，皖江城市带的生态发展同样走在前列。从 2010 年到 2014 年，皖江城市带地区万元 GDP 能耗年均下降 4 个百分点，万元 GDP 用水量年均下降 7.6 吨，池州、岳西、宁国均入选"首批国家级生态保护与建设皖江城市带地区"。

安徽省的承接产业转移在《规划》批复之前就开始了，未来一段时期还将继续以承接产业转移为重点。合肥成为"家电之都"，吸引了格力、海尔、TCL 及大量配套企业扎根，合肥、芜湖光电产业的发展，友达光电、三安光电等企业落子安徽，都与安徽承接产业转移分不开。

四、创新驱动引领下的供给侧结构性改革对策

创新理论最早源于美国经济学家熊彼特在 1912 年出版的《经济发展理论》，包括产品、市场、生产方法、供应及组织创新。传统上我国的创新主体主要是科研机构、企业研发部门及高等院校，以创新驱动作为供给侧改革的动力更需要形成"大众创业、万众创新"的良好局面，将个人创新、企业创新、机构创新三者融合，厚积薄发转化为推动供给侧结构性改革的巨大动力。

1. 加快企业创新进程，优化产业结构

现如今的企业所追逐的并非是利润最大化，而是市场份额的最大化。企业的核心竞争力也不再是低价优势，而是转向质量竞争、服务竞争、创新竞争，真正实现商品生产、流通、消费的良性循环。2017 年，安徽省共 14 家企业上榜全国企业 500 强，其中除了淮南矿业集团、淮北矿业集团、皖北煤电集团，皖江城市带企业共 11 家：铜陵有色金属集团、安徽海螺集团、马钢（集团）控股、安徽江淮汽车集团、合肥百货大楼集团、安徽建工集团、安徽新华发行（集团）控股、奇瑞汽车股份有限公司、安徽国

贸集团、中科电力装备集团有限公司、安徽省交通控股。

企业可以根据市场需求进行产品创新、技术创新、管理创新，优化结构、提升效率。企业的生产、营销、物流、服务、研发是一系列创造价值的过程，现代企业制度的先进性就在于通过科学管理将企业的价值创造活动进行合理安排，达成企业的经营目标并增强企业的发展活力，以在激烈的市场竞争中获得一席之地。知名企业无不具备对市场的把握、对研发的递进、对营销的布局、对服务的追踪等系统安排能力，在与生产及消费有关的环节中进行管理的不断创新。

皖江城市带相对于早先发展的发达长三角、珠三角、京津冀地区来说具有"后发优势"，企业可以依托中国科学技术大学智力优势，注重人才的引进。

2. 加大政策扶持力度，合理布局产能

供给侧结构性改革的主导是政府。然而市场经济的本质特征是以市场作为配置资源的主要手段，然而市场失灵是普遍存在的，因此政府的"有形之手"必须进行调控，以制度创新作为供给侧改革的主导，在营造市场环境、制定产业政策、合理布局产能等方面发挥引导作用。针对不同的产业，皖江城市带对不同的行业有不同的政策支持，促进供给侧结构性改革的产业政策在于对绿色产业、新兴产业、战略产业给予扶持形成"洼地"效应。深入推进皖江城市带地区建设，通过加强政策支持和规划引导，深化体制机制改革，充分发挥市场在资源配置中的决定性作用和更好发挥政府作用，完善区域分工合作机制，进一步探索产业合理布局、要素优化配置、资源节约集约利用的有效途径，为中西部地区大规模承接产业转移提供示范。通过科学有序承接产业转移，全面融入长三角地区发展分工，有利于安徽省加快构建现代产业体系，转变经济发展方式，加速新型工业化和城镇化进程，实现跨越式发展。通过推进产业有序转移，可以充分发挥中部地区比较优势，集聚发展要素，壮大产业规模，加快发展步伐，同时为东部地区腾出更大的发展空间，推动产业结构升级，提升发展质量和竞争力，更好地辐射和带动中西部地区发展，促进资源要素优化配置和区域经济布局调整，形成东中西互动、优势互补、相互促进、共同发展新格局。

目前，在安徽省工作的院士只有 37 位，远远低于在河南、江苏、上海等周边地区的院士数量，政府对人才的引进力度还需要进一步加大。

3. 深化金融创新改革，支持实体经济

供给侧结构性改革的关键是金融创新。众所周知，金融是经济的"心脏"，要防范其空心化，就要针对中国金融市场的结构失衡、功能不全和"金融抑制"来全面推进金融改革。一是进一步深化金融机构改革，鼓励社会资本、民间资本持股，适当降低国家持股比例；二是积极发展证券、保险等非银行金融机构，有效促进金融生态环境活力的提升；三是在政策性融资机制创新中，构建多层次、广覆盖、可持续的开发性金融、农村金融、科技金融、绿色金融等服务体系；四是依托存款保险制积极发展一大批社区银行、村镇银行，通过降低准入门槛，引入民间资本或将现行的民间放贷机构合法化，引导小贷公司按"资本金融资、自负盈亏、自担风险"原则发展，改进小微企业的金融服务；五是依托全面放开贷款利率管制，实现市场定价的方针，在放开存款利率上取

得突破后继续改进和完善相关机制；六是大力发展多层次资本市场，以显著提升直接融资比重为目标，积极探索覆盖全国的各类产权交易市场，并推动"大资产管理公司"建设；七是积极稳妥地推进银行业《巴塞尔协议（第三版）》的实施，防范银行表外业务风险；八是改革金融业监管体系，加强不同监管部门的统一领导和相互协调，合理界定中央与地方的金融监管职责，实施分地域、分层监管。

供给侧结构性改革的最终目标是促进经济增长，同时提高经济增长质量。金融学家们对金融创新与经济增长两者之间关系的认识发生了根本性变化。只有金融创新同企业技术创新相结合，才能实现经济增长的稳步提高。金融创新具有正的外部性。金融创新能力就是通过金融创新引导资金流入实体经济，进而推动企业技术创新水平的提高。企业技术创新的成功取决于金融创新的资金支持力度，经济增长的最终实现依赖于技术创新能否成功。总之，实现经济增长的基本路径为：提高金融创新能力，引导资金流入实体经济，支持企业技术创新水平发展，从而实现经济增长的最终目的。

五、结　语

供给侧结构性改革是引领中国新常态经济的重要措施，需要发挥企业和政府主导的协同效应，创新驱动则是其中的关键。供给侧结构性改革的检验是市场，以创新推动供给侧结构性改革成效的衡量标准则是符合市场需求，是否达到企业微观经营目标及政府宏观经济目标。通过企业的制度创新、技术创新，政府的管理创新、金融创新等形成经济新的增长点，皖江城市带结合"一带一路"倡议、长江经济带建设，必将能够进一步优化产业结构，促进皖江城市带经济的可持续发展。

参考文献

［1］王晓芳，权飞过. 供给侧结构性改革背景下的创新路径选择［J］. 上海经济研究，2016（3）：3－12.

［2］黄剑. 论创新驱动理念下的供给侧改革［J］. 中国流通经济，2016（5）：81－86.

［3］贾康. 中国供给侧结构性改革中创新制度供给的思考［J］. 区域经济评论，2016（3）：5－7.

［4］张效溱，黄庆华. 供给侧结构性改革背景下重庆市制造业创新发展路径研究［J］. 西部学刊，2016（3）：75－80.

皖江城市带供给侧结构性改革税收政策支持研究 *

一、皖江城市带经济发展现状

皖江城市带处于中国人口密集、消费需求较大的最靠近东部的中部地区，以合肥市为中心，半径500公里覆盖上海、江苏、浙江、河南、江西、湖北、山东、安徽七省一市，这一区域经济发展水平高，消费潜力巨大。无论是国内生产总值，还是社会消费额，占全国的比重都接近1/2，皖江城市带无疑将是拓展国内市场、启动内需的关键区。在产业和资源要素方面，皖江城市带工业门类齐全，已形成冶金、汽车及零部件、建材、家电、化工等产业集群，是国家级汽车生产和出口基地、国内重要的铜基材料精深加工基地和优质铸管生产基地、国内重要的内河船舶及家电等装备制造业基地、世界级水泥生产基地和国内重要的非金属矿及制品生产基地。皖江城市带与长三角已经形成产业发展共生圈，皖江城市带加工产品的50%以上为长三角配套，汽车、家电等产业所需零部件的70%左右来自长三角，是东中西协调发展的重要纽带。

二、现有为促进皖江城市带经济发展的税收政策

(一) 鼓励企业创新的税收政策

1. 鼓励企业自主创新

企业开展研发活动中实际发生的研发费用，未形成无形资产计入当期损益的，在按规定据实扣除的基础上，按照本年度实际发生额的50%，从本年度应纳税所得额中扣除；形成无形资产的，按照无形资产成本的150%在税前摊销。对企业2014年1月1日后新购进的专门用于研发的仪器、设备，单位价值不超过100万元的，允许一次性计入当期成本费用在计算应纳税所得额时扣除，不再分年度计算折旧；单位价值超过100万元的，可缩短折旧年限或采取加速折旧的方法。

---

* 本文为2016年度铜陵学院皖江区域经济专项研究课题——《皖江城市带供给侧改革税收政策支持研究2016tlxywjz04》研究报告。

2. 支持高新技术企业发展

企业经认定为高新技术企业的，减按15%的税率征收企业所得税。符合条件的创业投资企业采取股权投资方式投资于未上市的中小高新技术企业2年（24个月）以上，可以按照其对中小高新技术企业投资额的70%，在股权持有满2年的当年抵扣该创业投资企业的应纳税所得额；当年不足抵扣的，可以在以后纳税年度结转抵扣。有限合伙制创业投资企业采取股权投资方式投资于未上市的中小高新技术企业满2年（24个月）的，其法人合伙人可按照对未上市中小高新技术企业投资额的70%抵扣该法人合伙人从该有限合伙制创业投资企业分得的应纳税所得额，当年不足抵扣的，可以在以后纳税年度结转抵扣。

3. 鼓励技术成果转化

纳税人提供技术转让、技术开发和与之相关的技术咨询、技术服务收入免征增值税。境内单位和个人向境外单位提供技术转让服务，适用增值税零税率政策。一个纳税年度内，居民企业技术转让所得不超过500万元的部分，免征企业所得税；超过500万元的部分，减半征收企业所得税。自2015年10月1日起，居民企业转让5年（含）以上非独占许可使用权取得的技术转让所得，纳入享受企业所得税优惠的技术转让所得范围。

4. 支持发展中国"智造"

对符合条件的增值税一般纳税人销售其自行开发生产的软件、动漫产品，按17%税率征收增值税后，对其增值税实际税负超过3%的部分实行即征即退政策。境内单位和个人向境外单位提供广播影视节目（作品）的制作和发行服务、软件服务、电路设计及测试服务、信息系统服务，适用增值税零税率政策。对生物药品制造业，专用设备制造业，铁路、船舶、航空航天和其他运输设备制造业，计算机、通信和其他电子设备制造业，仪器仪表制造业，信息传输、软件和信息技术服务业等行业的企业2014年1月1日后新购进的固定资产，以及轻工、纺织、机械、汽车四个领域重点行业的企业2015年1月1日后新购进的固定资产，可由企业选择缩短折旧年限或采取加速折旧的方法。

5. 支持服务贸易创新发展

自2015年12月1日起，离岸服务外包业务增值税适用零税率。对试点城市范围内，经认定的技术先进型服务企业，减按15%的税率征收企业所得税，其发生的职工教育经费支出，不超过工资薪金总额8%的部分，准予在计算应纳税所得额时扣除；超过部分，准予在以后纳税年度结转扣除。对符合条件的境内的单位和个人提供的跨境应税服务免征增值税。纳税人提供的国际货物运输代理服务免征增值税。

（二）优化经济结构的税收政策

1. 引导过剩产能转移

钢铁企业利用预压余热发电，按规定享受资源综合利用税收政策。对水泥、水泥熟料产品由增值税即征即退100%调整为即征即退70%。对符合条件的特定建材产品和建筑砂石骨料由免征增值税调整为即征即退 50%。对化肥恢复征收增值税，纳税人销售和进口化肥统一按 13% 税率征收国内环节和进口环节增值税。自 2015 年 2 月 1 日起对电池、涂料征收消费税，对符合条件的电池、涂料免征消费税。

2. 进一步深化增值税改革

自 2016 年 5 月 1 日起，将"营改增"试点范围扩大到建筑业、房地产业、金融业和生活服务业，并按规定将所有企业新增不动产所含增值税纳入抵扣范围，降低所有行业税负。为了进一步减轻企业税收负担，提高我国税制的竞争力，2018 年我国进一步深化增值税改革：一是简化增值税税率。从 2018 年 7 月 1 日起，将增值税税率由四档减至 17%、11% 和 6% 三档，取消 13% 这一档税率；将农产品、天然气等增值税税率从 13% 降至 11%。同时，对农产品深加工企业购入农产品维持原扣除力度不变，避免因进项抵扣减少而增加税负。[1] 二是统一小规模纳税人认定标准。2016 年 5 月全面"营改增"后，小规模纳税人的认定标准有三种：工业企业 50 万元、商业企业 80 万元、应税服务 500 万元。自 2018 年 5 月 1 日起，小规模纳税人的认定标准统一为 500 万元。[2]

3. 支持基础设施和要素市场建设

企业从事符合条件的公共基础设施项目的投资经营所得，自项目取得第一笔生产经营收入所属纳税年度起，第一年至第三年免征企业所得税，第四年至第六年减半征收企业所得税。对企业从事符合条件的农、林、牧、渔业项目的所得，减免征收企业所得税。对农业生产者销售自产农产品免征增值税。对农膜、饲料、有机肥，以及批发和零售的种子、种苗、农药、农机等部分农业生产资料免征增值税。

4. 支持生态循环产业发展

纳税人销售自产符合条件的资源综合利用产品和提供资源综合利用劳务，可享受增值税即征即退政策。自 2015 年 7 月 1 日起，对纳税人销售自产的利用风力生产的电力产品，实行增值税即征即退 50% 的政策。装机容量超过 100 万千瓦的水力发电站销售自产电力产品，实行增值税超税负即征即退政策。对垃圾发电实行增值税即征即退 100% 的政策。

5. 鼓励实施节能环保项目

对符合条件的节能服务公司实施合同能源管理项目中提供的应税服务收入免征增值税。对符合条件的节能服务公司实施符合规定的合同能源管理项目，自项目取得第一笔生产经营收入所属纳税年度起，实施企业所得税"三免三减半"；企业从事《环境保护、节能节水项目企业所得税优惠目录》所列项目的所得，自项目取得第一笔生产经营收入所属纳税年度起，实施企业所得税"三免三减半"。符合条件的清洁发展机制项目实施企业，自项目取得第一笔减排量转让收入所属纳税年度起，实施企业所得税"三免三减半"。企业购置并实际使用符合规定的环境保护、节能节水、安全生产等专用设备的，该专用设备的投资额的 10% 可以从企业当年的应纳税额中抵免；当年不足抵免的，可以在以后 5 个纳税年度结转抵免。

6. 引导环保消费理念

自 2014 年 9 月 1 日至 2017 年 12 月 31 日，对购置的新能源汽车免征车辆购置税。

自 2015 年 10 月 1 日起至 2016 年 12 月 31 日止，对购置 1.6 升及以下排量乘用车减按 5% 的税率征收车辆购置税。从 2017 年 1 月 1 号起，对 1.6 升及以下排量的乘用车，将按 7.5% 的税率征收车辆购置税。2018 年，政策彻底退出，恢复按 10% 的法定税率征收。

（三）鼓励企业转型重组的税收政策

1. 支持企业改制上市

符合条件的国有企业改制上市过程中发生的资产评估增值，应纳企业所得税可以不征收入库，作为国家投资直接转增该企业国有资本金。符合条件的国有企业 100% 控股（控制）的非公司制企业、单位，在改制为公司制企业环节发生的资产评估增值，应缴纳的企业所得税可以不征税入库，作为国家投资直接转增改制后公司制企业的国有资本金。符合条件的国有企业改制上市过程中经确认的评估增值资产，可按评估价值入账并按有关规定计提折旧或摊销，在计算应纳税所得额时允许扣除。

2. 支持企业资产重组

纳税人在资产重组过程中，通过合并、分立、出售、置换等方式，将全部或者部分实物资产以及与其相关联的债权、负债和劳动力一并转让给其他单位和个人，不属于增值税的征税范围，其中涉及的货物转让，不征收增值税。增值税一般纳税人在资产重组过程中，将全部资产、负债、劳动力一并转让给其他增值税一般纳税人，并按程序办理注销税务登记的，其在办理注销登记前尚未抵扣的进项税额可结转至新纳税人处继续抵扣。

（四）扶持就业的税收政策

1. 支持小微企业发展

对月销售额不超过 3 万元（按季纳税销售额不超过 9 万元）的增值税小规模纳税人（含个体工商户），暂免征收增值税。自 2015 年 10 月 1 日起至 2017 年 12 月 31 日，对年应纳税所得额低于 30 万元（含 30 万元）的符合条件的小型微利企业，其所得减按 50% 计入应纳税所得额，按 20% 的税率征收企业所得税。自 2018 年 1 月 1 日至 2020 年 12 月 31 日，将小型微利企业的年应纳税所得额上限由 50 万元提高至 100 万元，对年应纳税所得额低于 100 万元（含 100 万元）的小型微利企业，其所得减按 50% 计入应纳税所得额，按 20% 的税率缴纳企业所得税。[3]

2. 促进重点群体就业创业

持《就业创业证》（《就业失业登记证》）人员从事个体经营的，在 3 年内按照每户每年 8000 元为限额依次扣减其当年实际应缴纳的增值税、城市维护建设税、教育费附加和个人所得税；符合规定条件的企业实体，在新增加的岗位中，当年新招用持《就业创业证》（《就业失业登记证》）人员，与其签订 1 年以上期限劳动合同并依法缴纳社会保险费的，在 3 年内按实际招用人数予以定额依次扣减营业税、城市维护建设税、教育费附加、地方教育附加和企业所得税。符合条件的服务型企业，在新增加的岗位中，当年新招用持《就业创业证》(《就业失业登记证》)人员,与其签订1年以上期限劳动合同并依法缴纳社会保险费的,在3年内按照实际招用人数定额依次扣减增值税、城市维护建设税、教育费附加和企业所得税。农民工等人员返乡创业,符合政策规定条件的,依法享受小微企业税收优惠政策。

3. 支持信用担保机构发展

符合条件的中小企业信用担保机构按照不超过当年年末担保责任余额1%的比例计提的担保赔偿准备,允许在企业所得税税前扣除,同时将上年度计提的担保赔偿准备余额转为当期收入。符合条件的中小企业信用担保机构按照不超过当年担保费收入50%的比例计提的未到期责任准备,允许在企业所得税税前扣除,同时将上年度计提的未到期责任准备余额转为当期收入。中小企业信用担保机构实际发生的代偿损失,符合税收法律法规关于资产损失税前扣除政策规定的,应冲减已在税前扣除的担保赔偿准备,不足冲减部分据实在企业所得税税前扣除。

三、进一步促进皖江城市经济发展的税收政策建议

(一)完善皖江城市带税收分配体制

目前增值税、企业所得税和个人所得税为共性税,地方分享比例偏低,而且分享的比例实行"一刀切",全国无论地区贫富都按统一比例在中央和地方之间进行分享。消费税和车辆购置税为中央税,地方不能获得任何税收收入。"营改增"尽管提高中央与地方的分享比例,但由于"营改增"总体效应为大规模减税,其最终结果主要是减少地方政府的财政收入,导致本已捉襟见肘的皖江城市带地方财力更是雪上加霜。

为了向皖江城市带发展提供必需的地方财力,必须要扩大地方税收收入来源,加大中央对皖江城市带的财政转移支付力度,扩大共享税地方分享的比例,解决税制调整对地方财力的影响。同时通过税收引导,加快发展法人经济,合理布局集团在皖江城市带布局总分支机构。从招商引资以及企业注册设立环节入手,通过市场准入,财政税收等综合政策,对建安、房地产、餐饮、商业加盟以及挂靠等行业非实质性或非紧密型的分值机构改变为法人企业,以便加强税收征管,直接增加皖江城市带的地方税收收入。对于安徽省企业引导企业将设立在外地的子公司改变为分公司,使其失去独立的纳税资格,实现由总公司在皖江城市带区域内汇总缴纳企业所得税。这样既能维护企业和地方政府的最大利益,又使得各分公司之间的收入、成本费用相互弥补,真正实现亏损不纳税,盈利少交税的目的,促进企业发展。

(二)进一步规范皖江经济带的税收秩序

对国家和安徽省出台的税收政策,各地要领会政策要领,吃透用足促进经济发展的税收优惠政策。清理、纠正各类违法、违规影响市场公平竞争的地方涉税规范性文件。在组织税收收入方面,要保持税收收入同皖江城市带经济增长同步,努力实现税收收入

弹性，做到"依法征税、应收尽收，杜绝过头税"。在税收执法方面，进一步加强税务干部队伍业务能力培训，提高税收执法水平，规范执行税法。在税收执法环境方面，增强协税护税保障能力，减少税收执法干扰，改善税收执法环境。强化对各种高收入行业、各类承包人和高收入人群的个人所得税税源监控和管理，促进社会公平分配，增加地方财政收入。开展对建筑业、房地产业税收专项清理，增加新的税收收入增长点。

（三）积极争取皖江城市带的税收优惠政策

1. 积极争取重点项目涉税政策

基础设施是皖江城市带发展的基础和前提，具有明显的地域性公共品特质。坚持以皖江城市带内长江八百里皖江段黄金水运通道为切入点，以水运陆运为龙头，以长江经济带为枢纽，"水、铁、公、空、管"五位一体的现代化立体交通运输体系。对交通运输、物流给予最大的税收政策支持。对铁路、公路、机场等用地在保证国家18亿亩耕地红线的前提下，通用用地增减挂钩，耕地占用税、土地使用税等税收优惠政策。对在皖江城市带内开工建设的国家鼓励的重点项目基础设施建设企业，根据不同的投资形式和工程项目，对相关税收政策实行减税、免税的税收优惠政策，从税收的层面改善皖江城市带投资环境。

2. 完善环保税收政策

皖江城市带内的长江，是我国极具重要意义的区域板块，在经济发展的同时，也面临严峻的环境保护的压力。严格执行环境保护税，强化税收对环境保护的系统整治力度，促进地方政府尽量引进高科技环保型企业，对企业的排放物，按含硫、磷、一氧化碳、重金属等污染物的含量，严格执行环保税。同时，对环保型企业的环保投资、节能节水等经济活动给予税收减免，促进皖江城市带循环经济发展。

3. 充分利用国家赋予地方税收幅度税率的权利

在维护税法统一的前提下，充分利用国家赋予地方税收的自主权利，制定地方促进经济发展的税收优惠政策，为皖江城市带发展提供支持。同时展开产业税收政策研究，为皖江城市带区域经济发展战略、规划、企业改组改制、项目可行性研究提供可靠的税收政策支持。在地方政府职权范围内，根据经济发展战况及时提出调整税收政策的意见和建议。

（四）出台扶持第三产业的税收优惠政策

1. 全面推行"营改增"为物流业真正减轻税负

皖江城市带连贯东西，承接南北，处于物流业的核心地带。在推行的"营改增"过程中，皖江城市带的物流业并没有因为"营改增"税负减轻。建议对物流企业的交通运输收入、仓储收入允许享受流转税抵扣政策，允许符合条件的物流企业实行总部集中营销、合并纳税的税收政策。

2. 促进皖江城市带金融服务业发展的税收政策

建议放宽金融服务业认定。《金融企业贷款损失准备金企业所得税税前扣除有关问题》规定：可提取贷款损失准备金税前扣除的是政策性银行、商业银行、财务公司和城乡信用社等国家允许从事贷款业务的金融企业，但《国家税务总局关于企业所得税核定征收若干问题的通知》规定：银行、信用社、小额贷款公司、保险公司、证券公司、期货公司、担保公司、财务公司、典当公司均为金融企业，后者规定的范围明显大于前者。这导致基层税务机关难以准确把握政策执行标准，建议统一采取扩大化的标准，促进皖江城市带金融服务业发展。

3. 完善科研技术行业涉税政策

对于整体或部分企业转制科研机构的科研开发自主用地、房产的城镇土地使用税和房产税政策到期，建议根据实际需要予以延期，以增强其自主创新能力。为了初级科技成果转化，除继续对单位和个人从事技术转让、技术开发业务和与之相关的技术咨询和技术服务的收入给予税收优惠外，建议对区域内高新技术创业的服务机构，在一定期间内减免房产税、城镇土地使用税等。

（五）实施有利于吸引创新创业人才的税收政策

对高素质人才到皖江城市带创业的，给予一定契税、个人所得税补助或减免。对于在皖江城市购买住宅给予契税财政补贴政策。对于购买住宅、汽车、商业保险、教育等特定消费支出和研发费用允许税前扣除。对个人劳务报酬所得、稿酬所得、特许权使用费所得等适当提高扣除比例。对科技人员实行根据贡献大小与奖励挂钩的政策，对其收入不作为计税收入，同时对于较高学历人员给予的补贴不计入税基，免征个人所得税。用优惠的个人所得税政策，打造皖江城市带人才税收政策"洼地"以留住、吸引高端人才。

参考文献

［1］财政部 税务总局关于调整增值税税率的通知［EB/OL］. http：//www. chinatax. gov. cn.

［2］财政部 税务总局关于统一增值税小规模纳税人标准的通知［EB/OL］. http：//www. china-tax. gov. cn.

［3］财政部 税务总局关于进一步扩大小型微利企业所得税优惠政策范围的通知［EB/OL］. http：//www. chinatax. gov. cn.

皖江城市带供给侧结构性改革社会保障政策支持研究

杜莹莹

一、问题的提出

自 2010 年 1 月国务院批复《皖江城市带承接产业转移示范区规划》以来，皖江城市带承接产业转移示范区建设取得显著成效。承接产业转移规模和质量大幅提升，生态建设与公共服务得到较大改善，呈现出经济结构日益优化、发展方式加快转变、区域合作不断深化的良好局面，已成为引领安徽经济持续健康较快发展的主引擎。与此同时，在面临传统人口红利的日渐衰弱、"中等收入陷阱"的风险累积以及国际国内经济格局的深刻调整等一系列因素的共同影响下，皖江城市带经济发展正进入"新常态"。习近平总书记在 2015 年中央经济工作会议上明确指出："推进供给侧结构性改革，是适应和引领经济发展新常态的重大创新，是适应国际金融危机发生后综合国力竞争新形势的主动选择，是适应我国经济发展新常态的必然要求。"[1] 推进供给侧结构性改革，增强供给结构对需求变化的适应性和灵活性，培育新的经济增长点，成为皖江城市带引领经济发展新常态的重要选择。至此，在适度扩大总需求的同时，以去产能、去库存、去杠杆、降成本、补短板为重点的供给侧结构性改革[2] 在皖江城市带拉开帷幕。在大力推进供给侧结构性改革过程中，特别是化解过剩产能，加快产业结构优化升级等关键领域，必然会影响部分群体的就业和收入，必须发挥好社会保障政策稳定器的作用，务必守住民生底线，为皖江城市带供给侧结构性改革创造良好稳定的社会环境。本文首先论述社会保障政策与皖江城市带供给侧结构性改革之间的关系，然后具体理清皖江城市带供给侧改革的社会保障政策实践，并深入探讨存在的问题，最后提出完善社会保障的政策取向，为推动皖江城市带供给侧结构性改革的顺利进行保驾护航。

二、皖江城市带供给侧结构性改革与社会保障政策之间的关系

推进供给侧结构性改革总体思路，必须实施相互配合的五大政策支柱。依靠社会保障政策守住底线是其中最重要的组成部分，皖江城市带供给侧结构性改革与社会保障政策紧密相连。社会保障通过五项社会保险、住房公积金、社会救助等一系列政策安排支持皖江城市带供给侧结构性改革。

（一）去产能与社会保障

皖江城市带产能过剩主要集中在马鞍山、芜湖、铜陵等城市的钢铁、水泥等传统工业部门，在化解过剩产能，推动产业结构优化升级过程中，有些企业要面临停产、兼并、重组甚至关闭等，失业人员转移安置成为重点，失业保险政策可以起到兜底的作用。针对青年失业职工，可向其发放失业保险待遇，保障失业期间的基本生活水平，并且积极提供职业技能培训和再就业服务，以帮助青年失业职工尽快重新就业。针对即将退休的失业职工而言，由于再就业难度相对较大，可适当允许其提前退休，通过支付养老保险金保障其基本生活；针对特殊困难的失业职工，可以向其提供失业救助，使其免于生存危机。通过各项社会保障政策安排，为妥善化解产能过剩创造条件。

（二）去库存与住房公积金

皖江城市带房地产市场库存过剩主要集中在滁州、宣城、池州等中小城市，消化房地产库存过剩要靠落实户籍制度改革方案，加快农民工市民化，允许农业转移人口等非户籍人口在就业地落户，以满足新市民住房需求为主要出发点来消化过剩库存，住房公积金政策可以成为去库存的重要工具。住房公积金制度依靠本身特有的保障性、互助性、福利性、低利率等特点，使其具备了鲜明的政策性住房金融属性。皖江城市带部分城市可以通过扩大住房公积金提取范围，降低首套房首付比例，延长贷款年限，提高贷款额度等途径，激发住房消费需求。深入挖掘住房公积金在"去库存"中的潜力，提升融资能力，拓宽融资渠道，为降低房地产库存提供资金支持，住房公积金支持去库存可谓"责无旁贷"，能够加快去库存的改革步伐。

（三）降成本与社会保险

在经济新常态背景下，皖江城市带也面临着企业用工成本持续上涨的压力，社会保险缴费率长期处于高位，再加上其并不确定的缴费基数和待遇增长机制，社会保险缴费水平过高使得企业的竞争优势大打折扣，[3]降低社会保险缴费率可以助力皖江城市带的企业降成本改革。合理调整社会保险缴费水平，建立更加公平、可持续的"五险一金"费率确定机制，是减轻企业生产经营负担，控制人工成本过快上涨，推动劳动力资源优化配置的重要策略。在不影响参保人员待遇保证情况下，适当降低企业及其职工的社会保险缴费比例，可以促进企业进行薪酬制度调整，激发企业用工活力，进一步减轻企业负担，提高职工的可支配收入。可通过适当调低社会保险费率来支持皖江城市带企业的降成本任务。

（四）补短板与社会救助

皖江城市带进行供给侧结构性改革的关键是寻求新的经济增长点，着力优化产业结构，大力发展战略性新兴产业。要弥补经济发展的"短板"，必须加大对民生领域的扶持力度。实施社会保障政策的初衷与补短板目标殊途同归，两者都是为了缓解贫困，增进民众福祉，促进社会公平，社会救助在皖江城市带补短板过程中起到最后兜底的作

用。社会救助则直面贫困人口，向其提供最低生活保障，使其免于生存危机，通过各种举措逐步恢复贫困群体的劳动力再生产。实施教育救助使得贫困家庭子女能够顺利完成学业，实施医疗救助可以帮助贫困人口跳出"因病致贫、因病返贫"的恶性循环，就业救助可以帮助劳动者重新就业。还有各种专项救助，因其具有很强的针对性，能够根据贫困者的致贫原因对症下药，通过精准扶贫实现扶贫目标，守护好社会保障的最后一道"防线"，全力护航皖江城市带的供给侧结构性改革。

三、皖江城市带供给侧结构性改革的社会保障政策实践

为保障供给侧结构性改革的顺利推行，加快经济结构调整和产业优化升级的步伐，创造良好稳定的社会环境，皖江城市带同步对社会保障政策进行一系列的变革。

（一）推动基本养老保险制度并轨

为统筹养老保障体系建设，构建更加公平、可持续的养老保险制度，根据《安徽省人民政府关于机关事业单位工作人员养老保险制度改革的实施意见》，皖江城市带开启基本养老保险制度并轨道路，改革现行机关事业单位工作人员退休保障制度，与企业职工一样实行社会统筹与个人账户相结合的基本养老保险制度。机关事业单位工作人员的基本养老保险费由单位和个人共同负担，单位缴纳基本养老保险费的基数为本单位参加机关事业单位养老保险工作人员的个人缴费工资基数之和，比例为20%。个人缴纳基本养老保险费的基数为个人缴费工资基数，比例为8%，由单位代扣。按本人缴费工资8%的数额建立基本养老保险个人账户，全部由个人缴费形成。个人账户储存额只用于工作人员养老，不得提前支取，每年按照国家统一公布的记账利率计算利息，免征利息税。参保人员死亡的，个人账户余额可以依法继承。机关事业单位在参加基本养老保险的基础上，应为其工作人员建立职业年金。单位按本单位缴费工资的8%缴费，个人按本人缴费工资的4%缴费，建立职业年金经费保障机制，确保机关事业单位养老保险制度改革平稳推进。

（二）整合城乡居民医疗保险制度

为了顺利推行供给侧结构性改革，缩小城乡医疗保障的差异，促进社会公平正义，皖江城市带各地区根据《安徽省人民政府关于整合城乡居民基本医疗保险制度的实施意见》，进行城镇居民医疗保险和新型农村合作医疗保险的制度整合，在2017年底前基本建立了统一的城乡居民医疗保险制度。政策规定凡不属于参加城镇职工医疗保险的城乡居民，都可参加该制度，实现职工、居民医疗保险制度无缝对接。进城务工人员和城镇灵活就业人员可自愿参加城乡居民医疗保险。坚持多渠道筹资，城乡居民医疗保险实行个人缴费和政府补助相结合为主的筹资方式，在提高政府补助标准的同时，适当提高个人缴费比重。遵循保障适度、收支平衡的原则，统一保障范围和支付标准，均衡城乡居民医疗保险待遇。合理确定门诊和住院起付线标准、最高支付限额和支付比例，确保

政策范围内住院费用支付比例达到并保持在 75% 左右，进一步完善门诊统筹，稳步提高门诊保障水平，统一城乡居民大病保险政策，加强与医疗救助政策衔接。

（三）调低社会保险缴费率

面对皖江城市带经济增长速度趋缓的压力，为降低企业用工成本，增强企业活力，皖江城市带从 2015 年 10 月调整完善工伤保险费率政策，按照费率浮动办法确定每个行业的费率档次，合理确定工伤保险行业基准费率，企业缴纳工伤保险平均费率由 1% 降至 0.75% 左右。2018 年 7 月，安徽省人社厅、省财政厅联合发布关于继续阶段性降低社会保险缴费率的通知，规定从 2018 年 5 月 1 日至 2019 年 4 月 30 日期间，企业职工基本养老保险单位缴费比例仍按 19% 执行，个人缴费比例维持 8% 不变；失业保险总费率由现行的 2% 降至 1.5%，其中单位费率由 1.5% 降至 1%，个人费率维持 0.5% 不变。为进一步减轻企业负担，皖江城市带又一次降低失业保险费率，决定从 2018 年 5 月 1 日至 2019 年 4 月 30 日期间，失业保险总费率仍按 1% 执行，其中单位费率和个人费率分别为 0.5%。[4]另外，皖江城市带阶段性降低住房公积金缴存比例，凡单位住房公积金缴存比例高于 12% 的，一律予以规范调整，不得超过 12%。这一政策从 2016 年 5 月 1 日起实施，暂按两年执行，通过适当下调"五险一金"的缴费比例，全力支持皖江城市带的企业降低人工成本。

（四）实施精准扶贫

在皖江城市带供给侧结构性改革过程中，部分群体受到各种因素影响可能会陷入贫困境地，因此需要社会救助其脱贫。2015 年以来，皖江城市带各县市坚持精准脱贫主线，不断创新扶贫机制，倡导就业帮扶，加大对贫困群体的职业技能培训力度，创新补贴方式，提高补贴标准，确保贫困劳动力通过技能培训重新就业，搭建贫困劳动力和用人单位对接平台，对贫困家庭子女在中、高等职业院校就读的实施资金补助，对贫困家庭离校未就业的高校毕业生提供就业支持。激活贫困群体的"造血功能"，帮助他们通过自救来摆脱贫困，引导贫困地区群众加速脱贫。坚持精准扶贫与社会保障有效衔接，对无法通过就业扶持帮助实现脱贫的家庭实现社会救助政策兜底。将所有符合条件的贫困家庭纳入最低生活保障范围，做到动态管理、应保尽保，并且加大对贫困群体的医疗救助、教育救助、慈善救助等帮扶力度，将贫困人口全部纳入重特大疾病救助范围，使贫困人口大病医治得到有效保障，通过各种措施帮助贫困人口实现脱贫目标，通过补短板全力推动皖江城市带的供给侧结构性改革。

四、社会保障政策在供给侧结构性改革进程中面临的问题

经济的稳定增长可以为皖江城市带社会保障的政策实践提供坚实的物质基础，但经济增速的放缓同样影响着与其紧密相连的社会保障政策运行，在皖江城市带供给侧结构性改革中，社会保障政策在实施中面临困难。

（一）社会保障基金支付压力增大

皖江城市带在推进以"去产能、去库存、去杠杆、降成本、补短板"等为重点的供给侧结构性改革进程中，依靠社会保障坚守民生的底线不动摇，就需要公共财政的大力支持。在"去产能"过程中，需要做好职工的分流安置工作，对失业人员提供失业保险金，对转岗安置人员需要开展职业培训，对青年失业员工需要安排技能培训，对实现灵活就业的就业困难人员，要给予社会保险补贴，对于具有自主创业意愿的失业人员，给予享受税费减免、创业担保贷款及财政贴息、场地安排等扶持政策。实行内部退养的职工，免除企业和个人缴纳的失业、工伤和生育保险费，个人按规定享受相关社会保险待遇，对通过市场渠道确实难以就业的大龄困难人员和零就业家庭人员，通过政府购买公益性岗位予以托底安置，按规定给予社会保险和公益性岗位补贴。这些都需要政府公共财政的大力支持。在经济新常态背景下推行供给侧结构性改革，给社会保障带来很大的支出压力。

（二）社会保障制度的公平性问题凸显

皖江城市带在产业结构调整过程中会涌现出新的就业形态，劳动力要素若想在自由流动中实现最优配置，就需要建立更加公平的社会保障制度。目前皖江城市带的社会保障制度城乡间、群体间的不公平性日益凸显。为了减轻改革的阻力，在机关事业单位工作人员建立养老保险制度伊始，就同步实施了职业年金制度。职业年金强制建立，所有机关事业单位的工作人员都能享受到职业年金带来的"红利"。与之对应的是企业职工的企业年金制度，但企业年金实行自愿建立的原则，对于绝大多数职工来说仍然是可望而不可即的"奢侈品"。虽然基本养老保险制度在不同群体间实现了名义上的并轨，但其本应彰显的公平性并无根本改善。在医疗保险方面，同样存在政策性差异产生的不公平局面，城乡居民医疗保险的缴费水平比较低，但与城镇职工的医疗保险待遇差距却不大，导致部分参加城镇职工医疗保险人员的不满。而失业保险、工伤保险和生育保险参保对象只涵盖有工作单位的城镇职工，在广大农村地区，这三项保险政策是亟待解决的重大短板。

（三）社会保险筹资能力减弱

与其他社会保障政策相比，社会保险是一种实行缴费制的保障安排，待遇发放主要来自用人单位和职工本人缴纳的社会保险费。在皖江城市带供给侧结构性改革过程中，面对劳动力成本的不断攀升，为提高企业的整体竞争优势，适度降低社会保险缴费率是其中的重要举措。各地区给企业降成本过程中，企业和职工个人的社会保险缴费比例均有所下调，经过两年阶段性地降低社会保险费率，皖江城市带企业和个人缴纳社会保险的比例总和在38%左右。① 在降低社会保险费率为企业减轻负担的同时，社会保险基金

---

① 除了养老保险实行省级统筹，其他四项社会保险目前是县市级统筹，各地具体政策不一导致缴费比例不完全相同。

的筹资能力也相应减弱。皖江城市带在依靠以优化产业结构，促进传统产业转型升级的供给侧结构性改革过程中，劳动者面临年老、疾病、失业、工伤和生育的风险也不断增大，对社会保险待遇的需求同步提高。由于社会保险水平具有刚性增长的特点，各项保障待遇难以降低，这就给社会保险的财务可持续性形成巨大挑战，[5]进而影响经济结构调整的进程。

（四）住房公积金制度亟待完善

作为一项社会政策，住房公积金的设计初衷是解决城镇中低收入群体买房难的问题，但其在实际运作中却沦为"劫贫济富"的工具，基本丧失"互助性"特征，受到社会公众的强烈诟病。按照政策规定，首先，住房公积金只在城镇建立，农村不建立住房公积金制度。其次，只有城镇在职职工才建立住房公积金制度，无工作的城镇居民、离退休职工不实行住房公积金制度。最后，住房公积金由职工所在单位和职工个人共同缴存。职工个人缴存部分由单位代扣后，连同单位缴存部分一并缴存到住房公积金个人账户内，用于住房消费专项支出。目前，住房公积金只在机关事业单位和国有企业中实现了全覆盖，部分事业单位劳务派遣人员、多数民营企业职工、进城务工人员、自由职业者等"非公单位"群体，均没有建立住房公积金制度，他们才是房地产去库存的潜在客户群，这不仅使住房公积金的公平性受到质疑，也影响皖江城市带去库存的顺利推进。为吸引外来人才和解决低收入群体的住房问题，完善住房公积金政策属于比较可行的去库存备选项，改革住房公积金制度势在必行。

五、推动皖江城市带供给侧结构性改革的社会保障政策取向

在经济新常态背景下，推动皖江城市带供给侧结构性改革，明确政府的社会保障兜底责任，就必须对社会保障政策进行相应的调整。

（一）加快完善社会保障的顶层设计

社会保障制度的框架结构是在不同历史时期根据经济社会发展形势而逐步建立的。历史经验证明，社会保障是化解经济社会危机，缓冲社会经济风险的必要条件。面对皖江城市带优化产业结构，促进传统产业的转型升级，培育战略性新兴产业，大力发展第三产业的全新格局，充分强化社会保障的兜底作用，应该重塑社会保障政策的顶层设计，提高社会保障的统筹层次，大力发展更加全面的社会保障体系。首先，要逐步提高各险种的统筹级次。推动基础养老金的全国统筹，通过养老保险基金在结余地区与亏空地区的横向调剂，实现基础养老金的公平性，也有利于减轻皖江城市带在去产能过程中的社会保障支出压力。在皖江城市带内部，要逐步实行失业保险和工伤保险的省级统筹，提高统筹层次可以快速完成劳动者流动期间各项社会保险关系的转移接续问题。其次，将职工基本医疗保险和生育保险进行合并，完善医疗救助与基本医疗保险衔接办法，通过资源整合，强化基金的共济能力，降低管理运行成本。最后，积极探索商业保

险和慈善事业发展的新路径，构建全方位、多层次的社会保障体系应对经济新常态，避免掣肘皖江城市带的供给侧结构性改革。

（二）构建城乡统一的社会保障制度

在皖江城市带优化产业结构过程中，产业融合是培育新经济增长点的一个方向。三大产业融合式发展，有利于消除劳动力就业的产业界限，加快部分产业向农村地区转移，从而实现城乡间劳动力资源的自由流动。要实现生产要素的最优配置，就必须消除基于身份定位的政策差异，[6]构建城乡社会保障的一体化进程，是社会保障政策适应皖江城市带供给侧结构性改革的基本取向。首先，精准扶贫可以被认为是破除城乡二元社会保障局面的起点。在补短板过程中，通过对困难群体的精准识别和帮扶，具体采取产业扶贫、教育扶贫等途径提高农村居民的保障水平。其次，逐步整合差异化的社会保险政策。在建立机关事业单位工作人员与企业职工统一的基本养老保险制度之后，将企业年金也同步落到实处。对城镇职工和城乡居民的基本医疗保险制度进行完善，做好制度间的衔接，可以让员工自由选择参保，提高政策的公平性。最后，应将失业保险、工伤保险、生育保险和住房公积金覆盖全体城乡劳动者，解除他们的后顾之忧，实现皖江城市带的城乡间、群体间的基本公共服务均等化目标。

（三）稳步提高社会保险资金能力

在供给侧结构性改革期间，保障遭受失业、工伤、疾病等社会风险人员的基本生活，维护经济结构的平稳调整，就要扩大社会保险支出。在缺乏制度外资金来源前提下，要保证社会保险待遇水平的不下降，在夯实社会保险缴费基数的前提下，通过开源节流稳固社会保险的资金基础，必须进行制度变革。在养老保险方面，建立养老金正常调整机制，与经济社会发展水平相适应，实行渐进性延迟退休政策，逐步将男女的法定退休年龄调整一致，适当减轻养老保险的收支失衡态势，在医疗保险方面，通过深化基本医疗保险支付方式改革，努力控制医疗费用的不合理上涨。进一步调整社会保险基金，尤其是养老保险基金的投资领域，拓宽投资方向，循序渐进地进入资本市场，以安全性较好的投资品品种为主，对投资数量和投资比例予以严格限制，最大限度地发挥社会保险结存基金的使用潜力，以投资"反哺"筹资，实现社会保险基金与资本市场的良性互动，减缓因政策因素带来的社会保险资金支出压力，保障皖江城市带降成本任务的顺利进行。

（四）充分发挥住房公积金的杠杆作用

在房地产去库存过程中，住房公积金是重要的政策工具。在皖江城市带的中小城市，大量农村进城务工人员、外来就业人员、城乡青年适婚群体等都是"首套房"的消费对象，将成为城市新增人口中的购房主力军，是"去库存"的关键支撑。充分发挥住房公积金在去库存中的作用，首先，要扩大政策覆盖面，将城镇"非公单位"人员和城乡居民都纳入进去，壮大住房公积金缴存队伍，增加受益群体，激发住房消费需求，提高住房消费能力，壮大去库存的市场基础。其次，要实施低收入缴存人家庭首套购房贷款贴息政策，拉动购房需求。通过政策倾斜的方式增强低收入家庭购房筹资能力，降低购房贷款利息支出负担，切实发挥住房公积金政策性金融的保障功能。再次，要适当拓展住房公积金的使用范围，支持保障性住房建设、满足重大疾病、困难家庭子女就学、遭遇自然灾害、父母子女购房互取使用、支付物业费、住房装修贷款等方面需求，全方位、多角度、多途径提升公积金使用效能。最后，可以加大异地购房贷款政策的落实力度，有效提高住房公积金在皖江城市带"去库存"中的社会影响力。

参考文献

［1］中央经济工作会议在北京举行 习近平李克强作重要讲话［EB/OL］．新华网，2015 – 12 – 21. http：//news. xinhuanet. com/politics/2015 – 12/21/c_1117533201. htm.

［2］胡鞍钢，周绍杰，任皓. 供给侧结构性改革——适应和引领中国经济新常态［J］．清华大学学报（哲学社会科学版），2016（2）：2 – 7.

［3］宋晓梧. 企业社会保险缴费成本与政策调整取向［J］．社会保障评论，2017（1）：63 – 82.

［4］关于继续阶段性降低社会保险费率的通知［Z］．2018 – 07 – 20. http：//www. ah. hrss. gov. cn/web/news/401/132777. html.

［5］郑秉文. 供给侧：降费对社会保险结构性改革的意义［J］．中国人口科学，2016（3）：2 – 11.

［6］刘昌平，汪连杰. 新常态下供给侧改革对社会保障制度的影响［J］．湖南社会科学，2017（2）：51 – 57.

皖江城市带供给侧结构性改革财政政策支持研究

毋爱琴

我国经济进入"新常态"，为实现经济发展由注重市场需求的数量向注重供给的质量转变，推进供给侧结构性改革是必然选择。2015 年 11 月 10 日，供给侧结构性改革的概念在中央财经领导小组第十一次会议上被首次提出，并强调"宏观政策要稳，就是要坚持积极的财政政策和稳健的货币政策，为经济结构性改革营造稳定的宏观经济环境"。随后，供给侧结构性改革迅速成为经济领域的"热词"，被中央会议与文件反复提及、多次强调。2015 年底，中央经济工作会议明确了供给侧结构性改革的重要意义，部署了 2016 年经济工作的五大任务：去产能、去库存、去杠杆、降成本、补短板。2016 年两会《政府工作报告》提出要突出抓好、着力加强供给侧结构性改革，减少无效和低端供给，扩大有效和中高端供给。2016 年 3 月 31 日，国务院《关于深化经济体制改革重点工作的意见》中要求"更加突出供给侧结构性改革"，强调"使市场在资源配置中起决定性作用和更好发挥政府作用"，"实现由低水平供需平衡向高水平供需平衡的跃升"。2016 年 12 月 16 日结束的中央经济工作会议指出，2017 年要继续深化供给侧结构性改革，深入推进"三去一降一补"、深入推进农业供给侧结构性改革、着力振兴实体经济，促进房地产市场平稳健康发展。财政政策与货币政策是一国政府进行总量管理的两大工具，与货币学派所倡导的货币政策的稳定性相比，政府对于财政政策的实施更加主动和灵活，不仅可以通过"逆周期"操作来调节总量平衡，还可以通过一系列财税行为来优化经济结构，更可以通过收入再分配来实现公平和正义，因此，财政政策必然成为供给侧结构性改革的主要调控工具，皖江城市带作为国家战略层面的示范区，强调"三去一降一补"，积极推进产业转型升级，财政政策发挥了重要的支持作用，本文尝试提出进一步深化皖江城市带供给侧结构性改革财政政策支持的建议。

一、供给侧结构性改革与财政政策支持的逻辑关系

（一）实行供给侧结构性改革的原因

为适应经济"新常态"，解决"供需错位"产生的后遗症及负面影响，突破经济发展障碍，认识到解决的方式主要在于供给侧而非需求侧，要根治经济"病症"就要加大

供给侧结构性改革，激发企业主体活力，减轻运营成本，优化产业结构和要素资源配置，提升发展质量，激发经济发展潜能。[1]降低企业制度性交易成本包括税收、融资以及社保成本等。[2]可见供给侧结构性改革在促进我国经济发展新途径的同时，也为我国财政金融等政策的制定提供了基础。[3]

（二）财政政策对供给侧结构性改革的重要性

供给侧结构性改革作为我国政府的宏观政策，面对从需求侧转向供给侧的经济结构调整，若仅通过短期的刺激来满足需求总量，就会出现进一步加大产能过剩、削弱政策的边际效力、抑制生产率的提高以及不利于刺激创新等问题。当前亟须通过财政政策的精准发力真正发挥供给侧结构性改革的作用。

从理论来看，财政政策处于供给侧结构性改革的核心地位。供给侧结构性改革源头来自美国20世纪70年代末的"供给学派"，是为解决出现的"滞涨"问题应运而生的，与当前我国希望提高生产率、激发市场活力、加强创新能力的总体思路一致。"供给学派"的核心是减税，以此来刺激生产活力、鼓励投资、劳动供给和科技创新，长期来看可以有效促进经济的平稳发展，可见财政政策在实际的宏观调控中的重要地位。

从我国国情来看，长期以来经济增长方式留下的经济遗留问题，与政府的过多干预以及需求侧的局限有关。供给侧结构性改革中要强调减少政府的干预，加强市场的作用。财政政策能更好地规范政府行为，促进宏观经济市场健康发展。

从国际经验来看，财政政策对供给侧结构性改革也起着主导作用。下面一部分内容将对此予以具体阐述。

二、世界主要经济体财政政策支持供给侧改革的国际经验

从国外经济实践来看，美国、英国、德国、日本等国家在20世纪70年代经济出现增速下滑、产能严重过剩、物价过快上涨突出矛盾，从供给面进行了一系列改革举措，通过减税和减少政府干预提升企业发展活力，化解过剩产能，推动经济实现了平稳有序增长。[4]虽然当前我国所处时期和面临的形势与国外施行供给改革所处的环境大有不同，但这些国家一些成功的改革经验确有可借鉴之处。

（一）实行大规模减税，减轻企业和个人的税收负担

20世纪70年代，在奉行了几十年凯恩斯主义持续强化需求刺激之后，美国经济陷入"滞涨"。里根政府采纳了供给学派理论的观点，实施以全面减税为主要手段的"供给管理政策"，增加劳动和资本投入的总供给促进经济增长。在1981年和1986年实施了两轮大规模减税，主要举措为：一是将企业所得税税率和个人所得税税率档次调降简并，企业所得税税率从5档减为3档，最高税率调降12个百分点，个人所得税税率从15档减至2档，最高税率调降17个百分点，并提高免征额，降低非劳动收入税率、降低双职工家庭的税收负担等。二是颁布加速折旧条例，加速折旧法的适用范围扩大，各

类资产的折旧年限降低，企业可以按超过原始成本的"重置成本"计提折旧，高新技术、服务业、研究开发等行业的税收减免与优惠进一步扩大等。减税政策有效地增加了劳动供给意愿、促进市场投资和消费，并且提升了企业的创新精神、高新科技产业大力发展，推动了经济增长。此间美国联邦财政赤字占 GDP 的比重也随着财政收入的增加逐步回归减税前的水平。

（二）推行市场化改革，减少政府的过多干预

20 世纪七八十年代，英国经济同样深陷高通胀、低增长的泥潭，零售价格一度同比增长高达 25%，1980 年的 GDP 增速甚至出现 2.2% 的负增长。撒切尔政府同样认可供给学派的观点，实行减税和减少政府管制等措施减轻企业和个人的税收负担。撒切尔政府亦极力推崇市场机制，主张减少政府的过度干预，减少政府庞大的政府开支。大力推动国有企业市场化改革，改变以前城市基础设施主要靠政府投资的运营模式，扩大利用社会资本的规模，减轻政府的财政压力。市场化改革不仅解决了城市基础设施建设资金严重短缺的问题，而且提高了城市基础设施投资经营的效率。经过一系列有力的改革，英国恶性通胀得到有效控制，经济实现触底反弹，1988 年的 GDP 增速达到了 5.9%。

（三）制定改善长期供给的公共支出政策，推动产业结构升级

在 20 世纪 80 年代，德国一些地区面临工人大批失业、污染急需治理的艰难局面。为推进以煤炭、钢铁等高耗能、高污染产业为主的此类地区经济转型发展，政府积极推行新的产业政策，给予税收优惠政策和财政补贴措施，关闭已陷入困境的煤炭、钢铁等企业，引导企业加强产品研发和人才培训，从根本上提升供给质量，提高竞争实力。从实施效果来看，德国成长为世界先进制造业强国很大程度上得益于从供给层面推动的产业结构调整。2009 年，美国推出《复苏与再投资法案》应对国际金融危机，该法案主要援助受金融危机影响最为严重的机构和个人、保留并创造工作机会、投资具有长期经济效益的基础设施以及鼓励技术进步等。该法案总额为 7870 亿美元，支出重点在于通过劳动、资本、技术等要素改善长期供给。一方面为各州提供财政纾困资金、为失业工人和困难家庭提供援助；另一方面对劳动、健康和人权服务、教育及相关部门安排支出占总支出规模的 14%，对提升美国科研实力、提高生产效率具有重要作用。

（四）充分发挥财政政策的支持作用，促进制造业及新兴产业的发展

美国奥巴马政府为重振美国制造业、增加就业和出口，提出"再工业化"战略，相继发起"购买美国货"运动，推出《制造业促进法案》《鼓励制造业和就业机会回国策略》等重大政策措施。为充分实施这一战略，财政政策发挥了重要支持作用。一是削减本国制造业原材料的进口关税、给予回流企业税收减免等举措，降低企业的税负和成本。二是通过政府采购保护本国民族产业的制度，促进本国生产并大力支持中小企业。三是通过增加联邦研究和发展基金等措施，积极支持在先进制造业、新兴产业等领

域的科研活动，引导科研成果产业化发展。四是努力降低新技术商业化的风险和成本，联邦政府成立了多个制造业创新研究所，形成了全美制造业创新网络，发挥企业、高校和政府三方的合力，加快技术创新。

三、对皖江城市带供给侧结构性改革财政政策支持现状的基本评价

（一）皖江城市带供给侧结构性改革的财政政策支持的现状

2016 年 5 月 16 日，安徽省委、省政府按照中央部署，坚持问题导向，注重精准施策，围绕五大任务，谋划实施"1 + 8 + 4"制度框架，出台《安徽省扎实推进供给侧结构性改革实施方案》，明确了"五围绕五推进"的目标任务，即围绕调结构、稳市场、防风险、提效益、增后劲，推进"三去一降一补"，并制定《关于去杠杆防风险促进经济社会稳定健康发展的实施意见》《关于去库存促进房地产市场稳定发展的实施意见》《关于降成本减轻实体经济企业负担的实施意见》《关于补短板增强经济社会发展动力的实施意见》等 8 个专项实施意见，推进供给侧结构性改革向纵深发展，为经济持续增长培育新动力、打造新引擎。[5]皖江城市带各城市也纷纷根据各地实际情况出台实施方案。财政部门紧紧围绕供给侧结构性改革的战略部署，支持经济发展，出台支持供给侧结构性改革的财政政策措施，取得了一定的成效。

1. 支持去产能出台新政策

安徽是产能大省，化解产能过剩是减少无效和低端供给，释放资本、劳动力等生产要素，提高资源配置效率，解决结构性突出问题的最直接措施。"十三五"期间，国家确定安徽省化解产能任务钢铁 302 万吨、煤炭 3183 万吨，需分流安置职工 10.38 万人，预计职工分流安置费用 154.07 亿元。2016 年，安徽省财政积极发挥职能作用，强化去产能资金保障和资金管理，大力支持钢铁煤炭行业化解过剩产能。安徽省去产能职工分流安置资金由中央和省分担 50% 、市（县）和企业分担 50% 。2016 年，按照中央奖补资金数额，省级等额安排专项奖补资金。2016 年中央和省级专项奖补资金全部下达，累计下达 21.85 亿元，其中：中央专项奖补资金 10.97 亿元，省级奖补资金 10.88 亿元，专项用于钢铁煤炭行业化解过剩产能职工分流安置。①为提高资金使用效率和强化资金安全管理，安徽省财政厅还制定管理办法和印发有关通知，对账户共管、风险防控、资金拨付、使用、监督等工作进一步提出明确要求。各市财政进一步出台实施方案，成效明显。煤炭行业主要集中在安徽的北部城市淮南和淮北，钢铁水泥行业主要集中在皖江城市带。典型的马鞍山财政精准施策全力支持马钢"去产能"，2016 年以来，马鞍山市财政累计投入各类资金 3.9 亿元支持马钢发展。其中：拨付产业政策资金 2.16 亿元；土地收购补偿款 1.05 亿元。为加强"去产能"职能分流安置资金管理，采取社保托底，稳定职工分流就业等政策，如对职工转岗安置给予职业培训补贴、失业人

---

① 安徽省财政厅网，http://czt.ah.gov.cn/portal/czdt/cjrd/1495744929442454.htm。

员发放一次性就业补贴、失业人员创业减免税费等，对上争取资金和强化本级支持等方式多管齐下，强化市级政策引导，拨付资金 530 万元用于马钢重点研究和开发计划。2016 年，皖江城市带顺利完成 205 万吨炼铁（马钢 62 万吨）、300 万吨炼钢（马钢 77 万吨）、98.5 万吨水泥的去产能任务。[6]

2. 支持去库存的政策

安徽省财政安排的棚改专项补助资金，向货币化安置比例高的市、县倾斜。各市、县政府对选择货币化安置并在规定时限内购买商品房的棚改居民，给予适当奖励。货币化安置补偿款按国家有关规定免征个人所得税，购买商品房享受国家规定的契税优惠政策。允许将按规定提取用于公租房建设的住房公积金增值收益用于棚改货币化安置。落实房地产税收政策。房地产开发项目土地增值税实行先预征、后清算、多退少补。各地对普通标准住房、全装修住房土地增值税实行 1.5% 的低预征率；对装配式建筑和绿色建筑（普通标准住房、全装修住房除外），土地增值税预征率超过 1.5% 的，要在现行预征率的基础上分别下调 0.2 个百分点。对房地产企业经批准建设且建成后无偿移交政府部门的学校、幼儿园用地，暂不征收城镇土地使用税；对属于房地产企业的待售开发房产，未纳入自有固定资产管理且未使用、未出租的，不征收房产税。通过合并、分立、出售、置换等方式将全部或部分实物资产及其相关债权、债务以及劳动力等一并转让的行为，不属于增值税征收范围，其中涉及的不动产、土地使用权转让不征收增值税。对纳税确有困难的房地产企业，经省级税务机关依法批准后可以适当延期缴纳税款。对兼并重组的房地产企业，市、县政府应当按照不增加企业地方税收负担的原则，给予适当支持。2016 年，安徽省商品房销量激增，销售面积达到 8499.7 万平方米，增长 37.7%，去库存成效明显。皖江城市带部分地区房价上涨过快，土地供应量增价涨。合肥均价达 9369.5 元/平方米，远高于安徽省均价 5924.4 元/平方米。

3. 支持降成本出台新政策

从制度性交易、人工、税费负担、财务、用能用地、物流 6 个方面全面降低企业成本，减轻企业负担。降低企业税费负担方面，安徽省 2016 年 5 月 1 日全面推开营改增试点，涉及新增试点纳税人 32.7 万户，连同原试点纳税人，共计 48 万户，小微企业绝大多数都是小规模纳税人，约占全省试点纳税户的 90%。营改增之后，将由原来按 5% 征收营业税改按 3% 的征收率，直接减税约 40%。在停征和归并一批政府性基金、扩大 18 项行政事业性收费免征范围的基础上，全面实现省级涉企收费项目的"零收费"。全面落实固定资产加速折旧政策。按国家有关规定，对符合条件的小微企业，免征教育费附加、地方教育附加、水利建设基金、文化事业建设费和残疾人就业保障金。落实国家阶段性下调社保费率政策，降低企业人工成本。企业职工基本养老保险单位缴费费率降低至 19%，失业保险单位缴费费率从 1.5% 下调至 1%，进一步减轻符合条件的小微企业社会保险缴费负担。住房公积金缴存比例上限降低至 12%，缴存基数上限降低至设区城市上一年度月平均工资的 3 倍。综合测算，2016 年，安徽省各项降税减费政策为企业降低成本 790.22 亿元。皖江城市带一方面落实国家、省减税降费和政府性基金政策；另一方面还进一步降低企业成本，给予企业社会保障政策支持。合肥市财政对实体经济企业成本实行"一降再降"政策。铜陵市降低企业社保成本自2016年5月1日起，将企业职工养老保险单位缴费比例由20%降至19%，已为企业减少成本6720万元，自2017年1月1日至2018年4月30日，将失业保险费率由1.5%降至1%，其中单位费率由1%降至0.5%，个人费率0.5%保持不变，预计全年可为企业减负3480万元。

4. 支持补短板的财政政策

加快培育新的发展动能，提出在创新能力提升、传统产业改造提升、战略性新兴产业培育发展、现代农业和现代服务业发展、基础设施建设、民生保障体系、生态文明建设、脱贫攻坚等领域，加大有效投资力度，强化项目支撑，优化现有生产要素配置和组合，优化现有供给结构，培育发展新产业新业态，提供新产品新服务。在财税政策方面，加大财政专项资金整合和投入力度，优先投向"短板"突出的地区、行业和领域，财政支农投入新增部分重点用于脱贫攻坚，中央、省财政一般性转移支付、涉及民生的专项转移支付，进一步向贫困地区倾斜。支持战略性新兴产业集聚发展基地所在市政府筹集资金，专项用于基地公共服务项目建设。统筹数字安徽、旅游发展等专项资金，支持推进"互联网＋"、云计算、大数据等现代服务业发展。落实国家促进科技成果转化等支持创新发展政策，对高等学校、科研机构的科技人员或团队在皖转化科技成果，在取得创办企业或投入受让企业的股份和出资比例时，暂不征收个人所得税，待取得按股份、出资比例分红或转让股权、出资比例所得时依法缴纳个人所得税。高新技术企业转化科技成果，给予本企业相关技术人员的股权奖励，个人一次缴纳有困难的，可按规定分期缴纳个人所得税。落实企业研发费用加计扣除、技术转让所得税减免、高新技术企业和技术先进型服务企业所得税减免等税收扶持政策。落实国家认定企业技术中心、科技重大专项、国家中小企业公共技术服务示范平台等各项进出口税收优惠政策。2016年前5个月，传统产业升级改造开工项目数335个，超序时进度33个百分点。2016年，安徽省确定实施的亿元以上重点项目就有4796个，年度计划投资超过1万亿元。[6]铜陵市聚焦投资、产业、民生、公共服务和生态建设等领域，集中攻坚补短板。通过一系列措施的实施，2016年铜陵市服务业增加值十年来首次实现首季两位数增长，占GDP比重同比提升2.9个百分点；战略性新兴产业产值占规模以上工业比重提高到29.9%。生态文明建设持续加强，资源型城市转型考评连续三年获全国优秀。

5. 创新财政投融资机制

安徽省为推进经济结构战略性调整，加强薄弱环节建设，努力促进经济持续健康发展，充分发挥社会投资特别是民间资本的积极作用，创新重点领域投融资机制。对竞争性领域和基础设施、公用事业的投资专项，探索采取基金管理、股权投资、入股产业投资基金等市场化运作模式，鼓励更多社会资本参与重大工程建设。积极探索财政资金撬动社会资金和金融资本参与政府和社会资本合作项目的有效方式。引导和鼓励地方融资平台存量项目转型为政府和社会资本合作项目。落实国家支持公共服务事业的税收优惠政策，公共服务项目特别是纯公益项目采取政府和社会资本合作模式的，按规定享受相关税收优惠政策。鼓励地方政府在承担有限损失的前提下，与具有投资管理经验的金融机构共同发起设立基金，吸引更多社会资本参与。皖江城市带突出表现的是合肥市，基

本形成了政府投融资的"合肥模式"。建立风险预警机制,有效管控债务风险。全市债务率远低于全国水平和国际公认的警戒线标准,债务风险管理水平位居全省前列;构建地方政府债券融资机制,开辟全新地方政府融资渠道。新增债券规模从2015年25亿元增加到2016年87亿元,增长2.48倍。将到期的存量政府债务如银行贷款,置换成地方政府债券,2015年、2016年分别获得置换债券111.6亿元、116.5亿元;探索政府项目市场化投融资模式,推进新建重大项目融资与建设。实施棚户区改造二期项目政府购买棚改服务模式,成功获得国家开发银行166亿元贷款授信额度,轨道交通2号线、高新区智慧城市管理运营、高新区地下综合管廊、新站区地下综合管廊4个财政部或住建部示范试点PPP项目规范有序推进;促进平台转型,服务重大项目投融资。积极利用现有平台公司在投资、运营管理方面的优势,促进平台转型发展,由政府授权,建投集团先后投资设立合肥轨道交通公司,专门从事城市轨道交通投融资、建设和运营,设立合肥新农村公司,开展重大土地整治和新型城镇化项目投融资;授权巢湖城投公司,组建合肥铭城公司,承担棚户区改造二期项目投融资任务,成立环巢湖公司,服务生态清洁小流域治理项目建设等。所有这些公司,均统一归于市建投集团这一母公司,全力做强市本级主平台,服务全市重大工程投融资工作。[7]

(二) 基本评价

安徽省供给侧结构性改革取得了明显成效,皖江城市带成绩更是突出,但在产业转移承接中也存在一些问题,主要表现在:引进的产业层次不高,产业关联度低,难以形成大产业。这与政绩考核的不尽合理,缺乏高级别的协调机构,缺少中心城市的极核效应,以及承接转移模式有待进一步创新等有关。从财政政策来看,党中央、国务院,各部委、安徽省委、省政府以及皖江城市带各市委、市政府出台多项政策,支持皖江城市带供给侧结构性改革。但政策执行涉及发改委、财政、扶贫办、林业、农业等多个部门和单位,政出多门,条块分割,管理分散,项目和资金呈现小、散、乱的状况,以致协调工作难度大,财税政策执行呈现碎片化,在推进供给侧结构性改革过程中必须高度重视。

四、皖江城市带推进供给侧结构性改革的财政政策支持框架建议

(一) 以助力"三去"为核心,强化供给侧结构性改革

一是积极推进去产能,应安排专项资金支持行业淘汰"僵尸企业"与落后产能。通过提高减免税收比例和扩大税收抵扣等政策红利,建立跨区域兼并重组的利益协调和共享机制,提高地方政府淘汰落后产能的配合度。[8]应优化信贷结构,激励金融资本市场多渠道、多业态参与产能过剩产业的兼并重组。鼓励各地因地制宜提高淘汰落后产能标准,推动钢铁、煤炭等传统行业淘汰落后产能,积极实施精深加工,努力提升产业层次和技术含量,实现产业的升级转型。同时,应多渠道筹措落实资金,着力支持煤炭、

钢铁等行业淘汰过剩产能中的人员安置问题。二是因地制宜推进去库存，这两年房价普遍上涨，皖江城市带库存压力大大缓解。从长期城市发展来看，要顺应新型城镇化发展的趋势，解决农业转移人口市民化的问题，如大大增加对教育、医疗和社会保障等公共服务的需求产生的就业地买房或租房的需求。三是稳妥推进去杠杆，充分发挥财税政策引导和资金奖补作用，加快发展私募市场和股权投资基金，完善多层次资本市场，拓宽企业直接融资渠道，增加资本金，降低负债率。

（二）进一步推进"减税降费"，降低实体经济的供给成本

在经济新常态下，亟须大力推进减税降费，降低实体经济的供给成本，促进实体经济的发展。首先，应进一步减轻制造业增值税，落实小微企业税收优惠、落实高新企业税收优惠等政策，加快产业转型升级。其次，坚决避免乱收费，全面清理规范各项涉企收费项目，向社会公布涉企行政事业性收费、政府性基金及法定中介服务事项等目录清单。再次，整治多头收费、多环节收费，减轻过重的收费，切实降低企业的费类负担。应进一步降低社保缴费。制定降低所有企业养老保险、医疗保险、失业保险费率的具体措施，对困难企业、行业制定单独的社保缴费政策，切实减轻企业负担。最后，继续坚持依法治税。严格落实好税收扶持政策，严厉禁止收"过头税"、防止突击征税等违规行为，给市场主体留出更多可用资金。

（三）提高财政资金使用效率，改善民生与推进公共基础设施建设

针对经济社会发展和政府公共服务的弱项，需要改善民生、优化产业结构，提高财政投资效率，促进社会总需求增长。首先是加强民生保障。推进财政预算与"补短板"投资计划的衔接，加大对人民群众直接受益的教育、医疗、就业、社保等民生领域的资金投入，提高有效供给。其次，贯彻精准扶贫政策，一方面大力增加财政扶贫资金，另一方面确保精准到户，达到预期的扶贫效果。再次，加大公共基础设施的建设。充分整合财政资金，发挥财政资金的引导作用，创新投融资机制，撬动社会资本，多渠道筹措建设资金，重点保障能源、水利及交通等重大基础设施建设的资金需要。最后，需要创新公共服务供给模式。[9]合理定位政府职能，政府减少对一般竞争性领域的投入，重点营造公平竞争的市场环境，培育市场主体的创造力和内生动力。对事务性的管理服务类事项，鼓励和引导社会力量提供公共服务，通过合同、委托等方式向社会购买服务。逐步扩大政府购买服务目录，增加政府购买服务支出的规模，提高财政资金的使用效率。

（四）完善财税扶持政策，落实创新驱动战略

一是完善财税扶持科技创新政策。落实研发费用加计扣除企业所得税政策、固定资产加速折旧政策扩大实施范围、针对高新技术企业、科技企业孵化器、服务业等的税收优惠政策，切实激发企业的创新潜力。改革科技成果产权制度，技术转让免征企业所得税、完善股权期权税收优惠政策，逐步形成鼓励创业创新的收入分配制度，进一步激发高校和科研机构的创新潜力。二是加大科技创新投入资金支持。充分利用政府的引导基

金，发挥市场机制和企业作为创新主体的主导作用，引导企业增加研发投入。推动资本、人才、土地等生产要素向创业创新领域集聚。[10]首先是优化劳动力配置。充分发挥皖江经济带教育资源相对丰富的优势，培养高素质的人力资源。着力集聚一批"高精尖缺"的科技领军和高技能人才，提升科技发展水平。其次是优化资本配置。引导社会资金投向经济社会发展的关键领域，推动产业转型升级，加快发展新兴产业。运用金融创新工具，支持企业上市挂牌融资。最后是优化土地配置。建立城乡统一的土地流转制度，加大闲置土地清理处置力度，鼓励综合立体开发，提高土地的有效供给，并重点配置到科技含量高、发展潜力大的企业和新经济形态上。三是强化政府采购支持。在满足政府采购需求的同等条件下，优先采购创新创业企业的产品和服务，允许创业企业以联合供应商的形式进入政府采购市场，通过财银合作，允许创业企业以政府采购合同为担保向银行贷款，并给予利率优惠。

参考文献

［1］王洪明，张蕊. 供给侧结构性改革的财政政策研究［J］. 沈阳建筑大学学报，2017（6）：293.

［2］石寅. 财政政策促进供给侧改革的路径与对策研究［J］. 理论探讨，2016（6）：90－95.

［3］闫坤，丁树一. 当前宏观经济形势、供给侧结构性改革与财政政策［J］. 财经问题研究，2017（2）：66－72.

［4］连太平. 财政政策有效支持供给侧改革的问题研究［J］. 西南金融，2016（7）：68－69.

［5］省委省政府印发《安徽省扎实推进供给侧结构性改革实施方案》［N］. 安徽日报，2016－05－18.

［6］安徽省统计局，www. ahtjj. gov. cn。

［7］中安在线，www. anhuinews. com。

［8］山东省财政厅课题组. 推进供给侧结构性改革的财政政策研究——以山东为例［J］. 公共财政研究，2017（1）.

［9］袁红英，张念明. 供给侧改革导向下我国财税政策调控的着力点及体系建设［J］. 东岳论丛，2016（3）：53－59.

［10］方铸，常斌. 供给侧结构性改革视阈下的财政政策框架设计——兼论云南省的政策选择［J］. 财政科学，2017（5）.

皖江城市带供给侧结构性改革
法治逻辑研究

张　佑

我国经济进入"新常态",供给侧结构性改革政策在全面深化改革的背景下推出。学界关于皖江城市带经济转型发展的研究多集中在区域和各地市产业转型升级上,提出区域产业协调发展策略及具体行业优化发展对策,重视创新驱动产业发展;也有站在区域经济供给侧结构性改革的角度,认为皖江城市带供给侧结构性改革要坚持市场化导向,整合区域产业要素以提升供给体系质量和效率,优化产业要素供给以提高区域全要素生产率。本文在法治中国的时代背景下探索皖江区域供给侧结构性改革中应当遵循的法治精神,从区域规划、创新发展、市场机制等方面对本区域深入推进供给侧结构性改革作一些有益的探索。

一、法治语境下的供给侧结构性改革

(一) 区域经济呼吁供给侧结构性改革

皖江城市带经济发展呼吁供给侧结构性改革,主要表现在:区域生产力总体水平依然不高,自主创新基础上的高质量产品供给能力薄弱,供给侧不能适应需求端的新要求;经济增长对投资和出口依赖较重,供给侧矛盾突出;"三高一低"的粗放型增长方式尚未根本改变。多年来的高速发展所付出的代价也非常巨大,诸如存在环境污染加重和自然资源低效利用问题,存在社会贫富差距拉大、城乡及区域间发展极不平衡等情况,部分地区与全面建成小康社会的目标依然相距甚远。可以说,改革之路已步入深水区,区域经济乃至中国经济要从"富起来"走向"强起来"的目标依然任重道远。社会一定发展阶段的生产关系是构成一定社会的基础,改革开放多年来的经济积累已经使中国人民离全面实现小康的目标越来越近,但市场供给能力还远不能满足人们对美好生活向往的需要。供给侧结构性改革正是在这样的时代背景下提出的,变法图强、废旧立新的改革是新时期解决社会经济新矛盾促进社会持续发展的源动力。

(二) 供给侧结构性改革离不开法治

供给侧结构性改革旨在调整经济结构,变革以前旧的发展模式,从优化要素配置和

提高供给质量出发，促进经济社会持续健康发展。中国经济正处于一个深刻转型的发展过程，皖江城市带区域经济发展处于历史机遇期。要实现经济发展、政治清明、文化昌盛、社会公正、生态良好，必须秉持法律这个准绳、用好法治这个方式。[1] 注重用法治思维和法治方式推动经济社会发展，就是要在当前复杂多变的形势下，始终坚持用法治思维和法治方式凝聚改革共识、破解发展难题、协调解决矛盾、促进社会和谐，积极适应经济发展新常态，努力推进供给侧结构性改革，按照"四个全面"战略布局和新的发展理念要求，推动经济社会健康发展。[2]

（三）供给侧改革是区域法治实践之基

"法治兴则国家兴，法治衰则国家乱"。法治是治国理政的基本方式，也是区域治理的基本遵循。时至今日，中国特色社会主义法治体系基本形成并日臻完善，无论是法治中国建设还是经济领域的供给侧结构性改革，其最终目标都是一致的，都是为了解决当下我们发展中遇到的深层次矛盾，都是为了发展这个总目标。法律的生命在于经验，[3] 法治本身也离不开经济领域的供给侧结构性改革，我们的法治实践必然需要深入皖江城市带这片区域的机理，根植于中国这片广袤的土壤之中，才能妥善解决结构性改革中的一切矛盾和问题，才能从社会、经济等领域的全面深化改革的激流中凝聚起区域经济腾飞和实现中华民族伟大复兴中国梦的磅礴力量。

二、皖江城市带供给侧结构性改革的法治角色

皖江区域经济地位在安徽省举足轻重，2016 年度 GDP（不含金安、舒城）占安徽省比例达到 66.4%，GDP 增速 9.3%，整体高于全省平均水平。[4] 皖江城市带聚集了安徽省创新发展的核心力量，2016 年度安徽省安排亿元以上重点项目 4796 个中除去基础设施建设项目，其他工业项目例如合肥康宁 10.5 代玻璃基板、马鞍山圆融 LED 芯片、池州普洛康裕制药、芜湖奇瑞 1.0L 发动机等众多项目都集中在皖江区域。[5] 但区域经济发展中存在的中低端产品过剩、高端产品不足、传统产业产能过剩的问题并没有得到根本解决。皖江城市带内部发展不均衡，一些地方经济转型升级任务艰巨，经济增速低于安徽省平均水平等问题依然存在。要破解发展中的难题，获取经济发展的内生动力，就必须以推进供给侧结构性改革为主线，运用法治思维，攻坚克难，开拓奋进。

（一）法治在供给体系中的角色

从供给体系质量和结构入手，特别注重运用法治保障供给侧经营管理模式和技术的创新发展。要用法治构筑起由低端供给类型生产体系向中高端供给类型的生产体系转型升级的强大动力。2016 年度，在安徽省批发和零售业固定资产投资规模同比减少的情况下，纳入统计的 352 家依法开展网络零售业务的限额以上批发零售企业的经营情况却不受此影响，实现网上商品零售额 220.2 亿元，同比增长 68.4%，而同期商品零售额增长率只有 12.2%。从 2016 年安徽省规模以上工业企业主要产品产量及增长速度看，

传统工业产品如粗钢、原煤、电缆等工业商品产量增速缓慢，产出增量缓慢的背后是市场对传统工业产品需求的饱和。而高质量的供给产品则加速增长，新能源汽车、锂电池、工业机器人、光纤等产品供给量均达到38%以上的增速。[4]由此可见，市场需求并没有减少，只不过对低端商品的需求趋近饱和，高质量的供给商品和供给方式结构的创新是经济的新增长点。这些新产品和新供给模式的出现必然会触动传统经济体系利益，有时还会突破原有的社会经济制度。因此，必须加快构建推动创新发展、保障创新利益的法治制度体系，聚合起创新发展的法治动能，把革新发展构筑在健全的法治供给制度基础上，使之成为改善供给体系，提高供给质量的法治激励体系，[6]为皖江城市带供给侧结构性改革打下坚实的法治基础。

（二）法治在供给效率中的角色

从供给体系效率与共赢入手，坚持市场化、法治化的改革方向。合理界定政府与市场的权责边界，政府要做好市场领域的"放管服"改革，应从管理者角度努力保持宏观经济环境的稳定，从服务者的角度大力鼓励创新创业，建立有利于创新创业的制度环境，改变以往直接确定微观领域的技术路线、经营战略，或是给企业补贴的管理方式；从制度上赋予非营利法人组织和特别法人组织这些越来越活跃群体的市场主体地位，发挥它们的潜力，创新供给体系，譬如采用PPP（Public-Private Partnership）模式提高供给体系供给效率。此外，秩序是法律的最终价值目标，追求利益最大化是市场经济领域中不同经济主体全部经济活动的目标，容易产生不正当竞争、限制竞争和非理性投资等非效率现象，有必要建设法治化的市场体系，破除城市带内部各区域间的地方保护壁垒，通过市场化、法治化、区域化的制度设计，来推动供给侧的结构优化，提升城市带区域供给体系效率。正义是法治社会中所有价值体系所追求的最高目标，也是社会经济改革发展的最终价值追求，具体到皖江城市带供给侧结构性改革的实践中，在改革提升供给体系效率的同时，还应从减小区域内部经济差距、缩小城乡差距等全面深入发展的角度，思考皖江城市带供给侧结构性改革发展的持久动力。

三、法治语境下皖江城市带的供给侧结构性改革

皖江城市带供给侧结构性改革的道路离不开法治逻辑的维度，法治在皖江城市带经济改革发展中统领全局而又应当深入改革的每一根骨髓，应当特别重视运用法治思维处理好以下几个问题。

（一）以法治思维引领改革发展

法律规范具有指引作用，通过规定经济主体在法律上的权利、义务以及违反法律规定应承担的责任，而对市场经济参与者的行为产生一种可预期的调整、指导和引领。改革是废旧立新的利益调整，但这有所废、有所立的变革不应当是杂乱无章的意气风发，而应当是有目标、有蓝图的蓄意为之。所谓蓝图，应当是一个确定性的指引，是改革发

展的方向，不因领导人的改变而改变，不因班子的换届而改变。皖江城市带的发展改革需要一张精心绘制的蓝图，这种指引给供给侧结构性改革的参与主体可预期的、稳定的规范和引导。而目前，同皖江城市带相关的规划有很多，总体上有皖江城市带承接产业转移示范区规划，修订后的规划以全面融入长三角为重心，《长江三角洲城市群发展规划》中也把皖江城市带8市纳入其中，《长江经济带发展规划纲要》自然也少不了八百里皖江的部分；分项规划譬如《皖南国际文化旅游示范区建设发展规划纲要》《合芜蚌自主创新示范区规划》等均有涉及皖江各市的部分；皖江城市带各地市也都有本市的五年规划，合肥更是有国家综合性科学中心这一国家级建设项目规划。在这些规划蓝图中，有不同层级主体发布的，有站在不同角度设计的，规划期也不尽相同。然而，改革发展要避免多头规划、规划打架的现象，这本身就是一种低效率的现象。皖江城市带要以大思路绘就未来蓝图，整合区域内外相关法规制度和发展战略，避免出现"政策羁绊""制度打架""多头规划"等现象，把各地市、各区域、各行业相关规划统一到皖江城市带发展战略规划中来，综合国家、区域层面规划和城市带内各地区特点，以本区域经济社会发展为中心，设计好区域经济在一个可预期的期间内的改革和发展的整体方向，这是皖江城市带供给侧结构性改革需要首先面对和解决的问题。

（二）构筑促进创新创业的法治基础

供给侧结构性改革就是要解放生产力，激发市场主体的创新创业动能。近年来，随着皖江城市带以高新技术战略性新兴产业为发展重心，电子信息产业、新材料领域、生物医药、新能源等方面一大批高新技术成果项目落地，2015年，区域战略新兴产业实现产值6825.4亿元，占全省76.5%。2016年，战略性新兴产业产值7725亿元，同比增长14.9%，皖江示范区实现生产总值16025.5亿元，同比增长9.3%，新兴产业成为带动区域经济增长的亮点。但从专利授权数量指标来看，科技成果转化为市场主体创新创业动能的运营机制还需要进一步完善。同年全省所获授权发明专利15292件的数量，同比增长36.8%，增幅远高于经济发展速度；[7]《中国区域创新能力报告》显示安徽省区域创新能力已然有了长足的进步，但创新能力转化为市场主体供给侧结构性改革的能量需要进一步释放。市场主体创新创业的不竭动力来自哪里，又应当如何激发和释放这些新能量，来提升皖江城市带供给侧的质与效？这就必须构筑起促进革新保障创新的法治基础。首先要建立区域内部鼓励和支持科研人才创新创业的法律机制，大部分科研工作人员都在事业单位等公办机构工作，以前公职人员利用专业知识外出兼职获利受到各方面的限制。2016年，中央办公厅、国务院办公厅印发了《关于实行以增加知识价值为导向分配政策的若干意见》，提倡在全社会营造尊重劳动、尊重知识、尊重人才、尊重创造的氛围，鼓励科研人才走出去实现知识价值。如何鼓励？首先，省一级政府应当研究这类人员的管理考核新模式并开辟通道，消除制度障碍，支持企业、高校院所、知识产权服务机构加强合作，使科研人员能够放心大胆走出去。其次，要优化科技成果转化的法律制度，应当明确项目承担单位和完成人之间的收益分配比例问题以及成果的知识产权归属问题，探索运用股权、期权和分红激励等公司法人管理模式给创新主体更长期的政策激励。例如合肥在建设综合性国家科学中心过程中，支持按照知识、技术、管理、技能等要素贡献参与分配，科技成果转化收益用于奖励重要贡献人员和团队的比例首期可达90%。[8]合肥市的这一套支持创新和成果转化的政策值得皖江区域其他城市借鉴。最后，法制化路径促进创新离不开建立更加完善的司法制度，皖江各城市应当共同强化对具有高附加值的供给产品和科技项目的知识产权的司法保护，探索区域协作制裁知识产权侵权行为，不断提高有利于推进区域供给侧结构性改革的法治环境。

（三）以市场化推进供给侧结构性改革

当下推进的供给侧结构性改革，绝非是所谓的新的"计划经济"，而是鲜明体现了充分发挥市场在资源配置中决定性作用的价值取向，清晰地表达了现代市场经济的法权要求。[6]皖江城市带在供给侧结构性改革过程中需要始终遵循市场经济的一般规律，用法治逻辑构筑现代市场经济机制，推进区域内国有企业的市场化、公司化改革，激发国有资本市场活力，保护各类市场主体平等的市场主体地位，健全以公平为核心原则的产权保护制度。[9]皖江城市带地方政府应当细化政策落实，放宽特定领域的民营资本准入条件，探索运用PPP模式等多渠道合作机制，为市场经济的活跃发展开拓更多的法治空间。首先，应当重视区域内法治化的市场营商环境建设。营商环境是经济软实力和竞争力的重要体现，优化营商环境是供给侧结构性改革的重要举措，要理顺规矩，引导规范企业行为，防止恶性竞争，营造守法、有序、有责的营商环境。区域内各项供给侧结构性改革政策应当具有稳定性，创造一个稳定的市场法治环境，以增加外资、民资等实体经济企业的投资信心，保护和支持民营企业家的创新精神。其次，应当理顺城市带内各地市城际关系，整合区际关系。各城市制定细则、办法和规划时应当具有整体同一性，改变当前各市间各自为战、比较松散的局面。以合肥和芜湖作为区域双核心，增强其对区域的凝聚力和辐射力，在双核驱动的示范带动下建立皖江城市带区域间统一的大市场。最后，处理好政府与市场的关系，更好发挥政府管理服务功能。现代法治经济中的政府作为"看得见的手"充当着纠正市场失灵和解决市场机制管不好、管不了的问题的作用，供给侧结构性改革中的"三去一降一补"尤其需要发挥好政府的依法调控和治理作用。在国有企业公司化改革、降低企业营运成本、创新创业机制建设、技术开发和转让体系建设等供给侧结构性改革政策的制定和落实中，在国家减费降税政策细化上，在皖江城市带区域统一的市场环境建设中，都缺少不了"放管服"改革背景下政府的积极作为。

四、结　语

改革是社会进步的推进器。1978年，安徽省凤阳县小岗村实行家庭联产承包责任制，拉开了中国对内改革的大幕。如今，改革步入深水区，我们需要全面深化改革。习近平总书记强调，在整个改革过程中，都要高度重视运用法治思维和法治方式，发挥法治的引领和推动作用，确保在法治轨道上推进改革。[1]经济体制改革是全面深化改革的

重头，对其他领域改革具有牵引作用，必须要于法有据，本研究探索皖江城市带供给侧结构性改革中运用的法治逻辑，以促进本区域供给侧结构性改革顺利进行，也期盼人民群众关心的突出问题协同推进，同时也希望能促进地区法治水平的不断完善。

参考文献

［1］中共中央文献研究室. 习近平关于全面依法治国论述摘编［Z］. 北京：中央文献出版社，2015（4）.

［2］熊辉，吴晓. 用法治思维和法治方式推动经济社会发展［N］. 光明日报，2016 - 07 - 18（10）.

［3］张芝梅. 法律中的逻辑与经验：对霍姆斯的一个命题的解读［J］. 福建师范大学学报（哲学社会科学版），2004（1）：67 - 70.

［4］安徽省统计局，国家统计局安徽调查总队. 安徽省 2016 年国民经济和社会发展统计公报［N］. 安徽日报，2017 - 02 - 21（1）.

［5］安徽省发展和改革委员会. 2016 年全省重点项目投资计划执行情况［R］. 合肥：大新专项目建设简报，2017（1）.

［6］公丕祥. 经济新常态下供给侧改革的法治逻辑［J］. 法学，2016（7）：17 - 30.

［7］安徽省知识产权局. 2016 年我省万人发明专利拥有量 6.37 件，首次进入全国前十［EB/OL］.［2017 - 09 - 02］. http：//www. ahipo. gov. cn/dt2111111132. asp？docid = 2111127869.

［8］安徽省委办公厅，省政府办公厅. 关于合肥综合性国家科学中心建设人才工作的意见（试行）［N］. 安徽日报，2017 - 05 - 15（01）.

［9］中共中央关于全面推进依法治国若干重大问题的决定［N］. 人民日报，2014 - 10 - 29（03）.

产业发展篇

供给侧结构性改革背景下铜陵市
铜产业转型升级研究

张 艳

一、铜陵市铜产业发展的基本情况

（一）铜产业的发展现状

铜陵市作为全国典型的资源枯竭型城市，在积极转型发展的背景下更应摆脱资源化的产业经济结构，培育发展接替主导产业，形成有实力、有活力、有潜力的产业经济结构。经过多年的发展，铜产业已成为铜陵市五大支柱产业之一。2017 年完成电解铜产量 113.8 万吨、铜材产量 278.7 万吨，分别占全国的 13% 和 15%，铜精深加工比重达43%。铜产业在地区经济发展中占有举足轻重的地位，成为铜陵市经济增长的重要增长极。铜产业的规模化发展与区域金融集聚是互为相关的，但铜产业属于"两高一资"产业，在一定程度上存在产业附加值较低、耗能和污染较高以及生产模式粗放等问题，这与经济发展方向有所差异。2017 年，我国精炼铜消费量接近 1000 万吨，铜消费迎来拐点，但国内铜粗炼和精炼产能分别达 650 万吨/年和 1087 万吨/年，且铜蓄积量仍处于快速增长阶段，这都加大了去产能的压力。我们更应该紧跟国家方针政策，进一步深化铜产业中的供给侧结构性改革。在供给侧结构性改革的推动下过剩、落后产能将加速出清，行业转型升级将成为未来发展的主要方向，行业洗牌后将迎来新一轮发展机遇。[1]

（二）铜产业核心企业发展状况——以铜陵有色和金隆铜业为例

1. 铜陵有色股份公司发展状况

铜陵有色股份公司是中国铜行业集采选、冶炼、加工、贸易为一体的大型全产业链铜生产企业，业务范围涵盖铜矿采选、冶炼及铜材深加工等，公司主要产品涵盖阴极

铜、黄金、白银、铜线、铜板带以及铜箔等。公司属有色金属行业，是基础原材料产业。目前，拥有铜资源量 205 万吨，铜冶炼产能 135 万吨/年，铜材深加工综合产能 38 万吨。其中，铜冶炼产能为中国第一、世界第二。铜陵有色总产值占铜陵市全部铜产业总产值比重超过 50%，并成为安徽首家主营业务收入达"千亿元"的大型企业，是全国八大有色金属生产基地。

目前，铜陵有色的主要业务为铜矿的开采和冶炼，铜产品是公司主要收入来源，2015 年、2016 年、2017 年铜产品业务的销售收入占公司主营业务收入的比重分别为 87.93%、87.60%、84.71%。公司阴极铜产量在国内同行业市场占有率达 17% 左右，连续多年居国内首位。

在国家宏观调控和供给侧改革的有效指引下，从表 1 可以看出铜陵有色的主要产品硫酸和黄金库存量均实现了较大幅度的下降，但是阴极铜库存量却在上升，降库存压力仍然较大。

表 1   铜陵有色主要产品产销情况

主要产品	项目	单位	2017 年	2016 年	同比增减（%）
阴极铜	销售量	吨	1277415.14	1301869.37	−1.88
	生产量	吨	1278507.83	1297907.00	−1.49
	库存量	吨	9860.69	8768.00	12.46
硫酸	销售量	吨	3837585.9	4329491.22	−11.36
	生产量	吨	3783400.79	4261950.00	−11.23
	库存量	吨	135405.89	189591.00	−28.58
黄金	销售量	千克	10354.59	8517.12	21.57
	生产量	千克	9605.43	8598.00	11.72
	库存量	千克	33.84	783.00	−95.68

资料来源：铜陵有色公司年报。

从表 2 可以看出铜陵有色在 2017 年营业成本中的原材料和职工薪酬均有了一定幅度的下降，成本的下降直接带来了产品毛利率的增加，但是营业成本中的折旧、燃料和动力有小幅上升，这是未来供给侧结构性改革成本控制的方向。表 3 中铜陵有色一方面在 2016 年完成发行 26.76 亿元非公开增发项目，全部用于偿还银行贷款，增强公司资本实力，降低资产负债率，减少财务费用，改善公司了财务状况，在 2017 年汇兑净损失较上期也有了大幅减少，供给侧结构性改革成效初显。

2. 金隆铜业有限公司发展状况

金隆铜业有限公司（以下简称金隆）成立于 1995 年，中外合资企业，注册资本 80203.80 万元，有色股份控股 61.4%，其他股东包括平果铝业、日本住友、伊藤忠和香港金光国际。主营范围是生产经营铜系列产品及冶炼副产品（黄金和白银硫酸等）。企业初期设计生产规模为年产阴极铜 10 万吨、硫酸 37.5 万吨，经过三次挖潜改造，目

表2　　　　　　　　　　　　　　铜陵有色营业成本变动情况

项目	2017 年		2016 年		同比增减（%）
	金额（元）	占营业成本比重（%）	金额（元）	占营业成本比重（%）	
原材料	72193177896.40	92.49	77967132928.20	93.60	−7.41
职工薪酬	1007609283.46	1.29	1031202851.19	1.24	−2.29
折旧	1075907466.53	1.38	1044384885.56	1.25	3.02
燃料和动力	1877368764.80	2.41	1657112954.41	1.99	13.29

资料来源：铜陵有色公司年报。

表3　　　　　　　　　　　　　　铜陵有色期间费用变动情况

项目	2017 年（元）	2016 年（元）	同比增减（%）
销售费用	297801369.05	250275531.54	18.99
管理费用	1013117596.14	922725387.41	9.80
财务费用	530145135.30	1037835330.73	−48.92

资料来源：铜陵有色公司年报。

前已形成阴极铜 45 万吨，硫酸 120 万吨的年生产能力，成为目前国内外最具竞争力的铜冶炼企业之一。

根据企业报表及现场调查分析，金隆库存呈下降趋势。2015 年、2016 年、2017 年存货分别为 231486 万元、166945 万元、102761 万元，企业产销率良好，截至 2017 年 12 月，企业全年生产经营稳定，产销率均超过 98%。

金隆自 2012 年形成年产 45 万吨阴极铜、120 万吨硫酸的生产能力后，投资规模保持基本稳定，暂未新增产能。受整体经济环境影响，铜等大宗商品价格大幅下滑，但金隆作为铜加工企业，与自产矿企业不同，利润主要来自铜加工费，其原材料主要来自国外进口，企业通过专业人员办理铜产品套期保值业务，大幅降低铜价格下跌带来的风险损失，且企业通过较强的议价能力，将部分价格下跌损失转嫁给上下游企业，对其自身影响较小。

二、铜产业供给侧结构性改革的必要性

铜产业供给侧结构性改革的必要性在于：一方面，过去十多年由房地产带动的钢铁行业产能不断攀升，铜冶铜行业的产能也在不断的攀升，供给能力不断增长；另一方面，需求侧则由于房地产行业增速显著减缓，人口红利的消失与老龄化，导致供需显著失衡。

从金融方面分析，因国内外经济下行，消费下滑，主要原材料价格下降，铜行业面临着严重的产能过剩问题。2013～2015 年，消费见顶已无法通过消费增长来改变供需

结构，虽然产能增长也于 2014 年前后见顶，但是过剩产能和衰减的消费迫使铜产业相关公司的融资也不断走低。因此，在消费见顶情况下供给侧结构性改革将成为产业恢复常态的必要途径。

从环保方面分析，2014 年安徽省企业环境信用评价结果公告中，铜陵有色金属集团股份有限公司金昌冶炼厂为警告企业，企业反映正在整改并准备整体搬迁，存在一定的环保风险。由此可见，铜产业供给侧结构性改革去产能是非常必要的。

去产能工作仍然是 2017 年供给侧结构性改革任务之首，钢铁、煤炭、有色、水泥等行业占比份额较大的大多属于国有企业，产能过剩带来的直接影响是企业利润率可能下降。据财政部数据显示，2017 年 1～2 月，国民企业总收入 62415.5 亿元，同比下降 5.8%；国有企业利润总额 2226.1 亿元，同比下降 14.2%，其中，中央企业 1942.6 亿元，同比下降 8.2%，地方性国有企业 283.5 亿元，同比下降 0.9%，其中，煤炭、钢铁、有色等行业继续维持亏损状态。财经评论家温鹏春向《证券日报》记者表示，就目前情况来看，煤炭、钢铁、有色、水泥等行业产能过剩较为严重，这些行业也将成为去产能的主要领域。虽然改革过程会有阵痛存在，但从长远来看利大于弊。在铜产业供给侧结构性改革中，不可避免地面临着转型升级的各项风险。

（一）债务风险及可能出现的金融风险

按照国际标准产能利用率来看，我国五大产能过剩行业面临着巨大危机，将会有 8%～36% 的产能被淘汰。对行业整体产能去化率等进行预估，将会产生非常巨大的不良贷款。[2] 同时与地方政府融资等进行比较来看，产能过剩行业的债务处理能力较为薄弱，一旦受到外部环境的刺激和影响，将会面临着亏损、兼并收购或者破产重组。考虑到当前不利环境，投资收益能否达到预期将对企业形成一定压力。

（二）产业转型风险引发经济波动和社会风险

由于去产能将会对行业原有上下游行业构成一定冲击，诱发间接性失业现象。按照一定比例来看，失业规模极有可能达到 300 万～600 万人以上，直接威胁到我国社会稳定性。此外，我国当前就业形势相对平稳，但仍然不能够忽视失业风险。一旦出现失业风险，会在很大程度上增加政府财政支出。具在实施中，缺少对替代和新兴产业的高效处理，导致地区过剩产能出现"一刀切"状况，继而引发断档问题。同时，随着去产能工作的推进，对"僵尸"企业和过剩产能企业的处置会对本地区有关联的其他产业造成较大的负面冲击，导致企业的经营呈现出恶化的发展风险，导致企业的生产产量急剧下降，引发失业风险。

（三）安全环保风险

中共中央、国务院专门出台推进安全生产领域改革发展意见，对企业安全绿色生产要求上升到前所未有的高度。同时，国家将对环保失信单位及个人开展信用惩戒。安全环保对企业的硬性约束不断增强，由此可能导致公司未来环保投入成本的持续上升，从而影响经营利润和盈利水平。

三、铜陵市铜产业转型升级的 SWOT 分析

（一）优势分析

1. 具有产业集聚优势和规模效应

铜陵市铜产业历经六十多年的发展，已形成从采矿、选矿、冶炼、铜材加工到铜拆解、铜贸易、铜产业装备制造的完整产业链，其中，铜板带、特种漆包线等主要铜加工产品的生产装备和工艺水平皆处于国内领先地位，拥有"铜陵有色"知名企业和"铜冠、精达、金豚"等国际知名品牌。

2. 具有地理区位优势

铜陵市位于安徽省中南部，长江中下游南岸，地处上海与武汉、南京与九江的正中心，同时"皖江城市带"战略的中心城市，还是安徽省"两点一线"开发开放战略的交叉点，所在的"长三角"经济圈也是我国有色金属的主要消费地。公路、铁路纵横交错，是皖中南交通枢纽和中心城市之一。

3. 具有产业升级的技术支撑

铜陵市铜产业技术人才队伍建设、产学研基地建设不断加强，铜陵市先后与中国科学技术大学等高校签订了共同创建有色金属产学研基地合作协议，建立了铜产业产学研基地。铜产业技术创新体系也基本建立，建成了国家级企业技术中心——铜陵有色企业技术中心和全国首个国家级铜专业质检中心——国家铜铅锌及制品质量监督检验中心；建立了全国首家经营铜系列商品的大型专业市场——安徽铜商品市场，且国家环保部已批准铜陵建设国家进口废物"圈区管理"园区。

（二）劣势分析

1. 存在一定的产业规模不经济效应

目前，铜陵市铜产业仍处于产业链的低端环节。总体来看，上游的采掘、冶炼技术比较成熟先进；下游的铜材深加工比例小，附加值不高，高端产品开发能力也较弱，投入产出效率不高，集约化、规模化的循环经济产业格局尚未完全形成。

2. 铜矿产原料自给率低，资源约束瓶颈突出

铜陵市铜产业生产能力和资源供给严重失衡，铜冶炼、加工能力超过铜精矿供给能力，约95%的铜精砂等矿产原材料依赖从国外进口，资源约束瓶颈十分突出。如2015年铜陵有色电解铜产量达万吨，年需铜精矿万吨，废杂铜万吨，但当年自由矿山自产铜仅为万吨。此外，目前铜产业的利润分布主要集中在上游采选业，短期内很难改变，这对以买矿为主的冶炼、加工企业利润增长形成严峻挑战。

3. 环保隐患突出，影响增长极质量和产业转型升级

一方面，铜产业属于"两高一资"行业，易对生态环境造成影响，因发展铜产业，铜陵市也曾发生过污染事故，对企业的生产经营造成较大影响。另一方面，环保成本约束依然突出。仅以铜陵有色为例，经过几次大的改扩建和技术改造，企业环保水平已有较大程度提高。据企业测算，2015 年铜陵有色万元工业总产值能耗已达到 0.08 吨标准煤/万元，但目前国家对环保要求越来越高，未来能耗要求、污染物排放量要求会更为严格。铜陵有色集团下属子公司可能会因为环保不达标而实施整改甚至停产措施。

（三）机遇分析

1. 政策明确支持区域增长极，行业政策倾斜力度加大

早在 2009 年，安徽省在"打造若干个千亿元产业"战略部署中，已确定把铜陵市的铜产业列为其中之一，力争使铜产业成为安徽重要的支柱产业，建设成全国重要的铜产业基地。在《安徽省有色金属产业调整和振兴规划》中明确提出要将铜陵建设成为中国最大的铜冶炼、铜拆解、铜深加工基地，铜商品交易中心及全国重要的黄金产业基地之一。根据安徽省出台的"省内有色金属资源向优势企业聚集"规定，铜陵市将拥有省内有色金属资源。作为安徽省唯一的循环经济"双试点"城市，同时又是国家资源型转型试点城市，铜陵市将享受到各项优惠政策。

2. 铜产业未来发展空间广阔，具备持续成为增长极的基础

铜是国家的工业基础材料之一，是支柱产业必需的主要配套材料，在国民经济和国防工业中占有十分重要的地位。随着国家七大战略性新兴产业的发展，大飞机、空间站、高速交通等重大战略工程的实施，未来十年，我国经济和社会发展对铜等有色金属材料将提出更高的要求，铜产业的发展空间更为广阔。

（四）威胁分析

1. 产业转型升级对铜产业提出更高的要求

铜产业属于"两高一资"产业，要发展这一增长极，产业面临结构调整和转型升级。产业转型升级是指产业从低附加值向高附加值升级，从高耗能高污染向低耗能低污染升级，从粗放型向集约型升级的过程。一是产业转型升级要求发展循环经济。在铜产业发展中推广应用先进节能减排技术，推进清洁生产，发展循环经济。通过自主创新和技术进步，促进产业由价值链低端向高端跃升，实现铜产业向资源节约型、环境友好型转变。二是产业转型升级要求发展生态环保型产业。铜陵市长期铜采选、冶炼等生产活动导致河流、地下水、土壤等重金属污染严重，环境风险隐患较大，由此催发实施的环境"倒逼"机制对铜产业环保发展提出更高的要求。三是产业转型升级要求延伸产业链。铜陵市铜产业应改变目前粗放型的采选冶模式为主，推动铜材精深加工和资源综合利用水平较低，调整产品结构，延伸产业链，提高产品附加值，提升企业和产业的竞争力。

2. 铜商品受国际市场影响明显，对增长极的发展形成挑战

铜作为一种国际大宗商品，受国际金融市场影响明显。近年来，国际金融市场动

荡，造成铜等大宗商品期货价格起伏跌宕，给铜加工业企业生产经营带来较大风险。此外，国际贸易保护主义抬头，有色金属贸易摩擦不断，随着我国有色金属产品进出口贸易规模的扩大，贸易摩擦总体呈上升趋势。

从上述分析结果看，铜陵市铜产业具有增长极形成的产业集聚基础（S）、创新动力（S）和制度推动力（O），同时也由于自身发展的劣势（W）和外部环境的挑战（T）对增长极的形成和发展质量，以及产业转型升级产生诸多影响，促使其产生产业结构转换动力。结合 SWOT 矩阵分析结果，铜陵市铜产业总体处于优势大于劣势、机遇大于威胁的快速发展期，应选择 SO 战略，充分发挥内部优势，把握好发展机遇。

四、供给侧结构性改革中铜产业转型升级的管理措施

（一）整合资源形成合力

铜加工企业经济管理要想得到创新就必须抛弃旧有的观念和发展模式，采用新的管理理念进行指导。企业的经济管理的层次划分要依据企业自身的需要，采取新的奖惩措施来对员工进行管理，使得员工的积极性能不断提高。上市公司管理者要认识到科技在企业经营中的巨大作用，科技能够带来巨大财富，要通过科技力量来对企业的发展进行整改，使得企业在科技的帮助下，竞争力不断提高。无论是铜陵有色和金隆铜业，在科技创新方面都有所成就，但是，作为发展型的企业，更应该紧跟时代发展的方向，跟着国家的方针政策，认真做好去产能工作，高效运营。

（二）加强铜加工企业质量成本的控制与管理

对于铜加工企业来说，成本一般较高，铜是常用金属中最为昂贵的，因其导电性较好，成本也随之提高。质量成本主要包括为了正确反映和监督金属结构制造企业在生产全过程中开展质量管理活动支付的费用和由于质量问题所造成的损失之和。首先，财务部门和质量管理部门负责编制质量成本计划。设置质量成本项目，实时记录投入质量控制的成本费用，加强质量成本的核算。其次，应加强质量损失成本的管理。建立质量返工成本台账、质量索赔台账等，并建立健全钢结构质量保证体系。

（三）经济策略的创新

市场经济环境是相对复杂和不断变化的，在经济全球化的前提下，国际国内经济形势的变化都会对企业发展产生重要影响，企业要在市场上立足，就要适应市场环境，在把握市场特点的基础上，积极地制定各项内部管理措施以及发展政策，推动企业健康可持续发展。经济策略的创新，则是在方向上对企业的一种控制，保障企业适应经济大环境，根据经济发展的客观规律，不断加强企业内部管理。只有这样才能使得企业在激烈的社会企业竞争中立足，经济得到飞跃的发展。

（四）转移过剩产能，实现多赢的局面

我国是资源匮乏的国家，冶炼产能和初级加工产能严重过剩，将过剩产能转移到欠发达国家区域就是行之有效的解决办法。凭借我国企业的资金优势、工艺装备成本优势、服务优势、融资优势走出国门，开发矿产资源的同时考虑当地国的需求把有色金属冶炼产能和初级加工产能一并考虑，同时抓住生产运营、营销权。这不仅可以消除所在国的顾虑，也可以更稳定地占住矿产资源，为我国提供资源性大宗商品的保障，企业的本地化经营可改善国际贸易环境，实现多赢的局面。[3]目前，我国走在前面的企业，比如中国有色矿业等企业已经在国外进行矿山的建设运营、冶炼及副产品的建设运营，并取得了丰富的经验。

（五）加快产业结构调整，提升资源

由于全球的信息化、扁平化的发展，大部分金属、材料价格非常透明，而且实现了现货、期货交易，全球价格无差别化。另外，矿产资源国的政策不断趋紧，严控材料、资源向国外输出。解决这些问题，一是产业向能源地、资源地转移，这样避免原料运输、能源输送成本，增加产品的价格优势。二是政策向高附加值倾斜，通过创新，降低成本，增加竞争力，避免高污染、高耗能的产能增加，特别是对冶炼产能的控制。

加快企业联合与整合我国产能过剩的企业面临亏损是不争的事实，其中一方面原因是加工费被挤压，原料价格和产品价格没有国际定价权、缺乏话语权。这主要是国内的无序竞争，企业单打独斗，无法实现定价话语权；另一方面要加强企业的自律，改变相互残杀的恶习。此外，要在淘汰落后产能和转变发展模式的同时，加强企业联合、加快重组整合，形成竞争力。

（六）完善环保管理体系，强化环保监督管理

建立健全各项环保规章制度和标准，细化环境保护工作要求，完善公司及企业环保管理体系，并组织企业落实；强化环保监督管理，充实专业力量，明确岗位责任，不断提高企业环保管理水平。

铜陵市铜产业相关的公司，比如铜陵有色和金隆铜业，都要加大污染治理力度。一方面推进清洁生产，源头防治环境污染。严格执行冶金、有色、危化等重点行业污染物排放标准、清洁生产相关标准，加快现有污染源的治理，通过技术改造、推行清洁生产、加强管理等措施，在实现达标排放的同时，减少企业废水排放量。以先进实用的节能减排技术改造提升传统产业，做好冶金废渣、废水、尾矿等综合利用，促进再生资源的高效、集约化使用。另一方面加大工业废气治理，提高脱硫效率。

五、结　语

铜陵市要在适度扩大总需求的同时，"去产能、去库存、去杠杆、降成本、补短

板"，从生产领域加强优质供给，减少无效供给，扩大有效供给，提高供给结构适应性和灵活性，提高全要素生产率，使供给体系更好地适应需求结构变化。"十三五"时期是铜陵全面推进转型发展的关键时期，也是铜陵铜产业转型发展的重要时期，我们相信在供给侧结构性改革的大力推动下，在积极施行去产能的措施下，有效地推行精细化管理将会帮助企业降低成本，提高产能利用率，带来经济效益，从而实现其可持续发展。

参考文献

［1］王元地，杨雪，胡园园，李艳佳."供给侧改革"解读及其政策影响下的企业实践［J］.中国矿业大学学报（社会科学版），2016（3）.

［2］赵锐敏.供给侧结构性改革中"去产能"面临的困局、风险及对策［J］.商，2016（35）.

［3］章利全.新形势下铜加工企业经济管理创新的思考［J］.知识经济，2015（13）.

供给侧结构性改革背景下皖江城市带农业行业改革路径研究

张晓毅　崔文琴

一、引　言

当前我国经济开始步入中低速增长时代，社会的主要矛盾由总量矛盾逐步转变为结构性矛盾。作为改善结构性矛盾的供给侧改革应运而生。2016 年 1 月 27 日，习近平主席在中央财经领导小组第十二次会议上，提出了"去产能、去库存、去杠杆、降成本、补短板"为主要内容的供给侧结构性改革安排。[1]

我国是世界上最大的发展中国家和最大的"二元经济"体，为解决好"三农"问题，需要在广阔的国土上积极稳妥地推进农业产业化、新型工业化和合理的城镇化，以及基本公共服务均等化。当前，我国粮食进口、库存水平达到历史新高，再加上国内粮食生产实现"十二连增"，从而形成产量、库存、进口"三量齐增"的现象。尽管我国粮食总量和库存量齐增，但深入了解我国农业实际情况不难发现以下问题。首先，我国的大豆等农作物主要依赖于进口，玉米等粮食作物又存在高库存销售困难的情况。2015～2016 年度，我国小麦、玉米稻谷的库存量合计达到 2.54 亿吨，棉花库存量占全球总库存量的 50%。其次，消费者对高品质的农产品需求量日益增加，在泰国香米、日本有机农产品成为人们追捧对象的同时，我国却鲜有此类高品质的明星农产品。农业虽增长却未能顺应消费者需求的改变，低端的无效供给，既耗费了社会资源也损害了农民的收益。目前及未来一段时间，我国处于经济转轨、体制转换、社会转型的新阶段，农业发展将会面临一系列问题和挑战。化解我国农业的"悖论"，实现我国农业持续健康发展需要从供给侧着手。

基于以上背景，伴随着供给侧结构性改革的总体推进，农业供给侧结构性改革也被提上议程。2015 年 12 月的中央农村工作会议上首次提出了"农业供给侧结构性改革"的概念。会议提出："要着力加强农业供给侧结构性改革，提高农业供给体系质量和效率，使农产品供给数量充足、品种和质量契合消费者需要，真正形成结构合理、保障有力的农产品有效供给。"2016 年和 2017 年，国家连续两年发布"一号文件"提出农业供给侧结构性改革，可见我国农业供给侧改革的迫切性和国家推进农业供给侧改革的决心。在这样的政策背景下，我国学者对农业供给侧结构性改革的内涵、现状以及存在的问题也进行了一系列的研究。如李稻葵（2015）在《关于供给侧结构性改革》一文中解释什么是供给侧结构性改革，为什么我们现在要提出搞供给侧结构性改革——原因是因为目前中国经济的基本情况跟发达国家完全不一样；通过政府的改革，加快产业更新换代或者说新陈代谢。[2]张蓓（2016）在《农产品供给侧结构性改革的国际借鉴》一文中提出农业供给侧改革的目标在于优化资源要素的配置，提升供给侧改革的质量和效率，并将改革涉及的要素细化为主体、产品、资金、信息、技术及制度六个方面。[3]这些研究虽然从多方位对农业供给侧结构性进行了研究，但是这些研究缺乏一定的针对性，忽视了不同区域之间的差异性。基于此，本文以皖江城市带作为研究对象，对该区域的农业供给侧存在的问题进行了有针对性的深入分析，并提出了相应的意见，以期对提升皖江区域农业供给侧结构性改革的质量和效率提供一定的帮助。

二、皖江城市带农业供给侧现状分析

（一）皖江城市带农业供给侧结构性改革成绩分析

1. 农业生产持续增长

皖江城市带是安徽省也是中国的重点农业生产基地。在改革开放前，皖江地区以农业为主；改革开放后，随着市场需求的不断变化，皖江城市带在保证粮食生产和供应的基础上，大力发展经济作物和饲料作物，调整和优化了农业结构。近几年皖江城市带经济有了飞速的发展。

从图1可以看出，2013～2016年皖江城市带的几个城市，地区生产总值呈上升趋

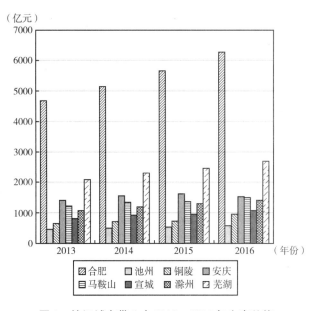

（亿元）

图1　皖江城市带八市 2013～2016 年生产总值

势，其中合肥、芜湖相较于其他城市经济发展较快。2016年安徽地区生产总值达到24117.9亿元，其中8个皖江城市带城市的地区生产总值合计数为16025.6亿元，占安徽省生产总值的66.45%，是安徽经济的主力（见图2）。

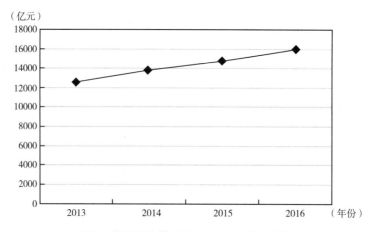

（亿元）

图2 皖江城市带2013~2016年生产总值

皖江城市带大部分位于长江流域，粮食作物主要有水稻、豆类、玉米甘薯等，其中水稻生产加工基地主要分布在安庆、芜湖、宣城等市。经济作物主要有棉花、菜籽油、茶叶等，是全国油菜主产区之一。

从2013~2016年皖江城市带各大城市的农产品产量的统计数据可以看出，2013~2016年农产品产量持续增长，但在2016年有一定幅度下降。2016年，皖江城市带八市全年粮食总产量合计为1442.92万吨，相较于2015年下降了3.99%（见图3）。在皖江城市带中合肥、芜湖、安庆的粮食总产量相对较高，其中安庆市在2016年产量下降幅度较大（见图4）。

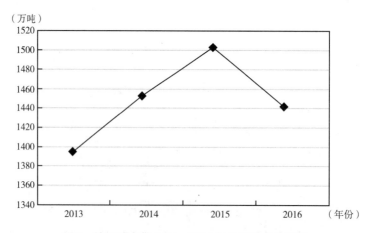

（万吨）

图3 皖江城市带2013~2016年全年粮食总产量

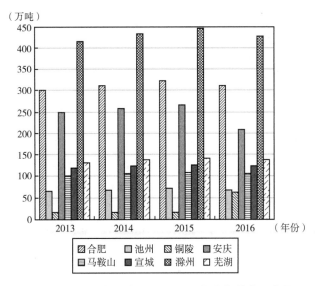

（万吨）

图4 皖江城市带八市 2013～2016 年全年粮食总产量

图例：合肥、池州、铜陵、安庆、马鞍山、宣城、滁州、芜湖

2. 农业人口老龄化

从各城市的调查情况来看，虽然皖江城市带的户籍农业人口数量较大，但是，真正从事农业生产劳作，以农业生产为主要收入来源的农业人口近几年大幅下降，且呈现老龄化发展趋势。一方面，我国于 1999 年开始正式迈入老龄化社会，而且人口年龄结构不断老化。安徽省于 1998 年开始进入老龄化，截至 2016 年，全省常住人口为 6195.5 万人，其中 60 岁以上人口为 1102 万人，占总人口的 17.9%。与全国平均水平相比安徽省的老龄化速度和程度都更为严峻。因此，安徽省农业劳动力老龄化是伴随着社会老龄化同时出现和发展的。另一方面，在改革开放、社会主义市场经济飞速发展的时代背景下，我国城镇化进程逐步加速。因此，农村人口大量外流，尤其是青壮年劳动力大量外流。农村劳动力转移比例逐年增加。农村劳动力的减少和老龄化给农业发展带来了一系列的不利影响。如土地撂荒面积增加，通过调研发现外出务工的农户一般将水田交付给他人耕种。户主领取土地享有的粮食直补和其他农业补贴，不再收取耕作者的租金。因此，旱地抛荒的现象十分普遍。此外，农村留守人员的劳动力质量下降影响了农业产业化的进程。由于农村留守的劳动力呈现显著的老龄化、妇女化的特点，农业的耕作方式逐渐呈现"懒人农业"的特点，即放弃较为繁重的农业生产项目，采取粗放简单的耕作方法。这类现象导致了农业生产新技术、新设备难以得到推广，农业生产率偏低。

3. 农业生产初步机械化

发展农业机械化是推进现代农业发展的重要前提。安徽省是我国农机大省，2016 年末全省农机总动力为 6867.5 万千瓦，比上年增长 4.4%。农用拖拉机 234.1 万台，较去年下降了 1.1%。皖江城市带的八市，大都属于丘陵地貌，山丘起伏，由于地理原因，过去农业生产方式较为分散小农经济特征明显。但近几年皖江地区的农业机械化耕

作有了显著提升。一方面，随着农村人口的大量流出，劳动力价格逐渐上升，过去人力畜力的耕作方式带来的经济效益越来越低。随着务农人员减少，人们倾向于将农田出租给专业人员，这为农业机械化提供了一定的条件。另一方面，国家对农机购置的补贴政策，极大地调动了农民购买使用农机的热情。

（二）皖江城市带农业供给侧结构性改革存在的问题

农业供给侧结构性改革，在一定程度上缓解了农产品供给结构性矛盾，阻止了农民增收过度下滑，为农业生产发展提供了一定的理论支撑。但是，目前皖江地区农业结构不合理，缺乏差异化等供给结构问题仍然突出，主要体现在以下几个方面。

1. 农产品结构性过剩，有效供给不足

长期以来，中国农业的主要矛盾是农产品总量供给不足，在"七山二水一分田"的资源条件下，我国不断通过制度改革、技术改进、开放市场等措施，推动了农业的飞速发展，创造了举世瞩目的农业奇迹。2004～2015年我国粮食产量实现了十二连增，2016年全国粮食总量较上年下降了0.8%，但仍然位居世界第二。中国以不足世界8%的耕地面积养活了世界19%的人口。截至2016年，我国人均粮食产量高达445.68公斤，农民收入也已达12363元。[4]与全国情况相同，2016年以来皖江地区的粮食总量也在持续增长。

从总量上看，我国农业取得了前所未有的成就，然而随着经济的发展，隐藏其中的结构性矛盾也日益凸显。这一矛盾主要体现在农产品供给过剩与供给不足共存，也就是说供求不匹配。如全国大豆一年需求缺口8 000多万吨，玉米库存2亿多吨，稻谷库存超过1亿多吨，棉花也有大量的库存。供给过剩与供给不足最突出的表现就是"三量齐增"，即农产品产量、进口量和库存量同时上升。从统计数据可以看出，2012～2015年我国粮食产量与进口量都呈增长趋势，但是进口量增速要高于产量。2016年我国粮食产量和进口量虽然都有所下降，但是对外依存度仍高达18%（见表1）。"三量齐增"的现象反映出，我国粮食总量供给过剩但是有效供给不足。

表1　　　　　　　2012～2016年我国粮食产量、进口量与对外依存度

年份	粮食产量（万吨）	粮食进口量（万吨）	对外依存度（%）
2012	58957	8025	14
2013	60193	8645	14
2014	60702	10042	17
2015	62143	12477	20
2016	61624	11100	18

注：对外依赖度＝进口量÷粮食总产量。

资料来源：国家统计局、海关总署。

从质量角度上看，一方面随着人们生活水平的不断提高，"吃得饱"不再能够满足人们的需求。高品质、多样化、品牌化的农产品成为人们追求的对象。而皖江地区的农

产品供给仍然是传统的水稻、玉米等，高品质、有特色的品牌产品不多。另一方面自2008年毒奶粉事件之后，各类食品安全问题层出不穷，大大削弱了消费者对国产农产品质量安全信心。进口农产品如泰国的香米、日本的有机农产品等越来越受到人们的追捧。由此可以看出，我国产品的供给不足主要体现在品质不高、特色不够，不能满足消费市场不断升级的需要。有专家指出，我国农业需要一场品质革命，通过源头到餐桌的革命，来满足不断增长的对农产品品质方面的要求。

2. 农业现代化程度较低

科学技术是第一生产力，2012年《关于加快推进农业科技创新持续增强农产品供给保障能力的若干意见》提出："实现农业的持续且稳定发展、长期确保农产品的有效供给，其根本出路在于先进科学技术的应用。农业科技进步是确保国家粮食安全的基础支撑，推进农业科技飞跃式发展，为农业增产、农民增产、农民增收以及农村致富注入持久的发展动力。"近几年，皖江地区的农业机械化程度越来越高，但较发达地区仍有一定差距，同时城市带各地区机械化水平差异明显。

当前，皖江地区仍有大部分地区是小规模的农户经营方式，尽管农民已经开始机械化耕作，但是大多数农民所使用的农机都是陈旧老化的小型机械，农业难以形成规模。抗风险能力、适应市场能力较差，导致农业产业链条短，农副产品加工的附加值低，利润率不高，带动农民增收能力不足，无法实现农业现代化与新型城镇化的互动。此外，在农村真正从事农业劳作的农民大多为老人和妇女，青壮年农民几乎都流向城镇，这些农民普遍文化程度不高，且没有接受过全面系统的农业生产技能培训。劳动力素质低下增加了农业技术扩散和使用的难度。这些原因都导致了皖江地区农业低端的农业现代化程度。

我国虽然对农业生产十分重视，但在农业科技投入方面却存在投入总量偏低，投入强度不足、投入分散等问题，皖江城市带同样存在此类普遍问题。这些问题导致了农业科技装备落后，以及劳动生产效率低下。

3. 农业生产成本较高

我国粮食生产正逐步进入一个高成本时代。从市场价格来看，我国粮食价格远高于国外，这一现象导致了国内粮食净库存，国外粮食大量进口。以玉米为例，根据国家统计局相关数据可知，2015年我国玉米收购价格为1.18元，国外玉米进口到岸价格完税后仅为0.80元。导致玉米进口量高达880亿元。我国近年来的玉米收储政策实际上就是价格支持政策。市场价格因此受到严重的扭曲。为了维护农民的种粮收益，国家不得不发放补贴以及大幅度提高农产品价格，导致国内大宗商品价格高于国际市场，生产"天花板价格"现象。[5]与我国其他地区相同，皖江城市带农产品的生产成本也普遍偏高，其原因主要有以下几个方面：

第一，皖江地区的农业有着我国农业的普遍特征，即化肥、农药大量使用但利用率偏低。受煤炭、天然气等资源价格上涨的影响，国内市场化肥价格也在增加。化肥农药的大量使用使得我国农产品成本远远高于国际农产品生产成本，同时也对生态环境造成污染。

第二，皖江地区务农人口下降，农民工资水平上升，拉动了农业生产成本的不断提升。1995～2011 年，三种粮食作物平均每公顷人工费用由 1740 元增至 4252 元，增幅达到 144%。同时，我国农机购买和作业成本增加，2016 年我国农机购买和作业成本每公顷费用超过 1350 元。2000 年至今，农业机械成本大幅度提高，占农业生产成本比重从14.9% 增加到 29.6%。

第三，农产品生产成本较高还源于农业生产经营方式落后、现代化程度低、生产分散。相对于美国等发达国家的规模化经营，皖江地区的经营模式没有形成规模经济。

三、皖江城市带农业供给侧结构性改革的路径

农业供给侧结构性改革的根本目的就是为了形成一个经济增长的新机制。尽管皖江城市带农业供给侧结构性改革仍然存在很多问题，但我们要在保证农产品产量、安全，提升农产品品质，增加农民收入的基本前提下，借鉴国内外先进经验，围绕去库存、降成本、补短板、促创新、信息化和改制度等路径，推进供给侧结构性改革，以促进农业生产能更好地满足消费需求，不断升级和减轻生态环境压力，推动农业实现持续健康发展。基于此，我们提出以下路径来提升皖江城市带农业供给侧结构性改革的质量。

1. 降低农业生产成本，降低农产品库存

与全国状况相似，皖江地区供给侧结构性改革存在的主要问题就是供给过剩，有效供给不足，也就是供给与需求不相适应。我国农产品主要是粮食之所以会出现结构性过剩，库存量过大的问题，其主要原因就是农产品价格过高，而价格偏高的根本原因在于成本过高。因此农业供给侧结构性改革要解决的两大问题就是去库存与降成本，而降成本是矛盾的主要方面，要想降成本一是要提高要素的生产效率，二是要实现规模经济。

农业发展所面临的很多问题都可以在科技进步中得到解决，我国农产品成本较高的主要原因一方面是由于劳动力成本逐渐增加，另一方面是农业生产资料投入使用率较低，如农药、化肥等。因此，可通过推行农业机械化来降低劳动力成本。大宗农作物生产机械化水平较低是劳动成本过高的主要因素。因此，要重视农业科技成果的转化和推广农业机械化。可通过农业机械化扶持政策和开展新型职业农民教育培训提升农民农业科技素养来推动农业现代化进程。

随着城镇化的不断推进和流动人口的增加，农村人口大规模转移，在此背景下，专业大户或家庭农场、农民专业合作社和农业企业等新型农业经营主体应运而生。然而，在皖江地区，传统农业耕作方式仍占主要地位，家庭联产承包制度带来的小规模农业生产，经济效益不高，且农业劳动力老龄化造成大量土地浪费，"懒人农业"和老人农业现象普遍，妨碍了农业规模经济的产生。因此，皖江地区应当积极适度地发展规模经济，可通过统一经营，发展新型合作组织来实现。党的十七届三中全会指出，"统一经营要向发展农户联合与合作，形成多元化、多层次、多形式经营服务体系的方向转变"。统一经营可以在一定程度上克服家庭承包经营规模小、组织化程度低、现代化程度低级抗风险能力弱等缺陷。此外，还可以培育新型农业经营主体，如引导农民在自愿

基础上，通过村组内互换并地等方式，推行"一户一块田"，实现按户连片耕种；扶持规模适度的家庭农场，加强农民合作社规范化建设，积极发展生产、供销、信用"三位一体"综合合作。

2. 转变需求导向，提升农产品质量

当前我国农业产品存在部分农产品库存量日益增多，而另一部分农产品供给不足即总量和质量结构上的失衡问题。随着人们的消费结构从生存型向享受型转变，人们对产品的质量和安全提出了更高的要求，因此，进口农产品不断受到人们的追捧，在消费市场上供不应求。为提高皖江地区的供给侧改革质量，我们应当由以往的生产导向市场向消费导向市场转变，调整农产品的品种结构，提升农产品的质量。这就要求我们首先降低不符合市场需求和没有市场前景的农产品的质量，向优势产品集中。其次充分利用皖江区域的地理优势，发挥区域农业特色优势，以市场需求为导向，优化农业的产业结构，大力发展品牌农业、生态农业，打造皖江特色农业如茶叶、生姜、优质大米等特色优势产业，形成差异化新格局和地区特色模式，以期促进农业产业链延伸和拓展，在满足居民升级消费需求的同时增加农民的收入。

3. 推进农村电商发展，加强农村信息化

农业产品供给与需求不匹配的另一个重要原因是农业信息不对称。农业信息不对称主要表现在以下几个方面：第一，种植信息不对称，由于没有建立起市场信息传导机制，农民生产带有一定的盲目性，不能根据市场需求及时调整种植结构。这必然会导致农产品供给过剩与短缺的矛盾现象。第二，农产品销售渠道信息不对称，农民由于不了解市场的需求状况，不能及时根据市场信息调整各地市场的供求状况。第三，信息不对称。由于信息不对称，先进的农业科技技术与成果不能在农村得到迅速的推广。因此为了降低农业信息不对称，应当大力发展农村电商，推进农村信息化。

首先，大力发展农村电商。完善农村电商实施方案，促进新型农业经营主体、加工流通企业与电商企业线上线下互动发展。加大农产品电商平台和农村物流系统的建设，如积极与淘宝、京东等大型电商平台合作；加强农村公路建设，提升道路运载能力，加快农产品运输效率；通过营销网络、物流网络和信息网络的有机结合，提升企业仓储、采购运输等环节的管理水平；在农村交通方便地区创办农业产业化生产基地，提供优惠政策积极吸引物流企业加入等。

其次，推进农村信息化，加大农民信息能力的培训力度。农民的知识、技能对农业生产有着举足轻重的能力，而提升农村劳动力素质的主要途径靠培训教育。因此，政府应当增加专项资金，为农民提供更多的技术培训，提高他们信息意识和接受新技术新成果的能力。

4. 加强"农业朝阳产业"理念，发展"生态农业"

在人们的传统观念里，农业总是与低收益、没前途相联系。要转变这种理念，就要建设符合现代发展需求的多功能绿色农业理念，拓展农业的深度和广度。传统的农业是化学农业，农药化肥大量低效率使用，使得土壤板结、重金属含量超标、水质下降，导致农村环境恶化。皖江城市带位于长江沿岸，是长江经济带的绿色廊道，有保护生态、

植被和水源的重要责任，因此，不仅要转变人们"农业夕阳产业"的老旧观念，还要积极发展生态农业。多功能绿色农业是未来发展的主要方向。多功能绿色农业旨在保证粮食供给、提升就业创业率、加强环境保护、开发观光休闲，培育特色、有机和环保的农产品为主要目标。

　　未来，人们对于健康、环保、有机绿色农产品的需求将会不断持续增长，优美的田园风光、切身的采摘体验、清新洁净的空气都将成为人们新需求。皖江地区城市密集，且其地理优势明显，风景宜人，经济发展水平在安徽地区较高。因此，皖江地区应当把农业与生态文化旅游结合起来，从只卖农产品转到兼卖风景，也就是发展都市型具有生产、休闲、体验、观光等多功能绿色农业，以此来拓展农业的新功能。对此，政府部门可充分发挥其功效，如加强绿色生态农业的宣传力度，加大对农业生产相关人员的技术培训力度，提升生态农业的生产技术水平；通过税收优惠政策、信贷政策等提升农业人员从事生态农业的积极性，推进皖江城市带绿色生态的发展。

参考文献

　　[1] 李克强. 政府工作报告——2016 年 3 月 5 日在第十二届全国人民代表大会第四次会议上 [N]. 经济日报，2016 - 03 - 18.

　　[2] 李稻葵. 关于供给侧结构性改革 [J]. 中国马克思主义论坛，2015（12）：16 - 19.

　　[3] 张蓓. 农产品供给侧结构性改革的国际镜鉴 [J]. 改革，2016（5）：123 - 130.

　　[4] 李国祥. 农业供给侧结构性改革与调整完善农业支持政策 [N]. 上海证券报，2016 - 01 - 14（A01）.

　　[5] 高强，孔祥智. 中国农业结构调整的总体估价与趋势判断 [J]. 改革，2014（11）：80 - 91.

供给侧结构性改革背景下皖江城市带
农村产业融合发展研究

——以庐江县为例

一、概念界定

（一）产业融合的概念

产业融合的概念最早出现在信息通信业，大部分学者认为产业融合是产业创新的结果，表现为产业边界的日趋模糊和具有融合性产业性质的新型产业形态的出现。20 世纪 70 年代，美国麻省理工学院媒体实验室的 Nicholas Negroponte 用三个重叠的圆来描述具有技术关联的三个产业的边界，分别是计算、印刷和广播。他认为三个圆交叉的地方将成为成长最快、创新最多的领域。之后，产业融合的研究视角逐渐从技术关联延伸到产品、产业和市场关联。欧盟委员会在 1997 年绿皮书中指出，产业融合是技术、产业和市场三个层次的融合。Greenstein 和 Khanna 认为，产业融合是为适应产业自身的增长而发生的产业边界的收缩或消失。[1]日本著名产业经济学家植草益以信息通信业为例，认为如果由于技术革新开发出了替代性的产品和服务，或者由于放宽限制各产业开始积极展开相互介入，不同产业的企业群就会处于竞争关系之中。产业融合就是要降低行业间的壁垒，加强不同行业企业间的竞争合作关系。[2]

国内学者对产业融合的概念也提出了自己的观点。马健（2002）总结了国内外的理论成果，认为技术进步和放松管制是产业融合的两大原因，并由此提出了产业融合的含义，即产业之间的技术融合导致企业之间的竞争合作关系发生改变，从而出现产业界限的模糊化，甚至产业界限的重划。[3]周振华（2003）认为，产业融合是信息化进程中出现的一种新的产业革命，它首先出现在电信、广播电视和出版等部门，并延伸至其他的产业，成为产业发展的新趋势和经济增长的新动力，并能够对经济社会发展产生综合影响。[4]李浩、聂子龙（2003）在研究中也明确提出了产业融合的概念，认为产业融合是指不同产业或者同一产业内的不同行业相互渗透与融合，最终形成新产业的过程。[5]

（二）农村产业融合发展的概念

在产业融合概念界定的基础上，借鉴国外的研究成果，结合中国的实际情况，国内

学者从不同的角度出发，对农村产业融合发展的概念提出了自己的见解。苏毅清、游玉婷、王志刚认为，农村一二三产业融合是指第一产业的细分产业与第二、第三产业中的细分产业所形成的社会生产的产业间分工在农村实现内部化。[6] 芦千文认为，不能从单一视角和标准考察农村产业融合发展，而应该尝试从多维视角分析。[7] 马晓河认为，农村产业融合是以农业为基本依托，以新型经营主体为引领，以利益联结为纽带，通过产业联动、要素集聚、技术渗透、体制创新等方式，将资本、技术以及资源要素进行跨界集约化配置，使农业生产、农产品加工和销售、餐饮、休闲以及其他服务业有机地整合在一起，使得农村第一、第二、第三产业之间紧密相连、协同发展，最终实现农业产业链延伸、产业范围扩展和农民增收。[8] 他归纳总结了中国农业与第二、第三产业融合发展的四种形式，分别是农业内部产业重组型融合、农业产业链延伸型融合、农业与其他产业交叉型融合以及先进要素技术对农业的渗透型融合。这一研究成果被广泛认可和引用，成为国内农村产业融合发展概念的主流观点。

二、庐江县农村产业融合现状分析

（一）区域概述

1. 总体情况

庐江县位于合肥市南部，属于皖中地区，依山临江，境内地形多样，周边毗连巢湖市、无为县、枞阳县等地。截至2016年末，全县面积2348平方公里，森林覆盖率达到18.54%，县内户籍人口总数为120万人，其中农业人口占比超过80%。由此可见，庐江县的自然资源和劳动力资源都较为丰富。除此之外，该县还拥有历史悠久的人文资源和著名的自然遗产景观，旅游业也较为发达。

2016年，庐江县实现生产总值245.32亿元，增长10.1%。从产业结构来看，第一产业增加值47.54亿元，增长3.5%，从业人员为22.63万人，占比为32.1%；第二产业增加值110.62亿元，增长12.8%，其中工业增加值92.52亿元，增长12.9%，从业人员为29.89万人，占比为42.4%；第三产业增加值87.16亿元，增长10.5%，从业人员为18.0万人，占比为25.5%。三大产业结构比例为19.4∶45.1∶35.5，第三产业比重同比有所提高。2016年该县居民可支配收入达到20311元，增长9.0%，其中城镇居民和农村居民人均可支配收入分别为26515元和15769元，增长9.4%和10.2%。[9]

2. 农业发展概况

庐江县素有"鱼米之乡"的美称，是著名的"农业大县"。全县农产品品种丰富，形成了以稻米粮食生产为主，林、牧、副、渔业全面发展的农业发展格局，拥有水稻、蔬菜、蛋鸭、肉鸡和水产高效养殖五大优质农产品标准化生产基地，培育和发展了多个知名商标和名牌产品，是国家首批商品粮生产基地、全国重点产粮县，先后11次获得全国粮食生产先进县荣誉。2012年1月，庐江县被认定为"国家现代农业示范区"，并分别被列为国家现代农业示范区农业改革与建设试点县、国家新型城镇化试点地区（安徽省为试点省份）、全国粮食增产模式攻关试点县、全国农业生产全程社会化服务试点县、安徽省农村综合改革试点县、安徽省农村土地承包经营权确权登记颁证试点县、安徽省农村金融综合改革试点县，2016年入选全国首批农村产业融合发展试点县。

（二）发展情况

1. 政策背景

2015年，国务院办公厅印发《关于推进农村一二三产业融合发展的指导意见》（下称《指导意见》），《指导意见》以融合为基本方向，明确指出了推进农村产业融合发展是有利于农民增收、农业发展的重要举措，并在农村产业融合发展的主要目标中提出到2020年要基本形成产业链条完整、功能多样、业态丰富、利益联结紧密、产城融合更加协调的农村产业融合发展新格局。

2016年，为了深入贯彻国务院关于农村产业融合发展的重要精神，督促落实促进农村产业融合发展的措施，解决过程中出现的问题，农业部印发《关于推动落实农村一二三产业融合发展政策措施》，当中主要就《指导意见》的内容提出了具体的落实举措。与此同时，2016年国家发展改革委、财政部、农业部、工业和信息化部、商务部、国土资源部、国家旅游局七部门联合印发《关于印发农村产业融合发展试点示范方案的通知》，并在全国范围内组织实施农村产业融合发展"百县千乡万村"试点示范工程，在全国确定了137个农村产业融合发展试点示范县（市、区、旗、场），以探索和总结各地成功的做法，实现经验可复制和推广。

同年，为了贯彻落实中央关于农村产业融合发展的政策措施，加快推进安徽省农村一二三产业融合发展，安徽省人民政府办公厅出台《推进农村一二三产业融合发展的实施意见》（下称《实施意见》）。《实施意见》结合地方实际情况，明确提出了安徽省农村产业融合发展的主要目标和具体举措。当年安徽省四个区县（庐江县、谯城区、临泉县、宣州区）入选全国首批农村产业融合发展试点示范县。作为全国首批农村产业融合发展试点示范区县之一，庐江县积极利用供给侧政策优势，总结了自身基本情况，尤其是农村产业融合发展现状，提出了该县农村产业融合发展试点实施方案，这对于明确工作任务、加快促进该地区农村产业融合发展具有重要意义。

2. 发展模式

在加快推进农村产业融合发展的进程中，根据试点总体要求，庐江县形成了独特的发展模式，具体表现在如下几个方面：

（1）有效利用政策环境，出台并落实配套措施。根据国务院和安徽省政府关于推进农村产业融合发展的相关文件精神，利用政策环境的优势，结合当前形势，庐江县相应编制和出台了"十三五"发展规划，以及各项配套政策，为经营主体培育、金融创新服务、农村产权交易、促进新业态形成等方面的改革和创新奠定了基础，有利于各部门、各单位做好农村一二三产业融合发展项目的衔接和执行工作，为农村产业融合发展

提供了有力的政策保障。

（2）突出主导产业优势，延伸拓展农业功能。按照《安徽省农业委员会关于印发2015年中央财政一二三产业融合发展试点项目实施指南的通知》的要求，庐江县农村产业融合发展的方向是根据现代生态农业产业化建设实际，扶持1家以水稻为主导产业的产加销一体化、农牧循环发展的专用品牌粮食产业化联合体，建设围绕产品生态圈、企业生态圈、产业生态圈三位一体的生态农业产业化发展模式。据此，庐江县牢牢把握资源优势，在发展农业的过程中始终注重贯穿工业化理念，相继出台了各项促进农业主导产业发展的实施意见。"十二五"期间，庐江县财政安排产业引导资金扶持农业生产基地建设、品牌创建和龙头企业培育，大力发展粮油、畜禽、水产、茶叶、蔬菜等农业主导产业，使得农业内部不同产业之间也形成了融合、互补的趋势。如当地大力推广"水稻＋"产业，在确保水稻这一优势作物播种面积的同时，培育稻田里养鱼虾、泥鳅、鸭和黄鳝等，增加了农民收入。

此外，庐江县因地制宜，利用自然、人文资源及特色农业优势，在汤池旅游度假区、台创园和巢湖南岸等重点区域，打造以农耕文化、回归田园和休闲度假为主题的休闲体验农业，将农业和服务业相结合、农村产业融合发展与新型城镇化建设相结合。庐江县十分注重打造特色乡村旅游产品，着力开发自然旅游资源和专项旅游资源，挖掘乡村民俗文化、地方特色乡村文化内涵，延伸和拓展了农业功能。

（3）积极推进农业农村改革，率先完成农村土地确权颁证试点。近年来，庐江县先后开展了国家现代农业示范区农业改革与建设试点、安徽省农村综合改革试点、安徽省农村金融创新改革试点，在不同领域积极开展和推进农业农村改革。在农村集体产权制度改革方面，庐江县将土地承包经营权确权登记颁证到户、集体经营性资产折股量化到户，在安徽省率先完成土地承包经营权确权登记颁证工作，并高分通过省级验收。在土地流转方面，庐江县进一步巩固了县、镇、村三级土地流转服务体系，按照"依法、自愿、有偿"原则流转土地。此外，庐江县还开展金融制度创新，鼓励农业企业上市和融资，同时深化农村金融体制改革，在确保政策性金融供给的同时，以农村土地承包经营权抵押贷款为突破口，积极发展林权、农房、农业生产设施设备抵押和生产订单、农业保单质押等业务，探索水利工程所有权、使用权抵押贷款。在农业保险创新方面，庐江县以新型农业经营主体为重点，积极推广政策性保险附加商业保险试点，扩大风险保障覆盖面。

（4）强调农业服务社会化，搭建科技支农平台。为了促进农村产业融合发展，庐江县鼓励各镇、各园区在沿湖、沿路、沿山和乡村旅游区重点区域，开展以种植结构调整为主要内容的一二三产业融合发展示范区建设，推动产业链不同环节之间相互配套、功能互补。此外，庐江县不断加强农业社会化服务，开展农业信息进村入户行动，支持农业信息服务站（点）建设，并实施农业物联网示范工程，扶持规模较大的农业企业、新型农业经营主体建设农业物联网应用系统，实施精准化作业（如智能节水灌溉、测土配方施肥、农机定位耕种、饲料精准投放、疾病自动诊断等），并与县级农业物联网公共服务系统联通，实现资源共享。

在科技支农方面，庐江县注重推进科学技术对农业的渗透融合，依托一批大专院校和研究机构，打造产学研基地，搭建科技支农平台。以庐江国家现代农业示范区、国家现代农业科技示范园区、安农大新农村发展研究院皖中试验站、合芜蚌现代农业自主创新示范区为基础，以台创园核心示范区为引领，当地启动了 380 平方公里合肥庐江现代农业自主创新示范区平台建设，着力在农业科技研究、技术示范推广、产业化经营、农产品质量安全、品牌建设等方面实现创新，推进农村一二三产业融合发展。

（5）培育多元化产业融合主体，加强农村人才培养培训。庐江县加快培育新型农业经营组织的发展，以龙头企业＋家庭农场（农户）、龙头企业＋合作社＋家庭农场（农户）等模式，做大做强一批农产品精深加工农业产业化龙头企业。鼓励和支持农业新型经营主体和农业社会化服务组织，开展多种形式的农村产业融合发展，创新商业模式，打造知名品牌，并在工商登记、土地利用、品牌认证、融资租赁、税费政策等方面给予优惠待遇。

除了培育新型农业经营主体开展农村产业融合以外，庐江县也注重通过指导、培训、交流和示范带动，进一步促进家庭农场和农民专业合作社发展，发挥示范家庭农场、农民合作社示范社的模范带头作用，从而产生带动示范效应。在农村人才培养方面，该县积极鼓励人才进行农业创业，扶持大学生村官、返乡农民工和大学生在农村创业和从事产业融合发展。通过职业教育、在职培训、干中学、实习参观、建立互助合作关系以及利用互联网创业等方式，不断吸收、引进有技术能力和管理经验的新型农民进入农业生产领域。

3. 发展现状

庐江县在吸取其他国家和地区农村产业融合发展经验的同时，不断总结自身发展的做法和出现的问题，取得了成效，形成了农村产业融合发展的"庐江模式"。

（1）农业供给侧结构性调整加快，农业生产呈现规模化、专业化。庐江县大力发展农业主导产业，通过农业供给侧结构性调整，促进粮油、畜禽、水产、蔬菜等产业的发展，以此巩固农业基础，并推动农业发展向二三产业延伸，从而促进农村产业融合发展。图 1 为庐江县 2015～2016 年主要农产品产量的变化，显示了该县农业结构调整的情况。

庐江县委县政府先后出台了多项政策措施，推动以高效经济作物生产为主的农业结构调整。以 2015 年为例，庐江县出台种植业结构调整实施意见，奖补资金近 1000 万元，实施各类种植结构调整项目 185 个、总面积达 5.2 万亩，涉及蔬菜瓜果、茶叶等多个产业。2016 年，庐江县农业结构调整布局不断优化，新增蔬菜等特色基地 3.5 万亩，建设水稻绿色高产高效创建示范区 37.7 万亩。[10]

除此之外，庐江县农业发展也呈现规模化和专业化趋势。该县通过开展农村土地确权颁证试点工作，引导农村土地承包经营权有序流转，推进农业规模化、专业化经营。2016 年该县流转土地 84.4 万亩，土地适度规模经营比重达 73.9%。在畜禽、水产规模标准化健康养殖方面，2016 年该县新建畜禽规模养殖场 942 个，水产健康养殖面积达到 21.2 万亩，建设部、省级水产和畜禽标准化养殖场 7 个。全年畜禽、水产产量及增长情况如表 1 所示。

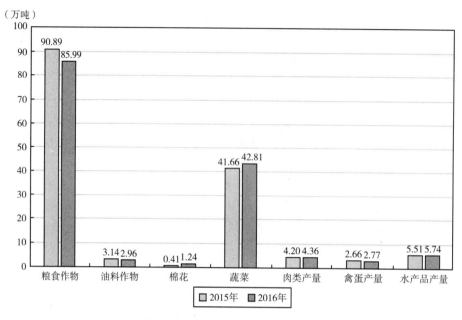

图1 庐江县主要农产品产量变化

资料来源：根据2015年及2016年庐江县国民经济和社会发展统计公报整理得到。

表1 庐江县畜禽、水产产量

项目	产量（吨）	增长率（%）
猪肉	20000	2.70
牛肉	292	-60.60
羊肉	90	-1.10
禽肉	22900	7.10
禽蛋	27700	4.10
水产品	57300	4.10

资料来源：庐江县2016年国民经济和社会发展统计公报。

在规模化经营的基础上，庐江县发展出多个专业示范村，通过生产高效特色农产品，促进农民增收致富。如兴隆食品、绿宝禽业、宏鑫畜牧和中起牧业的养殖基地被认定为省级标准化示范场，鸿润养殖、县水产养殖场、诚恳生态农业、天湖蟹业先后晋升为农业部水产健康养殖示范场，春生公司和北圩农业生态园成功创建国家级设施蔬菜标准园，白湖镇西城村（荸荠）被认定为国家级"一村一品"专业示范村。

（2）农产品加工产业集群不断壮大，农业与第二、第三产业融合势头较好。庐江县通过实施农业产业化龙头企业提升行动，积极培育发展和壮大龙头企业，使得农产品加工产业集群不断壮大，初步形成了粮油、畜禽、水产、蔬菜、茶叶五大农产品加工体系，建成了"合铜"公路沿线农产品加工长廊和五大产业园（城西新区食品工业园、石头稻米加工产业园、泥河食品酿造产业园、柯坦禽蛋加工产业园、台创园食品加工产业园）。2016 年全县实现农产品加工产值 97.6 亿元，增长 10.2%。目前庐江县引进了总投资 5.6 亿元的安徽昊东食品有限公司、安徽瑞和坊食品有限公司等 8 个食品加工企业，并已经正式落户台创园，预计这些食品企业投资运营之后的年产值将达到 8.5 亿元，为当地农产品加工业的发展注入了活力。全县无公害农产品、绿色食品和有机产品认证数量分别达到 38 个、81 个和 57 个，其认证的农产品总产量为 25.6 万吨。绿色食品认证数位居全省前列，被授予"安徽省绿色食品十强县"称号。省级龙头企业双福粮油共有 10 多个产品或商标荣获国家、省"放心粮油"和"安徽名牌产品""安徽名牌农产品""安徽省著名商标"等称号。海神黄酒和圣运面条相继荣获中国驰名商标。巢湖麻鸭、金坝芹芽、黄陂湖大闸蟹和庐江花香藕先后获农产品国家地理标志认证。

在农业和服务业融合方面，庐江县立足于自然和人文资源，形成了独具特色的服务业产业优势。2016 年，全县接待旅游人数 450 万人次，实现旅游综合产值 37 亿元，增长 12.1%。其中接待国内旅游者 445.9 万人次，增长 12.0%，实现国内旅游综合产值 34.32 亿元，增长 11.7%。县内共有星级饭店 6 家，拥有客房 2540 间，旅行社 9 家，二星级以上农家乐 36 家，AAA 级以上景区 6 个。庐江县以美丽乡村建设为切入点，大力发展休闲农业、生态旅游，打造了一批适宜游玩的村庄和休闲基地。当地汤池镇及果树村双双入选全国"最美乡镇""最美村镇"，金牛镇和黄屯老街分别被评为安徽省首批"千年古镇""千年古村落"。此外，庐江县结合农业优势产业，通过举办茶文化节、葡萄节、玫瑰花节、蓝莓节、巢湖开湖节等系列农旅文化主题活动，着力打造该县"生态游"和"乡村游"的品牌，形成了优质农业带动服务业的氛围。该县水稻种植历史悠久，位于台创园的中国稻米博物馆成为合肥市中小学生的校外科普教育基地，目前该博物馆已落成并对外开放，每天接待约 2000 人次。[11]

（3）城乡建设协调并进，产城融合不断深化。"十二五"以来，庐江县实施"大庐城"建设战略，交通设施明显改善，产城融合不断深化。区划调整之后，全县已累计实施大建设项目 580 个，完成各类建设投资 220 多亿元。

在统筹城乡建设方面，庐江县"美丽乡村"建设日新月异，城乡面貌不断焕发新的活力。2016 年该县共完成拆迁 125 万平方米，征地 1.15 万亩，开工项目 116 个，完成投资 57.5 亿元。项目开工率、竣工率、投资额、征地拆迁完成量、安置房回迁量均创新纪录。该县全年投入 7900 万元实施绿化大会战，共新增绿化面积 110 万平方米，顺利通过省级森林城市验收，生态环境治理取得了新的进展。2016 年，庐江县开工建设美丽乡村项目 195 个，其中 149 个完工。通过开展土地整治项目，当年新增耕地 5303 亩，建设高标准农田 8.31 万亩，完成土地"占补平衡"指标 1000 亩。此外，该县还实施农村饮用水安全工程，解决了 7.2 万农村人口安全饮水问题。[12]

（4）农业经营体系不断完善，产业融合形成示范。庐江县按照龙头企业+家庭农场（农户）、龙头企业+合作社+家庭农场（农户）等模式，以农业订单或契约形成要素、产业和利益的紧密联结，集生产、加工和服务为一体化，培育组建农业产业化联合体 92 个，其中 2016 年培育省级农业产业化联合体 7 个。共有 92 家龙头企业、52 家合作社和 121 个家庭农场（农户），发展粮食规模种植 54.7 万亩、水生蔬菜 4.3 万亩，实

现年销售收入20.6亿元。目前全县农业经营主体发展到4051个，其中农业龙头企业189家，农民合作社553家，家庭农场855家，专业大户2454个。建设部级示范合作社3家，县级以上示范合作社发展到63家，县级以上示范家庭农场94家。[①]

在培育多元化农村产业融合主体的同时，庐江县鼓励和支持规模较大的龙头企业通过兼并重组等方式，整合资源，成为行业"领头羊"。先后组织双福粮油、万乐米业等8家省级龙头企业积极创建龙头企业甲级队，创建春生公司、清水河家庭农场等6个生态农业产业化示范主体，发展生态循环农业和休闲农业。通过交流和培训活动，逐步形成示范效应，以提高经营管理能力、创建农产品品牌为目标，进一步壮大合作社和家庭农场的规模和实力，加快推进农村产业融合发展。

（三）问题分析

庐江县农村产业融合发展总体水平较高，但是在壮大新型农业经营组织、培育产业融合新业态、完善利益联结机制和健全农业科技服务体系方面还存在问题，有待进一步改进。

1. 农业内部产业融合还不发达，一二三产业交叉融合水平有待提升

庐江县农业资源非常丰富，农产品品类也较多，但是农业内部不同产业之间的融合水平还较低，水稻、蔬菜、畜禽、水产等农产品的生产与销售环节各自独立，产业融合的方向仍然在探索过程中。此外，庐江县一二三产业交叉融合的程度还不高，已有的产业融合形式大多发生在部分产业之间（如农业生产和农产品加工），而没有从深层次实现跨界集约化配置资源要素，从而达到产业联动、协同发展的效果。

2. 农业产业联合体发展速度较慢，利益联结机制还不完善

根据国务院的《指导意见》和安徽省的《实施意见》，培育多元化的农村产业融合主体，需要加强农民合作社和家庭农场的基础作用，发挥供销合作社综合服务优势，鼓励社会资本投入，积极发展行业规范机构和产业联盟，大力培育以龙头企业为核心，生产、加工和服务一体化的现代农业产业化联合体。安徽省农业委员会也明确指出，农村产业融合发展的实施主体应该是现代农业产业化联合体，且对该联合体的条件作出了相关规定。但目前庐江县农业产业联合体总数并不多，联合体内的产业融合主体发展也不平衡，能够真正发挥示范带头作用的大型龙头企业还较少，影响了庐江县农村产业融合的发展进程。

农村产业融合不是简单地强调一二三产业结合，而是要在深层次上建立互惠共赢、风险共担的利益联结机制，将龙头企业、合作社和农户等农村产业融合主体紧密联系在一起。庐江县在农村土地承包经营权确权登记颁证工作方面取得了一定成果，但是农村产业融合利益联结机制处于初级阶段，龙头企业、农民专业合作社的作用无法得到充分发挥，这直接影响了农村产业融合主体的带动和示范作用。

---

① 安徽省庐江县产业融合发展相关资料。

3. 农村产业融合服务体系不够健全，复合型人才缺口较大

庐江县注重搭建科技支农平台，联合高校和研究机构，加强科学技术对农业的渗透融合，但庐江目前还没有统一的农村综合性信息化服务平台，为农村产业融合发展的各个环节提供公共服务。从农村金融支农来看，庐江县金融创新的范围还较为有限，还没有充分利用金融创新工具为农村产业融合发展服务，如缺乏农民合作社内部资金互助点等。在科技支农方面，庐江县和各科研机构、学校的合作还不够深入，没有形成各类科技人员、实用人才到农村产业联合体任职、兼职的对接模式，也缺乏农村产业融合发展科技创新的激励机制，这制约了科技对农村产业融合的渗透。

农村产业融合打破了以往产业间孤立发展的局面，形成了很多交叉领域，因此需要一大批复合型人才适应产业的新变化。他们不仅需要多方面、多领域的知识背景，更重要的是要有创新、创业精神，才能挖掘产业间融合的新契机，创造出更高的价值，而目前庐江县这种产业融合方面的复合型人才缺口还较大。

4. 缺乏农村产业融合发展新业态，互联网与产业的结合形式比较有限

农村产业融合发展的内涵要求在农村既有产业的聚变与融合的基础上，发展出新业态和新的商业模式。现代科技日新月异，信息技术开始应用于农业生产和经营的各个环节，"互联网＋现代农业"的模式得到普遍认可。庐江县已经开展多项举措，推进电子商务、物联网与现代农业结合，培育农村产业融合新业态，但是目前来看发展成效还不显著，科技渗透产业全过程的程度较低，结合形式也比较有限。一二三产业的融合很多只是简单的相加，并没有融合催生出更多新业态或者新的商业模式。

三、促进农村产业融合发展的对策建议

按照试点方案，庐江县农村产业融合发展的方向是以产城融合型为重点，着力构建三次产业融合发展的现代农业产业体系，在全县范围内形成产业链条完整、功能多样、业态丰富、利益联结紧密、产城融合更加协调的现代农业发展新格局，以促进农业增效、农民增收和农村经济持续健康发展。据此，提出如下对策建议。

（一）培育多元化产业融合主体

庐江县应该根据地区实际情况，培育多元化产业融合主体。一方面，支持规模较大的龙头企业通过兼并、重组等方式，提高市场竞争力，增强辐射带动作用。针对龙头企业与农业基地对接不够，农民专业合作社运作不规范、联系农户有限的情况，应该不断壮大合作社和家庭农场的整体实力，指导它们规范运作，并通过定期开展培训和交流活动，加强示范家庭农场、农民合作社示范社创建工作，进一步发挥其模范带头作用，产生带动示范效应。另一方面，加快培育新型农业经营组织的发展，鼓励和支持家庭农场、专业合作社、行业协会、龙头企业、农业社会化服务组织开展多种形式的农村产业融合发展。鼓励新型经营主体探索融合模式，创新商业模式，培育知名品牌。提升新型农业经营组织在生产组织、技术推广、品牌创建等方面的功能，提高农民组织化程度，

增强农民适应市场和驾驭市场的能力，促进农民增收。

（二）发展多种类型的产业新业态

利用现有的电子商务产业园等资源，推动先进科学技术与现代农业结合，探索"互联网＋现代农业"的新型业态形式。通过采用大数据、云计算等技术，可以改进农业监测统计、分析预警、信息发布的手段，健全农业信息监测预警体系，促进农业精准化、高效化、智能化发展。利用生物技术、信息技术和物联网技术，发展现代生物农业、创意农业、景观农业、休闲农业、工厂化农业等，实现要素资源共享畅通，农业生产环节可追溯，延伸农业产业链，提高农业与第二、第三产业的融合水平。抓住互联网创新创业浪潮，支持发展县域农村电子商务，完善配送以及综合服务网络，鼓励新型经营主体开展O2O经营，发展农业生产租赁业务，积极探索农产品个性化定制服务、会展农业、农业众筹等新型业态。

（三）建立健全利益共享机制

在农村产业融合的过程中，要协调农民和经营组织在农村产业融合发展中的利益，建立互惠共赢、风险共担的紧密型利益联结机制。完善订单农业，鼓励龙头企业建立优质农产品订单生产基地，与家庭农场、农民合作社签订农产品购销合同，规范合同内容，严格合同管理，支持新型经营主体与普通农民签订保护价合同，并按收购量进行利润返还或二次结算，形成稳定的购销关系。打造示范农业产业化联合体，将利益共享机制变成联合体之间的黏合剂，通过创立联合品牌，实现利益共享、风险共担。积极推广股份制和股份合作制，鼓励有条件的地区开展土地和集体资产股份制改革，让农民获得更多的集体资产收益，支持新型经营主体和农民利用互联网＋、金融创新建立利益共同体，以实现创收增收。此外，应该积极鼓励各类社会资本投向农业农村，发展多种经营，治理和修复农村生态环境。

（四）完善农村产业融合服务体系

农村产业融合服务体系应该贯穿于产业融合的各个环节，包括产业政策体系、技术服务体系、人才培养和应用机制、信息服务体系和金融保险服务体系等内容，实现社会化服务的长效机制。在人才引进方面，通过与当地高校对接，可以有效整合校县双方资源，一方面通过产学研项目，充分借助专家力量，开展现代农业技术的研究与转化；另一方面也可以形成"订单式"人才培养模式，提供毕业生实习、就业和创业的机会，不断吸纳具有产业融合复合型思维的人才进入农业生产领域。

在农村金融保险服务创新方面，可以通过综合运用奖励、补助、税收优惠等政策，鼓励金融机构与新型农业经营主体建立紧密合作关系，加大对农村产业融合发展的信贷支持。鼓励发展政府支持的"三农"融资担保和再担保机构，为农业经营主体提供担保服务。完善政策性融资担保体系，鼓励开展支持农村产业融合发展的融资租赁业务，解决新型农业经营主体"融资难""融资贵"问题。积极推动涉农企业对接多层次资本市场，支持符合条件的涉农企业通过发行债券、资产证券化等方式融资。大力发展"三农"保险，以新型农业经营主体为重点，积极推广政策性保险附加商业保险试点，扩大风险保障覆盖面。

参考文献

［1］国家发展改革委宏观院和农经司课题组. 推进我国农村一二三产业融合发展问题研究［J］. 经济研究参考，2016（4）：3－28.

［2］植草益. 信息通讯业的产业融合［J］. 中国工业经济，2001（2）：24－27.

［3］马健. 产业融合理论研究评述［J］. 经济学动态，2002（5）：78－81.

［4］周振华. 产业融合：产业发展及经济增长的新动力［J］. 中国工业经济，2003（4）：46－52.

［5］李浩，聂子龙. 产业融合中的企业战略思考［J］. 南方经济，2003（5）：46－49.

［6］苏毅清，游玉婷，王志刚. 农村一二三产业融合发展：理论探讨、现状分析与对策建议［J］. 中国软科学，2016（8）：17－28.

［7］芦千文. 农村一二三产业融合发展研究述评［J］. 农业经济与管理，2016（4）：27－34.

［8］马晓河. 推进农村一二三产业融合发展的几点思考［J］. 农村经营管理，2016（3）：28－29.

［9］庐江统计局. 庐江县 2016 年国民经济和社会发展统计公报［EB/OL］. http：//www. lj. gov. cn/contents/123467. html.

［10］庐江县人民政府. 2017 年政府工作报告［EB/OL］. http：//zwgk. hefei. cn/zwgk/public/spage. xp？doAction＝view&indexno＝003271260/201701－00003.

［11］庐江县农村一二三产业融合发展试点示范工作总结［EB/OL］. https：//max. book118. com/html/2017/0705/120371764. shtm.

［12］周跃东. 庐江稳中求进创新创优 环湖南岸生态宜居［N］. 安徽日报，2017－01－14（7）.

供给侧结构性改革背景下皖江城市带城镇化动力研究

丁 波

一、供给侧结构性改革与城镇化发展的关系

供给侧结构性改革是经济发展到一定程度上，用改革的方法应对经济供给端和生产端的不对等，提高经济的竞争力和持续发展性。[1]供给侧结构性改革是经济发展的主要新动能之一，同样城镇化也是当代中国经济发展的主要动能之一。中国城镇化快速发展，城镇化水平不断提升，但也面临着一系列城镇化进程中的问题，这些问题的存在影响了城镇化发展的质量，不利于当前社会经济的整体发展。因此，城镇化要在供给侧一端发力，城镇化发展不仅要关注发展水平，更要注重城镇化发展的质量，要关注城镇化的内涵发展，根据区域的不同特色进行区域特色发展。[2]皖江城市带作为一个有区域特色的城市群，其城镇化发展要从供给侧发力，以提高城镇化发展质量为重点，全面实施"人的城镇化"，让人民群众共享改革发展成果。皖江城市带作为安徽省经济最为发达和潜力的地区，城镇化的主要推动力有工业化动力、大城市的辐射动力和文化旅游动力。在经济供给侧改革背景下，皖江城市带城镇化动力应强化城镇化发展产业支撑、增强城镇可持续发展能力等，重点建设具有皖江城市带特色的特色小镇，以特色小镇发力全面推进供给侧结构性改革。

二、皖江城市带城镇化动力体系构建

皖江城市带作为安徽省经济最为发达和潜力的地区，城镇化程度一直领先于全省，其城镇化发展也有自己的特点。目前就皖江城市带当前的城镇化动力而言，城镇化推动力具体有工业化动力、大城市的辐射动力和文化旅游动力。

（一）皖江城市带工业化动力

工业化动力是城镇化的原始动力，工业化的发展推动着城镇化不断持续发展，可以说，城镇化是工业化的必然结果。城镇化与工业化是互为推动的关系，工业化为城镇化的发展提供动力和产业支持，相反城镇化则为工业化提供发展平台和土壤。皖江城市带处于安徽经济最活跃的中心，工业基础较好，且有长三角经济中心的经济辐射。当前，

皖江城市带正处于国家皖江经济带承接产业转移示范区，国家政策的支持给予皖江城市带许多政策上的扶持和帮助。长三角地区一直是我国经济最为发达的地区，无论是加工制造业还是科技产业都位于国家发展的前列，但长三角地区的工业发展也面临着一系列的问题，由于土地成本上涨、人力成本上涨等因素的影响，长三角地区的经济需要将一部分土地密集型、劳动力密集型等企业转移，以求得这些企业的生存发展。安徽省的皖江城市带毗邻长三角地区，在地理上靠近长三角地区，在经济上与长三角地区的经济结构有互补的成分，在文化上与长三角地区的文化相差无异。基于此，皖江城市带成为长三角地区经济转移的首选之地，也是国家大力倡导的皖江城市带承接产业转移示范区的重要原因。皖江城市带承接产业转移示范区的建设，吸引了长三角地区的加工制造业的转移，提升了皖江城市带内的各个地级市的工业基础水平。毫无疑问，工业的全方面发展推动了皖江城市带城镇化的发展，因此工业是城镇化的重要动力。

（二）皖江城市带城市辐射动力

美国学者弗里德曼于1966年提出"核心边缘"理论，以此来解释城市关系圈不同地位的影响。他认为，区域内有核心城市和边缘城市，核心城市工业发达、技术水平较高、资本集中、经济增长速度快，核心城市通过极化作用加强自己的中心地位，又通过涓流作用于边缘城市，使得边缘城市得以发展。弗里德曼强调核心城市的极化和扩散功能，同时他认为这种极化和扩散不仅能够带动边缘城市的发展，而且能强化核心城市自身的发展；弗里德曼的核心边缘理论应用于区域内中心城市与周边城市间发展的关系，核心边缘理论强调大城市的集聚和扩散作用，以及中小城市对大城市的依附，从而使区域能够形成分工合理的协同发展。人口学从人口比重的视角分析城镇化，以城镇人口在社会总人口中的比重和农村人口在社会总人口中的比重来界定城镇化，并认为城镇化是指农村人口向城市集中和转移，同时城市人口比重不断上升的过程。[3]皖江城市带靠近长三角，区域内有合肥市作为大城市的带动，附近的南京市作为特大城市，亦能带动皖江城市带中小城市的发展。

（三）皖江城市带文化旅游动力

文化旅游动力在当前城镇化快速发展的阶段成为一个至关重要的城镇化动力，文化旅游动力具有无污染、高效率、新经济等发展特点，能够有效地推动地区城镇化的发展。皖江城市带的文化旅游动力相对于其他区域来说，还是较为丰富和有发展潜力的，皖江城市带内文化旅游景点主要有九华山、天柱山、太平湖等国内优质文化旅游景点。此外，皖江城市带还与著名文化旅游景点黄山相毗邻，这种文化旅游的优势是其他地区所没有的。文化旅游推进城镇化向深度发展，以往所定义的城镇化是高楼大厦式的城市取代农村，现在实践证明这种城镇化在一定程度上很少改变农村区域人们的生活方式，以文化旅游动力推动的城镇化，能够使这部分人们的生活方式在原有的基础上进行城镇化推进。因此，文化旅游动力是城镇化的重要动力。

三、皖江城市带城镇化发展现状和描述分析

(一) 皖江城市带城镇化动力的描述分析

1. 皖江城市带工业动力的描述分析

皖江城市带内的各个城市，虽然工业基础相比于安徽省内其他城市而言较好，但与发达地区的工业发展水平来说还是相对较低。在皖江城市带承接转移示范区建设之前，皖江城市带内的农村剩余劳动力较多，这些农村剩余劳动力一般选择去江苏、浙江或者上海等发达地区外出务工，农村剩余劳动力去发达地区外出务工，使农民工输出地的城镇化发展水平难以提升，还会导致输出地的农村产生空心化等一系列问题。而皖江城市带工业化水平的提升、工业的快速发展，会留住这部分外出务工人员在所在城市找工作。工业化的发展使得皖江城市带吸引原本外出的大量农民工回乡就业或者创业，这部分外出务工人员有的掌握了精湛的加工技术，有的拥有一定的创业资本，这些外出务工人员回到输出地之后，会带动身边的人员就业，从而提高一部分农民工的收入，有利于城市的发展。毫无疑问，工业化的发展是推动城镇化发展的直接动力和根本动力，皖江城市带承接转移示范区建设提高了皖江城市带的工业化水平，工业化水平的提高直接吸引了大量的外出务工人员回乡就业或者创业，给予城镇化发展的人口支撑。同时，工业化的发展，导致城市的规模不断扩大，城市工业逐渐向旁边的郊区进行扩张。这种工业化的发展一方面改变了人们的生活方式，使人们由传统的生活方式向现代的生活方式进行转变；另一方面提升了城市的经济水平，提高了城镇化发展的水平。

2. 皖江城市带城市辐射动力的描述分析

皖江城市带内的城市有合肥、芜湖、马鞍山、安庆、池州、宣传、滁州以及六安市的金安区和舒城县。皖江城市带具有大城市特征且城市辐射能力较强的城市是合肥市，合肥市的城市规模和经济总量比省内其他城市都要大，且经济结构较为完整，对周边地区有经济的辐射能力。皖江城市带靠近江苏省南京市，南京市作为国家特大城市对周边地区的辐射和扩散能力都很强，大城市工业发达、技术水平较高、资本集中、经济增长速度快，对皖江城市带内人们就业有吸引力，往往成为外出务工的输入地，对城市经济的发展产生一定的促进作用。合肥市、南京市作为核心城市，能够带动周边城市的经济发展，周边城市接收从大城市转移的各种产业，并利用城市土地、人力资本廉价等优势，实现后发展的动力；相反，周边城市能够依靠旁边的合肥市、南京市进行依附性发展，大城市将加工制造业等土地密集型、劳动力密集型企业转移到周边的中心城市，而大城市专注于发展第三产业等高科技密集型、服务型企业，这些行业的发展使得大城市能够吸引更多的年轻人前来就业，带来城市发展的活力。这种大城市带动中小城市的发展模式，一方面能够强化大城市特别是中心城市的核心作用，另一方面能够带动周边的中心城市与大城市抱团共同发展，皖江城市带的城市发展，无疑是推动了整个区域的城镇化发展。

3. 皖江城市带文化旅游动力的描述分析

皖江城市带的文化旅游动力在推进城镇化发展上潜力较大，但从现在发展对城镇化的推动上来看，还没有达到完全发力推动城镇化的程度。现在皖江城市带文化旅游方面存在着一些问题，一方面是文化旅游还没有形成规模效应，虽然皖江城市带内有九华山、天柱山、太平湖等文化旅游景点，但各自文化旅游景点都相互分开，每个文化旅游景点之间各自单打独斗，没有形成一定的规模发展效应，不能有效地带动文化旅游景点周边地区的经济发展，由于没有形成文化旅游经济的规模效应，所以在吸引周边农村剩余劳动力方面的能力不足，没有像毗邻的黄山文化旅游景点一样，形成以点带面的文化经济发展效应。另一方面的主要问题是皖江城市带的文化旅游景点没有一定的影响力，缺乏像黄山一样的国内外知名度，在吸引国内外游客的能力方面还有待加强。挖掘皖江城市带文化旅游动力，首先要发挥这些文化旅游景点的影响力，以点带面促进区域经济的整体发展；其次是利用好文化旅游特色，建成具有地方文化旅游特色的特色小镇，将具有地方特色的文化与旅游相结合起来，发展有公共服务作为内涵的特色小镇，以特色小镇的方式来整体推进区域城镇化的发展。

（二）结论

皖江城市带作为具有发展潜力的区域，其城镇化发展具有良好的基础。皖江城市带城镇化的动力：工业动力、城市辐射动力和文化旅游动力，三个城镇化动力都有较好的发展基础和发展优势。工业动力推动力较强，受皖江城市带承接产业转移示范区建设的影响，未来一段时间内皖江城市带工业化水平将会再上一个台阶，要注意的是如何做到在扩大工业化规模的同时，提升工业化的质量，发展高科技产业。城市辐射动力持续发展，为避免城市之间无序发展，皖江城市带要做的是合理规划好城市带城市的发展，优化城市布局和形态，发展适宜人居的现代城市。文化旅游动力是皖江城市带的优势，但开发和发展的力度还不够，今后要大力挖掘皖江城市带文化旅游的潜力，以旅游景区和特色小镇等平台，重点发展文化旅游动力，推进城镇化健康发展。

四、供给侧结构性改革视角下皖江城市带城镇化的对策建议

（一）有序推进农业转移人口市民化

推进农村人口的市民化，是城镇化发展的重点。城镇化进程中的市民化，需要关注的是公共服务均等化，公共服务均等化是农民转变成市民考虑的主要因素。根据城市大小的不同情况，有序安排农业转移人口的市民化，优先进行中小城市的农业转移人口市民化，保障农民转移人口市民化的这部分群体利益，使他们在城镇化进程中不损失原有的利益。在城镇化过程中要关注公共服务均等化，特别是在中小城市的农业转移人口市民化过程中要使这部分人口享受到与城市相对等的基本公共服务，做到基本公共服务的

全覆盖，吸引更多的农村转移人口来城市就业、生活。随着城镇化的推进，逐步放开和允许大城市的转移人口的市民化，制定切实可行的转移人口制度，使大城市优质的公共服务向转移人口进行开放；最后形成整个社会能够根据其意愿和条件进行转移的社会机制。皖江城市带要有序地推进农业转移人口的市民化，根据皖江城市带内的城市规模不同，进行合理且有序的安排农业转移人口的市民化，逐步提高皖江城市带的城镇化发展水平。

（二）优化城市布局和形态

优化城市布局，城镇化布局影响城镇化发展的整体水平。大、中、小城市合理发展的城市布局，有利于形成大城市带动中小城市发展、中小城市依附大城市协同发展的局面。皖江城市带内有大城市合肥、芜湖，这两个城市可以发挥大城市经济结构的完整性、经济规模的辐射性、资本容量大等一系列发展优势，向周边的中小城市进行转移，带动周边中小城市的快速发展，同时周边中小城市由于产业集聚的需要，又能强化中心城市的经济核心角色，促进大中小城市的经济合理发展布局。当前，皖江城市带除了重点发展区域内大城市外，还要重点发展中小城市，特别是小城市的城市规模、城市基本建设、城市产业和城市基本公共服务，小城市发展潜力较大，能够更好地吸纳农村转移人口。作为大城市与农村的过渡点，小城市没有大城市的那种竞争力，更适宜初次转移的农村人口到小城市进行发展。特色小镇作为结合城镇进行发展的特色城镇化，将当地的文化特色与乡村生活结合在一起，让小镇的人们在不离乡的前提下，享受与城市居民相对等的基本公共服务，实现皖江城乡一体化的整体发展。同时，要兼顾皖江城市带内长江以南与长江以北的城市发展步伐，促进皖江城市带内的长江南北城市和谐发展。

（三）强化城镇化发展产业支撑

城镇化的发展需要有产业支撑，皖江城市带要利用好皖江经济带承接产业转移示范区建设，加紧布局一批适合地方发展的产业，积极吸引长三角地区产业的转移，并做好基础设施建设，充分吸引长三角地区产业转移，加快推进皖江城市带城乡一体化建设。皖江城市带内的产业发展除了要承接长三角转移的产业之外，还要注重发展第三产业和高科技产业，这些产业的发展会吸纳广大农村剩余劳动力充分就业，使区域内的城镇化水平不断提高。此外，政府还要搭建相关的就业信息平台，以就业信息机制带动城乡就业，促进区域内农村剩余劳动力灵活就业。

（四）提升城镇发展品质

城镇化发展的根本是促进地区内人们生活品质的提升。城镇化发展不仅要在城市规模、城市建筑和城市发展速度上追求高速度，更要在城市可持续发展上特别是人们生活品质的提升上着重发力。皖江城市带在城镇化进程中要注重生态环境的保护，把生态环境的保护作为城镇化重要的内容建设好，使人们在城市不断扩张的过程中享受城市与自然相结合的绿色城市发展。提升城镇发展品质，要不断促进人们生活品质的提升，在城市建设中增添以人为本的基础设施，打造休闲生活共享的城镇化发展模式。皖江城市带内生态环境优良，拥有长江、巢湖等绿色走廊，应探索城镇化与绿色环境和谐发展的创新模式。

（五）重点发展特色小镇

供给侧结构性改革背景下的城镇化进程，要注重城镇化发展的重点。当前，盲目地注重城镇化水平已不再是城镇化关注的重点内容，更加注重城镇化的内涵是推动城镇化可持续发展的关键。城镇化是乡村和城市这一个连续统中的过程表现，发展城市是城镇化的主要内容之一，但不是城镇化发展的全部，城镇化还有重要的内容就是发展乡村。在以往的认知中，城镇化中乡村的发展往往是依靠城市经济的带动和乡村向城市的依附性发展，忽视了乡村的内生发展。[4]乡村的内生发展在目前城镇化高速发展过程中是城镇化的重要内容。

乡村内生发展需要挖掘乡村发展的潜力，探索不同于城市工业发展的乡村内生发展道路。乡村内生发展不等于隔断城市与乡村的联系，而是更加注重挖掘乡村内部发展的动力。特色小镇作为城镇化进程中乡村发展的新动力，推动了乡村的内生发展。结合皖江城市带自然环境和人文生态环境，打造一批具有特色的小镇建设，根据每个小镇的发展不同侧重点，有针对性地进行发展。特色小镇能够带动农村剩余劳动力充分就业，吸引城市居民到特色小镇进行旅游消费，促进特色小镇的第三产业快速发展，特别是旅游小镇的建设，一方面能够吸引广大城市居民进入小镇进行旅游休闲，另一方面能够将乡村文化与旅游经济相结合，推动旅游小镇的快速发展。同时，特色小镇还能吸引一部分城市产业集聚到某一小镇，形成具有特色的小镇经济，比如，科技小镇、制造小镇、智造小镇、光伏小镇、地理信息小镇等，这些小镇聚焦于某一产业进行发展，集约化、专业化、规模化是这些产业小镇发展的方向。皖江城市带应利用丰富的人文生态环境和城市生态系统，突出发展重点，优先发展区域内的特色小镇，促进乡村的内生发展，带动乡村居民发家致富，促进皖江城市带的城乡一体化。

参考文献

[1] 陈宇峰，黄冠. 以特色小镇布局供给侧结构性改革的浙江实践 [J]. 中共浙江省委党校学报，2016（5）：28-32.

[2] 肖林. 中国特色社会主义政治经济学与供给侧结构性改革理论逻辑 [J]. 科学发展，2016（3）：5-14.

[3] 高凌宇，李俊峰，陶世杰. 跨江城市群城镇化空间格局演变及机制研究——以皖江城市带为例 [J]. 世界地理研究，2017（2）：72-81.

[4] 敖丽红，韩远，贺翔. 中国新型城镇化发展与供给侧结构性改革的路径研究 [J]. 中国软科学，2016（11）：98-108.

供给侧结构性改革背景下皖江城市带建筑业发展研究

江六一

改革开放近 40 年来，中国经济经过一轮高速增长，一跃成为仅次于美国的第二大经济强国。但随着人口红利衰减、"中等收入陷阱"、国际贸易摩擦加剧等一系列问题的出现，中国各行业供需关系正面临着不可忽视的结构性失衡。从 2015 年开始，我国政府启动了以"三去一降一补"（去产能、去库存、去杠杆、降成本、补短板）为重点的供给侧结构性改革。2017 年 10 月 18 日，习近平在党的十九大报告中又一次强调要深化供给侧结构性改革。而在中国所有的产业中，建筑业的供需结构性矛盾更加突出，对皖江城市带来说，建筑业的发展不仅关系到其自身的发展，也关系到其在安徽省经济中的地位。因此，研究皖江城市带建筑业的供给侧结构性改革迫在眉睫。

一、供给侧结构性改革与建筑业发展

（一）供给侧结构性改革与建筑业发展的关系

近 20 年来，我国政府通过增加投资、鼓励消费和引导出口等方式对建筑市场的需求侧进行改革，迅速扩大了我国建筑业在国民经济中的地位，其对我国经济总量的贡献率一直都稳定在 6% 左右。虽然建筑业的经济总量保持增长，但其生产方式粗放，从业人员素质较低、能源消耗巨大、污染物处理能力差、企业利润增速放缓等问题逐渐显现，建筑业的需求侧改革对此已经无能为力，必须要对建筑业的供给侧进行结构性改革才能解决问题。建筑业的供给侧结构性改革就是要求建筑企业提高管理水平、优化产品结构、淘汰落后产能、开发生产潜能、提高商品质量，重新塑造中国建筑行业绿色发展新生态。

（二）基于供给侧结构性改革的建筑业发展文献述评

国内学者关于建筑业发展论述较多，有些学者认为解决产业结构性矛盾必须要在制度上进行改革，如李里丁认为我国建筑业必须要从政策和体制上入手，转变其生产方式，解决目前面临产能过剩、产业结构失衡和生产方式落后方面的问题；[1]戚欣、范云翠也提到应该尽早出台建筑业转型升级相关政策促进建筑业转型升级，尤其要积极发展绿色建筑、提高信息化应用水平、实施"引进来"和"走出去"战略、提高融资能力等措施。[2]也有学者认为必须要以技术革新推动建筑业的发展，如袁琳、董娜认为通过加强校企联合，促进技术革新和信息化革命，推动建筑行业发展，实现建筑业工业化和规范化。[3]还有些学者认为要协调区域间建筑业的发展，如杨德钦等运用主成分方法对我国 31 个省份 2013 年的建筑业发展的 16 个相关指标数据进行分析后，发现我国建筑业区域发展极不平衡，且综合发展水平较高地区存在明显短板，我国建筑业应明确地区发展劣势，弥补短板，努力缩小区域间建筑业发展差异。[4]刘伊生、乔柱通过对京津冀地区建筑业产业结构分析，提出京津冀地区建筑业"差异定位，优势互补；优化布局，调整结构；市场互容，联合共管；绿色发展，互利共赢"的协同发展策略。[5]更多的学者则是寻找区域建筑业发展的特点，如王放分析了河南省建筑业产业发展后，发现河南省建筑业生产总量与固定资产投资关联性差异较大、同业竞争激烈、产业集中度持续提高、外向度与企业竞争力关联度较高，产值利润率和劳动生产率下降的同时产值利税率增长。[6]

　　国内学者对建筑业的发展作了深入分析，但在对某一特定区域建筑业发展的研究较少，而且大多数学者是定性描述了建筑业发展中存在的问题。本文将对承接东部地区产业转移的最活跃区域——皖江城市带的建筑业采用熵值赋权法进行定量化分析，根据其分析结论提出皖江城市带建筑业发展的供给侧结构性改革措施。

二、研 究 方 法

　　本文选择影响建筑业发展的 21 个指标，并分成经济状况、行业现状、技术系数、人口规模、发展潜力 5 个类型，结合 2016 年安徽省辖的 16 个地级市各项指标数据，采用熵值赋权法评价各地级市的建筑业发展状况，所选择的指标和分类如表 1 所示。

表 1　　　　　　　　　建筑行业发展状况评价指标构成（以 i 市为例）

指标类型	指标名称	指标单位	指标变量
经济状况	生产总值指数	%	X_{i1}
	人均生产总值	元/人	X_{i2}
	城镇家庭可支配收入	元	X_{i3}
	城镇家庭生活消费支出	元	X_{i4}
行业现状	企业单位个数	个	X_{i5}
	流动资产合计	万元	X_{i6}
	固定资产合计	万元	X_{i7}
	资产总计	万元	X_{i8}
	利润总额	万元	X_{i9}
	总产值	万元	$X_{i,10}$
	房屋建筑施工面积	万平方米	$X_{i,11}$
	房屋建筑竣工面积	万平方米	$X_{i,12}$

续表

指标类型	指标名称	指标单位	指标变量
技术系数	施工机械设备净值	万元	$X_{i,13}$
	施工机械设备总台数	台	$X_{i,14}$
	施工机械设备总功率	万千瓦	$X_{i,15}$
人口规模	常住人口总数	万人	$X_{i,16}$
	常住城镇人口比重	%	$X_{i,17}$
	期末从事建筑行业人数	万人	$X_{i,18}$
发展潜力	城市建设用地面积	万平方米	$X_{i,19}$
	城市征用土地面积	万平方米	$X_{i,20}$
	城市人口密度	人/平方公里	$X_{i,21}$

熵值赋权法是一种客观赋权方法，其目的是对每一项指标赋予不同的权重，而其权重的大小根据数据离散程度而确定，若某项指标数据离散度越大，其熵值就越小，为总体提供更大的信息量，因此赋予该指标的权重也会相对较大，反之则相反。[7] 熵值赋权法的第 j 项指标的权重计算公式如下：

$$W_j = \frac{1 + \frac{1}{\ln m} \cdot \sum_{i=1}^{m} (Y_{ij} \cdot \ln Y_{ij})}{\sum_{j=1}^{n} (1 + \frac{1}{\ln m} \cdot \sum_{i=1}^{m} (Y_{ij} \cdot \ln Y_{ij}))} \tag{1}$$

其中，Y_{ij} 表示第 i 个地级市的第 j 项指标经标准化后的数值，i = 1，2，3，…，m；j = 1，2，3，…，n，为消除不同指标因量纲不同和不同指标的原始数据差距过大造成的影响，并保证公式中取自然对数有意义，本文对数据标准化采用该项指标中最大值与其商的方法，即：

$$Y_{ij} = \frac{\max\{X_{ij}\}}{X_{ij}} \tag{2}$$

各地级市的建筑业发展水平就可以把各项标准化后的指标与其权重相乘并求和得到，即：

$$K_i = \sum_{j=1}^{n} (W_j \cdot X_{ij}) \tag{3}$$

利用公式（3）就可以计算某地级市建筑业各种类型的发展水平。

三、实证分析

本文从安徽省统计局网站收集了安徽省 16 个地级市 2016 年的 21 个指标的数据，经过公式（2）标准化处理后，再根据公式（1）利用 EXCEL 软件计算各指标的权重如表 2 所示。

表2　　　　　　　　　　　安徽省建筑业发展评价指标的权重

指标类型	指标名称	指标变量	指标权重
经济状况	生产总值指数	X_{i1}	0.000175909
	人均生产总值	X_{i2}	0.007129324
	城镇家庭可支配收入	X_{i3}	0.000645648
	城镇家庭生活消费支出	X_{i4}	0.000791914
行业现状	企业单位个数	X_{i5}	0.02210819
	流动资产合计	X_{i6}	0.076902335
	固定资产合计	X_{i7}	0.036386307
	资产总计	X_{i8}	0.075841403
	利润总额	X_{i9}	0.078121129
	总产值	$X_{i,10}$	0.115848434
	房屋建筑施工面积	$X_{i,11}$	0.120993029
	房屋建筑竣工面积	$X_{i,12}$	0.17462679
技术系数	施工机械设备净值	$X_{i,13}$	0.038161051
	施工机械设备总台数	$X_{i,14}$	0.02236893
	施工机械设备总功率	$X_{i,15}$	0.052383861
人口规模	常住人口总数	$X_{i,16}$	0.010382905
	常住城镇人口比重	$X_{i,17}$	0.001570003
	期末从事建筑行业人数	$X_{i,18}$	0.03650294
发展潜力	城市建设用地面积	$X_{i,19}$	0.01258996
	城市征用土地面积	$X_{i,20}$	0.111773698
	城市人口密度	$X_{i,21}$	0.004696241

　　根据表2中各项指标的权重大小，利用公式（3），可以计算安徽省各地级市建筑业发展水平，其条形图如图1所示。

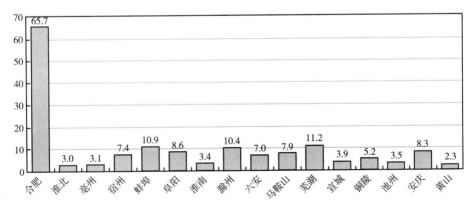

图1　2016年安徽省各地级市建筑业发展水平比较

从图 1 中可以发现，皖江城市带中合肥市同时也是安徽省省会的建筑业发展水平远远超过了其他地级市，建筑业发展水平排在安徽省第二名的芜湖市也是皖江城市带城市，其余的皖江城市带城市建筑业发展水平分别列安徽省第四、第六、第七、第十、第十一、第十二位。总体来看，皖江城市带的建筑业发展水平较高，但其内部差距较大，各城市间建筑业发展十分不平衡，建筑业发展水平最高的合肥市是发展水平最低的池州市的 18.8 倍，即使是建筑业发展水平在皖江城市带中排名第二位的芜湖市也是池州市的 3.2 倍。

根据表 2 中各项指标的权重大小，再利用公式（3），还可以计算皖江城市带八市建筑业在各指标类型上的发展水平，如表 3 所示。

表3　　　　　　　　2016 年皖江城市带八市建筑业各类型发展水平

城市	经济状况	行业现状	技术系数	人口规模	发展潜力
合肥	0.03	56.61	4.26	1.35	3.43
滁州	0.02	6.79	0.54	0.20	2.81
马鞍山	0.03	6.36	0.50	0.16	0.82
芜湖	0.03	8.75	0.73	0.22	1.49
宣城	0.02	3.09	0.26	0.11	0.46
铜陵	0.03	2.88	0.26	0.10	1.96
池州	0.02	3.01	0.25	0.08	0.14
安庆	0.02	6.29	0.76	0.21	1.05

从表 3 中可以看出，合肥市在各项指标中都具有优势，尤其在建筑行业发展现状上遥遥领先，省会合肥市具有很强的产业集聚效应。另外在建筑行业发展现状和发展潜力上，其余各城市差距也十分明显，说明皖江城市带建筑业发展很不平衡。从建筑业发展水平构成上看，各城市的建筑业发展现状都还不错，建筑业发展潜力巨大，但目前的经济状况、技术系数和人口规模对建筑业发展水平的贡献度不大。因此，可以从皖江城市带的经济发展、建筑业技术水平等方面入手对建筑业的供给侧进行改革，达到提升皖江城市带建筑业的发展水平。

四、皖江城市带建筑业发展建议

（一）强化建筑企业的资质等级管理，提高建筑业的规范化水平

强化皖江城市带建筑企业和外来建筑企业管理资质等级管理，严格审查建筑企业的资产、注册建造师及其他注册人员、工程技术人员、施工现场管理人员和技术工人的数量和质量，公示建筑企业的工程业绩和技术装备；规范施工总承包资质企业、专业承包资企业和施工劳务资质企业的业务范围。各专业工程自行施工、依法分包、单独发包等业务必须要到政府相关部门进行备案审核，不断提高皖江城市带建筑业的规范化水平。

（二）创新建筑人才培育模式，提升建筑业技术水平

依托皖江城市带的高校优质建筑人才培养基地和平台，探索校企合作的新模式和长效机制，为建筑企业培养建筑信息化管理（BIM）人才，尽快实现三维建筑模型数字化构建，实现远程工程监理、物业管理、设备管理、数字化加工和工程化管理，将建设单位、设计单位、施工单位、监理单位等项目参与方在同一平台上，共享同一建筑信息模型，实现建筑业精细化、信息化管理，不断创新建筑技术、建筑工艺和建筑材料，提升皖江城市带的建筑业技术水平。

（三）加强城镇化建设，发挥常住人口规模优势

不断提高皖江城市带的城镇化建设水平，加强城镇化基础设施建设，吸引更多的人才常住皖江城市带，发挥人口集中的规模优势和建筑产业的集聚效应。不仅可以提高皖江城市带建筑资源利用效率和创新能力，而且还可以丰富建筑业从业人员的供给，提升建筑业从业人员的素质和业务水平。

（四）优化建设企业布局，发展绿色建筑产业

皖江城市带要引领安徽省进入绿色建筑时代，政府加强绿色建筑财政专项资金预算，支持企业建立国家和省级绿色建筑技术中心，并鼓励皖江城市带建筑企业与区域内外高等院校、科研院所的合作和创新，打造以建筑企业为主体、市场为导向、产学研相结合的绿色建筑创新体系，提高新技术、新材料、新工艺、新设备的应用比例，进一步发展绿色建筑和低碳建筑，加快皖江城市带建筑业转型升级。

参考文献

［1］李里丁. 站在新方位看建筑业未来发展［J］. 建筑，2017（5）：20 – 21.

［2］戚欣，范云翠. 吉林省建筑业发展转型升级对策研究［J］. 建筑经济，2017（1）：8 – 10.

［3］袁琳，董娜. 中国建筑工业化发展现状分析与研究［J］. 四川建筑，2017（2）：41 – 43.

［4］杨德钦等. 基于主成分分析的我国建筑业区域发展影响因素研究［J］. 建筑经济，2017（9）：14 – 18.

［5］刘伊生，乔柱. 基于协同的京津冀建筑业发展研究［J］. 北京交通大学学报，2017（4）：30 – 37.

［6］王放. 河南建筑业产业发展研究［J］. 河南教育学院学报，2017（3）：83 – 89.

［7］江六一. 新型城镇化视角下皖江城市带转变城市发展方式研究［J］. 中国名城，2015（2）：39 – 42.

供给侧结构性改革背景下皖江城市带外贸产业发展研究

丁玉敏

皖江城市带是安徽省内较为发达的城市区域，2016 年皖江地区生产总值为 16385.44 亿元，进出口总额为 384.4 亿美元，分别占安徽省的比重为 67.94%、86.62%。从进出口贸易规模来看，皖江城市带作为安徽省打造内陆开放的新高地，其对外贸易发展水平高于安徽省平均水平，但是如果和全国进行比较，皖江城市带的外贸依存度不到全国的一半。[1]

由于外贸行业发展的需求侧是一国内部无法调控的，因此保持外贸平稳发展的唯一出路就在于从供给侧上下功夫。皖江城市带外贸领域的供给侧结构性改革是安徽省外贸转型发展的必由之路。

一、外贸行业供给侧结构性改革的理论依据

（一）"供给侧结构性改革"概念的提出

2015 年 11 月 10 日召开的中央财经领导小组第十一次会议上，习近平总书记强调，在适度扩大总需求的同时，着力加强供给侧结构性改革，着力提高供给体系质量和效率，增强经济持续增长动力。党的十八大再次强调，要以创新驱动形成合理的经济结构，实现"供给体系的效率和质量"提高。同时，由中国高层提及的供给侧结构性改革引发了理论界和实践界对供给侧结构性改革的热议。

（二）"供给侧结构性改革"的马克思主义经济学基础

马克思主义政治经济学构成中国供给侧结构性改革的重要理论基础。马克思主义政治经济学中关于社会再生产理论的两大部类均衡原理不仅能有效地解释我国供给侧结构性问题，而且能够发掘供给侧结构性改革与经济运行的内在联系。[2]中国特色社会主义的发展是在马克思主义的指导下找到了道路和方向，中国当前的经济发展情况愈来愈符合《资本论》中所做的论断和预言。因此，中国在进行供给侧结构性改革实践时必须坚持马克思主义理论的指导地位。[3]

（三）"供给侧结构性改革"的西方渊源和中国实践

在西方经济学理论中，19世纪初"萨伊定律"的提出和发展可认为是"供给侧"经济学派的开端。20世纪70年代，被万尼斯基命名的"供给学派"从否定大萧条后盛行于西方主要发达资本主义国家的凯恩斯主义宏观经济政策主张出发，重新肯定了"萨伊定律"的正确性和重要性。"拉弗曲线"使供给学派成为西方经济学界的一个主要流派。"供给学派"帮助20世纪70年代陷入经济危机的美国走出困境。然而以减税为核心的"供给学派"政策主张不仅使得美国联邦财政连年出现巨额赤字，也没有带动美国经济顺利复苏。20世纪90年代美国在以"互联网"产业为代表的高新技术产业的推动下，迎来了"新经济"时代，美国则采取调节需求侧和供给侧双管齐下的过渡性财政政策。2008年美国"次贷危机"爆发以后，"供给管理"再度帮助美国走出金融危机。

由此可见，供给侧与需求侧是拉动经济增长的一体两面。通常情况下，需求侧的"三驾马车"决定短期内的经济增长率，它是凯恩斯经济学极力推崇的政策主张。而在供给侧，除了传统的劳动、土地、资本三要素之外，还包括经济中的创新等新型要素，这些要素共同决定长期潜在的经济增长率。

近年来，中国新供给经济学围绕新常态下中国经济到底应该如何发展深入研究而进行的一系列理论探索和政策主张。中国新供给经济学具有包容性、建设性和创新性的特征，在肯定需求侧管理的现实意义和不可磨灭重要贡献的同时，立足于中国国情，系统地思考了政府和公有制经济在有效供给形成和结构优化方面的能动作用，反对供给学派主张的市场自动调节以及减少政府干预的政策主张。

（四）外贸行业供给侧结构性改革的内涵

对外贸易作为需求侧管理拉动经济增长的"三驾马车"之一，带来的负能量主要表现为劳动密集型产业过剩、边际效益递减、国际竞争加剧、贸易摩擦不断升级等方面。外贸供给侧结构性改革是供给侧结构性改革在外贸领域中的实施和应用，因此除了具备一般意义上的供给侧结构性改革内涵之外，还融入了外贸行业自身的因素，即不仅包括向国际市场上供给什么，还包括如何供给问题。[4]

二、皖江城市带外贸发展特点及主要制约因素

（一）皖江城市带外贸发展特点

1. 进出口额合肥市"一枝独秀"

合肥市的进出口一直是助推安徽省外贸增长的主要力量。2017年，安徽省外贸10强企业中，有7家坐落合肥市，对安徽省外贸增长的贡献率高达70%以上。2018年，合肥市进出口额2030.6亿元，占安徽省外贸近50%，对安徽省外贸增长的贡献率仍为

70%以上；而传统外贸强市中，芜湖市、铜陵市分别增长 0.5% 和 6.5%，分别低于全省 13% 和 7%。2019 年 1 ~ 5 月，皖江 5 地市进出口额 645.6 亿元，合肥市进出口 802.5 亿元，约为皖江 5 市总进出口额的 1.25 倍。

2. 进出口商品结构不断优化

铜铁两矿、铅锌矿等资源性产品进口一直是皖江地区主要进口商品，近年来得益于承接产业转移过程中一些大项目的引进落实，先进制造设备、集成电路进口增速较快。先进设备的进口，有效推动皖江城市带产业加速转型升级，为下一步夯实出口商品质量奠定基础。出口方面，机电产品、高新技术产品出口占出口总值比重持续上升，进出口商品结构持续优化。

3. 综合保税区外贸规模持续扩张

综合保税区是目前中国开放层次最高的海关特殊监管区域，享受"境内关外"的税收和外汇管理方面的优惠政策，集保税区、出口加工区、保税物流区、港口的功能于一身。截至 2019 年 5 月，国务院批复同意合肥市出口加工区整合优化为合肥市经济技术开发区综合保税区，安徽省的四个国家级综合保税区均落户于皖江城市带，它们分别是位于合肥市新站区的合肥综合保税区、位于芜湖市鸠江区的芜湖综合保税区、位于马鞍山市郑蒲港的马鞍山综合保税区，以及位于合肥市经济技术开发区的合肥经济技术开发区综合保税区。

作为安徽省对外开放的前沿阵地，综合保税区是承接国内外产业转移的重要平台。合肥综合保税区是安徽省首个综合保税区，于 2015 年 6 月封关运行，涵盖集成电路、半导体、液晶面板整机等战略性新兴产业领域，2019 年 1 ~ 5 月，合肥综合保税区进出口总值为 5.19 亿美元，同比增长 64.8%。芜湖综合保税区的前身是芜湖出口加工区，也是我国中部地区的首个出口加工区，重点发展仓储物流、电子信息、汽车零部件等行业，并与芜湖港实行"区港联动"战略，2019 年 4 月单月完成进出口额达 34748 万元人民币。合肥经济技术开发区综合保税区已形成以联宝科技为龙头的电子信息产业集群，产业配套日臻完善。2018 年，联宝（合肥）电子科技有限公司完成进出口约 68 亿美元，继续蝉联安徽省最大外贸进出口企业，成为皖江城市带外贸行业稳增长的主要动力。

（二）皖江城市带外贸发展主要制约因素

1. 外贸出口产品附加值低

低附加值是皖江城市带外贸出口的典型特征。自 2008 年全球金融危机以来，全球经济正处于周期性矛盾和结构性矛盾并存发展阶段的深度调整期，受外贸需求侧无法调控等因素的影响，近年来中国外贸整体增长乏力。随着皖江城市带工业化进程的加速，各市产业发展的重心均放在第二产业上，在区域产业转移的大趋势下，皖江城市带正在担当起重化工业基地的重任，第二产业增长速度较快，产业结构呈现出稳定的"二三一"格局，新型工业化特征明显，金融、物流、信息、房地产、商贸等行业欠发达，生产性服务业发展滞后。

皖江城市带外贸依存度从 2014 年的 21.6% 下降到 2016 年的 14.7%。虽然皖江城市集中了全省约 80% 的汽车企业与钢铁企业，70% 的有色金属冶炼及加工企业，以及超过 90% 的家电生产企业，但是这些产业之间的联系较少，规模优势不明显。[5]皖江城市带各市的出口产品大都集中在劳动密集型、资源密集型和低技术要求的产业上，出口产品附加值普遍较低。

2. 出口贸易受国外贸易壁垒影响较大

后金融危机时代，受人民币升值、国际油价宽幅振荡、原材料和劳动力成本大幅上升、各国贸易保护主义抬头的影响，皖江城市带制造业正面临着生产成本上升、贸易壁垒升级、贸易摩擦加剧等障碍，制造业出口贸易正面临着前所未有的挑战。据统计，2018 年皖江地区企业共遭遇国外"双反"案件 10 起，涉及钢铁、化工、轻工、土畜等多种出口产品，案值 1.5 亿美元，较 2017 年上升 30%。贸易保护主义进一步加剧，使得皖江地区企业拓展国际市场困难加大。受外部环境影响，发达经济体增长对国内出口拉动效应减弱，新兴经济体对国际市场的争夺更加激烈，贸易保护主义持续升温，TPP、TTIP 等新型框架兴起，使得皖江地区企业拓展国际市场受到较大制约。

3. 适合新型外贸形势的人才缺口较大

承接发达地区服务外包业务、发展跨境电子商务正成为皖江地区外贸增长新的动力。然而，皖江城市带服务外包企业与技术先进型外包企业的标准还有一定的差距。国家对技术先进型服务外包企业的认定标准是既强调高技术含量，又强调离岸业务量占 50%。皖江地区部分服务外包企业虽然技术处于国内领先地位，但是由于没有离岸服务，因而不能被评定为技术先进型服务企业。制约皖江城市带服务外包业发展的最突出"瓶颈"还是适合服务外包产业发展的人才数量不足，质量不高，特别是复合型中高端人才和适用性技术人才短缺。服务外包领域人才适应性不足主要表现在三个方面：一是语言能力的限制；二是理论教育和实践教育水平的差距；三是文化方面的差异。[6]

外包人才缺口还表现为人才结构不尽合理。软件产业对人才的需求呈金字塔形结构，而合肥市软件人才结构呈"橄榄形"，位于产业上层的软件架构师、系统设计师严重短缺，属于产业基础的软件蓝领非常稀少，而处于金字塔中层的系统工程师相对过剩。这说明服务外包市场正同时缺少领军人才和能干活的实用性技术人才。

此外，一些传统外贸企业在招聘时，要求的是既能通晓传统贸易流程，又能熟练操作跨境电商的人才。由于现有的国贸课程对跨境电商内容涉及极少，使得高校国贸人才培养无法适应国际贸易发展新形势的需要，无法满足外贸实践发展的需要已成为不争的事实。因此，在外贸人才培养前端实行必要的改革也构成皖江地区外贸供给侧结构性改革的重要内容之一。

三、促进皖江城市带外贸发展的对策建议

在当前供给侧结构性改革背景下，皖江城市带外贸发展正面临着新旧动能转换。为进一步培育增长新动力，打造外贸竞争新优势，需要实施品牌战略，促进战略性新兴产

业的出口，在国际货物贸易领域不断创新国际贸易新模式，充分发挥长江经济带港口城市优势，做足"供给侧"文章，主要从以下几个方面着手：

（一）实施外贸出口的品牌战略，重点打造战略性新兴产业出口基地

皖江两岸，芜湖的机器人、安庆的新能源汽车、池州的半导体产业、铜陵的铜基新材料、马鞍山的轨道交通装备等安徽重点布局的战略性新兴产业聚集区已经初具规模。近年来，合肥市积极推进科技创新试点市和合芜蚌自主创新综合配套改革试验区建设，初步形成产学研有效结合的运行机制和一整套的高新技术产业发展的模式、创新发展机制，以及配套的政策体系，科技对产业发展支撑作用日益明显。皖江城市带在新一代信息技术、节能环保、光伏能源、公共安全、生物医药、高端装备制造等方面已经具备一定的基础，形成一定的规模，拥有一批"龙头"企业。皖江城市带一些高新区、经开区已经具备了发展战略性新兴产业开发区的条件，一大批出口型企业在皖江城市带开发区内生根开花，芜湖经济技术开发区形成了汽车零部件、合肥经济技术开发区形成了装备制造、合肥高新技术产业开发区形成了电子电器等上下游企业集聚的较为成熟的产业链和出口加工基地。马钢集团通过轮轴开发，生产的轮轴具有高速化、重载化、低噪声等国际竞争优势，产品销往包括德国、澳大利亚等在内的40多个国家或地区。铜陵有色集团通过工艺改进，在铜板加工领域，成功研制出可应用于芯片、手机、电脑、高铁等领域的高端导电铜，不断向行业内价值链高端攀升，依托高附加值抢占海外市场。

皖江城市带应以发展势头比较良好的战略性新兴产业作为突破口，实施外贸出口的品牌战略，增加出口产品的技术含量和文化内涵。皖江城市带各市应不断加大政策和资金扶持力度，紧紧抓住发展战略性新兴产业的战略机遇，通过战略引进行业领军企业，使得战略性新兴产业不断向国家级开发区、省级开发区集聚。以战略性新兴产业集聚发展基地建设为依托，对接《中国制造2025》，重点发展新型显示产业、集成电路产业、智能语音产业、新能源汽车产业、智能家电产业、先进轨道交通装备产业、机器人产业、现代农业机械产业、核心基础零部件产业、铜基新材料产业、化工新材料产业，加快发展国家级公共安全创新型产业集群、新能源汽车创新型产业集群。

同时要充分挖掘皖江地区的历史文化与民俗风情，把具有浓厚的民族特色和群众基础的花鼓灯、黄梅戏等文化品牌发扬光大，不断深化皖江城市"徽文化、佛文化、道文化"内涵，把自然地理、旅游资源、历史文化和宗教文化结合起来，发展具有鲜明皖江品牌特色的国际旅游和文化贸易，全面促进安徽省外向产业迈向全球价值链中高端。提高产品的附加值，不仅在于提供优质的产品，还包括提供优质的服务。在工业制造领域，产品销往国际市场以后，国内的工程师可以通过驻地、远程服务等方式，进行技术指导。同时，根据国际市场不同的订单需求进行产品的设计。

（二）通过加大进口与促进对外直接投资带动外贸产业的发展

皖江地区的一些大型国有企业，在国家"走出去"战略、"一带一路"倡议的感召下，纷纷通过建立海外分公司等方式，提高产品本地化要求，拓宽海外销售市场。对外

直接投资初期以扩大海外销售为动力，充分利用国外的销售渠道，绕开贸易保护主义壁垒，增强对目标市场的占有能力。后期可以设立生产基地，通过跨国并购等方式与东道国进行深层次的国际合作。

当前人民币总体处于升值通道，这虽不利于出口，但却有利于进口和对外直接投资。皖江城市带应该加大进口力度，把扩大进口与推进产业结构升级结合起来，通过引进国外的先进技术和资源性产品，提高外贸的国际竞争力。同时，鼓励优势产业"走出去"，通过合资、合作和独资等方式对外投资，加大对经济发展良好、政治稳定、投资环境宽松的国家和地区的投资力度。进一步推动奇瑞、江淮等汽车企业在海外设立生产基地；支持马钢、铜陵有色等资源型企业采取参股、收购等方式在境外开拓资源供应基地；助力家电、汽车等优势产业更快投放"一带一路"市场；引导建材、铜材、钢材企业积极参与"一带一路"基础建设。

（三）充分挖掘国内外服务外包市场

目前，我国服务外包领域，"一线城市接单，二三线城市交付"的产业分工格局已经基本形成。服务外包行业正由江浙地区向中部地区转移，主要还是成本的原因。皖江城市带的服务外包来源主要有两个方面：一是在华跨国公司的分包业务；二是国有大企业或政府部门的外包业务。

为了有效承接跨国公司的分包业务，需要定期地赴美国、欧洲等地开展境外招商推介活动，组织跨国公司皖江行活动，加强与惠普、IBM 等世界知名的服务外包企业的联系，争取更多跨国公司在合肥市、芜湖市、马鞍山市等城市设立总部、研发中心。坚持每年在徽商大会期间举办皖江城市带服务外包论坛活动，在新浪、搜狐等知名的门户网站建立皖江城市带"品牌专区"，宣传皖江城市群形象，帮助本地企业与欧美的外包公司建立分包合作关系，并在欧美市场建立营销渠道。

国有企业和政府在向本地外包企业发包，或优先购买本地软件、动漫产品时，应当得到适当补助。皖江城市带服务外包业发展应充分依托皖江城市带承接产业转移示范区、合芜蚌自主创新综合试验区、服务外包示范城市、国家级高新技术产业开发区、国家经济技术开发区作为良好的政策与载体支撑，挖掘国内外包市场，力争形成以合肥市、芜湖市为主体，带动马鞍山市、铜陵市等有发展潜力的城市共同发展，努力把芜湖市、安庆市、铜陵市、马鞍山市等打造成新的省级服务外包示范区。

（四）创新国际贸易新模式

在全球经济持续低迷，世界贸易反全球化的背景下，跨境电商不仅是推动全球化继续发展的新型商业模式，还是我国外贸领域供给侧结构性改革的重要内容之一。[7]面对跨境电子商务领域 B2C 业务的汹涌大潮，皖江城市带外贸领域的供给侧结构性改革还应包括贸易方式的变革。长期以来，中小型外贸企业由于受到资金、技术、自身体量等因素限制，很难进入国际市场。跨境电商已成为中小外贸企业拓展国际市场的一条新路径。跨境电子商务尤其是 B2C 业务的发展，使得中小型外贸企业迅速进入国际市场，

以满足国际市场上个性化、分散化的需求。跨境电商平台帮助中小企业直接连通全球客户，以低成本、高利润、高效率的方式，使得国际零售由可能变为现实，是中国连通世界的另一条丝绸之路——"网上丝绸之路"。

目前，中国（合肥）跨境电子商务综合试验区吸引 70 多家跨境电商和物流企业入驻。皖江城市带应在合肥综试区的经验基础上，复制推广省级跨境电商产业园区，推进跨境电商集聚发展，引导支持企业合作共建海外仓等新型国际贸易模式。进一步鼓励外贸企业发展跨境电商，在有条件的地市建设跨境电子商务产业园区，并申报创建国家跨境电子商务综合试验区，引导企业加快融入跨境电子商务境外物流和销售网络，对企业投资建设并投入运营的公共"海外仓"给予支持。

扩大跨境电商出口，建立皖江区域跨境电商通关服务平台。并在物流、金融、电商运营、人才培养等环节提升适合跨境电商发展的营商环境，让企业尽快熟悉跨境电商这种新型的贸易模式和主流业务平台的操作流程，及时了解跨境电商发展的新规则、新技术、新理念，做好通关服务、支付、退税等电商产业园区一体化服务。

跨境电子商务作为一种新型的外贸形式，既不同于传统的国际货物贸易，也不同于内贸电子商务，它的业务流程更加复杂。目前跨境电商人才缺口巨大，而安徽省培养的电商人才 80% 流到省外。对于一些集电商、外贸、外语等知识于一体的综合性人才除了在经济上给予优惠之外，还应从文化层面吸引并留住人才。

（五）加大水运基础设施建设，发挥皖江港口群对外贸发展的支撑作用

从外贸领域供给侧结构性改革的内涵可知，外贸发展需要现代化的国际物流业来支撑，以加快商品的快速流通，减少中间环节和运输成本。皖江城市带作为我国首个以产业转移为主题的国家级战略示范区，其工业发展带来的外贸产业发展与长江航运密不可分。目前皖江城市带已初步形成以芜湖港集装箱煤炭，安庆港油品、矿建材料，马鞍山港铁矿石，铜陵港有色金属矿石，巢湖港矿建材料，池州港非金属矿出口运输为主的港口群。加大水运基础设施建设，推动长江航运由传统运输业向现代港口服务业转变，建立皖江航运管理综合信息平台、物流公共信息平台，及时发布航运供需情况、价格指数等即时信息。构建皖江城市带航道网，充分利用长江、合裕线、芜申运河，结合引江济淮、引江济巢工程，开展江淮运河前期工作，实现水运跨江发展，确保至 2020 年，皖江全线可常年通行万吨级船舶。重点建设合肥、芜湖、安庆、铜陵外贸集装箱码头，实行水运基础设施的跨江发展，港口建设向货源腹地延伸，加快船舶标准化建设，建设绿色生态通道，满足皖江航运业生态优先、绿色发展的要求，向东实行江海联运，向西与新亚欧国际货运班列实行铁路联运，充分发挥港口群对外贸发展的支撑作用，提升港口国际物流能力。

参考文献

［1］黄玉霞. 皖江城市带对外开放的现状及问题分析［J］. 铜陵学院学报，2015（1）.

［2］许梦博，李世斌. 基于马克思社会再生产理论的供给侧结构性改革分析［J］. 当代经济研究，

2016（4）：43－50.

　　［3］邱海平. 供给侧结构性改革解读——马克思主义政治经济学的视角［J］. 社会科学文摘，2016（4）：17－18.

　　［4］戴翔，张二震. 供给侧结构性改革与中国外贸转型发展［J］. 贵州社会科学，2016（7）：131－136.

　　［5］金泽虎，董玮. 皖江城市带支柱出口产业的现状、瓶颈与突破［J］. 铜陵学院学报，2014（2）：63－67.

　　［6］贾海基. 对合肥服务外包基地发展的调研与思考［J］. 国际经济合作，2009（2）：63－66.

　　［7］丁玉敏. 基于跨境电子商务的国贸专业教学改革探索［J］. 铜陵学院学报，2018（5）：99－103.

供给侧结构性改革背景下皖江城市带
地方性商业银行发展研究

胡 芳 李增来 张 晖

一、供给侧结构性改革与商业银行发展之间的关系

自 2015 年供给侧结构性改革概念提出以来，迅速成为中国经济领域最热的名词。供给侧结构性改革是指从供给端和生产端入手，通过解放生产力、提升竞争力，促进经济发展。简单地说，供给侧结构性改革就是寻求经济增长新动力的一种新思路、新方法。这意味着，国家经济调控的着力点将从原来的需求端入手引导消费转向从供给端入手，着力推动产品品质的提升以及更好地满足人们日益升级的物质和文化需求。供给侧结构性改革一方面要求加大对低效、无效供给的淘汰力度；另一方面要鼓励扶持新兴、绿色环保、中高端供给，实现经济的可持续发展，所以供给侧结构性改革的推进离不开金融的支持。供给侧结构性改革是一个长期的过程，决定了未来一段时间我国经济运行和改革的方向。作为现代经济、金融核心的商业银行，应该清醒认识到当前经济"新常态"的特点，经济新常态必然会致使金融新常态，同样也会导致银行业的新常态。一方面，供给侧结构性改革给商业银行的发展带来了机遇，可以为其优化金融服务环境和指明支持实体经济发展的方向；[1]另一方面，也给商业银行带来新的挑战，诸如在规模扩展空间缩小、不良资产率上升、盈利能力增长、产品创新、信用风险暴露等多个方面所带来的压力。[2]而商业银行作为重要的经济主体之一，要积极助力供给侧结构性改革，并借助供给侧结构性改革的东风，实现自身的转型发展。

二、安徽省金融运行态势分析

在供给侧结构性改革的背景下，全省金融机构积极适应经济新常态，不断努力扩大融资规模、优化信贷结构、改进金融服务、防控金融风险。总体来看，2016～2017 年上半年全省金融运行保持了健康平稳的发展态势。一是存贷款保持高速增长。二是小微企业信贷投放增速较快，截至 2017 年 6 月末，全省小微企业贷款余额为 8112.01 亿元（见表 1），占全部企业贷款增量的 53.03%，高于各项贷款平均增速 9.32 个百分点。三是重点区域信贷增势稳定。以皖江示范区为例，截至 2017 年 6 月末，皖江示范区人民币贷款余额 23765.82 亿元，同比增长 14.13%，占全省新增贷款的 57.3%，如图 1 所示。

表1 安徽省银行业金融机构本外币存、贷款余额季度数据　　　　单位：亿元

时间	本外币存款余额	本外币贷款余额	小微企业贷款余额
2016 年第一季度	37925.99	27332.83	6084.14
2016 年第二季度	38823.14	28585.33	6452.77
2016 年第三季度	41145.90	29496.12	6836.00
2016 年第四季度	41324.33	30774.51	7109.07
2017 年第一季度	44617.22	32178.42	7754.20
2017 年第二季度	44930.78	33269.42	8112.01

资料来源：根据 2016 年第一季度到 2017 年第二季度全省金融运行情况整理。

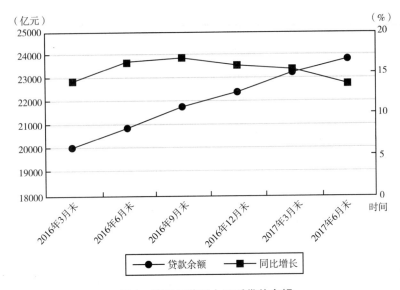

图1　皖江示范区人民币贷款余额

资料来源：根据 2016 年 3 月末到 2017 年 6 月末全省金融运行情况整理。

三、供给侧结构性改革背景下皖江城市带地方性商业银行发展中面临的问题

　　地方性商业银行是指其业务范围受到地域限制的银行类金融机构，在我国主要指市商业银行、农村商业银行和农村合作银行，服务于地方经济。近年来，皖江城市带的地方性商业银行，比如芜湖扬子农村商业银行、合肥科技农村商业银行、马鞍山农村商业银行等，在国家金融政策的支持以及安徽省政府的扶持与维护下得到了迅速发展。但是随着目前经济形势的下行和国家供给侧结构性改革的持续推进，作为扎根地方、服务地方经济的地方性商业银行更应该首当其冲，寻找合适自己的发展路径以促进供给侧结构性改革，更好地促进皖江城市带区域经济的发展。虽然无论是在资产还是盈利能力方

面，地方性商业银行都取得了一定的发展，但是在经济处于新常态的背景下，尤其是随着供给侧结构性改革的不断推进，作为地方中小企业重要融资渠道的地方性商业银行在其发展过程中仍存在一些问题。

（一）市场定位不够明确，品牌形象有待提升

地方性商业银行如何找准市场定位已经成为供给侧结构性改革背景下面临的重要困惑。长期以来，其所采取的市场定位基本上都是"追随型战略"。[3]其业务发展主要采取的是模仿战略，一直游走于"大而全"和"小而精"的模糊发展路径。[4]从如今的形势看，国有商业银行以及全国性股份制大型商业银行经过长时间的发展，已经形成了无可比拟的优势。而作为小型的地方性商业银行与之相比，没有充分认识到在资产规模、产品种类以及市场认知度方面与国有银行以及像招商银行、中国民生银行等全国股份制银行的差距。所以在缺乏细分市场以及市场定位模糊的情况下，必然会导致其核心竞争力不足。因为无论是从外部环境还是从自身的内部管理来看，地方性商业银行均不占优势，并且处于皖江城市带的大多数地方性商业银行也没有充分利用自身得天独厚的地缘优势，固守传统，缺乏相应的特色和战略规划。

另外，我们也要注意到，在当今社会，"认牌消费"现象极为常见。以居民储蓄为例，一般都会选择国有银行和全国性股份制银行，再加上存款保险制度的不完善，这些构成了地方性商业银行天生的弱项。在拥有自主品牌方面，皖江城市带的地方性商业银行的品牌数量也是屈指可数的。徽商银行作为安徽省本土的城市商业银行，其品牌已经植入安徽人民的心中，在品牌传播这一块，值得其他处于皖江示范区的地方性商业银行学习。除此之外，还有芜湖扬子农村商业银行、合肥科技农村商业银行和马鞍山农村商业银行拥有自主品牌。而作为皖江示范区地方性商业银行主力军的其他一些农村商业银行，都缺乏自主品牌，其在标识上采用的都是安徽省农村信用联社"安徽农金"的标识，这样就容易造成对客户的品牌识别度不高，使之在与大型商业银行的竞争中处于劣势地位，势必会影响地方性商业银行的可持续发展。

（二）产品同质化现象严重，金融创新能力不足

在过去的几十年，我国的商业银行处于传统需求旺盛的金融环境中，拥有经济扩张、利差锁定、政策红利、业务牌照等比较优势，特别是在奉行了多年的投资、消费、净出口"三驾马车"的经济模式下，使得商业银行的粗放式经营理念根深蒂固，一味存在速度情结，喜欢拼规模、占地盘。在此经营理念下，商业银行盲目地追求规模上的扩大和数量的提升，而忽视了客户日益增长的多样化的金融和非金融需求以及金融产品的研发，并且商业银行把金融产品的重点主要放在负债类金融产品上，这种产品与传统的存贷业务在收益方面极为相似。另外，商业银行目前的产品创新多为直接引进或照搬国外的创新金融产品，有的是稍加改造，而通过自我创新的金融产品并不多。所以呈现出业务品种较少、产品质量参差不齐、产品结构单一、同质化现象严重等问题。而对于地方性商业银行来说，在银行产品创新中更是存在同样甚至更加严重的问题。因为地方

性商业银行与国有商业银行以及全国股份制商业银行相比，存在明显的短板。首先，先天规模上的劣势，导致地方性商业银行在创新过程中受到诸多约束。其次，地方性商业银行的资产质量总体较差，不良贷款率较高、不良资产包袱较重，这些也阻碍了其创新。以作为地方性商业银行的主力军农村商业银行为例，根据中国银监会数据统计，截至 2016 年 12 月末，农村商业银行的不良贷款余额为 2349 亿元，不良贷款率仍居于各类银行之首，如表 2 所示。最后，相关金融产品创新人才的短缺、较低的风险管控能力以及内部管理制度的不完善都对银行产品的创新带来了一定的阻碍。有些地方性商业银行固守传统经营模式，中间业务发展缓慢和中间业务收入所占比重偏低，以及业务品种种类单一，大同小异，仍是存贷汇、授信类产品，大多都是复制和模仿的产品，缺乏自身特色，与客户的协同效应不强。在中国银行业竞争同质化现象严重的今天，处于皖江城市带的地方性商业银行，应该把产品种类单一、资本资产规模小的劣势转化为后发优势，并结合皖江示范区独特的地域优势、政策优势以及在充分分析客户的多样化需求的基础上，积极做好金融创新，弥补在银行创新产品上的不足。

表 2		2016 年各商业银行不良贷款率统计		单位:%
时间	大型商业银行	股份制商业银行	城市商业银行	农村商业银行
第一季度	1.72	1.61	1.46	2.56
第二季度	1.69	1.63	1.49	2.62
第三季度	1.67	1.67	1.51	2.74
第四季度	1.68	1.74	1.48	2.49

资料来源：根据 2016 年商业银行主要指标分机构类情况表整理，中国银保监会网站。

（三）逐渐增大的市场竞争压力和经营环境的日趋严峻

一是来自银行业的内部竞争逐渐增强。首先由于商业银行本身产品的同质同构现象，所以有些地方性商业银行甚至不惜高息揽存；其次是伴随多元化金融机构的产生，如民营银行、微众银行的出现都使得商业银行面临的环境日趋严峻。二是来自外部互联网金融迅猛发展的冲击。现在许多年轻甚至中年客户都主要依靠互联网进行购物。因为互联网金融具有门槛低、便利性的特征，而且随着互联网金融的不断创新，其在金融产品方面的种类也越来越丰富，像银行传统的存贷款、理财等产品，互联网也可以做到。特别是在支付结算业务方面，作为商业银行最基本的业务，同样受到了互联网金融的冲击。比如，财富通、余额宝、支付宝支付、微信支付的出现造成了对商业银行支付业务的严重侵蚀，发展下去势必会影响银行的收入以及大大降低银行垄断的壁垒。同时伴随着云计算与大数据以及直销银行、智能银行、社区银行的迅猛发展，金融监管的日趋放松，可以预测未来会有更多的年轻客户群体加入到互联网金融的大军。三是利率市场化导致的资金成本高。以皖江示范区的合肥科技农村商业银行和铜陵农商行为例，其存款利率明显高于国有商业银行和股份制商业银行，如表 3 所示。

表3 　　　　　　　　　　　　2017 部分银行最新存款年利率　　　　　　　　　　　　单位：%

分类	银行	活期	3 个月	6 个月	1 年	2 年	3 年	5 年
基准	基准利率	0.35	1.10	1.30	1.50	2.10	2.75	—
国有商业银行	工行、建行、农行、中国银行	0.3	1.35	1.55	1.75	2.25	2.75	2.75
部分股份制商业银行	招商银行	0.3	1.35	1.55	1.75	2.25	2.75	2.75
	浦发银行	0.3	1.4	1.65	1.95	2.4	2.8	2.8
皖江示范区部分地方性商业银行	合肥科技农村商业银行	0.3	1.43	1.69	1.95	2.73	3.25	3.25
	铜陵农商行	0.3	1.43	1.69	1.95	2.75	3.575	3.575

资料来源：根据银行利率网整理。

（四）对自身优势的利用有待加强

对起步成立时间不长的地方性商业银行来说，与国有商业银行以及全国性的股份制商业银行相比，确实在资本资产规模、资本金、人员机构数量等方面存在一定的差距，但是我们也可以把这种劣势换种角度反转为优势。比如与大型商业银行相比，中小型城市商业银行的人员数量少，管理层级也相应较少，所以其经营决策迅速，能够依据市场变化及时作出应对、果断处置。另外，作为地方性商业银行，应该要清楚扎根地方、服务地方性经济是其首要的战略定位。一般地方政府出于对地方经济的考虑，也会给予地方性商业银行相应的扶持与保护。所以，地方性商业可以将地方政府作为重要的战略支撑，注重提升与地方政府的合作关系。但是目前仍有一些地方性商业银行痴迷于持续的资本扩充、跨区域设点冲动、追逐高端客户、大企业、大项目，而忽略了自身对于区域内的金融市场有着更加深刻的认识和了解，有着自身所具有的客户、资源和区域优势。同时，在区域范围内还存在数量众多的中小企业有着强烈的融资需求，另外国有大型商业银行与外资银行业务拓展之间的强烈竞争都使得地方性商业银行拥有广阔的发展空间。

（五）金融复合型人才的缺乏和信贷风险增加的压力

创新已经成为金融发展的新动力，过去粗放式扩张的经济模式影响了金融业的健康发展。特别是在新常态的背景下，面对日益激烈的同质化竞争以及互联网金融的冲击，商业银行需要根据金融市场环境的变化不断进行业务以及产品的创新，比如积极进行PPP 模式创新、推动投贷联动等。创新人才的缺乏是制约地方性商业银行产品创新的关键因素之一。整个金融产品的创新，涉及多方面的相关知识，另外对产品的研发、交易以及风险管理也是一项复杂的工程，需要有精通多个行业、多个领域的金融复合型人才的支撑。对于地方性商业银行来说，普遍存在人员培养和配备不足、人员素质与业务素质不匹配现象以及人力资源结构不够合理等问题，复合型人才的缺乏是制约地方性商业银行发展的一个短板。同时地方性商业银行主要的贷款对象是规模较小的中小企业、个体经营户，相对于国有大企业来说，中小企业经营规模小、资金实力弱，这样就造成了贷款风险高。地方政府也没有对地方性商业银行实行特别的风险准备以及风险补偿机制，这些都加大了其经营风险。地方性商业银行在前期的粗范式发展模式、自身管理体系的不完善，也会增大对风险管控的难度。随着利率市场化改革的持续推进以及新常态的经济背景，商业银行依靠利差的盈利模式受到强烈的冲击，净利润增长也比较缓慢。农村商业银行作为地方性商业银行的主力军，根据银保监会最新数据统计，从 2015 年到 2017 年上半年，连续 10 个季度其不良贷款余额和不良贷款率呈现"双升"趋势，资产利润率也有所下降，如图 2 所示。

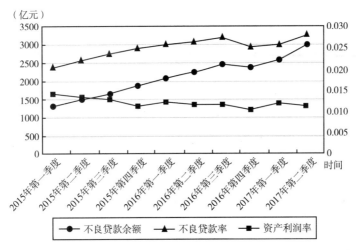

图 2　农村商业银行不良贷款余额、不良贷款率及资产利润率数据统计
资料来源：根据 2015～2017 年商业银行主要指标分机构类情况表整理，中国银保监会网站。

四、皖江城市带地方性商业银行发展的路径选择

（一）应清晰明确其市场定位，建立符合地方特色的品牌战略

由于国有商业银行经营范围的广泛性、经营方式的多样性，可以从消费者需求、地理区域等多个角度划分市场，同时由于本身其资本实力强大，因此它们的目标客户主要是集中于高端消费群体，如大型企业和高收入人群。但对于地方性商业银行而言，虽然在成立时就确定了以中小企业和中低收入人群作为目标市场，但是在实际中仍是与大银行相似，追求大企业和高端优质客户，基本上都是采取追随、模仿，忽略了其所经营的市场和服务对象会受到区域性的限制。所以地方性商业银行需要从多角度对市场进行细分。以芜湖扬子农村商业银行为例，它对市场进行了这样的细分：一个是根据国家关于大、中、小型企业的划分标准，另一个是根据芜湖市的整体收入水平情况，以个人及家庭收入将个人客户分为高、中、低三个层次，然后在市场细分的基础上再进行定位，这

些都值得皖江示范区其他一些地方性商业银行借鉴。另外对于地方性商业银行而言，大型银行在客户偏好、区域以及企业规模等维度都给了巨大的市场空隙。首先，地方性商业银行可以把中小型和微型企业、大众客户与中产阶层作为目标客户，大力开展零售金融业务，比如储蓄业务、信用卡业务等，同时还可以积极开展中间业务，比如信息咨询、个人理财业务、资产评估等，甚至开展金融衍生工具业务；其次，作为服务地方经济的地方性商业银行，从成立之初，就被烙上了地方印记，所以在业务开展和产品设计上要充分考虑地方需求，结合地方特色。最后，对于区域性和地方性的大客户，虽然地方性商业银行在营销和服务上的优势不大，但是只要找到针对性的突破口，还是有获得的可能性，因此在业务上应"大小并重，努力做到抓小不放大"。而在品牌战略方面，我们应该知道，有效的品牌传播不但可以提高银行的知名度和影响力，还可以提高银行自身的营销能力以及加强对外部人才的吸引力，同时也有利于展示银行的产品、服务以及个性，对银行的可持续发展具有重要的意义。所以地方性商业银行在制定品牌战略时，应当充分了解自身，努力寻找差异点，做到对市场细分，实行错位竞争，并选择合适的目标市场，融入地方特色，利用"本土化、草根化"的差异点，深度挖掘目标客户的消费心理，实施差异化的品牌定位，这不仅可以提高客户对该品牌的认知度以及忠诚度，还可以作为其提升竞争力的一个重要切入点。

（二）积极推进各类金融创新，切实满足客户多样化的金融需求

在传统的经营模式下，银行同质化现象较为严重，主要收入依靠利差。随着供给侧结构性改革的推进，产业调整、技术创新、消费升级将使客户的需求呈现多样化的特征，以往同质化竞争的格局将会被打破。皖江城市带的地方性商业银行应当转变经营模式，进行改革重组，拥抱互联网和大数据，加快进行各类金融创新。地方性商业银行首先要在理念上进行创新，然后在此基础上实现各类创新：金融产品的创新、渠道的创新以及融入地方经济特色的创新等。[5] 所以，皖江示范区的地方性商业银行应该从以下几方面着手：一是结合区域客户的多样化需求和皖江示范区的经济特点，做到以客户为中心，要从以前注重"为客户提供什么"转变为"客户需要什么"。既要让客户能够直观感受到你所提供产品与众不同的个性特征，并且能够与其他银行推出的同类产品进行区分，而且还要推出具有针对性的产品，比如说打造老年特色金融、社区特色金融，把以小微金融、社区金融、零售金融为核心的大零售作为其转型的战略导向。二是要适应"互联网＋"的发展趋势，结合皖江示范区人口密集、消费市场广阔的特点，提高为客户提供全面金融服务的能力以及打造电子银行、社区银行、直销银行、智能银行，同时结合皖江示范区的地方实际，迎合不同层次的资金需求，开发适合本地方的理财产品。三是可以探索发展类似"咖啡银行"与社区银行相结合的方式，并通过网络技术、大数据提升客户的体验感，以此提高金融服务的质量。四是以"共享发展"作为引领，提高物理网点的辐射面以及提高普惠金融的获得性。

（三）巩固比较优势，提升竞争力

对于扎根于地方、服务地方经济的地方性商业银行来说，无论是从资产规模、业务

范围还是从网点覆盖上，与四大国有商业银行相比相差甚远，而且还面临外资银行、股份制银行的竞争压力，但同时我们也应该充分认识和利用自己无法比拟的比较优势。一是地缘优势。皖江城市带处于中国人口密集、消费需求较大的最靠近东部的中部地区，以合肥为中心，半径500公里覆盖上海、江苏、浙江、河南、江西、湖北、山东、安徽七省一市，这一区域经济发展水平高，消费潜力巨大。地方性商业银行应该清楚认识到自身与地方政府存在千丝万缕的联系，当地政府为发展本土经济也会适当给予一些优惠政策，这是其所存在的隐形竞争优势。另外，地方性商业银行扎根于地方，对当地中小企业和实际情况较了解，国有商业银行在这方面无法比拟，因此更为机动和灵活。特别是对把客户资源作为生命的银行业来说，地方性商业银行要想在供给侧结构性改革中有积极作为，一方面应与地方政府展开多层面、全方位的合作，把与地方政府的合作作为重要的战略支撑，与之形成利益共同体；另一方面应合理利用本土的地域资源，不断融入地域特色和增强盈利能力，努力做到立足本地化、草根化，提升自身的核心竞争力。二是资源优势。中小企业是我国企业的主要构成部分，地方性商业银行应借助供给侧结构性改革的契机，大力发展中小微企业业务。

（四）积极培育和引进金融复合型人才，增强风险防控能力

人才是地方性商业银行进行金融产品创新的重要支撑。高素质的人才是地方性商业银行进行产品创新和销售的基础。对于皖江城市带的商业银行来说，作为地方经济的重要金融供给，应大力培养具备银行、证券、保险、基金、信托等多方面、多领域的金融复合型人才。一是可以通过内部培养。这就要求银行积极制定相关激励机制制度与开展具有针对性的员工培训。二是可以通过外部引进来实现。外部引进可以采取社会招聘、校园招聘来引进一些专业知识技能高和有着从业经验的高素质人才。在注重培养和引进人才的同时，地方性商业银行还需要加强对风险的管理和防范。经济新常态必然会导致金融生态新常态，而金融生态新常态会使金融市场的风险加大。在经济处于扩张的时期，企业发展态势良好，商业银行有更大的选择空间，而如今经济增速放缓，经济下行，原有的风险管理模式会限制其业务的发展。[6]供给侧结构性改革对商业银行的风控能力也提出了更高的要求。地方性商业银行在此背景下应该严格加强信贷风险的管控，时刻保持清醒的风险意识，建立严格的风险管理制度和风险预警系统，不断完善风险管理体系、信贷制度体系，优化绩效考核体系，培育和树立有效的风险管理文化。

参考文献

［1］刘淮金. 供给侧改革背景下商业银行支持实体经济的路径探讨［J］. 现代金融，2016（5）.

［2］姚明明. 供给侧结构性改革中商业银行经营策略研究［J］. 金融与经济，2017（1）.

［3］杨宏伟. 地方性商业银行产品创新中的问题与对策探索［J］. 产业与科技论坛，2016（11）.

［4］杨吉峰，肖起峰，刘相兵. 供给侧改革对商业银行的影响［J］. 青海金融，2016（9）.

［5］周密. 供给侧改革背景下地方性商业银行发展问题再思考［J］. 现代商业，2016（30）.

［6］马子喻. 金融生态新常态和商业银行供给侧改革［J］. 商场现代化，2017（13）.

供给侧结构性改革背景下安徽非银行金融业务发展研究

芮训媛

我国金融机构可以分为两大类，一是银行金融机构，二是非银行金融机构。银行金融机构是依法成立的经营货币信贷业的金融机构。《银行业监督管理法》第二条规定："本法所称银行业金融机构，是指在中华人民共和国境内设立的商业银行、城市信用合作社（城市商业银行）、农村信用合作社（农村商业银行）等吸收公众存款的金融机构以及政策性银行。"非银行金融机构（non-bank financial intermediaries）是指以发行股票和债券、接受信用委托、提供保险等形式筹集资金，并将所筹资金运用于长期性投资的金融机构。除商业银行和专业银行以外的所有金融机构，也称为其他金融机构，具体包括保险公司、证券公司、信托投资公司、租赁公司、基金管理公司、期货公司、财务公司、金融资产管理公司、资产投资公司、投资管理公司、商业保理公司等。

目前我国的非银行金融许可证和金融牌照包括：信托牌照、金融租赁牌照、货币经纪牌照、贷款公司牌照、第三方支付牌照、基金销售牌照、基金销售支付牌照、券商牌照、公募基金牌照、基金子公司牌照、期货牌照、保险牌照、保险代理、保险经纪牌照、典当牌照、小额贷款公司牌照、融资性担保牌照、融资租赁牌照、私募基金牌照等。非银行金融机构除了贷款公司和小贷公司外，均不能直接发放贷款。

一、非银行金融机构的产生与特点

早期的非银行金融机构大多同商业银行有着密切的联系。1681 年，在英国成立了世界上第一家保险公司。1818 年，美国产生了信托投资机构。到 1980 年底，美国信托财产总计达 5712 亿美元。1849 年，德国创办了世界上第一家农村信用社。[1]

20 世纪初，证券业务和租赁业务迅速发展，产生了一大批非银行性的金融机构。第二次世界大战后，非银行金融机构逐步形成独立的体系。

（一）商业银行机构与非银行机构的区别

1. 资金来源不同

商业银行以吸收存款为主要资金来源，而非银行金融机构主要依靠发行股票、债券等其他方式筹措资金。

2. 资金运用不同

商业银行的资金运用以发放贷款为主，而非银行金融机构的资金运用主要是以从事非贷款的某一项金融业务为主，如保险、信托、证券、租赁等金融业务。

3. 非银行金融机构不具有信用创造功能

商业银行具有"信用创造"功能，而非银行金融机构由于不从事存款的划转即转账结算业务，因而不具备信用创造功能。

非银行金融机构在社会资金流动过程中所发挥的作用是：从最终借款人那里买进初级证券，并为最终贷款人持有资产而发行间接债券。通过非银行金融机构的中介活动，可以降低投资的单位成本；可以通过多样化降低投资风险，调整期限结构以最大限度地缩小流动性危机的可能性；可以正常地预测偿付要求的情况，即使流动性比较小的资产结构也可以应付自如。

（二）非银行金融机构的投资分析

1. 投资划分

非银行金融机构包括存款性金融机构和非存款性金融机构。存款性金融机构主要有储蓄信贷协会、储蓄互助银行、信用合作社。非存款性金融机构包括金融控股公司、公募基金、养老基金、保险公司、证券公司等、小额信贷公司等。非银行金融机构的业务方向：外汇、贵金属、期货、信托、股票、基金、债券、保险。

2. 投资形式

信托投资机构：专门（或主要）办理金融信托业务的金融机构。它是一种团体受托的组织形式。信托机构的产生是由个人受托发展为团体受托。在商品经济条件下，社会分工愈来愈细，经济上的交往愈来愈多，人事与商务关系愈来愈复杂，人们为了有效地经营和处理自己力不能及的财产及经济事务，就需要专门的信托机构为之服务。信托机构的重要种类有：信托投资公司、信托银行、信托商、银行信托部等。

证券机构：专门（或主要）办理证券业务的金融机构。证券机构是随着证券市场的发展而成长起来的。主要有证券交易所、证券公司、证券投资信托公司、证券投资基金、证券金融公司、评信公司、证券投资咨询公司等。

合作金融机构：合作金融有着悠久的历史，在金融体系中占有重要地位。主要有农村信用合作社、城市信用合作社、劳动金库、邮政储蓄机构、储蓄信贷协会等。

保险机构：主要有保险公司、国家保险局、相互保险所、保险合作社及个人保险组织等。

融资租赁机构：主要有商业银行投资和管理的租赁公司或租赁业务部，制造商或经销商附设的租赁公司。

财务公司：又称金融公司，各国的名称不同，业务内容也有差异。但多数是商业银行的附属机构，主要吸收存款。

二、我国非银行金融业务的发展

（一）总体数量

我国非银行金融机构从 1979 年开始发展，初始类型主要有四种：信托投资公司、证券公司、企业集团财务公司和金融租赁公司。经过多年的发展，已逐步形成一定规模。1990 年，有信托投资公司 328 家，证券公司 47 家，企业集团财务公司 17 家，融资租赁公司 9 家，城市信用合作社 3327 家，农村信用合作社 60897 家，保险公司 8 家，评信公司 13 家。

到 1996 年底，信托投资公司 244 家，所有者权益 428 亿元，总资产 6143 亿元；证券公司 94 家，所有者权益 174 亿元，总资产 1590 亿元；财务公司 67 家，所有者权益 70.4 亿元，总资产 1321 亿元；金融租赁公司 16 家，总资产 168 亿元。以上机构从业人员约 15 万人。[2]

到 2016 年末，全国共有资产管理公司 71 家，证券公司 106 家，期货公司 20 家，基金管理公司 95 家，财务公司 86 家，保险公司 31 家，信托公司 54 家，货币经纪公司 5 家，其他非银行类金融机构 18 家。

（二）非银金融机构资产证券化发展趋势

2016 年非银金融机构资产证券化发展迅猛。在当前的资产支持证券发行市场中，金融租赁公司、汽车金融公司、消费金融机构等非银行金融机构成为主要的发行机构，是资产证券化市场的主角，不论是发行机构数量还是发行规模都有显著增长。

1. 融资租赁公司稳步推进资产证券化发行

据统计，2016 年我国融资租赁公司共发行了 117 只资产支持证券，发行总量达到1150.37 亿元。在已开业的 56 家金融租赁公司中，2016 年包括招银金租与华融金租于4 月分别发行"招金 2016 年第一期租赁资产支持证券"与"融汇 2016 年第一期租赁资产支持证券"，兴业金租于 9 月发行"金信 2016 年第一期租赁资产支持证券"以及皖江金租于 11 月发行"皖金 2016 年第一期租赁资产支持证券"，4 家金融租赁公司的资产支持证券总发行规模达到了 130.87 亿元，其中"招金"项目单笔发行规模最高，达到了 48.56 亿元。2017 年伊始，又一金融租赁公司宣布发行资产支持证券的消息。江苏金融发布公告表示，将发行总规模约为 18.73 亿元的资产证券化产品。[3]

2. 汽车金融公司资产证券化已成主要融资渠道

据中债登（中央国债登记结算有限责任公司）发布的《2016 年资产证券化发展报告》（以下简称《报告》）数据显示，2016 年个人汽车抵押贷款支持证券发行 580.96亿元，同比增长 84.38%，占比 15.02%。

在非银领域，汽车金融公司是较早作为主发行机构进行资产证券化操作的机构之一，在盘活资产、拓宽融资渠道方面进行了大力创新。2012 年开始，行业稳步推进资产证券化发行工作，5 年间，已逐步成为各公司继股东增资、银行贷款、发行金融债券后又一主流的融资渠道。从上述统计数据能够看出，个人汽车抵押贷款支持证券在发行规模、发行增速上均略高于其他非银金融机构。

2016 年，在 25 家汽车金融公司中，近 1/3 的公司发行了资产支持证券产品，多为早期成立的外资、中外合资的汽车金融公司，包括上汽通用汽车金融、大众汽车金融、宝马汽车金融、东风日产汽车金融、梅赛德斯—奔驰汽车金融、福特汽车金融、现代汽车金融、丰田汽车金融。值得注意的是，东风标致雪铁龙汽车金融在 2016 年实现破冰，发行了总规模约为 10 亿元的"神融 2016 年第一期个人汽车抵押贷款资产支持证券"。[3]

另外，汽车金融公司在产品发行频率上有所提速。大众汽车金融 2016 年内分别于 1 月、7 月、11 月发行了 3 次资产支持证券产品，即华驭第三四五期汽车抵押贷款资产支持证券；发行两次资产支持证券产品的共有 6 家，上汽通用汽车金融分别于 2 月和 6 月发行了融腾 2016 年一期与二期个人汽车抵押贷款资产支持证券；现代汽车金融分别于 1 月、7 月发行了睿程 2016 年一期、二期资产支持证券；东风日产汽车金融则分别于 5 月与 10 月相继发行了唯盈 2016 年一期与二期资产支持证券；另外，福特汽车金融在 4 月与 8 月分别发行了两期"福元"资产支持证券；宝马汽车金融在 6 月与 11 月发行了两期"德宝天元"个人汽车抵押贷款资产支持证券。梅赛德斯—奔驰汽车金融于 3 月、11 月发行了两期"速利银丰"资产支持证券，这也是该公司在国内首次进行资产证券化产品的发行。[3]

3. 消费金融机构资产证券化爆发增长

因其势如破竹的发行速度，创新多变的发行模式，以个人消费信贷作为基础资产的消费信贷资产支持证券是当前非银机构中最受到外界关注的一类发行主体。根据零壹财经发布的《中国消费金融年度发展报告 2016》数据，2016 年消费金融行业共发行资产支持证券产品 51 只，总规模达到了 936.32 亿元。

三、安徽省非银行金融机构发展概况

"十二五"以来，安徽省多层次资本市场体系加快建设，实现了资本市场"安徽板块"向多层次资本市场"安徽板块体系"的转型升级。

（一）非银行金融机构不断增加

2011 年以来，安徽省非银行金融机构成功实现跨越式发展。非银行金融机构体系建设更加完善。芜湖皖江金融租赁公司的成立填补了非银机构领域的一项空白。省内第一家中外合资非银机构——瑞福德汽车金融公司顺利组建。合肥市获准成为全国第二批设立消费金融公司试点城市。非银行金融机构分布由皖中地区向皖北、沿江城市带拓展，现已覆盖省内 7 个地市，布局更加合理，服务区域更加广泛。与此同时，非银行金融机构经营实力大幅提升。非银行金融机构在自身发展的同时也提升了服务实体经济的能力。据介绍，仅 2013 年，信托公司发行用于辖内地方建设的信托项目 131 个，募集

资金 559. 68 亿元; 财务公司对集团内部成员单位贷款 147. 62 亿元, 办理委托贷款等表外业务 62. 5 亿元; 汽车金融公司发放经销商和零售贷款 103. 63 亿元; 金融租赁公司在省内开展项目 28 个, 投放规模 22 亿元。

2014 年 4 月, 经安徽银监局批准, 淮北矿业集团财务公司和皖北煤电集团财务公司相继挂牌开业。截至目前, 安徽省开业运营的非银行金融机构已达四大类 11 家。其中, 财务公司 6 家, 信托公司 2 家, 汽车金融公司 2 家, 金融租赁公司 1 家。另有 1 家金融租赁公司和 1 家消费金融公司正在申请筹建, 辖内现有非银机构的数量和种类均在中部省份位居第一。[4]

到 2016 年发展成六大类、18 家非银行金融机构, 包括: 2 家信托公司 (其中 1 家由银监会直管), 6 家财务公司, 2 家汽车金融公司, 2 家金融租赁公司, 5 家金融资产管理公司, 1 家消费金融公司。证券保险机构近乎翻倍。有 2 家法人证券公司, 3 家法人期货公司, 25 家证券及投资咨询分公司, 证券期货营业部由 "十一五" 末的 130 余家增加到 280 余家。省级保险机构由 37 家增加到 55 家。两类公司平稳健康规范发展。小额贷款公司自 2008 年试点以来, 经历了快速发展、市场洗牌、规范发展三个阶段, 截至 2016 年, 全省小额贷款公司 424 家, 注册资本 357. 53 亿元。融资担保机构 340 家。

(二) 非银资本市场发展迅速

全省 A 股上市公司数由 2010 年末的 52 家增加到 2016 年的 90 家, 居全国第 9 位、中部第 1 位。纯 H 股上市公司 2 家, 港交所红筹股公司 4 家, 全国股转系统安徽挂牌公司 275 家, 安徽股权托管中心挂牌企业 899 家。2015 年全省实现保费收入 698. 92 亿元, 同比增长 22. 13%, 居全国第 13 位, 是 2010 年的 1. 6 倍。赔款与给付支出 276. 9 亿元, 同比增长 18. 13%, 是 2010 年的 2. 65 倍。2016 年上半年, 全省实现保费收入 554. 52 亿元, 同比增长 29. 72%, 居全国第 11 位。赔款与给付支出 172. 79 亿元, 同比增长 23. 4%, 金融实力显著增强。2015 年末, 安徽金融业总资产达 42797. 45 亿元, 其中, 银行业 36227. 15 亿元, 证券业 1042. 93 亿元, 保险业 1538. 0 亿元; 金融及相关行业从业人员近 30 万。资本市场迄今为止无一家退市公司, 形成了具有较好形象的 "安徽板块"。金融业已发展成为全省支柱产业。"十二五" 以来累计实现直接融资 10001. 22 亿元, 居中部第 1 位。2016 年前 7 个月, 直接融资达到 2520. 18 亿元, 比上年同期增长 48. 4%。表外融资萎缩。影子银行监管加强, 2015 年全省表外融资 (委托 + 信托 + 未贴现银承) 下降 367. 51 亿元。特别是信托贷款出现了负增长, 减少了 310. 7 亿元。

(三) 政策性担保体系建设加快推进

国有担保机构实力持续壮大, 建立以股权为纽带的政府支持的担保体系。2016 年 7 月末, 安徽省再担保体系已拥有 126 家成员单位, 基本覆盖全省 16 个省辖市和 90% 以上的县 (市、区)。小微、"三农" 担保支持得到加强。安徽省进一步完善考评机制, 将扶持小微企业数量、担保额度、占比等作为重要指标纳入考评体系, 确保国有担保机构对小微企业、"三农" 新增融资担保额占比不低于 70%, 重点扶持单户在保余额 500

万元以下的小微企业。2016 年 7 月末，全省融资担保机构为 46999 户小微企业和农户提供融资担保在保余额 1209.11 亿元，分别占全省在保户数和在保余额的 94.1% 和 71.7%。风险分散机制初步建立。2014 年底，安徽省推行"4321 政银担风险分担模式"。由担保机构、省级及中央财政、银行、县区财政按照 4∶3∶2∶1 的比例，建立以风险补偿为核心的风险分担机制。

（四）政策性农业保险提标扩面

2008 年开展政策性农业保险试点工作以来，安徽省农业保险覆盖面不断扩大。大宗粮油作物承保率达到 95% 以上，名列全国第一。2013 年，政策性农业保险品种由"6＋2"拓展为"7＋3"，同时，创新开发蔬菜、水果、淡水养殖等 42 个特色农业保险产品，以及小麦、水稻等 6 个种植业品种商业补充保险，提高对新型农业经营主体的保障水平。截至 2016 年上半年，为安徽省 3970 多万农户提供了 2600 亿元的风险保障，支付 60 多亿元的保险赔款。农房保险试点纳入 2014 省民生工程。开展农业保险、林木火灾保险保单抵押贷款、城乡小额贷款保证保险等业务，拓宽了农业融资渠道。

（五）新型非银行金融机构与业务发展迅速

2016 年 1 月 18 日，安徽银监局批复华融消费金融股份有限公司开业，这是安徽省首家获批开业的消费金融公司，标志着安徽省非银行业金融机构种类进一步丰富。

2016 年 11 月，皖江金融租赁公司在全国银行间市场成功发行金融债 6 亿元，有 11 家认购机构参与，成为安徽省首家发行金融债的非银行金融机构。

2017 年 2 月，皖江金融租赁公司暨安徽省非银机构首单资产支持证券"皖金 16 第一期租赁资产支持证券"在全国银行间市场发行完毕，募集资金 16.64 亿元，成为全国 52 家金融租赁公司中第 9 家成功开办资产证券化业务的公司。

四、非银行业务发展中存在的问题

经过多年的发展，非银行金融机构已经成为我国金融体系中富有活力的生力军。非银行金融机构不吸收公众存款，产品和服务灵活多样，创新层出不穷，填补了银行机构的空白和不足，有效地满足了经济转型升级和产业结构调整过程中的金融需求。非银行金融机构的发展，还健全和完善了金融体系，丰富了金融市场，优化了融资结构，提高了金融服务的水平和效率。同时，由于非银行金融机构规模增长过快，存在着一定程度的无序扩张，各种风险正在积聚。与银行机构相比，非银行金融机构发展模式总体上较为粗放，短期逐利冲动更为强烈，存在着一定的信用风险和操作风险。由于市场竞争激烈，非银行金融机构发展压力更大，在发展过程中，往往重规模轻质量、重激励轻问责、重业绩轻规划，缺乏科学的中长期规划，激励导向突出短期行为，未能全面有效地覆盖风险，也忽略了长期发展能力的培养。部分非银行金融机构公司治理不够完善，在源头上缺乏平衡当期盈利和长远利益的有效机制。

如少数保险公司，近年来规模过度膨胀，隐藏的风险逐步暴露，有的还利用高杠杆资金扰乱实体经济。由于自身资金来源少，筹资渠道窄，非银行金融机构为了盈利不得不拓宽投资渠道，所以容易产生流动性风险。从监管方面看，以"一行三会"为主的分业监管体制，已经难以完全适应非银行金融机构综合化经营和交叉性风险。第五次全国金融工作会议强调，要把主动防范化解系统性金融风险放在更加重要的位置。非银行金融机构的风险是金融风险的重要组成部分，但其风险隐患往往容易被忽视。

（一）财务问题突出

（1）报表作假。财务报表不能真实充分地反映非银机构的资产负债的数量、质量和业务状况。部分机构作假账以逃避监管，把部分存款、贷款、投资和收入放在表外。

（2）资本金严重不足和不实。如某省 15 家信托投资公司 1995 年平均资本充足率只有 2.03%；一些公司以作假账方式虚增资本金；一些公司的股东用贷款入股，公司注册后还了贷款；许多公司把大部分资本金以贷款还给股东单位，成为空壳公司。

（二）内部风险控制虚弱

股东的股本以贷款返还，董事会如同虚设，对总经理毫无约束和监督，所以总经理敢于巨额负债和经营高风险资产，而法律上股东要对负债风险承担责任。一些政府控股的非银机构的主管部门只关注指令贷款和收取管理费，对公司管理层毫无监督。

（三）违规经营严重

如信托投资公司普遍违规提高利率吸收存款，提高幅度在 50% – 100% 不等；境外投资、举债和设立分支机构，违反了有关外汇管理法规；大量股东贷款和关联贷款；以国库券代保管单形式变相吸收个人存款，实际上这些资金并没有真正买国债，而是用于贷款或投资；不如实记录存款账目，逃避缴存存款准备金；在股票市场上自营股票严重超比例；拆入资金、长期投资等指标超过比例。

（四）地方政府严重干预贷款投资决策

对一些地方政府控股的信托投资公司来说，它们几乎就是当地政府的"银行"和"金库"，服从政府官员发放指令性贷款和"关系"投资，必然造成很大风险，也诱发诸多官员腐败行为。同时还体现在部门意见分歧上，如出现招商中心与发改委、商务委和金融办就互联网金融企业招商落地的意见分歧。分歧主要出现在，招商中心希望引进一些互联网金融企业（特别是P2P），但发改委、商务委和金融办则会担忧这类企业可能会出现"非法集资""跑路"等情况，而不建议引进。

（五）专业人才储备不足

非银机构业务种类繁多，与传统金融有着很大的不同。由于缺乏专业人才，对类似网络个人借贷（P2P）、众筹这样的新型金融服务缺少充足的实际管理数据和实际监控能力。

五、完善非银机构业务发展政策建议

（一）做好错位发展的中长期规划

针对在安徽省发展非银行类金融服务业，要以全新的概念和理念，新的思维和视野方式做好产业布局的顶层设计，并纳入省级发展专项规划中。根据其他省份非银行类金融服务业发展现状，错位发展，力争在某些细化领域做出典范，增强金融业支持服务业综合改革的能力。

（二）推动投融资渠道建设

相关部门结合本省非银行类金融服务业布局规划，推动建设投融资渠道，发展新的准金融或类金融业务。鼓励金融创新，支持金融机构开发适合金融服务业的各类金融产品和服务。比如设立政府专项引导基金，以政策出资、市场募集、专业运作的形式，投资省内有潜力的非银行金融机构。发挥非银行金融机构对政府投融资渠道建设的创新作用，引导非银行金融机构为政府投融资模式改革献计出力。

（三）鼓励信息产业支持非银行类金融服务业发展

充分发挥合肥高新技术服务业园区的信息产业链优势，利用信息产业的基础软件技术优势及信息系统的研发和产业化优势，以技术支撑金融，吸引非银行类金融服务业集聚，进而实现信息产业与非银行类金融服务业的金融信息服务产业融合，通过形成"融合"关系，实现两大产业互补发展。

（四）促进文化产业与非银行类金融服务业的融合发展

引导国家服务业综合改革试点专项资金，为文化产业提供融资担保和技术创新奖励等鼓励政策。建立文化信托投资公司，发起文化产业专项信托计划，募集资金投向有发展潜力、体现政府意愿的优秀文化产业企业。随着民营资本和外资介入文化市场的推进，金融业与影视文化业的对接已不可避免，影视基本要素保险业务的发展也随之而来。可以率先引进目前尚待开发中的影视片完工保险和完片担保金融衍生品服务，助推具有徽商文化特色的影视文化创意产业发展。

（五）以"创新高地"为基地，发展互联网金融专门服务业

依托合肥"创新高地"现有的技术优势，营造互联网金融智库集聚地，吸引与互联网金融相关的研究机构和协会组织，在安徽省设立分支机构，发展目前其他省份涉猎较少的非银行类金融服务业后端增值服务。借力中央相关部委金融服务业论坛品牌，继而可创设一个金融衍生业的创新论坛，用品牌来引领安徽省非银行类金融服务业的特色产业。

（六）强化服务，弱化政策性补贴

相关部门在积极推动以政府专项引导基金为代表的市场化运作模式的同时，弱化"硬性"的政策性补贴，运用市场机制去解决市场化的问题。如减少非银行金融机构对落户的房租、开办费等补贴的依赖度，强化对企业落户后的后续服务，探索建立切实有效的长效服务机制，为企业营造良好的发展软环境。

（七）增强风险防范意识

作为政府监管的相关职能部门，要对非银行类金融服务企业设置风险预警机制，运用企业征信系统，设定日常风险控制目标，动态掌控企业风险系数，建立风险追索制度，进而有效防范金融风险。

（八）加快人才储备，培养创新团队，提供职业保障

积极做好金融人才的储备规划。对发展非银行类金融服务业需要的各类高级人才，为安徽省非银行类金融高端人才提供安居乐业的生活服务示范区和职业发展支持中心。

参考文献

［1］章和杰. 现代货币银行学［M］. 北京：中国社会科学出版社，2004.
［2］谢平. 中国非银行机构研究［J］. 金融经济月刊，1998（4）.
［3］中央国债登记结算公司证券化研究组. 2016年资产证券化发展报告［R］. 2017.
［4］方娟. 安徽非银机构全力助实体经济"起跳"［N］. 合肥日报，2014–07–15.

供给侧结构性改革背景下皖江城市带
保险业发展研究

刘 琼

2015 年 11 月 10 日，习近平在中央财经领导小组会议上指出，"在适度扩大总需求的同时，着力加强供给侧结构性改革，着力提高供给体系质量和效率"。保险业作为国家重点发展的服务业，既要充分体现供给侧结构性改革的基本要求，主动地做好自身的结构性改革和发展，又要为供给侧结构性改革提供优质服务。本文从皖江城市带保险业发展现状入手，讨论在供给侧结构性改革的背景下皖江城市带保险业的发展路径。

一、供给侧结构性改革与保险业发展的关系

供给侧结构性改革是指从供给端、生产端入手，通过经济结构中供给端的改革，使其更加适应当前新常态下需求结构改变的需要。供给侧结构性改革的主要路径是"去产能、去库存、去杠杆、降成本和补短板"，目的是加快淘汰"僵尸企业"、化解产业过剩产能。同时大力发展"新经济"、培育新动能，促进中国经济的转型发展。供给侧结构性改革自提出以来，对保险行业的发展产生了巨大的影响。

一是供给侧结构性改革给保险业发展带来了挑战与压力。在供给侧结构性改革背景下，作为传统制造业支柱的煤炭、钢铁、水泥等行业的去产能，必将导致这些行业领域的保险需求明显减少、保险经营风险加大。例如，中煤财产保险股份有限公司是一家具有煤炭行业背景的保险公司，在去产能的过程中煤炭业保险的保费收入大大降低了。2014 年其实现煤炭客户保费收入 1.42 亿元，占非车险业务的 62.3%，其中煤矿安责险保费收入高达 9378.49 万元，而 2017 年煤矿安全责任保险的保费收入仅为 6489.72 万元，保费收入减少了 2888.77 万元，从排名第二位降到第四位。可见，供给侧结构性改革对传统的企业财产保险、责任保险等带来了挑战与压力。[1]

二是供给侧结构性改革给保险业发展带来了新机遇，保险业为供给侧结构性改革提供优质服务。供给侧结构性改革倡导的"双创"活动以及新经济、新兴产业的发展，会带来新的风险保障需求，例如随着科技型企业、互联网、电子商务的发展，对科技保险、物流保险、互联网保险的需求将提升；新型城镇化发展以及房地产去库存，为工程类、房产类、人身保险市场发展带来更大需求；供给侧结构性改革的降成本战略及其相

关的金融自由化、利率市场化改革，为信用保证类保险发展带来了新机遇；供给侧结构性改革的资金需求还带来了保险资金投资渠道拓宽和购买优质资产的新机遇；反之，有了保险行业提供的保障，可以让供给侧结构性改革顺利进行，减少风险。

总之，供给侧结构性改革对保险业发展产生的影响是两方面的。一方面，我们要意识到供给侧结构性改革在短期内会影响传统险种特别是财产保险的需求，保费收入会下降；另一方面，这种影响对保险业来说也是动力，要求保险公司能够顺应形势，加快保险行业自身供给侧结构性改革，为我国经济发展提供保险保障。

二、皖江城市带保险业发展现状

保险与一个地区的经济社会发展以及人民生活密切相关，保险业也是国民经济中最为重要的行业之一。近五年来，皖江城市带保险市场进一步完善，保险业的发展取得了一定的成绩。本文从保费收入、保险密度、保险深度以及保险产品结构四个方面出发，以期对皖江城市带保险业的发展现状做出更深入、更客观的评价。

（一）现状描述

1. 保费收入

2013～2017年皖江城市带各市保费收入如表1所示。从总体上来看，皖江城市带保费收入五年来一直在稳定增长，保费收入从2013年的255.85亿元，增长到2017年的631.29亿元，成功实现翻番；安徽省总保费收入从2013年的483.01亿元，增长到2017年的1107.20亿元，增长了2.29倍。从各市各年保费的增长率来看，2016年皖江城市带各市的保费收入增速都不同程度的放缓，这与供给侧结构性改革的推进有关，其中影响较大的是芜湖市、滁州市和池州市，芜湖市2016年增长率为12.74%，比2015年低8.83个百分点；滁州市2016年增长率为13.52%，比2015年低18.1个百分点；池州市2016年增长率仅为7.41%。2017年各市保费收入增长较快，除了安庆市、池州市以及宣城市增长率低于2016年，其他的都实现了快速增长，其中合肥市保费收入增长率为47.33%。

表1　　　　　　　　2013～2017年皖江城市带各市保费收入　　　　　　单位：亿元

地区	2013 年	2014 年	2015 年	2016 年	2017 年
合肥	98.57	116.43	154.05	213.25	314.19
芜湖	30.00	36.53	44.41	50.07	61.39
马鞍山	23.60	27.48	28.00	31.69	38.70
铜陵	9.99	11.74	14.20	18.11	25.06
安庆	40.63	48.48	57.02	68.10	74.99
滁州	23.52	28.43	37.42	42.48	51.66

续表

地区	2013 年	2014 年	2015 年	2016 年	2017 年
池州	11.40	12.55	24.30	26.10	23.70
宣城	18.14	22.74	28.92	36.56	41.60
皖江城市带	255.85	304.38	388.32	486.36	631.29
安徽	483.01	572.30	698.90	876.10	1107.20

注：皖江城市带保费收入没有计算六安市的金安区和舒城县的保费收入。

资料来源：2013～2016 年数据根据 2014～2017 年《中国保险年鉴》整理而得。2017 年数据根据各市 2017 年国民经济和社会发展统计公报整理而得。

2. 保险密度

2013～2017 年皖江城市带各市保险密度如表 2 所示。从总体上看，皖江城市带各市保险密度近五年来都有所增长。其中超过 60% 的城市其保险密度高于安徽省平均水平，2017 年合肥市保险密度达到 3944.63 元/人，高出安徽省 2174.47 元/人。但与全国保险密度相比，皖江城市带中高于全国平均水平的城市较少，2013～2017 年只有合肥市的保险密度均超过了全国平均水平，其中铜陵市在 2013～2015 年虽然超过全国平均水平，但随着区划调整，2016 年和 2017 年情况发生变化，其保险密度低于全国平均水平，甚至低于安徽省平均水平。从各市保险密度来看，近五年来持续增长的只有合肥市、芜湖市以及池州市，其中合肥市增长速度最快，与皖江城市带其他城市的差距进一步扩大。从发展的势头来看，宣城市和池州市发展势头强劲，2013～2016 年，池州市保险密度从 704.21 元/人增长到 1808.73 元/人，增长了 2.57 倍，2017 年略有下降；宣城市从 2013 年的 647.50 元/人增长到 2017 年的 1591.43 元/人，逐年增长。

表 2　　　　　　　**2013～2017 年皖江城市带各市保险密度**　　　　单位：元/人

地区	2013 年	2014 年	2015 年	2016 年	2017 年
合肥市	1385.43	1512.82	1977.54	2710.00	3944.63
芜湖市	780.18	1010.06	1215.38	1506.54	1660.98
马鞍山市	1033.15	1233.04	1225.38	1392.79	1681.15
铜陵市	1345.73	1590.82	1924.12	1133.70	1558.46
安庆市	653.61	901.75	916.57	1474.20	1615.12
滁州市	523.26	713.33	833.22	1149.85	1267.42
池州市	704.21	877.46	1503.71	1808.73	1635.61
宣城市	647.50	883.42	1033.23	1514.80	1591.43
安徽省	697.13	940.83	1005.74	1414.09	1770.16
全国	1265.70	1479.00	1766.49	2258.00	2646.00

资料来源：2013～2016 年数据是根据 2014～2017 年《中国保险年鉴》整理而得。2017 年数据根据各市 2017 年国民经济和社会发展统计公报中数据计算整理而得。

3. 保险深度

2013～2017年皖江城市带各市保险深度如表3所示。从总体上来看，皖江城市带保险深度在逐年提升，说明其保险市场在国民经济中地位不断增强。从各市情况来看，皖江城市带各市中保险深度达到全国水平的城市较少，2015年只有池州市的保险深度超过了全国平均水平，其他城市均低于全国平均水平。从各市保险深度变化趋势中可以发现，芜湖市、铜陵市和马鞍山市排名倒数前三位，处在皖江城市带中较低的水平，而安庆市和池州市位居前两位。

表3　　　　　　　2013～2017年皖江城市带各市保险深度　　　　　　单位:%

地区	2013 年	2014 年	2015 年	2016 年	2017 年
合肥市	2.11	2.26	2.72	3.39	4.36
芜湖市	1.43	1.58	1.81	2.05	2.00
马鞍山市	1.82	2.02	2.05	2.12	2.23
铜陵市	1.47	1.64	1.97	1.89	2.15
安庆市	2.87	3.14	3.53	4.44	4.39
滁州市	2.17	2.39	2.87	3.27	3.21
池州市	2.47	2.49	4.46	4.43	3.62
宣城市	2.15	2.49	2.98	3.72	3.50
安徽省	2.54	2.74	3.18	3.63	4.02
全国	3.03	3.18	3.59	4.61	4.42

资料来源：2013～2016年数据是根据2014～2017年《中国保险年鉴》中数据整理而得，2017年数据根据各市2017年国民经济和社会发展统计公报中数据计算整理而得。

4. 保险产品结构

保险产品结构比例是在财产保险和人身保险业务中，不同险种保费收入所占的比例。该指标主要反映一个地区保险服务水平、保险产品创新、保险产品满足客户需求的程度。2016年皖江城市带财产险和人身险保险产品结构如表4、表5所示。

表4　　　　　　2016年皖江城市带财产保险市场各险种的保费比重　　　　　　单位:%

城市	企业财产保险	机动车辆保险	货物运输保险	责任保险	工程保险	信用保证保险	农业保险	短期健康保险	意外伤害保险	其他
合肥	4.52	77.12	0.61	2.65	0.74	9.00	2.26	0.98	1.88	0.33
芜湖	2.75	74.53	1.04	3.10	0.22	7.80	4.13	2.01	1.75	2.65
马鞍山	2.03	66.41	1.16	3.15	0.43	13.37	4.64	3.21	4.32	1.27
铜陵	5.54	72.98	1.20	3.08	0.59	0.06	7.55	4.65	3.05	1.29
安庆	1.70	76.56	0.26	2.30	0.34	0.18	8.30	5.14	3.12	2.11
滁州	1.58	74.47	0.20	3.19	0.05	1.16	12.37	2.23	4.32	0.43
池州	1.67	73.46	0.30	3.16	0.25	0.61	9.57	5.50	3.35	2.15
宣城	1.63	81.66	0.07	2.36	0.44	0.79	5.79	1.72	3.36	2.19

资料来源：根据《中国保险年鉴》（2017）中数据整理而得。

表5　　　　　　　　　2016年皖江城市带人身保险市场各险种的保费比重　　　　　单位:%

城市	普通寿险	分红寿险	万能保险	意外伤害保险	健康险
合肥	36.73	45.67	0.81	1.87	14.92
芜湖	46.19	36.39	0.27	0.71	16.44
马鞍山	39.56	47.53	0.81	1.44	10.66
安庆	49.14	41.55	0.45	1.37	7.49
铜陵	46.58	44.32	0.71	0.70	7.69
滁州	44.30	46.10	0.52	2.22	6.86
池州	46.37	45.18	0.29	2.24	5.92
宣城	45.47	45.80	0.61	1.86	6.26

资料来源：根据《中国保险年鉴》（2017）中数据整理而得。

从整体来看，皖江城市带财产保险中排名前四位的险种依次是机动车辆保险、信用保证保险、农业保险以及企业财产保险，其中机动车辆保险占比达到75.72%。从具体各市来看，宣城市机动车辆保险占比最高，达到81.66%；马鞍山市机动车辆保险占比最低，只有66.41%，两地相差15.25个百分点。信用保证保险业务各市差距大，主要分布在合肥市、芜湖市以及马鞍山市，其他地市的业务占比少，其中占比最高的是马鞍山市，达到13.37%，而占比最低的铜陵市只有0.06%，两地相差13.31个百分点。从各险种的承保利润来看，随着供给侧结构性改革的推进，从2015年开始企业财产保险、工程保险以及责任保险的承保利润一直为负，说明我国在供给侧结构性改革的过程中直接影响了传统的财产保险的业务增长。

从整体来看，皖江城市带人身保险中排名前三位的险种分别是分红寿险、普通寿险和健康险，其中分红寿险占比44.42%，普通寿险占比42.62%，健康险占比10.67%。从各市来看，情况有所差异，其中分红寿险占比最高的是马鞍山市，达到47.53%，占比最低的是36.39%，两市相差11.14个百分点。普通寿险中占比最高的是安庆市，达到了49.14%，占比最低的是合肥市，只有36.73%，两地相差12.41个百分点。健康险占比最高的是芜湖市，占比最低的是池州市，两地相差10.52个百分点，而万能保险占比进一步缩小，各市的占比均未达到1%。

（二）主要问题

通过对皖江城市带商业保险发展现状的研究，我们可以明确看出，2013～2017年，皖江城市带保险业无论是从保险规模还是发展水平上都取得了一定的成绩，随着我国开始供给侧结构性改革，在2015年和2016年皖江城市带保险业的发展受到了一定的影响，表现在保费收入增长放缓，保险险种结构发生变化，企业财产保险需求大大减少，出现亏损。本文将结合前面的分析详细讨论皖江城市带保险业发展中存在的主要问题。

1. 非车险业务发展缺乏活力

从2015年的财产保险发展情况来看，在财产保险产品中，占据统治地位的是车险，

占据 75.72% 的份额。而相对于车险业务而言，非车险业务在近几年的发展显得缺乏活力。特别是 2015 年以来，企业财产保险和责任保险的市场份额下降较大，2016 年、2017 年保费收入逐年下降，承保亏损严重。信用保证保险成为皖江城市带财险市场第二大险种，2015 年市场占比 6.09%，比安徽省平均水平高 2.09 个百分点。进一步分析发现，这主要是受国家政策影响，但实际上各地市的情况差距很大，2015 年信用保证保险保费收入主要归功于合肥市，其保费收入占皖江城市带信用保证保险保费收入的 64.2%。说明该险种目前为皖江城市带的企业能提供的保障和融资服务依然很有限。农业保险是皖江城市带财险市场第三大险种，2015 年市场占比 5.11%，低于安徽省平均水平 1.63 个百分点。进一步分析，市场上 90% 以上的农险业务都是由国元农业保险股份有限公司在做，垄断程度高。而随着供给侧结构性改革的进行，皖江城市带各市企业财产保险业务进一步萎缩，非车险市场发展情况不容乐观。①

2. 人身险产品重储蓄理财轻保障

从皖江城市带人身险各险种保费占比情况可知，在人身险中占比最高的是分红寿险。原因是 2015 年人身险费率市场化全面落地，央行年内五次降准、五次降息带动货币基金、银行理财等投资产品收益下行，寿险产品收益优势凸显。在上述因素的推动下，寿险业务结构发生了显著变化，普通寿险业务占寿险公司全部业务的比重达到 42.62%，分红寿险业务占比达到 44.42%。健康险保费占比仅为 10.67%，从该比例也可以看出，皖江城市带人均健康保费、健康险保费在总保费中的占比、健康险赔付支出占卫生总费用的比重都很低，健康险业务的发展与皖江城市带居民的医疗保障需求还存在较大的差距。

3. 保险服务能力尚显薄弱

从前面的分析我们可以得出，皖江城市带财产险中车险业务占比非常高，自 2015 年 6 月车险费改试点启动以来，无赔款有待系数被纳入续期保费费率的厘定当中，小额赔付案件减少，造成车险综合赔付率不断下滑，但是各保险公司并没有因为赔付率下降而实现盈利，相反各保险公司的销售成本变高，竞争更加激烈，各保险公司在车险业务中为了争夺客户不惜亏本抢生意，而不是利用车联网、大数据等新技术改良传统的险种提升客户的满意度上做文章。部分人身险公司依然延续了多年来形成的"重销售、轻服务"经营惯性，对保费规模、销售业绩过分看重，对后续回访、理赔服务重视不足、投入不够。这一经营模式带来了诸多弊端：一方面，公司销售的产品与消费者的真实需求和心理预期存在较大的差距，导致销售误导行为屡禁不止、理赔纠纷不断，不仅损害了保险消费者利益，也降低了客户黏性、破坏了行业声誉；另一方面，公司间竞争依然是拼收益、拼费用为主，无形中推高了经营成本，也容易引发违规经营、扰乱市场秩序。[2] 在供给侧结构性改革的大环境下，各保险公司的服务能力仍尚显薄弱，不能顺应形势，快速提升自身的服务水平。

---

4. 缺乏高素质的专业人才

保险是一个专业性极强的业务，保险公司需要的不仅是某一方面的人才，而是复合型的人才，是全方位的人才。从目前我国保险行业大数据运用的现状来看，已经建立专门的大数据研发团队的公司占比仅为 20% 左右，2/3 的研发团队人数在 10 人以下，90% 的团队成员来自公司信息技术部门。跨学科、跨领域的复合型大数据人才严重不足。另外对保险教育不够重视，从相关开设保险专业的高校了解到，选择保险专业的学生非常少，毕业生选择保险公司就业的比例不高，这也进一步制约了保险人才的供给水平。从皖江城市带各保险公司的招聘要求来看，绝大多数是营销类的岗位，对于专业限制少，导致保险专业毕业生没有竞争优势。

三、建　议

（一）抓住供给侧结构性改革的机遇，健全保险市场体系

随着供给侧结构性改革的进展，新的保险需求将会出现，需要更多的专业性保险公司、保险中介为之服务。保险公司的数量越多，其营业网点相应越多，企业和个人购买保险产品越便利。同时，保险公司间的竞争也越激烈，促销手段越多样化，越能刺激保险消费。建立健全保险市场体系需要增加保险公司的数量，各地方政府要鼓励国内外保险机构来本市设立分支机构或增设营业网点，支持民资成立区域性、专业性保险机构。同时也要大力发展保险中介市场，根据相关研究，专业中介机构和营销服务部数量越多，保险市场的发展就越成熟，皖江城市带目前专业中介机构数量较少，保费收入主要来自营销员和兼业代理机构等渠道，下一步应努力扩大专业中介机构的规模，发挥保险中介的积极作用。

（二）顺应形势，注重保险产品创新，提升保险服务水平

随着国家大力推进供给侧结构性改革，各保险公司应转变观念。首先，互联网时代的到来和保险需求个性化的发展趋势，保险公司应注重产品的创新，主动适应消费者的需求。随着互联网金融创新模式的出现，保险公司要抓住机遇发展互联网保险，互联网保险与传统保险相比，具有"线上化、个性化以及智能化"等优势，可以满足年轻的消费者需求。其次，在企业财产保险业务受到影响的时候，要抓住机遇发展家庭财产保险，深入挖掘消费者的切实保障需求，减少供给侧结构性改革给保险业带来的负面影响。最后，保险公司还要深刻认识到依靠"人海战术"推销保险公司既定产品的时代已经结束，必须创新销售模式，尽快改变各市保险产品销售模式和销售组织结构趋同的现状，按市场经济运行规律、各市经济和保险发展的层次建立起差异性的保险产品销售模式。具体地说，应不断深化保险市场的专业化分工，加快保险产品销售模式由低层次向高层次转化的进程，即由保险营销员和兼业代理为主渠道的销售模式，逐步转向以保

险代理公司和保险经纪公司等为主渠道的销售模式，并积极扩展网络直销、电话销售、微信营销等新的销售模式。

（三）重视保险教育，加大保险人才队伍建设

中国银保监会原副主席周延礼在首届保险业人才发展高峰会上明确指出"人才是第一资源，要尊重劳动、尊重知识、尊重人才，尊重创造"。和以往相比，保险业越来越综合了知识、技术、智力等多方面的因素，人才对于保险的重要性越来越凸显。[3]不管是保险产品设计还是销售模式的创新以及保险公司的经营管理都离不开保险专业人才。皖江城市带保险业的发展，必须重视人才队伍建设，既要提升现有员工的素质，还要注重引进培养精算、法律、财务、营销和管理等专业人才，不断提升行业的经营管理和优质服务能力。[4]具体来说，首先，皖江城市带各大保险公司可以与开设有保险专业的高校进行密切合作，成立大学生实习实训基地，为毕业生提供实习岗位，这样可以提前了解毕业生的能力，择优录取，既降低了招聘成本，又可以物色到合适的人才。其次，还要不惜高薪引进经验丰富、能力强的保险精算等专业人才，以及有创新专利背景的人才，利用其在保险精算、保险产品设计、保险经营管理等方面的技术和经验，为皖江城市带保险产品设计、保险公司经营管理活动服务。最后，各保险公司应爱才惜才，在整个保险行业打造一种尊重和珍惜人才的良好氛围，建立并完善人才激励机制，有效发挥其主观能动性，为皖江城市带保险业的转型发展提供人才保障。

参考文献

［1］丁少群，檀革宇. 供给侧改革给我国财产保险业发展带来的挑战与机遇［J］. 上海保险，2016（11）：54－55.

［2］孙祁祥，郑伟. 2016年中国保险业发展报告［M］. 北京：北京大学出版社，2016（8）：79.

［3］唐金成，王露浠. 中国保险业供给侧结构改革研究［J］. 浙江金融，2016（10）：58－64.

［4］袁序成. 人身险行业的供给侧改革［J］. 中国金融，2016（12）：61－63.

供给侧结构性改革背景下皖江城市带
文化产业改革路径研究

邵晓芬

文化产业因其具有资源消耗率小、环境污染度低、经济回报率高的优质特点，被公认为是 21 世纪的"朝阳产业"。近年来，在政府的行政主导和大力扶持下，我国文化产业呈现出迅猛的发展态势，已逐渐向国民经济的支柱型产业迈进。但与此同时，文化产业总体走势正在下行，转型趋势已逐渐显现。由于文化体制改革的深度推进，加之出台相关配套红利政策，以政府机构为代表提供的强大"外生动力"驱动文化产业高速增长，但这种动力来源具有不可持续性，随着文化体制改革红利和制度效应的消减而呈现衰退态势。[1]同时，文化产业市场成熟度不高，在资本、技术、劳动力方面存在要素错配现象，以至于文化产品的有效供给不足，文化需求不能得到有效满足，使得文化产业快速发展滞缓，文化产业综合效益难以发挥。解决文化产业供给侧的结构性难题，必须深入推进"供给侧结构性改革"。2010 年 1 月，皖江城市带承接产业转移示范区建设纳入国家级发展战略，已成为安徽经济包括文化产业发展的重要战略制高点。因此，本文基于皖江城市带文化产业发展的实证分析，探索供给侧结构性改革的薄弱环节深层切入，提供促进本地区文化产业转型升级的若干对策建议。

一、皖江城市带文化产业发展现状

进入 21 世纪以来，安徽文化产业迈入了全面发展的新阶段。安徽省委、省政府将文化产业作为重点扶持的八大支柱产业之一，全力打造文化强省，推动美好安徽建设。随后，出台文化产业发展规划纲要，积极开展文化体制改革试点，完善文化政策体系，优化文化产业发展环境。《关于深化文化体制改革的实施意见》《关于加快建设文化强省的若干意见》的相继出台，党委、政府主要同志亲自挂帅，每年安排文化强省建设专项资金 1 亿元，同时开展演艺院团演出补贴、文化企业减免税收等优惠政策。各地市也先后将文化产业发展列入城市发展规划中，合肥市大力实施"文化强市"战略，芜湖市把文化建设作为提升城市综合竞争力的战略举措。各地依托本地区资源禀赋，着力打造地域文化产业集群，以聚变效应带动整个区域文化产业发展，使得文化产业连续保持 30% 以上的增幅，日益成为安徽经济新的增长点，成为全国瞩目的"安徽现象"。[2]

2010 年 1 月 12 日，国务院正式批复，将皖江城市带承接产业转移示范区建设纳入

国家发展战略。皖江城市带包括合肥、芜湖、马鞍山、安庆、滁州、池州、铜陵、宣城8个地级市全境以及六安市的金安区和舒城县，为中部地区加速崛起点燃了助推器。

近年来，皖江城市带已涌现出一批新闻传播、休闲娱乐、演艺旅游、会展信息、文化创意等类型的文化产业，网络、动漫、新兴媒体、数字出版等新生业态迅猛发展，文化创意产业收入已占全省文化产业总收入的半壁江山（发展概况见表1）。合肥市、芜湖市、马鞍山市动漫产业集群发展迅速，前两者已入选国家级动漫基地，动漫产品产量位居全国前列；合肥市、芜湖市、马鞍山市等有条件的市合理利用闲置厂房、场地和废弃工业设施等，建设10个文创基地，引导小微企业创业创新；电影《第一书记》、话剧《万世根本》、黄梅戏《雷雨》等一批富有时代朝气的文化精品奏响全国；中国农民歌会、"江淮情"大型演出已树立起公共文化品牌。皖江城市带文化产业已由局部突破向纵深推进，实现了从"试验田"到"丰收田"的跨越。

表1 皖江地区文化产业发展概况

城市	增加值（亿元）	增加值占GDP总量（%）	代表项目
合肥	314.08	5.01	全球音谷文化创意产业园、国家动漫产业发展基地、泚河北岸文化休闲街、中国（合肥）非物质文化遗产园、紫蓬山佛教文化园等
芜湖	59.60	2.35	方特欢乐世界、华强文化科技产业园、新华958、金鼎文化产业园、安徽广电文化产业园、和瑞动漫、芜湖古城等
宣城	35.00	1.73	中国（宣城）文房四宝产业园、宣城市文化产业园（敬亭山风景区）、宣酒博物馆、中国汉字博览（文化）园
池州	20.02	1.84	九华山风景区、杏花村文化园、牯牛降景区、中国鹤湖湿地、平天湖生态休闲度假区、傩戏、青阳腔等
马鞍山	40.50	5.00	视聆通动漫游戏基地、马鞍山软件园、龙湾水文化主题公园、山鹰纸业、经纬传媒、采石矶风景区、洪滨丝画等
铜陵	18.31	1.87	中国（铜陵）青铜文化节、铜艺术品、江南文化园、"青铜帝国"、安徽民俗文化节、铜陵市非物质文化遗产展示与体验项目
安庆	80.00	5.03	中国黄梅戏发展基地、五千年文博园、桐城佛光、安庆帝雅、宿松县黄梅戏主题文化新城、岳西县大别山映山红生态文化大观园
滁州	55.00	5.06	滁州长城文化创意业园、中国文具产业示范区

资料来源：中国文化创意产业网（www.ccitimes.com）2017年统计数据。

但从整个皖江城市带文化区域看，由于皖江城市带文化产业发展时间不长，集群发展还处在初始期，大多文化产业仍处在粗放型发展的状态，文化产业未能形成集群效益，集群的生态整体性和业态流程性未能形成有效的"形""实"合一，资源碎片状态仍然存在，集群内部不同程度地缺乏创新动力和能力，很多文化产业发展还存在着产业关联低、地区发展差异大、产业链不完善、产业集群缺乏升级能力等制约因素，这在一定程度上影响了皖江城市带文化产业集群的发展。

二、树立精品意识，提高文化产业供给质量

衡量文化产业发展水准的重点指标就是文化供给对文化需求的满足程度，这也正契合供给侧结构性改革的主旨所在，而文化供给质量则是创造和满足人民群众文化消费需求的前提条件和有力保障。

（一）打造一流文化精品

皖江城市带文化产业要积极打破单一化、同质化、低层化的不足，以创新驱动为动力，秉持原创性、特色化、精品化的发展之路，满足人民群众的文化消费需求。重点围绕文化精品生产、文化基地建设、文化资本运营三个方向提质增效，始终坚持"内容为王、创新为要"的发展理念，牢固树立精品意识，把创造优秀产品、打造一流精品为核心要义，努力推出一批叫得响、立得住、传得广、留得下的扛鼎之作。要坚持对文化产品产出的动态管理，加大滚动开发力度，稳步开展梯级推进，实施重点项目跟踪服务机制，创新资金投入机制和科学管理体制，引智借力、千锤百炼，激发创作者谋精品、创精品的积极性。坚持创新融合、不忘初心，以新的发展理念引领产业融合，以新的结构改革推动产业升级，以新的发展路径推进外向拓展，以新的思维理念推动资本运营，把社会效益放在首位，弘扬社会主义核心价值观主旋律，满足人民群众最迫切的精神需求。

（二）突出皖江文化特色

安庆古皖文化、九华山佛教文化、铜陵青铜文化、芜湖商业文化等是皖江文化的重要组成部分，黄梅戏、佛教产品、青铜制品、铁画等都具有浓郁的皖江文化特产，一直是皖江文化出口的主力军，但内容和创意稍有欠缺。在当前供给侧不足，市场竞争激烈的背景下，只有打造更多具有地域特色的文化产品方能满足市场需求。要厚植皖江土壤，讲好皖江故事，增加文化自信，打造更多像宜城处处唱黄梅、有戏安徽专区、芜湖华强动漫、马鞍山太白醉、铜陵铜娃动漫等特色文化产品和服务品牌。选题利益注重挖掘地域文化的时代价值，集聚体现地域文化的影响力、传播力、生命力，有机融合思想性、艺术性、观赏性，注重创新求变，使传统文化焕发现代活力，使文化服务贴近群众需求。

（三）满足人民群众需求

李克强总理提出"群众的需求就是我们的动力"，因此需要准备把握人民群众需求的新变化，真正掌握他们的所思所想所需。文化产品因其特殊属性，必须把以人民为中心的创作导向和面向大众的社会效益放在首位，大力实施"文化为民、文化惠民"工

程，组织文艺工作者眼光向下、扎根人民，加大公共文化服务体系建设，推动高雅艺术进校园、进社区，送戏进农村、送书画进农家，引导文化资源向贫困地区倾斜，真正做到人民赋予重托，奋斗创造未来。

三、改善内在构成，优化文化产业要素供给

供给侧存在的结构性问题，关键之处就在于供给主体所存在的结构性问题。因此，文化产业供给侧机构性改革的最终着眼点应在于增加人才、资本、科技等要素的有效供给。

（一）加大人才供给力度

人才资源是文化产业发展的首要资源，皖江城市带上接武汉都市圈，下承长江经济带，区位优势明显。因此要利用好优质的自然禀赋，坚持事业引人、情感聚人、机制造人、待遇留人，为皖江城市带文化产业发展提供人力资源支撑。加大人才优惠力度，面向全国，刚性揽才、柔性引智，建立强大的皖江文化产业名人阵容，对有突出贡献的文化人才给予重奖，大力实施"百千万人才工程"，选送百名优秀文艺人才到高水平艺术院校进修培训，培养培训千名文化管理人才，轮训万名基层文化工作者。

（二）优化资本供给厚度

资金是文化产业顺畅发展的主要条件与必备前提，同时也成为制约众多文化企业发展的"瓶颈"所在。皖江城市带应利用纳入国家战略的战略机遇期，在国家政策允许范围内，打破行业壁垒，积极创造条件，分阶段稳步推进出版、音乐、动漫、游戏、电影、广播、电视、广告、知识信息、文化产品设备生产业等领域的战略性投资，实现投资主体多元化、投资项目分散化，增强文化产业发展软实力。同时，政府应紧扣政策制度这一抓手，制定吸引投资优惠政策，逐步改变以政府投入为主的形式，打造国家、民间、企业、境外资本等资本主体共同投入的文化产业所有制格局。[3]

（三）提升科技供给高度

文化产业科技创新是供给侧的重要组成要素，文化创意与科技创新的深度融合发展所催生的新业态新产品新服务，能更好地创造新的增加值，满足人民群众深层次、个性化精神文化需求。一方面要加大文化产业科技创新资本投入。要加大对相关文化研究机构的资金投入力度，对中小文化创意和设计服务企业进行专项资金扶持，对获得安徽省著名商标的文化创意和设计服务企业要加大奖励，加强高级别文化产权交易平台建设，支持地区和企业申报国家级文化和科技融合基地。[4]另一方面要加大文化产业科技创新转化力度。推进《安徽省推进文化创意和设计服务与相关产业融合发展行动计划》落实，支持合肥、芜湖建立文化与科技融合示范基地，鼓励高校科研院所开展政产学研用融合发展。

（四）提高法律供给精度

文化产业快速发展中面临的生产性、竞争性和生存性难题都需要从法律维度给予保障，以宏观的法律视角审视文化培育的产业生态，方能促进其健康有序发展。要加强知识产权保护和激励机制建设，完善网络环境下著作权保护，营造促进创意和设计发展的产权制度，建立维权援助机制，在知识产权申请方便简政放权，完善相关创新机制的法律制度体系，对以知识产权入股、分红的要加强制度完善，加大商标法、专利法、著作权法等文化产业相关法律法规的宣传教育力度。

四、坚持融合发展，培育文化产业新型业态

在我国经济进入新常态的大背景下，融合发展的"文化＋"已然成为提升文化软实力的重要途径，继续深入改革业已成为各方共识。近年来，文化产业与科技、金融等领域融合发展，以其鲜明的"创新、创造、创意"优势，顺应了新常态的发展趋势，打破文化产业原有格局。文化产业应积极利用新技术、新业态和新模式推进全产业融合，倒逼已有的管理模式改革，重构文化产业生态环境。[5]

（一）推动文化与互联网融合

中国互联网络信息中心（CNNIC）发布的第40次《中国互联网络发展状况统计报告》显示，截至2017年6月，我国网民规模达到7.51亿，互联网普及率为54.3%。[6]以互联网为代表的数字技术正在加速与经济社会各领域深度融合，成为促进我国消费升级、经济社会转型、构建国家竞争新优势的重要推动力。"互联网＋"所代表的新经济形态已走进生活，走进政府工作报告，也必然要走进文化产业发展中，形成以互联网为基础设施和实践工具的经济发展新态势。各地市党报新媒体要努力形成"一云多屏""一媒多介"的融合移动平台，采用网言网语，加强"报博互动"，讲好皖江故事，传播皖江声音，塑造皖江形象，使"指尖上的皖江"成为文化皖军的新名片。

（二）推动文化与制造业融合

近年来，制造业市场竞争空前激烈，内生动力不足，"文化＋制造业"的新兴模式将文化产业中的积极因素植入、渗透到制造业中，追求融合发展，赋予制造企业以文化精神和价值，形成新的文化内核。皖江城市带应发挥合肥市、芜湖市、滁州市等地汽车、船舶制造业领域的设计研发优势，支持建立创意设计研发中心，建设区域性工业设计企业，促进向高端综合设计服务的转型。同时，在家居用品、服装家电、文化体育等消费品制造中，注重新产品的文化创意设计，以创意和设计增加消费品的文化内涵和附加值。支持高校科研院所建设工业设计中心、技术研发中心，构建公共技术创新服务平台。

（三）推动文化与旅游融合

文化是旅游的灵魂，旅游是文化的载体，两者之间的联系是天然而又紧密的，具有关联度高、辐射力强、影响力大、涉及面广等特点，已然成为经济社会发展中最具活力的新兴产业。要准确把握新常态下"文化＋旅游"融合发展的新趋势、新动能、新机遇，注重文化赋值、文化渲染和精神渗入，发挥品牌效应和辐射功能，增强社会化运作和市场化运营的活力。皖江城市带是安徽省旅游资源最丰富的地区，文化类型齐全（见表2）。既有壮丽奇绝的山川风光、源远流长的皖江文化，又有万人景仰的红色圣地、古朴淳厚的民俗文化，优势得天独厚。积极发展"皖江一线"黄金水道旅游，整合资源，凝练主题，高标准开发皖江文化旅游精品线路，通过媒体宣传、主题推广、节庆会展等形式努力打造皖江文化旅游品牌。如可打造"八百里皖江风情游"（安庆市、池州市、铜陵市、芜湖市、马鞍山市）、太白游踪探寻游（马鞍山采石矶、当涂大青山、芜湖天门山、池州九华山、秋浦河）、皖江宗教节日朝圣游（池州九华山、宿松小孤山、安庆迎江寺、岳西司空山、枞阳浮山、芜湖广济寺）、湖滨度假游（庐江汤池、舒城万佛湖、岳西花亭湖）、革命红色游（渡江战役总前委旧址、王稼祥纪念园、云岭新四军军部旧址、皖南事变烈士陵园、独山革命旧址群）、历史名人游（李鸿章故居、包公祠、旌德江村、龙川胡氏宗祠、凤阳明皇陵、明中都城、陈独秀陵园、太平天国英王府、邓石如碑馆）等路线，实现点轴结合、资源互动的立体化文化旅游新格局。

表2 皖江城市带文化旅游资源类型

	主类	典型文化旅游资源代表
物质文化	遗址文化	青铜采冶遗址、含山凌家滩聚落遗址、繁昌人字洞遗址、潜山薛家岗遗址等
	自然风光	九华山、天柱山、醉翁亭、采石矶、包公祠、巢湖姥山、天井湖、太极洞、韭山洞等
人文文化	名士文化	姚鼐、李鸿章、陈独秀、王稼祥、朱光潜、赵朴初、黄镇等
	人文艺术	佛教文化、道教文化、红色文化、诗歌文化、池州傩戏、黄梅戏、芜湖铁画、铜陵青铜雕塑等
	民俗科技	江南民俗、青铜采冶技术、方特欢乐世界等

（四）推动文化与农业融合

文化产业创意化，文化创意产业化已成为许多国家和地区着力倡导的产业融合模式，将文化创意与农业，尤其是休闲旅游农业项目相结合，大力发展创意、观光、生态、体验农业（见表3），让文化产业发展有机融入新农村建设中，可有效提升农业产业的发展形式。[7]农业的产业创意化以农产品为起始原点，利用产业的创意转型，构建整合全流程的品牌产业链，为农产品获得更广阔的品牌成长空间。皖江城市带农业特产丰富，瓜子就有洽洽食品、小刘瓜子、傻子瓜子、安庆瓜蒌子，茶叶有金寨翠眉、霍山黄芽、肖坑绿茶，另外还有大别山土特产、采石矶茶干、金菜地食品、古南丰黄酒、詹氏山核桃、水东蜜枣、铜陵白姜、铜陵丹皮、秋浦花鳜、白荡湖大闸蟹、龙眠山茶油等，资源极其丰富。因此，在融合开发中应注重农村文化资源的挖掘和开发，丰富农业产品、农村景观、乡土文化的创意和设计，支持有条件地区建设特色农产品展览展示馆，加强地理标志和农产品商标注册和保护，积极扶植一批休闲农业特色乡镇、村庄、企业，打造休闲农业知名品牌。

表3   文化产业与农业融合的主要形式

内涵	融合载体	主要内容	功能
创意农业	农业＋文化创意产业	农业生产经营的创意和设计	增加文化内涵和经济价值
观光农业	农业＋旅游业	农业生产、农业风貌、农民生活	休闲娱乐、观光旅游
农业文化遗产	农业＋其他产业	农业文化遗产地旅游开发	农业跨界融合
生态农业	农业生态＋农业旅游	农业生态、社会、经济效益	农业新产品、新业态

（五）推动文化与体育融合

国务院在有关加快体育产业发展的指导意见中指出，要推进体育产业和文化产业的复合经营，文化产业可以为体育产业发展提供平台，体育产业的发展又天然地将文化的力量作为核心竞争力，并为前者提供反作用力和丰富的素材，两者相辅相成、共生共荣，具备了融合的机制。皖江城市带体育文化产业发展迅猛，合肥国际马拉松赛、中国合肥（大圩）马拉松赛、中国绿色运动健身大会已连续举办多年，大别山、九华山体育旅游项目成为省级体育健康项目，六安市金寨县全民健身走活动、中国（舒城万佛湖）库钓大奖赛、马鞍山市长三角城市山地自行车越野邀请赛国内知名度较高。因此，皖江城市带应着力打造参与度高、影响面广的精品体育赛事，建设一批体育与生态旅游、休闲观光、科学体验、特色饮食深度融合的旅游综合体，研发一批科技含量高、发展前景好、附加值高、拥有自主知识产权的体育产品，打造一批具有皖江地域和文化特色的体育健康休闲产业园。

（六）推动文化与金融融合

文化产业的发展绝对不可离弃金融资本的介入和支持。近年来，皖江城市带积极探索文化产业与金融资本的有效融合，各大金融机构对文化产业都作为重点投资领域积极支持，通过信贷、上市、债券发行、风险投资等渠道，为文化事业的繁荣集聚了大量资本，主动皖江城市带文化事业发展迈入快车道。"文化产业＋金融业"融合发展，文化企业应从以下路径主动对接金融资本：一是积极引导加大对文化企业的信贷支持，拓展贷款抵押的界定范围，允许土地使用权、有价证券等有形资产和知识产权、文化品牌等无形资产抵押获贷；[8]二是积极推动文化企业上市融资，以获取更大的融资空间，也支持通过非金融企业债务融资工具进行融资；三是搭建投资基金与文化企业之间的对接平

台，完善符合文化创意服务企业特点的信用评级制度，在有效保障的前提下促进投资基金和文化企业长期联姻；四是鼓励文化上市公司并购重组，利用资本市场实现外延式扩张，推动产业整合；五是积极拓宽文化企业融资渠道，稳步扩大文化企业融资水平，建立债权融资、股权工资、信托融资、集合债券、集合票据等多元化融资体系。[9]

（七）推动文化与遗产融合

纵观我国文化遗产保护进程，从物质文化遗产保护到非物质文化遗产保护再到大遗产保护，文化遗产资源的多样性为文化创意产业提供了强大的驱动力。非物质文化遗产鼓励"合理利用"，就是在最大程度保持非物质文化遗产原生状态的前提下，运用文化创意对其重新演绎，提供社会认知度，实现全民共享的目标。农业遗产和工业遗产作为人类农业文明和工业文明的遗存，别具一格的建筑个性以及尺度巨大的内部空间，为文化创意产业提供了良好的载体。皖江城市带拥有 11 项国家级非物质文化遗产，安庆市、铜陵市、芜湖市、马鞍山市工业文明发达，工业遗存丰富，这都为文化创意开发提供了源源不断的资源，为实现历史文化优势转变为产业优势提供了可能。因此，皖江城市带应合理规划、科学布局，建立省级文化产业基地，对适合产业开发的文化遗产实施聚集化发展，发挥规模经济效应。在利用内源性资金外，建立文化遗产开发专项资金，开展财政补贴，积极引入社会资本和境外资本，引导自主发展。挖掘利用工业遗存建筑所特有的历史底蕴、想象空间和文化内涵，打造高品位文化创意产业基地，开展美术创作、产品研发设计、科学普及教育。

五、深化制度创新，完善文化产业政策供给

供给侧结构性改革的关键点是"有效的制度供给"，简言之，即通过制度政策的支持推动文化产业的快速良性发展。[10]推动皖江城市带文化产业发展，必须贯彻新的发展理念，深化文化产业体制改革，希冀实现文化产业的快速发展和结构优化。

（一）创新公共文化服务体系

文化是为人民服务的，促进基本公共文化服务的标准化、均等化，一直是党和国家孜孜以求的奋斗目标。党的十八大以来，有关完善公共文化服务体系的战略部署不断深化，顶层设计不断完善，从加快推进文化惠民工程，到建立健全现代公共文化服务体系，再到公共文化服务保障法的制定，直至 2015 年印发《关于加快构建现代公共文化服务体系的意见》。皖江城市带所属地市应坚持政府主导、眼光向下、重心下移、共建共享，让文化民生惠及人民群众。在已建设 1500 多个农民文化乐园的基础上继续推进，完善文化服务体系，提高"一墙两堂三室四墙"文化设施利用率，组织文化馆（站）与农村文化结对，让群众"点菜"，政府把文化送到田间地头，让农民用得上、玩得转、喜欢去，打通"文化惠民消费的最后一公里"，[11]让文化真正转化为生产力。

（二）优化文化产业生态系统

文化产业的发展有赖于人力资本、文化氛围、商务环境、制度资本和人才教育所构成的生态系统的良好运转。皖江城市带文化产业的发展具有投资主体多元化、文化产业与高科技紧密结合、承接产业转移示范辐射效用显现、文化产业政策催化作用明显等特点，但也存在发展机制不健全、主导机构不明显、高端人才匮乏、品牌意识欠缺、原创性不足、产业链薄弱、集约化程度不高等不足之处。因此，应利用毗邻长三角的独特地理优势，开展多方位、深层次的合作，培养文化创意人才，加快人才集群建设；大力发展皖江文化，以"文化＋科技"主导文化产业发展，倡导全民参与创新的精神氛围，提倡文化多样性和包容性；扩大中国（合肥）国际文化博览会等文化盛会的引领作用，借鉴国际展会名城的成功经验，坚持专业化、国际化的发展理路，大力实施品牌化战略；建立产业协调机制和知识产权保护机制，实现市场经济、制度政策、文化创新等不同阶段的新发展；[12]加大人才培养力度，瞄准市场对人才的需求，培养懂管理、懂设计、懂融资的应用型、创新性、复合型人才。

（三）推动文化体制机制创新

现代市场体系要求建立政企分开、政事分开的体制机制，但长期以来，我国文化管理职能割裂、政出多门，阻碍了文化资源的跨体制自由流动整合，以至于生产效率不高。新常态的经济形势下，皖江城市带文化产业的发展要求通过深化文化体制改革，多规合一、简政放权，更大程度上激发文化市场的活力，以高精准的质量和多元化的内容，提升文化产品的供给水平。[13]进一步推动经营性文化事业单位转企改制，进一步激发国有文艺院团的活力和动力，进一步推动转制院团有关扶持配套政策落地生根。分类推进文化事业单位改革，梳理创新内部体制机制，在以四馆（公共图书馆、博物馆、文化馆、科技馆）为代表的公益性文化事业单位组建理事会、监事会，吸纳各方面代表、专业人士、普通群众参与管理，深化法人治理机构改革。

文化产业的产业属性决定了其自身发展与供给侧结构性改革具有内在关联，积极推动"以需求为导向"的文化产业发展模式向"以供给为导向"适度转变是符合目前文化产业改革逻辑的。[14]改革应首先明晰最终目标的实现阶段、重点任务的逻辑构造、相互关系的构造理路，以扩大有效供给，减小低端供给，抑或无效供给，这样方能保障皖江城市带文化产业供给侧结构性改革的顺畅进行。

参考文献

［1］贾康，苏京春. 新供给经济学：理论创新与建言［M］. 北京：中国经济出版社，2015：23.

［2］疏仁华. 皖江城市带文化产业集群发展的空间布局与发展模式研究［J］. 合肥学院学报（社会科学版），2012（5）：28－31.

［3］张振鹏. 供给侧改革助推我国文化产业转型升级［N］. 光明日报，2016－01－07（16）.

［4］卞晓丹，钟廷勇. 空间集聚与文化产业供给侧改革——基于要素错配的视角［J］. 江海学

刊，2016（4）：86－91.

［5］齐骥. 供给侧与需求侧协同视角下的文化产业发展研究［J］. 深圳大学学报（人文社会科学版），2016（6）：35－41.

［6］中国记协网. 第40次《中国互联网络发展状况统计报告》发布［EB/OL］. http：//news. xinhuanet. com/zgjx/2017－08/07/c_136506155. htm,2017－08－07.

［7］王习贤. 以供给侧改革推进湖南文化产业新发展［J］. 湖南行政学院学报，2016（6）：60－62.

［8］范周. 关于文化产业供给侧结构性改革的几点思考［J］. 人文天下，2016（12）：2－6.

［9］徐鹏程. 文化产业与金融供给侧改革［J］. 管理世界，2016（8）：16－22.

［10］焦斌龙. 新常态下我国文化产业供给侧结构性改革的思考［J］. 经济问题，2017（5）：10－14.

［11］孙鸿炜，于红. 从"互联网＋"和供给侧结构性改革看文化产业出路［J］. 陕西行政学院学报，2016（2）：34－37.

［12］涂丹. 新业态下文化产业的供给侧改革与调整［J］. 学习与实践，2016（5）：128－134.

［13］鲍枫. 中国文化创意产业集群发展研究［D］. 长春：吉林大学，2013：36.

［14］何元春，秦宇婷，何吉. 我国农村公共体育服务供给改革研究［J］. 武汉体育学院学报，2017（9）：23－27.

供给侧结构性改革背景下皖江城市带旅游产业改革路径研究

郭 瑞

一、供给侧结构性改革与规范旅游产业改革路径的关系

供给侧结构性改革是当前中国经济改革的要点，供给侧结构性改革就是从供给、生产端入手，通过解放生产力，提升竞争力促进经济发展。其根本目的是提高社会生产力水平，落实好以人民为中心的发展思想。要在适度扩大总需求的同时，去产能、去库存、去杠杆、降成本、补短板，从生产领域加强优质供给，减少无效供给，扩大有效供给，提高供给结构适应性和灵活性，提高全要素生产率，使供给体系更好适应需求结构变化。在供给侧结构性改革的大背景下，政府、旅游行业协会及旅游企业要从旅游产业发展中去产能、去库存、去杠杆、降成本、补短板以及注重供给端等方面进行改革。[1]为了更好地促进皖江城市带旅游产业的发展，本文对区域内旅游产业现状及存在问题展开剖析，并围绕供给侧结构性改革背景下的旅游产业去产能、去库存、去杠杆、降成本、补短板等问题进行深入探究，提出供给侧结构性改革背景下的皖江城市带旅游产业发展路径。

二、皖江城市带旅游产业发展现状

（一）现状描述

皖江城市带包括合肥、芜湖、马鞍山、铜陵、安庆、池州、滁州、宣城8市全境，以及六安市的金安区和舒城县，共59个县（市、区），皖江城市带是实施促进中部地区崛起战略的重要区域，是泛长三角地区的重要组成部分。2010年1月12日，国务院正式批复《皖江城市带承接产业转移示范区规划》，安徽沿江城市带承接产业转移示范区建设纳入国家发展战略，皖江城市带成为加快经济发展的重要增长极。规划确立提出产业布局要以长江一线为"发展轴"、以合肥和芜湖为"双核"、以滁州和宣城为"两翼"。作为一种新兴朝阳型产业的旅游业，有望成为推动皖江城市带快速发展的引擎和突破口。

皖江城市带旅游资源丰富，种类繁多，国家5A级景区数量达到7家，有芜湖方特

旅游区、安庆天柱山风景区、池州九华山风景区、合肥三河古镇、舒城万佛湖景区、宣城绩溪龙川景区等，4A 级景区近 80 家，涵盖人文、地质公园、风景名胜区、古城古镇村落等，旅游业发展主要呈现以下特点。

1. 长江黄金水道重要组成

皖江城市带是连接长三角和川渝鄂赣的中枢区段，承东启西，是长江黄金水道的重要组成部分。从历史发展来看，池州市、芜湖市、铜陵市、马鞍山市码头文化底蕴深厚，商品交易景象繁荣，广泛吸纳徽文化，与长江上下游城市具有较强的互补性。游轮旅游、天然生态旅游、健康养生、水上世界等旅游是当前开发的重点旅游项目。

2. 主题文化资源突出

皖江城市带生态环境优美，建筑文化、遗址文化、山水文化、宗教文化、工商文化、名士文化、戏曲文化等资源主题鲜明，代表性有池州佛教文化、安庆黄梅戏文化、桐城派文化、芜湖汽车文化、铜陵铜文化、马鞍山诗歌文化等。鲜明的主题文化有机融合城市建设，打造具有地方特色的旅游产品体系。

3. 商务旅游基础好

皖江城市带中合肥市、芜湖市、铜陵市等地区社会经济基础发展好，这些地区交通发达、高星级酒店数量多、购物休闲娱乐场所分布广泛，拥有优质的商务旅游环境和商务氛围。而且这些基础设施正在逐步现代化、信息化、标准化、人性化，商务旅游吸引力进一步增强。

4. 旅游市场大

池州市、安庆市是皖江城市带中入境旅游规模较大的城市。皖江城市带入境客源集中来自韩国、日本和中国港澳台。近年来欧美游客比重也逐渐上升。国内旅游人次始终保持上升趋势，合肥市、池州市、安庆市、芜湖市的增速尤为明显。池州市、芜湖市、马鞍山市等地以一日游为主。[2]

（二）存在的问题

1. 皖江城市带旅游产业资源分散，集群效应未充分发挥

皖江城市带旅游资源形态丰富，大多数的旅游资源处于零碎的发展状态，安徽省皖江城市带旅游产业发展总体规划（2011 - 2020）已经形成，但支撑和扶持不能落实到位，部分相似或者相同的旅游资源没有进行整合，自身发展能力有限，资源深度开发能力欠缺，合作意向不强，集群效应尚未得到有效发挥。众所周知，皖江城市带的一些地方都有黄梅戏文化和曲艺歌舞剧团，但产品形式流于表面，缺乏整合与创新，旅游产品更是缺乏。

2. 旅游产业要素不完善，亟待加强

水运、陆运、空运立体的交通网络基本形成，但少数景区（点）的交通与公路网络仍然连接不畅。各地文化旅游产业发展基础设施差距较大，合肥和芜湖资源过于集中，其他等地旅游交通标识导示系统、游客信息服务、旅游公共厕所、游客集散中心、咨询服务中心、停车场、安全消防等基础设施均有待加强；高星级酒店数量偏少，经济型酒店环境卫生标准差，酒店布局不够合理，质量有待提高。据统计，铜陵市五星级酒店有三家，马鞍山市仅有两家；旅行社总量偏少，国际旅行社的所占比例更少；旅游专业人才缺乏，产品创新力不足，缺乏艺术性、独特性和趣味性，基本处于初级开发阶段。

3. 整体旅游品牌未建立，缺乏统一旅游形象

皖江城市带文化旅游产业资源禀赋条件好，历史文化积淀深厚，从地理位置、历史文化、风土人情等多方面来看，区域内有着很多相似或相同之处。安庆以"黄梅戏乡"为定位；铜陵以"青铜文化"为定位；芜湖以"主题乐园、动漫"为主的时尚为旅游形象，各城市积极塑造自身旅游形象，但各旅游地的文化旅游产业品牌知名度不高，影响力不足，九华山是著名的四大佛教名山之一，但"高价烧香""假导游"事件时有发生，形象大大受损。"八百里黄金水岸"精品旅游线路推广不够，市场认可度较低。

4. 旅游市场竞争激烈，外部竞争压力大

近年来，皖江城市带旅游业虽然取得了迅猛发展，但安徽省省内的皖南国际文化旅游区对皖江城市带旅游发展形成了明显冲击。省外，皖江地区毗邻苏浙沪，周边的南京、苏州、杭州等一批旅游知名品牌具有强大的旅游吸引力，已经抢占了大量的市场份额，皖江城市带旅游发展面临巨大挑战。[3]

三、对皖江城市带旅游产业改革路径选择的建议

（一）去产能

"去产能"是指为了解决产品供过于求而引起产品恶性竞争的不利局面，寻求对生产设备及产品进行转型和升级的方法。就旅游产业来说，过剩产能一般是指重复建设的景区、景点。旅游产业也应从粗放型向集约型发展。

1. 有效化解过剩产能

皖江城市带旅游普遍存在景点多而小的现象。因此，去除过剩产能，第一，要根据新的发展定位调整旅游产业结构。针对设施落后、重复、旅游化水平不高、旅游效益不高的景点或景区采取"关停"的办法；另外，根据城市旅游主题文化和城市发展布局规划融合发展，对景点或景区进行项目改造。第二，要按照新的规划布局来调整产业结构，进一步优化旅游空间布局。第三，要按照新兴产业发展要求配置旅游要素。

2. 加快旅游商品的深度开发

旅游企业应围绕旅游主题开发旅游商品，一方面要围绕景区旅游主题进行商品开发，另一方面要围绕区域旅游主题进行商品开发。第一，鼓励商品研发。第二，延长旅游产业链条。通过旅游产品开发延伸旅游产业链是增强旅游魅力的基本路径。可以大力发展"美食、游玩、娱乐、购物、住宿"为一体的特色的过夜旅游，特别是开发早餐、江鲜、野味等地方美食的品牌。第三，建设特色旅游街区。打造特色旅游商业街，创新形式推广特色旅游商品。

3. 迎合游客需求的产品

供给侧结构调整关键在于迎合消费者需求，游客需要什么，旅游企业就要提供什么样的产品。从当前消费者行为学来看，生态旅游、山水旅游、康疗养生旅游深受大众喜爱。皖江城市带旅游产业开发以长江黄金水道为纽带，以"动感山水、时尚都市"为特色资源，开发游轮旅游、生态旅游、文娱体验、主题乐园、城市休闲、康疗养生等为主打产品，打造面向长三角和武汉城市群、有品牌竞争力的旅游目的地。[4]

（二）去库存

去库存是供给侧结构性改革的核心之一，就是降低产品库存水平。而在去库存过程中，就要做到开辟旅游产品销售渠道，充分了解与运用"大数据"及"互联网＋"，同时完善物流。

1. 开辟多种销售渠道

一是在高铁站、汽车站以及各大游客集散地，或通过各项大型活动宣传赞助，加大力度对旅游产品进行宣传与销售。值得注意的是，应结合直销、网络营销、联合营销、文化营销、体验营销等多种营销方式入手，提高旅游产品供给渠道与质量。二是充分进行市场调研，旅游商品销售不能只局限于淘宝、微店，应拓展至各种电商平台上，并且不能局限于国内，也可开拓国外市场，这些都可通过网络销售实现。

2. 适应"大数据"时代

信息化的飞速发展，"大数据"时代给企业带来的便利与挑战，有利于促进企业升级转型。通过大数据分析，可以精准锁定不同区域、不同群体消费者需求，从而引导供给、优化产能。因此，旅游企业就需要对旅游人群、旅游人数、旅游次数、旅游评价等相关数据进行分析与利用，从而为消费者提供更好的产品。

3. 利用"互联网＋旅游"模式

"互联网＋"是一种新的经济形态，构建"互联网＋旅游"将充分发挥互联网在旅游要素配置中的优化和集成作用，可以显著提升旅游企业的创新力和生产力。在做大做强线下销售市场的同时，旅游产业应该继续积极转战电子商务线上市场，探索"线上＋线下"双网互动模式，便于游客选择网站购买门票、酒店和旅游商品等产品。

4. 完善旅游产品物流服务

物流运输是旅游产品去库存的关键环节。完善旅游产品物流服务，是服务游客，提升顾客满意度的重要环节。特别是对于独自游行的朋友或者携带东西不方便的游客。便捷的快递运输服务，及时的订单信息追踪服务是必须的，因此，旅游企业应完善运输技术、仓储及数字化信息技术，或与物流企业建立长期的战略合作伙伴关系，完善旅游产品物流服务。

（三）去杠杆

去杠杆是旅游产业供给侧结构性改革的重要组成部分，应给予适当的金融支持，减少同质化竞争、培育优势企业，从而达到去杠杆目的。

第一，去杠杆需要调动市场积极性，对符合条件的旅游企业进行相关税收减免优惠。第二，要营造环境开辟新融资渠道，积极引导资金以股权融资等形式进入旅游企业，为旅游企业提供长期稳定、低成本的资金，同时也从其发展中获得合理回报。第三，为改革建立长效机制，政府要在制定规则与完善政策的同时，进行依法监督与适当引导，维护公平竞争的市场秩序以及社会稳定，做好旅游企业职工合法权益保护等社会保障工作。

（四）降成本

降低成本是企业追求经济效益，寻求长远发展的重要战略目标。旅游企业成本升高，带来的是价格上涨，旅游收益下降。

1. 加强区域合作

加强区域合作，促进资源共享是实现成本降低的关键举措。目前我国旅游开始呈现由景点竞争向区域旅游竞争转变。皖江城市带政府、旅游企业等相关部门可积极主动加强与长三角城市群、武汉城市群合作，形成市场同开发，客源共分享的互利互惠的局面，特别是长三角城市群，通过产品、市场、资本等领域的全方位对接，加快从垂直分工向水平分工转变。

2. 加快旅游标准化建设

旅游标准化是旅游企业实现科学化管理的关键措施。第一，旅游标准化促进旅游企业之间由价格竞争转化为产品竞争，最终结果是成本降低，企业依靠服务和管理创新赢得市场，旅游者获得高质量的服务。第二，旅游标准化将有效减少旅游企业员工培训投入，增加利润空间。第三，制定和推广节能耗损、无污染产品生产标准和企业管理标准，实现经济增长与结构、质量和效益相统一。

3. 加强企业管理，做好成本预算

加强企业管理，做好成本预算是降低成本的一项关键措施。预算是旅游企业未来一定时期计划的货币数量表现。成本预算控制是预算指标作为控制成本费用支出的依据，通过分析对比，找出差异，采取相应的改进措施，来保证成本费用预算的顺利实现。在进行预算控制时必须按不同的经营项目，分别预算营业成本与营业费用，并且将预算时期进行更细的划分，如划分为月度成本预算或更细的成本预算，便于分部门、分项目、分时期地进行成本费用控制，并定期组织人员进行效益评估。[5]

（五）补短板

1. 培养旅游管理专门人才

不断壮大的旅游市场与旅游管理、服务队伍素质的矛盾，将成为影响旅游业发展的关键因素。一方面，高等院校应抓住机遇，以市场为导向，整合学科优势，加强对旅游产业发展理论和实践研究，充分利用省内外的研究生教育、本科教育、专科教育的教育体系所培养人才。另一方面，应开展旅游从业的培训和继续教育，鼓励通过专题讲座、入职培训、学习考察等方式提升业务水平，积极落实从业人员持证上岗制度。同时，应

鼓励旅游相关企业合作建立旅游实训基地。可将旅游管理与服务内容纳入导游培训体系，同时采取"引进来、走出去"的方法，广纳优秀管理人才，或派人员到国外学习，为旅游队伍注入活力，建立人才和专家库，尽快提高我国旅游管理水平，满足大众多样化文化旅游需求和社会发展要求。

2. 打造区域旅游品牌

客观地讲，一些地方旅游搞不好，并不是文化底蕴不厚或景观打造不好，而是品牌打造不力。第一，注重区域旅游形象品牌建设。第二，注重区域旅游品牌的整体打造。重点是通过区域整体旅游形象设计和区域文化旅游形象打造，形成区域文化旅游品牌。第三，充分挖掘黄梅戏文化、诗词文化、动漫文化等，融合现代文化，形成精品文化演艺项目，构建一批文化娱乐聚集区，形成文化娱乐品牌。第四，借助天柱山登山节、黄梅戏文化节、池州中国国际地藏文化节·九华山庙会、中韩友好旅游文化节、芜湖中国（芜湖）旅游博览会和芜湖中国国际动漫产业交易会、中国青铜文化节、马鞍山李白国际户外旅游节等品牌节庆活动提升自身影响力。第五，形成特色餐饮为主体的旅游餐饮体系。重点发展池州九华佛斋、芜湖时尚菜系和江鲜宴、铜陵铜文化主题餐饮和江鲜宴、马鞍山太白酒宴、安庆皖菜等，鼓励餐饮企业组团发展，培育一批拥有自主知识产权、具有核心竞争力的品牌餐饮企业。

3. 完善旅游信息化服务

第一，快速推进皖江城市带旅游咨询中心建设，重点布局在高铁站、火车站、汽车站、码头、高速服务区、酒店等客流比较密集的场所，建立个性化的皖江城市带旅游形象，合理配备电子触摸屏、旅游资料等。第二，推进旅游公共服务平台、旅游产业运行监管平台、旅游大数据集成平台等一批旅游信息化重点项目建设，同时加强市场应用和推广，推动旅游应急救援服务体系的建立。第三，加快旅游的交通引导标识，完善重要交通节点、换乘点等的交通导览图。第四，加大旅游信息化核心技术的研究开发、推广应用信息化示范工程，建立大数据标准体系和大数据采集、整理、开放、使用等工作机制，发挥大数据在旅游转型升级中的作用力。[6]

参考文献

［1］蒋慧颖，马玉仙，安品弟，等. 供给侧改革下尤溪红茶产业发展对策［J］. 海峡科学，2017（1）：45－47.

［2］李嫒. 皖江城市带区域旅游合作对策初探［J］. 中国市场，2013（4）：82－83.

［3］吴大明，薛献伟，张明珠. 皖江城市带旅游一体化的动力机制和空间结构［J］. 安庆师范学院学报（社会科学版），2013，32（3）：20－22.

［4］刘涛，刘亮. 皖江城市带旅游市场现状分析与对策［J］. 安徽工业大学学报（社会科学版），2012，29（6）：16－17.

［5］赵伟峰. 皖江城市带旅游业发展现状分析及对策［J］. 重庆科技学院学报（社会科学版），2012（9）：89－91.

［6］汤云云. 皖江城市带旅游发展初步研究［J］. 旅游纵览（下半月），2015（9）：86.

供给侧结构性改革背景下皖江城市带体育产业一体化研究

夏素文

"供给"与"需求"相对应,"供给侧结构性改革"是从供给、生产端入手,通过解放生产力、提升竞争力、促进经济发展,它的提出,意味着我国整体经济增长模式从以往依靠"三驾马车"拉动需求来刺激经济增长的模式转变为依靠提高全要素生产效率,从而刺激经济增长的模式。国家经济调控的着力点从由"需求侧"入手引导消费,转向从"供给侧"推动产品品质提升。[1]对体育产业而言,供给侧结构性改革是难得的发展机遇。但面对新的形势,如何准确认识供给侧结构性改革,中国体育产业如何融入供给侧结构性改革战略,如何抓住供给侧结构性改革机遇优化体育产业结构、提高体育企业生产效率,进而实现跨越式的发展。对这些问题的研究不仅仅是理论层面的探讨,更是我们正确处理体育产业发展的现实问题,对推动和指导中国体育产业发展具有重要的意义。

《国务院办公厅关于加快发展体育产业的指导意见》与国家体育总局在《体育产业"十三五"规划》中提到了"十三五"时期体育发展的主要目标,到 2020 年,力争全国体育产业总规模超过 3 万亿元;同时,全民健身国家战略深入推进,群众体育发展达到新水平。规划提出,"十三五"时期,体育重点领域改革要取得新突破,体制机制创新取得新成果。加快政府职能转变,推进足球项目改革试点,加速职业体育发展,创新体育社会组织管理和体育场馆运营,逐步完善与经济社会协调发展的体育管理体制和运行机制,基本形成现代体育治理体系。[2]体育产业是现代服务业的重要组成部分,是新的经济增长点和促进社会就业的重要载体,已成为最具活力、高渗透性、交叉性、拉动性的朝阳产业、健康产业、绿色产业,国民经济的重要支柱产业来发展。[3]相比而言,皖江城市带体育产业与平均水平还有一定的差距,存在着许多问题,例如无效供给现象、有效供给不足、体育赛事水平不高、缺乏优质赛事资源和人文内涵等。鉴于此,本文探讨供给侧结构性改革下皖江城市带体育产业的发展问题具有较大的现实意义。

一、体育产业一体化发展与供给侧结构性改革的关系

我国体育产业的未来提升空间很大,体育市场巨大的发展前景引来了国内外资本的加码布局,众多明星和上市公司争相加入到体育产业领域,特别是一些上市公司不断加

大对体育产业的资本投入，通过资产收购、成立体育投资基金等多种形式，强势进军体育产业进行战略布局或跨界融合，有力地推动了体育产业供给侧结构性改革。但是体育产业在发展过程中也出现了区域间体育产业发展不均衡、健身及竞赛表演业等本体产业所占比例过低、大型体育场馆运营绩效不佳、体育产业与外界融合力度不够、体育服务和产品的质量不高等问题。体育服务和产品的供给效率不高和供给不足，导致难以满足社会公众日益增长的体育消费需求，表明生产关系已不太适应生产力，体育供给和体育需求之间的不平衡，这也正是体育产业进行结构性改革的逻辑起点。[4]

二、皖江城市带体育产业一体化发展环境——基于供给侧结构性改革背景的分析

（一）供给侧结构性改革下体育产业发展环境含义

任何产业的发展，都离不开其所处的环境，体育产业也不例外。从体育产业发展的历史不难看出，任何一个阶段的体育产业都是以其所处的环境作为背景而展开的，其发展环境既受内部环境的制约，又受到诸如经济、政治、文化、人口等外部因素的制约，这些外部因素有时对体育产业的影响甚至比内部因素还要深刻得多。为此，洞察体育产业环境变化的来由与趋势，分析环境变化对体育产业发展的影响是探讨皖江城市带体育产业一体化发展的基础与主要切入点。

从词义上说，"环境"泛指某一中心项（或叫主体）周围的空间及空间中存在的事物。具体到体育产业发展环境，是指体育产业所处的历史条件和客观状况。按照研究的角度不同，可将体育产业发展环境分为微观环境和宏观环境、内部环境和外部环境、自然环境和社会经济环境等。微观环境包括体育市场消费需求状况、体育产业供给情况、体育经营管理水平和体育企业经营绩效等；宏观环境可概括为政治、经济、社会和技术环境。具体地说，政治法律制度、经济模式、经济发展水平、经济增长速度、教育文化水平、企业规模、社会风气和习惯、自然环境和地理条件，都会对体育产业的发展产生不同的影响。[5]这些因素有些是直接对体育产业产生重要的影响，而有些影响是间接的。下面着重以经济、社会和自然环境为主来分析皖江城市带体育产业一体化发展的环境。

1. 皖江城市带体育产业一体化发展经济环境分析

经济基础和发展水平是制约体育产业发展的重要因素，决定着体育需求与供给乃至体育市场与体育产业的发展速度和规模。皖江城市带处于中国人口密集、消费需求较大的最靠近东部的中部地区，以合肥市为中心，半径500公里覆盖上海、江苏、浙江、河南、江西、湖北、山东、安徽七省一市，这一区域经济发展水平高，消费潜力巨大。无论是国内生产总值还是社会消费额，接近占全国比重1/2。由此可见，皖江城市带处于较好的发展水平，体育产业一体化发展具备了良好的经济基础。

皖江城市带承东启西、连南接北，既是长三角产业发展共生圈的重要组成部分，长

三角城镇体系的延伸和补充；也是沿长江经济带中发达地区进一步扩张延伸与带动发展的纽带。加快皖江城市带的发展，进一步做强汽车、冶金、化工、家电等优势产业，培育电子信息、生物、公共安全等高技术产业，发展物流、金融、文化、旅游等现代服务业，不仅可以增强长三角腹地的支撑作用，促进长三角加快发展，也能带动沿长江经济带协调发展，在全国范围内建立更加合理的区域产业分工体系，形成东中西优势互补、产业错位、合理分工、联动发展的区域协调发展新格局。

2. 皖江城市带体育产业一体化发展社会环境分析

随着体育产业的深入发展，有关学者基于研究的需要提出了体育人口的概念。卢元镇先生 2003 年主编的《社会体育学》一书中指出体育人口是指在一定时期、一定地域里，经常从事身体锻炼、身体娱乐、接受体育教育、参加运动训练和竞赛，以及其他与体育事业有密切关系的、具有统计意义的一种社会群体。[6]

随着居民生活水平的提高与闲暇时间的增多，居民对于体育消费和参与的重视程度总体提升，参与体育健身活动日渐成为辖区居民休闲的主要选择之一，并成为居民生活的一个有机组成部分。同时，居民的体育消费意识和行为方式也发生了深刻的变化，居民日益追求个性化、针对性与专有性的健身形式。居民参与体育活动方式的深刻变化，为皖江城市带体育产业的商业化发展提供了更多可能性。

3. 皖江城市带体育产业一体化发展自然环境分析

皖江城市带处于中国人口密集、消费需求较大的最靠近东部的中部地区，经济发展水平高、消费潜力巨大，皖江城市带无疑将是拓展国内市场、启动内需的关键区。皖江城市带中的城市分布在以合肥为中心的半径 100 公里的范围内，良好的环境基础，为皖江城市带体育产业吸纳资源，融通资金，开拓市场，传递信息，提供了极为有利的条件。

在中部地区几大城市群中，皖江城市带不仅紧临长三角，发展基础良好，而且具有水资源、岸线资源和环境容量等方面的组合优势。在新一轮经济调整中，皖江城市带依托相对优势，在政策、资金、重大项目布局等方面得到国家更多的支持，正集聚国内外发展要素，加速规模扩张和工业化、城市化进程，推进结构升级，提升发展水平和综合实力，进一步增强产业辐射能力，实现跨越式发展，在推动安徽又好又快发展和中部加快崛起中发挥着引擎和强力带动作用。[7]

（二）皖江城市带体育产业一体化发展研究

皖江城市带体育产业一体化是根据体育产业资源的内在关联性和地理空间的邻近性，整合区域体育产业资源，统筹规划体育产业发展，形成共同的体育产业市场体系，以同一种体育产业形象参与竞争，不断增强皖江城市带体育产业整体的吸引力和竞争力，实现皖江城市带体育产业的可持续发展和共进双赢。近年来，随着皖江城市带建设的不断推进，其发展的格局初步形成。体育产业在皖江城市带经济社会快速发展的大背景下，乘势而上、不断创新，一体化发展的态势良好。当前，皖江城市带体育产业一体化发展的各项工作扎实推进，成效显著。

皖江城市带以体育产业政策和产业规划为突破口，初步构建出体育产业政策指导和调控体系；以体育服务标准化建设为重点，推进了体育市场管理方式的改革和创新；以体育产业统计工作为抓手，筑牢了体育产业管理工作的基础，拓展了体育事业和体育产业发展空间；体育产业规模不断扩大，领域不断拓展，初步形成了以体育服务业为核心，体育用品销售和体育用品制造业为补充的体育产业体系和以健身娱乐、体育彩票、体育培训、竞技体育为主导的体育市场体系。[8]但在皖江城市带体育产业一体化发展的过程中，还存在这样或那样的问题，这些问题既存在于思想认识问题上，也反映在体制性障碍上，对这些问题进行深入的剖析，进而寻找促进皖江城市带体育产业一体化发展的对策是十分必要的。

1. 皖江城市带体育产业的发展现状

2010 年，国务院办公厅发布了《关于加快发展体育产业的指导意见》，提出大力发展体育健身市场、开发体育竞技和体育表演市场、培育体育中介市场、做强体育用品业、促进体育服务贸易、推进体育同相关产业的互动发展。2011 年，国家体育总局印发《体育产业"十二五"规划》提出，"十二五"期间体育产业增加值要以平均每年15% 以上的速度增长，体育产业成为国民经济的重要增长点。2014 年 10 月，国务院印发了《关于加快发展体育产业促进体育消费的若干意见》，提出把体育产业作为绿色产业、朝阳产业进行扶持，力争到 2025 年体育产业总规模超过 5 万亿元，从产业角度为体育产业发展定下基调。[1]

目前，体育产业在国际上已作为国民经济的重要支柱产业来发展。相比而言，皖江城市带体育产业与国际平均水平还有一定的差距。鉴于此，皖江城市带体育产业应该抓住发展的机遇，充分借鉴其他产业，促进体育产业品类齐全、结构合理的体育产业体系的形成。此外，《国务院办公厅关于加快发展体育产业的指导意见》与国家体育总局在《体育产业"十三五"规划》中也明确指出要促进体育产业与相关产业的互动发展，拓展体育产业领域，发挥体育产业的产业关联效应，在复合经营上促进体育产业与相关产业进行协同发展。因此，在繁荣发展体育产业的基础上还应多借鉴其他产业的发展模式，并与相关产业的业态进行联动发展，来拓宽体育产业的发展路径。[8]

近年来，在国家政府的大力推进下，皖江城市带体育产业得到了快速发展，每年的增加值占 GDP 比重逐渐提高，产业融合不断推进，产业结构逐渐优化。但是，体育产业发展仍遇到许多问题和挑战，体育产业行业内部的相关矛盾仍然较为明显，体育市场仍然不健全，居民体育意识仍然不成熟，体育产业相关资源的配置没有得到合理应用，体育市场的相关管理机制、审查制度方面仍然有待完善，专业体育产业相关的从业人员仍然欠缺，体育产业仍然需要不断的扩大市场宣传。体育产业在发展过程中出现了区域间体育产业发展不均衡、健身及竞赛表演业等本体产业所占比例过低、大型体育场馆运营绩效不佳、体育产业与外界融合力度不够、体育服务和产品的质量不高等问题。[9]

2. 皖江城市带体育产业发展的影响因素

（1）社会公共体育服务体系不完善。社会公共体育服务体系的完善水平对一个国家的发达程度具有一定的影响，能够很好地体现出我国以民为本的宗旨。目前，皖江城市带的社会公共体育服务体系还不够完善，长时间以来处于较低水平状态。民间的各种体育健身、休闲、娱乐活动以及有偿的体育服务虽然得到了快速发展，但由国家提供的一系列社会公共体育服务设施及器材无法满足人们的需要，所以迫切需要建立完善的社会公共体育服务体系。

（2）群众体育和竞技体育发展不协调。群众体育和竞技体育是现代体育组成部分两个重要的方面，在一定程度上，能够体现出国民的体育认知标准、价值观和社会发展进程。这二者对体育和社会都有一定的影响，在实际生活中，人们注重竞争，盲目追逐竞技体育，而忽视了群众体育，使得二者发展失衡。

（3）体育人口发展不平衡。群众体育发展水平的评价取决于体育人口的总量。目前，皖江城市带体育人口总量不足，增长趋势过于缓慢，具有明显的地域以及年龄特征。一般体现为农村与城市的体育人口差别较大，偏远落后地区的体育人口占少数或几乎没有。这一问题主要由体育行政部门工作不到位或不作为而造成的。相关部门应做好本职工作，不断提高人民健身意识。

（4）体育产业发展目标定位不明确。目前制约国民体育消费的因素有国民的体育消费需求、消费能力以及消费热情等因素，然而这些因素也能够给体育事业带来动力。现阶段皖江城市带的体育产业目标定位还不明确，没有清楚了解产业发展的现状以及国民体育消费的需求，导致目前现有的体育产品不能够满足国民体育消费的需求。体育产业的生产导向没有向消费者转换，市场经济中的供求关系没有得到及时的解决，不能够满足不同层次的国民体育需求，对特殊群体的体育需求更是无法满足。

（5）体育产业发展理念落后。体育产业的初创时期，体育产业存在粗放型发展，只注重数量而不是质量。虽然现阶段的体育产业比初创时期更加完善，但在制度、规范经营、精细管理、售后服务等方面还不够完善，在许多方面不能够按市场经济规律办事，如紧扣本体、依靠场馆、兼顾其他行业等方面。体育产业与社会需求方面不能够达成协调一致的发展，没有按照科学发展观的要求来树立发展理念。随着现代经济的快速发展，体育产业的发展理念不能够与时俱进，跟不上时代发展的需求。

三、皖江城市带体育产业基于供给侧结构性改革背景的政策性建议

在供给侧结构性改革的大背景下，体育产业的发展必须认清经济形势，把握这次供给侧结构性改革的机遇，从优化供给侧入手，才能实现体育产业跨越式的发展。在中国经济增速放缓大背景下提出的供给侧结构性改革，对于体育产业而言既是挑战也是机遇。在国家战略驱动作用下，体育制造业应当加快淘汰"僵尸企业"，化解过剩产能，不断提高全要素生产率，激发企业的活力。[10]体育服务业则应当把握当前国家大力发展第三产业的契机，积极主动地融入国家经济战略中，在保障服务质量的基础上，扩大产业规模，加快产业结构的优化，这样才能取得跨越式的发展。供给侧结构性改革对体育产业发展有着重大而深远的影响。[11]体育产业应当借供给侧改革之机，加快自身产业结

构升级，加强创新，提升竞争力，加速体育产业市场化和国际化的进程。[12]

1. 鼓励体育企业积极参与"大众创业、万众创新"

通过体制改革，建立体育产业自主创新的政策体系，引导企业和个人加大研发力度，调动自主创新的积极性。重视体育产业创新人才的培养和引进，完善创新人才队伍建设。充分激发全社会的创业热情，鼓励全民创业，培育创业文化，形成体育产业良好的创业氛围。

2. 借城市化、产业优化之机提高体育产业的竞争力

城市化进程伴随而来的是进城农民消费提升、人口密集、生活居住方式的改变。而这一系列的变化能为中国经济持续增长提供源动力。体育产业要抓住这次机遇，通过自身产业结构的转变，优化供给，针对新的人口结构提供相应的产品和服务。此外还要把握国家鼓励产业改造升级、大力促进第三产业的机遇，通过扩大融资渠道引导商业模式创新、技术创新、产业创新，加快产业的优化升级，增加体育服务行业所占比例。[12]在优化升级的过程中，还要充分利用市场机制的作用，让企业成为行业结构升级的主体。

3. 利用减税和行政审批的减少促进体育产业适当扩大规模

结构性减税和减少行政审批是现阶段改革的重点之一，赋税的降低能够降低企业经营成本，而行政审批的减少意味着政府职能的转变。这两项措施都是为了激发市场主体创业、创新的活力，并结合经济杠杆促进产业优化。体育企业应当积极应对改革，利用税制改革带来的机遇，适当扩大规模，提高竞争力。此外，必须转变思想，清楚认识在新常态下体育产业的发展不能过多依赖国家的产业政策，只有通过强化企业创新和创业才能实现体育产业的长足发展。

4. 引导体育企业转变思路，开拓新兴市场，扩大投资规模

体育产业尤其是体育用品行业需要认清国际经济格局，寻找新的经济增长点。此外还需要意识到，引发中国经济"滞涨"的风险并不是需求不足引起的，而是有效供给不足引起的，也就是结构、质量和效益的矛盾引起的。因此，体育企业还必须适度扩大投资规模，但是这个投资规模是建立在质量和效益能得到保障的前提下，只有这样才能优化产业结构，加快过剩产能的淘汰。

5. 明确政府和市场在经济发展中的定位，提高体育企业决策效率

在供给侧结构性改革的新常态下，政府和市场在经济运行中各司其职。政府一方面通过货币政策、财政政策等手段对经济运行进行调控，另一方面通过制定法规、成立监管机构等方式来监督市场运行。而市场则通过自身资源配置的机制来引导经济运行。体育企业要对政府和市场在经济运行中的作用准确定位，首先要尊重市场，按照市场规律办事，此外还要善于读解政府政策，寻找体育产业新的经济增长点。

6. 体育产业发展要同时兼顾"供给侧"和"需求侧"

体育产业在发展过程中，不能因为国家推出了供给侧结构性改革经济发展战略，就只强调供给管理而忽略了需求管理，不能将供给侧和需求侧对立起来。中国经济形势复杂，"供需错位"不仅仅是供给侧的问题，中国经济也存在着明显需求不足。这就意味着体育产业在注重提高生产效率、优化供的同时，还必须时刻关注消费、出口、投资这"三驾马车",虽然这已不是经济增长和财富来源的根本动力,但依然是产品销售和价值实现的条件。[1]因此,体育产业应当在肯定需求管理的基础上加强对供给管理的重视,这样才能保障体育产业的健康可持续发展。

四、结 语

发展体育产业是中国经济在新常态发展中的一个新亮点,推进体育产业供给侧结构性改革,对于我国经济结构转型与优化具有重要的推动作用。体育产业供给侧结构性改革,就是从供给端出发,通过改革的方式去优化和调整体育产业结构,扩大有效供给,减少无效供给,提高体育产业的全要素生产率,实现体育资源配置的最优化,促进体育产业的健康与可持续发展。[13][14]实现体育产业发展的健康与可持续发展,要以党的十八届五中全会提出的"创新、协调、绿色、开放、共享"的五大发展新理念为行动指导,通过实施创新驱动战略、补齐产业发展短板、发挥低碳环保优势、加强产业跨界融合、完善体育市场供给等举措,来破解体育产业发展难题,推进体育产业供给侧结构性改革。[15]"十三五"时期,是我国全面建成小康社会的关键时期,是体育发展重要战略阶段,也是体育产业发展重要的黄金时期,只有进行体育产业供给侧结构性改革,才能推动体育产业成为经济转型升级的重要力量,才能增进人民福祉,满足人民群众日益增长的多元化体育需求。

参考文献

[1] 王小广. 供给侧结构性改革:本质内涵、理论源流和时代使命 [J]. 中共贵州省委党校学报,2016(2):82-87.

[2] 国务院办公厅. 国务院办公厅关于加快发展体育产业的指导意见 [EB/OL]. http://www.gov.cn/zwgk/2010-03/24/content-1563447.htm,2010-3-24.

[3] 李明. 体育产业学导论 [M]. 北京:北京体育大学出版社,2001.

[4] 李博. "供给侧改革"对我国体育产业发展的启示——基于新供给经济学视角 [J]. 武汉体育学院学报,2016,50(2):52-58.

[5] 单勇,徐晓燕. 论区域体育产业发展的基本要素 [J]. 浙江体育科学,2006(6):27-29.

[6] 胡跃兵. 皖江城市带农村乡镇体育人口类型研究 [J]. 首都体育学院学报,2009(6):702-703.

[7] 许光全. 安徽省体育市场发展与经营管理 [J]. 体育学刊,2006(5):32-37.

[8] 贾康,冯俏彬. 新供给:创构新动力———"十三五"时期"供给管理"的思路与建议 [J]. 税务研究,2016(1):3-9.

[9] 殷俊海. 体育产业供给侧改革的方向 [N]. 中国体育报,2016-04-22(1).

[10] 贾康,徐林,李万寿,等. 中国需要构建和发展以改革为核心的新供给经济学 [J]. 财政研究,2013(1):2-15.

[11] 李格非. 供给侧结构性改革与中国体育产业发展 [J]. 武汉体育学院学报,2016,50(4):46-50.

[12] 杨昌南. 我国体育产业发展现状与未来发展对策的研究 [D]. 合肥:合肥工业大学,2010.

［13］陈林祥. 我国体育产业结构与产业布局政策选择的研究［J］. 体育科学, 2007（3）: 75 – 82.

［14］冯蕴中. 我国体育产业发展战略研究［J］. 体育与科学, 2004, 25（1）: 30 – 34.

［15］黄海燕, 张林, 陈元欣, 等. "十三五" 我国体育产业战略目标与实施路径［J］. 上海体育学院学报, 2016, 40（2）: 13 – 18.

供给侧结构性改革背景下皖江城市带养老服务业发展研究

汪娅娅

一、养老服务业在供给侧结构性改革过程中的地位及作用

1956 年，联合国在《人口老龄化及其社会经济后果》中提出当一个国家或地区 65 岁及以上老年人口数量占总人口比例超过 7% 时，则意味着这个国家或地区进入老龄化。1982 年，在维也纳老龄问题世界大会上，确定当一个国家或者地区 60 岁及以上老年人口占总人口比例超过 10%，意味着这个国家或地区进入严重老龄化。截至 2015 年年底，我国 60 岁以上人口达到 2.22 亿，占人口总数的 16.1%，其中 65 岁以上老年人口 1.44 亿，中国已经是老龄化社会且老龄化严重。[1]随着老龄人口的不断增加，养老服务需求也随之不断扩大，引起政府高度重视。2015 年，中共十八届五中全会指出，"十三五"期间要积极开展应对人口老龄化行动，"弘扬敬老、养老、助老的社会风尚，建设以居家为基础、社区为依托、机构为补充的多层次养老服务体系"，养老产业将成为未来社会发展的重要领域。安徽省皖江城市带作为产业承接地，同样面临较严重的老龄化问题。截止到 2015 年底，皖江城市带各市老龄化率全部在 17% 以上，其中马鞍山市与宣城市更是超过了 20%，皖江各市老龄化水平均高于安徽省平均水平，也高于全国，见表 1。[2]皖江城市带养老问题突出，且在未来将面临更为沉重的养老压力。据现阶段

表1　　　　　2015 年皖江城市带各市 60 岁以上常住人口数量及老龄化率

城市	年末数（万人）	老龄化率（%）
合肥	136.16	17.48
马鞍山	48.23	21.32
芜湖	66.44	18.18
宣城	62.56	21.19
铜陵	28.95	18.18
池州	25.59	17.82
安庆	83.10	18.12
滁州	70.98	17.67
全省	1063.46	17.31

资料来源:《安徽统计年鉴》(2016)。

人口年龄结构和变动趋势，预计"十三五"末，合肥市包括其他皖江城市带60岁及以上年龄人口占总人口比重将超过20%，随着老龄人口急剧增加，皖江城市带各市步入深度老龄化阶段，养老问题已经成为不可忽视的问题。[3]

面对老年人对养老服务的巨大需求，以及产业转型升级的双重压力，皖江城市带各市必须加快养老服务业的发展，以满足巨大养老服务需求的同时实现产业结构的调整、优化升级。2015年11月，习近平总书记正式提出要"在适度扩大总需求的同时，着力加强供给侧结构性改革，着力提高供给体系质量和效率，增强经济持续增长动力，推动我国社会生产力水平实现整体跃升"。供给侧结构性改革的理念提出为皖江城市乃至全国养老服务业的发展提供了新的路径与方法。在推进供给侧改革进程中促进养老服务业的快速发展，实现老年人老有所养、老有所乐和老有所安，是实现全面建成小康社会目标的重要内容，也有利于人口老龄化问题及其带来的诸多矛盾的良性解决。当前，皖江各市养老服务业总体上进入了迅速发展的时期，但仍然面临诸多问题，其中最为突出的就是供给不足，因此皖江各市养老服务业供给侧结构性改革的核心，在于优化养老服务的供给，提高养老服务的质量，最大限度地满足老年人的养老服务需求，有效解决养老服务供需失衡的问题。发展养老服务业，不仅是解决人口老龄化难题的关键，也是推动皖江各市经济发展的新型产业和新兴力量。

二、皖江城市带养老服务供需现状及存在问题分析

（一）皖江城市带养老服务供给现状

"十二五"期间皖江各市老龄事业发展迅速，取得较大成绩。养老服务业发展法律法规更加健全，居家为基础、社区为依托、机构为补充、医养相结合的养老服务体系初步建立。[4]安庆市与马鞍山市2014年被民政部确定为全国养老服务业改革试点，力争能在健全养老服务体系、引导社会力量参与养老服务等方面形成可供其他省市借鉴的经验。本部分将主要以安庆市和马鞍山市的经验来探讨当前皖江城市带各市养老服务供给现状。

1. 养老服务水平不断提升

（1）养老机构数量不断增多。皖江城市带各市在"十二五"期间，加大养老机构投资与建设力度，每千名老年人拥有床位数30个左右。据安庆市民政局统计，截止到2016年底，安庆市养老机构167个、床位29515张，每千名老人拥有床位数已高达38张。[5]

（2）社区居家养老服务设施覆盖面逐步增长。皖江城市带各市加大社区居家养老设施建设，将社区居家养老服务站建设作为养老服务提质增效的重要支撑。皖江城市带各市在整合既有资源的基础上，争取各项资金补助及贷款加大社会居家养老设施建设。目前，马鞍山市居家养老服务设施已经实现全覆盖，安庆市城市社区居家养老服务设施覆盖率达到99%，马鞍山市农村养老服务设施覆盖率达到70%。[6]

（3）普惠福利不断拓展。皖江城市带各市已建立居家养老服务补贴、失能老人护理补贴、普惠制高龄津贴等制度。马鞍山市 2016 年共发放居家养老服务补贴 251.8 万元、护理补贴 43.4 万元、高龄津贴 2131.6 万元。安庆市实施了城市 70 周岁以上困难老人居家养老服务、喘息服务等社会化服务项目，累计投入资金 500 余万元。[7]

2. 养老服务工作稳步推进

为促进养老服务事业稳步发展，皖江城市带各市不断完善相关制度法规建设。在制定养老服务"十三五"发展规划的基础上，马鞍山市相继出台《马鞍山市养老设施布局专项规划（2016－2030）》《马鞍山市养老服务体系建设三年行动计划（2017－2019）》等文件指导养老服务业发展。同时，马鞍山市提出要引入专业化养老服务组织，对现有居家养老平台进行改造，提升居家养老水平。

3. 养老服务业产业化发展初见成效

养老服务业是一个综合性产业，包含生产、经营、服务于一体。为促进养老服务业发展，皖江各市抓住国家推动养老服务产业发展的一系列政策机遇，正着力探寻养老产业化发展模式。安庆市在促进养老服务发展过程中探索出了"园区示范＋标准研创＋孵化出壳"养老服务发展的新路径。目前，安庆市健康养老服务示范园项目正在建设中，其产业引导项目包括养老产业标准化研究、老年人康复辅具研发生产、老年产品线上线下展示体验、示范机构站点建设等内容。

4. 积极推进"医养结合"发展

皖江城市带各市为了满足当前巨大的养老需求，在加大对养老服务建设的同时积极探索医养结合新路径。

首先，积极整合资源，建立医疗机构与养老机构之间的协作机制，铜陵市人民医院等综合医院设立了老年病专科及门诊，市三院设立了精神残疾老年人托养中心，满足老年人医疗和康复需求。

其次，开展医养结合试点。2016 年芜湖市被国家卫计委、民政部列为"第一批国家级医养结合试点单位"。此后，芜湖华康医院、和平医院等开始试点养老护理项目。目前，芜湖市康达养老护理院和牯牛山老年公寓已建成投入使用，共有 700 个床位。

皖江城市带在养老服务供给方面取得了较大成绩，机构与社区居家养老等多层次养老服务供给在满足老年人养老需求的同时也有利于老人儿女负担的减轻。此外，皖江城市带各市致力于养老服务业产业化发展，积极调动社会力量参与养老服务供给，探寻医养结合新模式，必将有利于皖江城市带养老服务业不断进步与发展。

（二）皖江城市带养老服务需求现状

随着老龄化的不断加深，加之老龄化发展速度较快等原因，皖江城市带养老服务需求有其自身特征。

1. 养老服务基础设施需求在不断增长

当前皖江城市带各市老龄化程度较高且增长速度较快。以铜陵市为例。截至 2015 年底，铜陵市老年户籍人口已达 28.95 万，占全市总户籍人口的 18.18%，老龄人口年

均增长 4% 以上。2015 年，铜陵市共有养老机构 58 所、床位 7300 余张，其中，社会办养老机构 15 所、床位 1564 张。当前每千名老人拥有床位 25 张，据省政府要求的"到'十二五'末，每千名老人床位数达到 40 张"目标仍有一定差距。[8]

2. 消费性养老服务需求升级加速

皖江城市带各市面临较严重的老龄化的同时，空巢化、高龄化明显。铜陵市 80 周岁以上高龄老人 3.6 万人，占老年人口的 12.6%，并以年均 8.5% 的速度递增；全市不与子女同住的老年人比例达 70% 以上，空巢矛盾较为突出。合肥市 80 岁以上老年人约 19.5 万人，占老年人口的 14.9%。其中，失能老人约占老年人口的 9.8%；空巢老人约占老年人口的 49%。老龄化的加剧，家庭结构小型化以及大量空巢家庭的出现，需要他人照料的高龄老人和空巢老人越来越多。[9]

此外，皖江城市带在承接产业转移过程中，居民生活水平不断提升。2015 年，皖江城市带各市城乡居民人均可支配性收入不断提升，其中马鞍山市城镇人均收入高达 35262 元，农村居民为 16331 元，见表 2。人均收入的提高，促进了皖江城市带各市居民养老需求的升级加速，也对养老服务产业提出了更多新需求。

表 2　　　　　　　　　　2015 年皖江城市带各市城乡居民可支配性收入　　　　　　　　单位：元

城市	城镇	农村
合肥	31989	15733
马鞍山	35262	16331
芜湖	29766	15964
宣城	28602	12309
铜陵	31748	11169
池州	24276	11511
安庆	23966	9985
滁州	24168	10070
全省	26936	10821

资料来源：《安徽统计年鉴》(2016)。

3. 养老服务需求呈现多元化特征

随着人们生活水平的不断提升，除了物质生活外，人们也开始关注精神生活质量。老年人对于养老生活的要求不仅仅是简单的衣食住行舒适，开始追求更加健康且丰富的老年生活。当前具备生活照料、医疗健康、餐饮娱乐等综合服务功能的养老服务越来越受欢迎，居家养老、医养结合、社区养老等新型养老需求成为皖江城市带各市养老需求新特征的体现。养老需求的多样化，必然要求当前养老服务供给的转变，当前皖江城市带各市亟须创新养老服务供给方式与内容。[10]

（三）皖江城市带养老服务供给与需求中存在的问题

皖江城市带养老服务业发展在结合本地发展实际的基础上已取得一定的成就，但当前养老服务供给还无法有效满足老年人的养老需求，主要体现在以下四个方面。

1. 养老服务供需不匹配

通过对皖江城市带养老服务供需现状研究可以发现，当前皖江城市带各市老龄化程度深，养老需求大，但养老机构、设施、人力资源等却相对滞后。铜陵市等皖江城市带城市每千名老年人均床位数还未到 30 个的省级标准。且目前养老服务专业人口缺口较大，绝大多数养老机构无法按照国家和省级要求配备专业养老护理人员。

2. 养老供给结构失衡

一是养老服务供给内容少、层次低。目前皖江城市带养老服务供给内容更多的是满足老年人的医、护、住等基本需求，提供养老服务的机构一般是养护院、老年公寓等。但是，随着生活水平的提升，老年人越来越关注的是在生命体基本需求满足的基础上基本生活保障需求的满足，包括健康管理、休闲娱乐等内容。此外，老年人还有更高层次的需求，包括老年教育等高层次精神需求的满足。整体来看，虽然皖江城市带养老服务发展建设取得一定的进展，但目前的养老服务内容还是较为贫乏，处于较低层次阶段。

二是养老服务功能结构不合理。当前皖江城市带各市老年人口除了数量大，还呈现高龄化、失能、半失能老年人数量较多的特点，这些老年人对于长期照料和专业护理的需求较大，然而目前皖江城市带医养结合型养老机构建设刚刚起步，已建成床位较少。绝大多数养老机构主要为能够自理的老年人提供养老服务，导致当前普通养老机构入住率较低，但又有相当一部分需要入住专业机构养老的老年人无养老机构可去的矛盾局面。[11]

3. 养老服务供给中社会力量的主体作用尚未发挥

当前社会力量参与到养老服务中的力量还是较少，更无法发挥主体作用。一方面，当前皖江城市带贷款优惠等方面的政策操作性不足，挫伤了投资者的积极性。各市对于社会资本投资养老服务都有资助政策，但对于其机构入住率等方面都有严格要求，如达不到就无法获得资助。另一方面，当前的扶持政策主要集中在养老机构建设方面，培育发展老年产业方面的研究不够。养老服务业是一个获利比较小的行业，尤其是在开办初期，如果没有政府税收、土地、信贷等方面的支持，民营养老服务机构是很难获利的，这影响了很多社会资本的可持续投入。

4. 智慧养老亟待推进

皖江城市带目前的养老还是以传统养老模式为主，需要大量人力、物力投入，但效率却较低，也满足不了当前的养老需求。而以"互联网＋"为依托的智慧养老发展相对滞后，已建设的养老服务信息平台功能发挥不足，养老服务信息化应用能力较弱。线上与线下服务的转换，包括优质价廉的"最后一公里服务"都是目前亟须解决的问题。尤其是线上的数据能否成功转化为线下的真实养老服务，直接决定智慧养老能否实现。

三、供给侧结构性改革背景下皖江城市带养老
服务业发展的对策建议

皖江城市带养老服务供给侧的改革应是形成能够满足老年人多样化服务需求的养老服务体系。在未来养老服务发展过程中，应该逐步优化供给结构实现供需平衡，要让市场在养老服务业资源配置中起决定性作用，通过完善相关制度培育养老服务业多元供给主体，抓住老龄事业发展的新机遇，大力发展智慧养老，探寻养老新模式。具体来说可以采用以下举措来促进养老服务业的发展。

（一）优化养老服务业供给结构，实现养老服务供需平衡

皖江城市带各市政府应该从供需两方面做好养老服务顶层设计和发展战略，因地制宜确定各地养老服务业发展方向。在供给方面政府应该做好托底工作，加大养老服务设施建设，扩大养老服务覆盖面，但也要避免盲目、重复建设各类养老机构。要结合当地养老需求和具体经济状况制定政策措施，满足不同身体条件、年龄、收入老年人养老服务需求。对于老年人的需求也要合理引导，促进有消费能力的老年人通过适宜消费获取优质老年生活。

（二）培育多层次的养老服务业

供给侧结构性改革的目的主要在于发展新动能实现经济的可持续增长。在养老服务业发展过程中，除了要满足老年人的基本养老服务需求，还应该培育发展更高层次的养老服务项目的建设与发展。要吸引各社会主体积极探索特色化养老服务项目，实现养老服务业创新发展、多层次构建；同时也要注意利用各产业间的关系，实现养老、旅游、医疗、健康、中医药等相关产业的融合、协调发展。

（三）构建政府、市场、社会多元主体参与供给的养老服务体系

供给侧结构性改革的主要意图在于放松管制，释放活力，促使社会力量能够发挥重要作用。针对皖江城市各市养老服务业发展过程中存在的养老服务实施、专业人员匮乏等问题，应在明确政府、社区、企业、社会组织和群众自治组织等相关主体责任的基础上合理解决。首先，应该明确政府的主导责任，作为基本服务的提供者，政府要进一步转变政府职能，变过去的政府直接投资管理为适应市场经济的间接宏观调控。政府不应该过多参与养老服务业，从以前事无巨细的大包大揽转为宏观调控、政策引导。其次，应该充分发挥社区在整合社区服务资源、建立养老服务平台、引导社会组织参与等方面的优势作用。再次，制定优惠政策支撑家庭在养老服务供给中功能的充分发挥，尤其是其对老年人精神慰藉方面不可替代之作用的发挥。最后，企业和社会组织要发挥自身优势，参与养老设施的兴建或运营，助力养老产业健康发展。只有各主体分工明确，协调配合，才能满足老年人多层次、多样化的养老服务需求，形成政府、市场、社会多元主

体共同应对人口老龄化的新体制。

（四） 建立皖江城市带医养融合一体化供给制度

医养融合是将医疗资源融入养老服务供给中，通过医疗资源与养老资源的相互渗透、互补形成医疗养老联合体，为老年人提供生活照料、疾病治疗、康复护理等于一体的健康和养老服务。

皖江城市带各市在推进医养结合的过程中具体工作包括：首先，应该在构建由各级医疗卫生机构、养老机构医务室组成的老年医疗卫生服务网络和医疗资源共享平台的基础上，建立健全医疗卫生机构与养老机构之间的合作机制。医院可通过向合作的养老机构派驻医生、远程会诊等方式为养老机构提供医疗服务与支持。其次，推进社区医疗养老卫生资源共享，通过社区医疗机构与老年人家庭建立签约服务关系的方式，为特殊家庭困难的老年人，提供定期体检、上门巡诊、家庭病床等基本医疗服务服务。再次，鼓励社会力量兴办医养结合机构。通过一系列的优惠政策引导社会力量运用市场化运作的方式，举办医养结合机构以及老年康复、老年护理等专业医疗机构。最后，健全医疗保险制度，将提供养老服务的医疗机构纳入当地基本医疗保障定点范围，实现养老医疗护理与基本医疗保险制度衔接。

（五） 建立健全智慧养老模式

为提升养老服务供给效率和水平，应建立健全智慧养老模式，促进传统养老服务模式转型升级。一方面，应该鼓励发展"互联网＋"养老，搭建智能养老服务平台，整合各类医疗、养老服务资源，充分发挥政府、公共服务机构、商业服务机构的优势，为老年人提供多样化服务，满足其生活、精神慰藉需求，形成信息化、智能化、多层次的居家养老服务体系；另一方面，通过职业培训，培养高素质养老服务人员，同时完善职业技能等级与养老服务人员薪酬挂钩机制，提高养老护理人员的待遇和社会地位。

参考文献

［1］中国统计局社会服务发展统计公报（2015）［EB/OL］. http：//politics. people. com. cn/GB/n1/2016/0711/c1001－28544762. html，2016－07－11.

［2］安徽省统计局. 安徽统计年鉴（2016）［EB/OL］. http：//www. ahtjj. gov. cn/tjj/web/tjnj_view. jsp?_index＝1,2017－05－29.

［3］合肥市发改委. 合肥市"十三五"养老服务业发展规划［EB/OL］. http：//www. hfdpc. gov. cn/fzgg/ghyj/201704/W020170405614685613112. pdf，2017－04.

［4］安徽省人民政府."十三五"安徽省老龄事业发展和养老体系建设规划［EB/OL］. http：//zw. anhuinews. com/system/2017/07/28/007677314_02. shtml,2017－07－28.

［5］安庆新闻网. 安庆共建成养老机构167个床位2.95万张［EB/OL］. http：//www. ahwang. cn/anqing/news/20170831/1676014. shtml，2017－08.

［6］马鞍山市民政局. 马鞍山市推出养老服务体系建设"三年行动计划"［EB/OL］. http：//ah. anhuinews. com/system/2017/02/21/007566319. shtml，2017－02－21.

［7］安庆市民政局. 安徽省安庆市人民政府关于加快推进养老服务体系建设的意见［EB/OL］. http：//www. yanglao. com. cn/article/8447. html，2014 - 08 - 05.

［8］铜陵日报. 铜陵市养老服务业发展取得长足进步［EB/OL］. http：//www. sohu. com/a/159752662_120809，2017 - 07.

［9］张炜. 合肥市加快发展养老服务业的思考［J］. 中国社会工作，2017（20）：26 - 27.

［10］巢莹莹，张正国. 上海市养老服务业供给侧改革路径选择——基于 PPP 模式［J］. 经济论坛，2016（4）：16 - 20.

［11］王珏，刘红霞. 供给侧改革背景下的江西养老服务发展对策［J］. 企业经济，2016（12）：160 - 162.

细分行业篇

供给侧结构性改革背景下铜陵地方生态服务业发展研究

金利娟　安一瑾

　　随着中国经济的不断增强，服务业对经济发展的影响越来越大，也逐渐受到人们的重视。但长期以来，人们对服务业的认知一直处于低能耗、轻污染的高度评价阶段，但经过时间检验和研究表明，新常态下如果不对服务业绿色发展引起重视，服务业依然会对生态环境、社会环境、文化环境起着破坏作用，如餐饮业的废水污染、电信骚扰诈骗、新技术媒体下的不利于社会和谐发展的微信微博视频传播和骗购、旅游中的不文明举止等。[1]生态服务业（eco-service dustry）是生态循环经济的有机组成部分，包括绿色商业服务业、生态旅游业、现代物流业、绿色公共管理服务等部门，是指在充分合理开发、利用当地生态环境资源基础上发展的服务业。在总体上有利于降低城市经济的资源和能源消耗强度，发展生态文明，是整个循环经济和社会正常运转的纽带和保障。生态服务业的主要内容包括：生态技术、生态物流、生态旅游、生态教育、生态文化、生态交通运输、生态住宿与餐饮，属于生态经济学范畴。服务业的资源消耗水平相对较高，当前在国家"五大发展理念"指引下，应努力减轻其对资源的消耗，减轻服务业增长产生的生态环境压力，实现服务业的绿色发展，才能适应新常态下的经济发展模式。服务业绿色转型是生态服务业供给侧结构性改革发展的重点，一方面通过绿色服务替代传统服务，减少资源、能源的消耗，减缓对生态环境的压力；另一方面倡导生态文明建设，实施绿色发展也是经济结构调整，实施产业结构转型的重要支撑。在地方建设生态服务业，调整服务业结构，对弥补民生、生态、城市建设，推进供给侧改革等都具有重要意义。[2]以下以铜陵市主城区铜官区生态产业发展为例，以点带面进行论证，以此提出地方供给侧结构性改革中推进生态服务业发展对策。

一、铜陵市铜官区生态产业发展现状

（一）生产性服务业发展现状

1. "双平台"支撑工业绿色转型

铜陵市聚合转型发展、绿色发展动能，在抓项目建设上，以"双平台"支撑工业绿色转型，推进资源型城市转型升级。绿色产业上围绕节能减排，开展产业低碳化、交通清洁化、建筑绿色化、服务业集约化、主要污染物减量化和可再生能源利用规模化"六化"主题行动；围绕循环经济，推进资源高值化利用、园区循环化改造、生产生活耦合化共生三大突破。"十二五"期间，铜陵以年均4.5%的能源消费增长和逐年下降的污染排放，支撑了年均11%的经济增长，提前一年完成"十二五"节能减排目标，在转型发展和节能减排之间实现了双赢。

2. "三联创"创新转型保障机制

铜陵市在全国率先推行"三联创"。强化顶层设计，出台《关于创建国家节能减排和循环经济示范市建设生态铜陵的实施意见》，实施"6356"行动计划（即"六化"主题计划、三个重大突破、五型生态体系、六项机制创新），形成节能减排城市、循环经济城市、生态城市"三市联创"，系统推进新格局。近几年，铜陵市政府共整合各类财政性资金8.4亿元，通过资金扶持和政策引导，带动企业和社会投资，全年五大典型示范项目、"六化"项目和循环经济项目分别完成投资36亿元、133亿元和58亿元。同时，积极提升推广PPP模式，建成建筑废弃物处理一期工程，餐厨废弃物处理、生活垃圾处理二期工程列入国家PPP示范项目。

3. "绿色化"工程推动城市发展

借助双示范市建设聚合的动能，铜陵市强力推进城市绿化提升和森林增长工程建设，主城区面貌日新月异。在毗邻铜陵长江西路的黑砂河下游，该市对这片区域实施了增绿工程，绿化总面积达14万平方米，同时还建立了后期管护机制。城市建设实施了"道路绿化提升、公园广场建设、庭院绿化提升、河道整治提升和绿化管理提升"五大提升工程，实现了城市绿化均衡布局。2016年完成新增和提升绿化面积392.1万平方米，建成绿道34.8公里，新增街头游园（绿地）17处。绿色化为城市添绿增蓝，改善了市民生活环境，也焕发了城市活力。铜陵滨江岸线曾经被不符合规划的众多小码头和非码头设施占用。该市以治污、植绿为重点，集中开展环境综合整治，依法关停小码头和污染企业67个，拆除滨江小码头和非码头设施123个，释放出3公里生产岸线、1000亩港口陆域土地、8.2公里生活岸线和近2600亩绿化用地。[3]

（二）铜官区现代服务业发展现状

作为铜陵市主城区铜官区，2012年铜官区成为全省首家获批的省级服务业综合改革试点区以来，在推动服务业发展方面进行了试点改革，服务业已成为该区重要的经济增长极，全区服务业经济对财政收入的贡献度达77%。2015年，全区服务业增加值在三次产业占比达46%，在全市服务业占比达到70%以上。该区已初步形成了以生产性服务业和生活性服务业并重，支持制造业转型和城市可持续发展的"铜官模式"。2016年又获批国家级现代服务业综合改革试点区。目前在推进生态服务业园区建设上，主要是以企业为主体，以零售批发、住宿餐饮、交通运输、物流、旅游业等行业为重点，实施服务主体生态化、服务过程清洁化、消费模式绿色化，也取得了较大的成绩。

二、铜陵市铜官区生态服务业供给侧结构性发展存在的问题

（一）新业态服务有效供给不足

随着消费结构升级，市民已进入追求个性、高品质、安全、健康、绿色、便利的消费阶段，信息网络服务、文化娱乐、休闲旅游、教育培训、健康养老、安全家政、绿色快递、大型赛事、绿色建筑等服务产品将成为新的消费增长点。在"十三五"期间绝大多数服务业并不存在产能过剩的问题，而是面临有效供给不足，尤其是中高端服务供给严重不足，难以满足城乡居民日益增长的服务需求。

（二）现代生态服务业的研发设计短板

绿色服务、信息技术服务、物流快递服务、人力资源外包服务等生产性服务业在服务业中所占比重偏低，发展水平不高，市场竞争力不强，是产业发展链条的薄弱环节，迫切需要提质增效升级。

（三）高附加值服务出口不大，对外开放程度较低

铜官区在国内具有竞争力的服务行业和生态服务业偏少，服务贸易结构仍不合理，知识加技术密集型服务在服务出口总额中所占比重偏低，建筑服务所占比重偏高。

（四）生态服务业发展面临的深层次体制机制未健全

生态服务业发展年限较短，不仅在普通民众中没有相应的概念，甚至于在一些相关政府部门中，也没有相应的理念，形成政府对生态服务业的认知不足，缺少对生态服务业的发展提供相应的指导。一旦问题出现时，无法提出相应的解决措施，从而导致生态服务业的很多领域未能得到有效管理。

（五）生态人才缺口严重，创新能力低

市场竞争主要是知识经济的竞争，知识经济主要靠人才来发展。而当前高等教育体制也相应滞后，存在一定缺陷，没有相应的生态服务业人才培养先例，人才的来源主要靠社会自发形成，造成人才供给与需求之间存在矛盾，加之生态服务业发达地区通过高薪大量挖走生态人才，导致服务业高端人才进一步匮乏。过去主要依靠传统劳动密集型

产业发展经济，对资源和劳动力的需求量高，而对现代高新技术需求量较低，导致生产过程和产品技术含量低，更新换代周期长，加之人才流失和教育体制弊端，现代服务产业的创新能力不足，新业态发展缺乏后劲。

（六）金融支持力度不够

近年来服务业虽然迅速发展，但金融支持力度不大，加之人们对生态服务业认识水平不足，金融机构资金较少流入，严重制约了生态服务业的进一步发展。服务业企业大多实行轻资产运营，核心的资产是专利、商标、技术诀窍、商业模式、品牌、技术人才和管理人才，可供抵押的固定资产、房产少，知识产权质押政策尚处于试点阶段，与服务业相关的价值评估体系、产业信用担保体系建设仍然滞后，服务业企业特别是中小企业申请贷款手续烦琐，成功率低，贷款成本高。

三、供给侧结构性改革中推进地方生态服务业发展的建议

铜陵市铜官区作为国家级服务业综合改革试点区，应加大改革创新。

在"十三五"期间，服务业新动能成长迅速，加快推进生态服务业供给侧结构性改革，建立符合实体经济发展的新业态，坚持绿色发展，生态服务理念，推动生产性服务业向专业化和价值链高端延伸，生活性服务业向精细和高品质转变。而推动服务业整体模式转变，将服务业由传统的低端服务向高端服务转变，在生产性和生态性服务方面做出突破，以达到产业结构整体优化，优化服务业供给结构，培育经济增长新动力，促进生态服务业发展就显得尤为重要。[4]为此建议如下：

（一）优化服务业发展环境，扩大服务业对外开放

放大格局，与发达地区和国外地区联动，建立生态服务联盟区（与转型友好城市对接，开发绿色工业旅游）。继续扩大我区服务业对外开放，增强服务业国际竞争力积极参与，更多了解多边、区域服务贸易谈判和全球服务贸易规则制定，加快与"一带一路"沿线国家、相邻国家和重点市场联系，走出去积极推进国际投资协定谈判，逐步建立面向全球的高标准服务贸易区网络，扩大服务市场规模和范围，助推铜陵市铜官区高端服务业发展。开展服务业扩大开放综合试点，深化与上海、天津、福建、广东等国内自由贸易试验区建设的对接，逐步实现高水平对内对外开放，提高铜官区服务业的开放度。加强部门协调，推出更有力的支持政策，支持铜官区服务业企业"走出去"，开拓国际发展空间。

（二）完善管理模式激发服务业发展活力

建议对铜官区大部分生态服务业采用负面清单管理方式，进一步简政放权，放宽市场准入，减少行政审批项目。增强竞争活力进而降低服务价格。加强市场监管。建议政府完善对事中、事后进行监管的规则，加强监管人才队伍建设，对服务市场进行有效、

及时监管，维护公平竞争的市场秩序。同时，对电信、新媒体、电子商务、人力资源服务等行业，要开展常态化的市场监管。

（三）健全政策引导体系，助推生态服务业发展

利用国家级服务业综合改革试点区建设，争取国家、省、市出台的促进生态服务业发展的扶持优惠政策。强化金融监管以保障生态服务业发展；降低生态服务业的综合成本和税费负担；对生态服务业和制造业企业实行相同的水价、电价、煤气价。争取国家服务贸易优惠政策，推动铜官区服务贸易加快发展。服务贸易是优化铜官区外贸结构、促进外贸转型升级的重要支撑。积极推进服务贸易便利化，完善和服务贸易特点相适应的口岸通关管理模式，优化服务贸易出口退（免）税有关政策，充分发挥现代服务业和服务贸易集聚作用，开展服务贸易创新发展试点，建立不同类型的服务贸易功能区。

（四）加大对生态服务业发展的金融支持力度

（1）充分运用银行政策性工具，有所区别地对生态服务业实行政策倾斜，在再贷款、再贴现和准备金方面给予不同程度的优惠，对生态服务业发展提供贷款优惠、结算优惠、资金管理等方面的支持，降低生态服务企业经营成本。（2）支持商业银行研究制定对"轻资产"运营的服务业企业的信贷政策，缓解服务业企业贷款难、贷款贵的状况。引导商业银行开展知识产权、应收账款质押业务，为服务业企业提供新型融资服务。（3）支持服务业企业直接融资，在证券市场上市融资，开展并购重组，鼓励风险投资、股权投资进入服务业领域，同时引导证券行业向生态服务业倾斜，促进行业结构转变和优化升级。（4）创新金融支持手段。第一，创新金融服务模式，打破传统的单链条服务模式，而改为采用综合服务模式，在理财、结算、保险、信贷、企业资产等方面为生态服务业发展提供方便；第二，创新涉外融资服务，除了利用本国资金外，还可通过较高的盈利水平吸引国外投资的注意，经由对外融资方式转变与优化，提高企业对涉外资金的融资能力，综合起来为生态服务业发展提高所需资金支持；第三，政府应充分发挥金融机构分散风险能力，降低服务业风险水平，完善生态服务业保险保障体系，提高企业应对风险的能力。（5）加强生态服务业信用体系建设。建立统一的信用信息平台；加强对失信行为、失信主体的风险警示；大力培育诚信企业文化。

（五）促进服务业提质增效升级，有效满足社会需求

建立与国际接轨的服务业标准体系，提高服务产品的品质。充分发挥政府部门、行业协会、行业内领军企业的作用，推进标准制定。制定针对性强、精准的产业政策，重点发展研发设计服务、信息技术服务、物流快递服务、人力资源服务、教育培训、金融服务、商务服务等生产性服务业，重点发展电子商务、商贸流通、文化娱乐、医疗健康服务、旅游、家政、养老服务等发展潜力大的生活性服务业。加强服务业和商业基础设施建设，加强通信、宽带网络建设，在旧城改造、新城建设规划中注重商业配套，为服务业发展提供支撑。

（六）支持新兴生态服务业发展，培育新的经济增长点

推进"互联网＋"行动计划，充分运用大数据、移动互联网、云计算、新媒体等信息技术和手段，培育新兴业态。大力发展资本、技术密集型服务贸易，培育特色优势产业，提高新兴服务贸易比重。适应产业结构调整要求，支持发展研发设计、物流服务、采购与营销服务、会展及大型赛事服务、人力资源服务等生产性服务贸易。拓展离岸服务外包业务领域，重点发展软件和信息技术、研发、设计、互联网、医疗等领域服务外包，鼓励开展人才培训、资质认证、公共服务等，提高跨境交付能力。

参考文献

［1］张青. 浙江省近百年气温变化研究［D］. 兰州：兰州大学，2015.

［2］邓伟，刘红，李世龙等. 重庆市重要生态功能区生态系统服务动态变化［J］. 环境科学研究，2015，28（2）.

［3］铜陵市 2017 年政府工作报告。

［4］铜陵市铜官区国民经济"十三五"事业发展规划。

供给侧结构性改革背景下皖江城市带图书馆行业发展研究[*]

艾家凤　向斐

一、图书馆行业供给侧结构性改革之时代背景

供给经济学是一个西方经济学流派，20 世纪 70 年代初出现于美国，因强调"供给"（即"生产"）在经济中的重要性而得名。在中国经济运行中，供给和需求不平衡、不协调的矛盾和问题日益凸显。国家主席习近平在 2015 年下半年针对中国经济问题召开的会议上提出了要着力"加强供给侧结构性改革"方针。2016 年 1 月，中央财经领导小组会议正式提出了供给侧结构性改革方案，目的要落实好以人民为中心的发展思想。

图书馆是社会公共文化服务中的一个重要行业。然而，图书馆行业服务机制体制已趋于僵化，图书馆行业服务供给已逐渐陷入供需不平衡的"瓶颈"中，严重制约着图书馆行业公共文化服务效能的发挥。所以，供给侧结构性改革的提出，恰好为图书馆公共文化服务提供了新思路与新方向。在如今新时代，人民生活需要不再停留在物质层面的满足，人民更期待更高水准的文化生活。因而，图书馆行业发展在其服务"供给"方面，要更加积极主动适应新时代人民向往美好生活的需要发生的结构性变化而进行供给侧结构性改革，以高质量的供给带动需求，以高质量服务满足图书馆用户需要，不断丰富人民群众的精神文化生活，增强人民群众的获得感。

二、皖江城市带图书馆行业服务供给现状

皖江城市带是我国首个以承接产业转移为主题的区域战略规划，是国家级的战略区域规划，是安徽发展的精华区域，也将全面融入长三角。皖江城市带已成为安徽经济发展新引擎，GDP 增速超全国平均水平。但皖江城市带图书馆行业发展现状不容乐观，亟须进行服务供给侧改革。

* 2017 年安徽省哲学社会科学规划项目"共享发展理念下进一步推进安徽省高校图书馆对社会开放服务的对策研究"（编号：AHSKY2017D100）研究成果之一。

（一）皖江城市带公共图书馆数量偏少，供给布局失衡

2008 年，我国相继颁布实施了《公共图书馆建设标准（建标 108 – 2008）》（下文简称《标准》）和《公共图书馆建设用地指标》（下文简称《指标》），对我国公共图书馆的建设、满足人民群众日益增长的文化生活需要起到了巨大的促进作用。

《标准》充分体现了公共文化服务"以人为本、普遍均等、惠及全民"的原则，确立了根据服务人口确定图书馆建设规模的原则，规定了公共图书馆文化设施的规模大小不再完全取决于行政级别，而是主要服从于服务人口（见表 1 和表 2）。

表1　　　　　　　　《标准》公共图书馆建设规模与服务人口数量对应指标

规模	服务人口
大型	150 万人以上
中型	20 万 ~ 150 万人
小型	20 万人及以下

表2　　《标准》公共图书馆总建筑面积以及相应的总藏书量、总阅览座席数量控制指标

规模	服务人口（万人）	建筑面积		藏书量		阅览座席	
		千人面积指标（平方米/千人）	建筑面积控制指标（平方米）	人均藏书（册、件/人）	总藏量（万册、件）	千人阅览座席（座/千人）	总阅览座席（座）
大型	400 ~ 1000	9.5 ~ 6	38000 ~ 60000	0.8 ~ 0.6	320 ~ 600	0.6 ~ 0.3	2400 ~ 3000
	150 ~ 400	13.3 ~ 9.5	20000 ~ 38000	0.9 ~ 0.8	135 ~ 320	0.8 ~ 0.6	1200 ~ 2400
中型	100 ~ 150	13.5 ~ 13.3	13500 ~ 20000	0.9	90 ~ 135	0.9 ~ 0.8	900 ~ 1200
	50 ~ 100	15 ~ 13.5	7500 ~ 13500	0.9	45 ~ 90	0.9	450 ~ 900
	20 ~ 50	22.5 ~ 15	4500 ~ 7500	1.2 ~ 0.9	24 ~ 45	1.2 ~ 0.9	240 ~ 450
小型	10 ~ 20	23 ~ 22.5	2300 ~ 4500	1.2	12 ~ 24	1.3 ~ 1.2	130 ~ 240
	3 ~ 10	27 ~ 23	800 ~ 2300	1.5 ~ 1.2	4.5 ~ 12	2.0 ~ 1.3	60 ~ 130

《标准》虽然强调了规模、服务人口，对建筑面积、藏书量以及阅览座席都有严格要求，调整后的人均藏书量不应低于0.6册，但与国际图联和联合国教科文组织推荐的人均1.5 ~ 2.5册的要求相比，差距还是显而易见的。

并且，国际图联早在1972年颁布的《公共图书馆标准》中，对公共图书馆服务半径就作了明确规定，要求每座图书馆服务辐射半径要控制在4公里内，每5万人拥有一个图书馆。在市内主要居民区，距离图书馆1.5公里左右需要设立分馆，3 ~ 4公里左右要设立一个较大的图书馆。从表3可见，《指标》对服务半径的要求与国际图联规定的标准要求也存在相当的差距。

表3 《指标》公共图书馆的设置原则

服务人口（万人）	设置原则	服务半径（公里）
≥ 150	大型馆：设置 1～2 处，但不得超过 2 处；服务人口达到 400 万人时，宜分 2 处设置	≤9.0
	中型馆：每 50 万人口设置 1 处	≤6.5
	小型馆：每 20 万人口设置 1 处	≤2.5
20～150	中型馆：设置 1 处	≤6.5
	小型馆：每 20 万人口设置 1 处	≤2.5
5～20	小型馆：设置 1 处	≤2.5

如果按照国际图联服务半径和服务人口的要求，那么，在拥有 3165 多万人口、面积超过 7.6 万平方公里的皖江城市带，就应建设 600 多座图书馆。然而，皖江城市带公共图书馆的建制，政府尚未把服务人口、服务半径作为确定公共图书馆建设规模的基本依据，在数量上还是基本按照行政区划来设置的，并且基本都是布局在市县的中心位置，农村和偏远地区很难享受到图书馆的服务。

皖江城市带区域内共有 58 个县（市、区），而公共图书馆的数量不到百座，其服务半径和服务人口远远没有达到国际图联要求的标准；人均拥有公共图书馆数量明显偏低。服务保障水平较低。如铜陵市总面积 3008 平方公里，总人口达 170 多万，铜陵市整个范围内只有铜陵市图书馆、义安区图书馆、枞阳县图书馆 3 座公共图书馆，平均每 56.7 万人一座图书馆，与国际图联规定的图书馆服务辐射半径和人口相比存在太大差距，很多市民因距离图书馆较远也会是"望馆兴叹"，农村和偏远地区居民更不必说，图书馆在很多百姓心目中只是一个概念，是城市的标配，是摆设。

可见，皖江城市带公共图书馆服务覆盖面不够广，图书馆的布局存在严重失衡，真正意义上的图书馆服务网络尚未建立，基层服务网络尤为薄弱，无法形成满足公众对知识信息和文化的需求，发展仍然缺乏强劲的活力。

（二）皖江城市带高校图书馆对社会开放程度低，供给能力失衡

党的十八届五中全会提出了五大发展理念，人人共享是经济社会发展的理想状态，共享是经济社会发展的出发点和落脚点。新时期高校图书馆如果坚持共享发展理念，对社会开放服务，有利于解决图书馆事业发展为什么人、由谁享有发展成果这个根本问题，可以更加提高图书馆利用者的获得感。

高校图书馆对社会开放服务就是接纳社会读者，以社会读者为目标服务对象，允许社会读者查阅馆藏信息资料，为他们提供服务，满足社会读者和用户对信息和资源的需求。高校图书馆实现对社会开放服务，是高校图书馆的重要使命之一，体现了高校图书馆对自身社会价值和社会责任认知的不断提高，有利于消弭信息鸿沟，促进地方社会经济文化水平的提升。

然而，皖江城市带区域内高校图书馆对社会开放服务的共享发展理念淡薄，基本一

直固守着传统的满足于服务校内师生的观念。《安徽省教育厅关于推进高等学校教育科研资源有序开放的意见》下发后，皖江城市带部分高校图书馆只是象征性地对社会进行开放服务，普遍存在对社会开放门槛高、提供的服务范围非常有限、对社会开放程度低、对外宣传的力度不足等诸多问题。如对资源类型的开放上主要以图书和报刊为主，并且仅限于馆内阅读，一般都处于不外借的状态。高校图书馆丰富的电子资源、数据库等，校外也都是难以访问，并且对服务人群有着诸如学历、年龄、工作性质、住所以及需要交纳押金等各种门槛限制。这就打消了很多校外读者和用户利用图书馆的积极性，拦住了一部分市民迈进高校图书馆的脚步，从而办证率和到馆率都极低。因而导致一方面很多市民渴望能就近便捷地走进高校图书馆利用资源的愿望难以实现；[1]另一方面高校图书馆资源利用率低存在很大的闲置，高校图书馆的功能和作用难以很好地发挥，资源存在严重浪费。

因此，在新时代共享发展理念下，拥有丰富馆藏文献信息资源的高校图书馆如果能"拆掉围墙"，真正实现对社会开放，共享信息资源，将能极大缓解社会公众对阅读的需求与公共图书馆数量和藏书量不足的供需不平衡的矛盾，消除高校图书馆与公共图书馆服务供给能力的不平衡。

（三）皖江城市带图书馆行业发展模式传统，供给错位失衡

当今世界，信息技术飞速发展，以数字化、网络化、智能化为特征的信息化浪潮蓬勃兴起。人工智能、虚拟现实、大数据、云计算、物联网、区块链等战略性新兴产业日新月异，数字信息覆盖了现代人生活的各个方面，从而深刻地影响着人们的阅读习惯和阅读需求，人们的阅读行为与阅读方式发生了根本性改变，数字化阅读已成为人们阅读的首选。[2]

随着经济社会的不断发展，国家对公共文化发展的扶持力度也在不断加大，皖江城市带各种类型图书馆在经费投入、馆舍建筑面积、馆藏资源建设、全民阅读推广、免费开放等方面都取得了长足发展。但是在信息技术的使用、数字资源建设、数据深度挖掘与主动推送等方面严重不足，管理运营模式传统，图书馆的功能配置和读者的期望之间存在着差距，服务项目仍然主要局限在文献借阅、查询检索、培训讲座等方面，导致服务乏力，缺乏创新。就是在现有的数字资源服务也陷入传统的被动思维模式之中，如把原有的纸质文献资源加工回溯成数字资源或购买现成的文献数据库挂在网上，工作就结束了。对读者如何利用，用起来是否方便，利用价值多大，利用率如何等问题缺乏关心和调研，工作方式从以往的被动等候读者借书变成现在的被动等待用户访问。这种安于现状、被动守摊，与新时代读者活跃的阅读需求严重脱节的服务模式，导致图书馆的读者和用户越来越少，图书馆越来越被边缘化。而实际上现在的图书馆读者并不是阅读需求越来越小了，只是阅读需求形态已发生了翻天覆地的改变，在一定程度上人们对知识的追求愈加强烈，需求比以前更旺盛，而图书馆传统的供给手段与满足方式已失灵，图书馆所提供的服务"供给"与读者和用户"需求"之间已产生了严重的错位失衡。[3]

三、皖江城市带图书馆行业发展途径

（一）高校图书馆加大对社会开放力度，弥补公共馆供给不足

共享发展理念在党的十八届五中全会提出的五大发展理念中处于终极目标的位置。教育部 2015 年 12 月修订下发的《普通高等学校图书馆规程》，已明确规定高校图书馆应发挥信息资源优势和专业服务优势，积极参与各种资源共建共享，开展面向社会用户的服务。安徽省教育厅 2014 年 8 月出台的《关于推进高等学校教育科研资源有序开放的意见》，其中明确要求安徽省高校图书馆有序向社会开放。高校图书馆应认清自身担负的社会责任和社会民众文化权益诉求，积极响应政府号召，加快对社会开放步伐。

高校图书馆很大一部分资源处于闲置状态，馆藏资源利用率低下已成为高校图书馆不争事实。因此，皖江城市带高校图书馆应该发挥自身丰富的文献信息资源优势，打破局限于为本校师生服务模式，秉持共享发展的理念，积极向社会公众开放，参与到社会公共文化服务中去，弥补区域内公共图书馆服务能力的不足，使民众能够平等、无偿地共享高校图书馆服务供给，同时有利于促进高校图书馆消化过剩闲置的资源。[4]

（二）建立皖江城市带跨系统的图书馆联盟，提高服务供给能力

2015 年中办、国办印发了《关于加快构建现代公共文化服务体系的意见》。继而，2016 年，中共安徽省委办公厅、安徽省人民政府办公厅印发了《关于加快构建现代公共文化服务体系的实施意见》，提出了促进基本公共文化服务均等化，计划到 2020 年，基本建成覆盖城乡、高效便捷、保基本、促公平、具有安徽特色的现代公共文化服务体系。

公共图书馆作为现代公共文化服务体系的重要组成部分，对于保障广大人民群众的基本文化权益，实现公共文化服务的基本性、均等性、公益性、便利性等具有重要作用。只有建立起公共图书馆服务的普遍均等和全覆盖，在一个地区建立起布局合理、功能齐全、设施完善、服务便捷的现代公共图书馆服务体系，才足以实现社会大众公平享受社会文化资源、获得信息公平，才能最大限度地满足社会不同群体的精神文化需求。[5]

为加快构建现代公共文化服务体系，在皖江城市带，基于公共图书馆数量偏少、布局不尽合理、覆盖面小、服务供给不能很好地满足区域内广大民众文献信息需求等现实状况，从供给侧结构性改革的视角，建立皖江城市带跨系统的图书馆联盟，构建共建共享的服务图书馆服务体系，有序整合区域内各种类型图书馆的资源，把区域内所有图书馆馆藏融合成一个大馆藏，使区域内所有图书馆的资源都流通。开展联盟服务，可以有效调整图书馆行业供给结构，提高资源利用率和保障率，提高图书馆行业整体服务供给能力，保障区域内各馆有限的资源都用在满足于各类读者的无限需求上。

（三）拓展图书馆行业服务新功能，提升供需匹配度

传统图书馆功能较为简单，如检索查询、图书借阅等，图书馆为了满足广大读者需求，往往花费大量资金进行大而全的馆藏建设。然而，这种营运模式极易造成资源的闲置浪费。从庞大的馆藏数量来看，表面上似乎已能满足读者需要，甚至还供大于求，实际是供不应求，并不能真正满足新时代读者的实际需求。

图书馆规模大、资源多，固然是其优势。但是馆建数量少、单一的大规模的图书馆服务效能，远不及小而分散的图书馆群。在供给侧结构性改革背景下，我们应当以供给带动需求理念，调整图书馆发展思路，改变传统的粗放式的运营模式，突破图书馆原有服务体系，拓展图书馆的新功能。"以读者为本"，运用大数据等现代信息技术全方位地对广大读者和用户需求进行深入调研，针对不同的需求提供精准的服务。[6]在服务方式上，要更加全面、更加多样化、更加高标准。不断拓展图书馆的服务功能，尽快让图书馆的服务功能转型发展，从传统单一的图书借阅服务，向现代的文化交流、传播功能转变，让图书馆成为一个文化交流场所，成为广大民众的文化客厅，[7]并将这种功能延伸到社区，深入到农村。根据服务人群，优化调整公共图书馆布点结构，实行总分馆制。比如在社区、厂区、企业、部队、敬老院、福利院等建立市、区（县）图书馆直属分馆，开展面向社区、面向农村及面向各种服务群体对象的图书馆服务建设，从宏观上营造和谐的公共文化服务体系。[8]

参考文献

［1］马林山，叶潮流. 大数据时代高校图书馆社会开放深入发展研究——以安徽省高校图书馆为例［J］. 大学图书情报学刊，2017（3）.

［2］艾家凤. 数字时代高校图书馆信息资源建设研究［J］. 情报科学，2015（6）.

［3］吴卫华，曹健，王艳红. 高校图书馆服务供给侧改革浅析［J］. 现代情报，2017（2）.

［4］李雪松. 高校图书馆面向社会开放服务研究［J］. 图书馆学刊，2017（4）.

［5］鄂丽君，许子媛. 我国区域图书馆联盟建设现状调查与分析［J］. 图书馆，2012（2）.

［6］马云超. 供给侧改革背景下公共图书馆服务转型与建设策略研究［J］. 河南图书馆学刊，2016（9）.

［7］马丽萍. 供给侧改革背景下图书馆服务转型新思路［J］. 中国中医药图书情报杂志，2017（6）.

［8］林静. 广州市公共图书馆建设现状与思考［J］. 河南图书馆学刊，2013（4）.

供给侧结构性改革背景下皖江城市带
会计行业发展研究

刘溢华

作为社会经济"晴雨表"，会计行业对经济政策的动向有着极高的敏感性。在 2015 年中央财经领导小组会议上，国家主席习近平首次提出"供给侧结构性改革"，即"在适度扩大总需求的同时，着力加强供给侧结构性改革，着力提高供给体系质量和效率，增强经济持续增长动力"。作为 2016 年两会的重要议题，供给侧结构性改革的号角全面吹响，成为我国当前形势下寻求经济新增长的必然选择，是引领我国经济持续健康发展的关键。在"供给侧结构性改革"的政策背景下，皖江城市带作为中国第一个以产业转移为主题的经济区域，凭借其独特的区位和政策优势在供给侧结构性改革下更能彰显发展活力，那么，区域内会计行业应如何发展才能助力供给侧改革，推进区域内经济发展更进一步呢？这个论题值得思考。

一、会计行业助力供给侧改革

（一）信息支持

微观上，会计通过对单个企业经济活动的确认、计量和报告，生成反映单个企业资本及盈利信息的财务报告，能够为会计信息使用者提供决策有用的会计信息。宏观上，诸多企业财务报告所反映的经营状况，能够折射出国民经济发展的整体走向。供给侧结构性改革要完成"三去一降一补"的五大任务，必须依靠可靠的会计信息，会计行业能够利用其经济信息载体的功能，及时为决策者提供企业成本、库存、资金等动态信息，也为我国产业结构调整提供科学有效的经济数据。尤其在"互联网＋""大众创业、万众创新"的今天，利用大数据、云平台等特有功能可以集成更多的经济要素信息，生成多样化、个性化的会计报告，为产业结构调整提供准确可靠的信息，实现传统会计信息向决策化、价值化的转变，对降低企业成本、增强企业创新力、提高供给侧质量与效率、实现"三去一降一补"具有重要意义。

（二）资本结构优化

安全合理的资本结构对于企业来说至关重要，它不仅是企业在市场竞争中生存和发

展的基础，更是实现企业价值最大化的重要保证。随着我国资本市场的不断发展，企业的资本结构缺陷愈发凸显，其中，企业大量举债形成的"高杠杆"已经严重妨碍到企业的健康发展，如果实体经济杠杆率过高，企业的经营困难就会愈发加剧，其潜在的债务风险也将随之上升。有数据显示，截至 2015 年底，我国债务总额为 168.48 万亿元，全社会杠杆率为 252%，[①] 虽然 2016 年我国采取的一系列"去杠杆"举措在一定程度上取得了一定的成效，但由于债务的自动攀升机制，我国总体债务率从 2015 年的 252% 上升到了 261%，同比上升 9 个百分点。[②] 这种总体债务快速上升的局面已经改变了我国"债务—投资"增长模式的运行机制，使企业步入从"借新还旧"到"借新还息"再到"资产负债表恶化"的困境之中。因此，为了保护实体经济，改善资本结构任重而道远。

"去杠杆"需要从两个层面入手。一是从企业内部出发，通过资本成本的计算，制定合理的融资结构，降低企业的债务资本，大力发展股权融资，提高股权融资的比例可以有效地降低企业的杠杆率。二是政策层面的支持，在我国当前施行的多种"去杠杆"举措中，"债转股"是实施效果较为显著的一种方法，其做法是由国家组建金融资产管理公司，收购银行的不良资产，把原来银行与企业间的债权债务关系，转变为金融资产管理公司与企业间的控股（或持股）与被控股的关系，使国家金融资产管理公司实际上成为企业阶段性持股的股东，依法行使股东权利，参与公司重大事务决策，但不参与企业的正常生产经营活动，在企业经济状况好转以后，通过上市、转让或企业回购形式回收这笔资金。在"债转股"方式的过程中，需要会计对企业进行资产评估及偿债能力分析，制定出合理的债转股原则、计算转股金额、实施股权回购。因此，企业要建立合理高效的资本结构离不开财务会计的支持。

（三）适销对路

"海外抢购"折射出了国人对本土产品质量的不信任，归根结底还是祸起于部分国内产品质量与价格的不对等，同样的价格却买不到与国外产品同样的质量，才会使得"洋品牌"成为消费者的心头好。当前，我国经济发展面临的主要问题在于供给侧，如何降低成本，或者在等量投入下产出更优质的产品，使国内品牌更加物美价廉，重夺市场，这是供给侧结构性改革急于去解决的问题。

过去，我国制造业的迅猛增长主要得益于城镇化和人口红利，加上我国自然资源丰富以及较为完备的基础设施，我国制造业在劳动力、原材料成本上拥有天然优势，过去十多年，我国制造业也抓住了中产阶层兴起的机遇，借助居民可支配收入的不断提升来实现自身的发展，使其从最初的生产廉价商品为主，逐步发展成为完整的产业链，"中国制造"一度享誉全球。然而，随着计划生育政策的全面推行，我国人口增长率得以

---

① "中国资产负债表研究"课题组. 中国国家资产负债表 2015：理论、方法与风险评估［M］. 北京：中国社会科学出版社，2015.

② 中国人民大学 2016 年 10 月发布的 2016 年第三季度的《宏观经济月度数据分析报告》。

控制，随之而来的"人口老龄化"现象使我国的人口红利渐渐耗尽，2017年德勤与美国竞争力委员会联合发布的《2016全球制造业竞争力指数》报告显示，2006～2016年，中国制造业劳动力成本年复合增长率达16%，出于对劳动力成本上升的担忧，一些发达经济体的跨国公司正将生产转移至成本更低的东南亚国家，或者迁回本国。因此，供给侧结构性改革将"降成本"专门制定为一个重要任务，只有保证质量，降低成本，才会使消费者和企业共同获利，让企业的产品真正达到适销对路。就企业内部而言，会计可以通过精细的成本核算，找出最适合的折旧方法，制订更加合理的订货计划，进行成本差异分析，这些方法都可以在料、工、费上降低企业的成本水平，减少资金占用。除生产环节外，降低交易、物流、财务等成本也都离不开严密的会计核算。

二、皖江城市带会计行业发展现状

皖江城市带作为我国首个以产业转移为主题的发展示范区，为安徽省的经济发展建设打开了新的大门，成为推动安徽省崛起的重要增长极。近年来，从经济数据上看，安徽省经济发展总体向好，其中皖江城市带创造的经济总量连续多年占全省比重的七成以上，已然成为安徽经济的"领头羊"。经济发展离不开会计行业支持，作为社会经济晴雨表，会计行业以其核算和监督的基本职能，为区域经济的发展保驾护航。尽管皖江城市带会计行业总体运行平稳，但在当前社会经济结构性改革的大旗下，皖江城市带会计行业的发展仍然存在一定的缺陷，主要表现在内部控制薄弱和人才缺失两方面。

（一）内部控制体系有待完善

完善的内部控制体系对于现代企业发展至关重要，它是企业各项事务顺利开展、高效完成生产任务的重要保障，它使企业的生产运作有章可循，以战略视角把握企业的发展方向。不仅如此，企业的决策层和利益相关者同样需要企业建立完善的内控制度来提供更加准确、及时、科学有效的会计信息，帮助企业在投资决策过程中减少失误，保证资金安全，创造更大的收益。自供给侧结构性改革全面推行以来，皖江城市带企业紧跟改革步伐，不断革新技术和产品，强化内部控制体系，一些企业凭借较为完备的内部控制体系，已经取得了跨步式的发展。但是，皖江城市带深厚的工业发展背景，使其区域内大多数企业的会计运行方式仍保持着传统会计的工作模式，重核算轻管理，尽管一些企业已经认识到内部控制的重要性，但在内部控制体系的具体构建和执行效果上还仅是经验和认识，没有形成完善的会计内部控制系统，缺乏全面与科学的内部控制制度，使得企业缺乏科学高效的制度来引导生产经营。除了认识上的缺失，一些企业在内控制度的执行上也存在问题，执行过程缺乏监管，使内部控制体系变成了一种理论任务，加之会计人员在日常工作中又具有随意性，导致企业内部控制体系没有落到实处。不仅如此，科学的内控制度应当根据经济政策、市场动态以及企业实际情况的变动而做出适当调整，并不是一蹴而就、一劳永逸的。如果企业的内控制度不能顺应政策，立足企业实际，那么企业即使有完整的内控体系，也无法科学地指导企业的生产实践。

（二）高层次会计人才匮乏

如果说企业的内控体系尚能通过学习和实践来加以完善的话，那么会计人才的缺乏就足以制约皖江城市带会计行业实现更高水平的发展。行业要发展，人才是关键，会计人才的短缺不仅困扰着皖江城市带，而且对我国会计行业整体来说都是一个亟待解决的问题。近年来，我国会计行业人数增长基数大，会计从业人员泛滥，财政部 2016 年发布的《会计改革与发展"十二五"规划纲要》显示，截至 2016 年我国持有会计从业资格证的人数多达 1100 万，尽管规模庞大，会计从业人员的职业素养却良莠不齐，其中，具有中级职称以上的专业会计人员所占比例较小，而具有高级会计职称的专业会计人员更是凤毛麟角。大部分会计人员只能处理日常简单的会计核算工作，一些企业甚至需要从国外高薪引进会计专员。就当前来看，我国会计行业总体陷入普通会计人才饱和，而高级会计人才缺乏的矛盾处境。[1]皖江城市带中小企业诸多，其企业内部的财务监督和控制体系相对简陋，大多中小企业对会计岗位的认知主要停留在记账核算的层面，聘用的会计人员并非是具有管理和分析能力的高级会计人才。随着改革开放的不断深入，对外贸易的方式变得更加灵活多样，企业更加需要实务能力与外贸知识兼备的高级财会人才。因此，人才匮乏的问题愈发明显。

由此可见，当前，皖江城市带会计行业的发展缺乏内生性动力和人才力量的支持。内控体系不完善，会计就无法充分发挥其职能，加之高层次人才的缺失，发展后劲不足，使得皖江城市带会计行业难以挣脱束缚，实现突破性发展。

三、皖江城市带会计行业发展对策

（一）加强企业内部控制

加强企业内部控制，要从以下几点入手。第一，企业要从思想意识上出发，领导层应当清楚地认识到完善的内部控制对企业长远发展的重要性，企业内部应加强企业文化宣传，积极开展有关内部控制的学习活动，提高企业员工的内部控制意识。皖江城市带内中小企业众多，由于内控体系短期内见效并不显著，使得小规模生产的企业容易忽视企业的内控环节。因此，对中小企业而言，正视内部控制是做好内部控制的源头。第二，内部控制体系的完善需要"废旧"和"立新"同时进行。皖江城市带企业应当结合供给侧结构性改革的新政策，进一步完善内部控制体系，从企业实际出发，深入调查管理中存在的问题，对已经不符合政策方向的旧制度进行革新，完善制度漏洞，制定出能够切实保障企业生产运作各个环节有序运行的内控管理制度，保证内部控制管理有章可循。第三，加强内控监督机制，明确各岗位的职责，建立一个能够相互制约、相互促进的岗位体系。例如，可以运用企业内部审计，对企业财务会计工作进行全方位的监督，避免出现以权谋私、盗取公共财物现象的发生，从制度上杜绝机会主义，确保内部控制体系能够顺利运行。第四，加强内部控制的执行力度，企业要严格遵守内部控制制度的规定，各岗位依规办事，建立相应的赏罚机制，杜绝工作中的随意性，强调工作流程的规范化。尤其对于皖江城市带内部分小规模企业，其本身的管理模式就比较松散，员工在日常工作中又具有随意性，因此，更需要强有力的制度约束去保证内部控制体系运行的效率和质量，使内控制度发挥实效。

（二）促进会计人员高端化发展

会计要发展，人才是关键。皖江城市带不缺会计人员，缺的是既懂实务又懂管理的高级财会人才，归根结底，这也就是会计行业供给侧的问题。一方面中低端会计人员过剩，导致财会专业毕业生难就业；另一方面高层次技能型会计人才供给不足，导致企业招工难。这种供需失衡，需要从教育和企业自身两方面来改善。

1. 改革高校会计教育模式和方法

高校作为会计人才的摇篮，需要对传统的培养方式进行改革，以适应供给侧结构性改革的需求。皖江城市带的会计人员主要来自安徽省内高校，因此，区域内的高校更应当加强会计专业培养模式的创新。

第一，高校应当结合供给侧结构性改革的需求，调整财会人才的培养方案。毕业生难就业，主要原因是高校毕业生不符合用人单位的需求，形成了大量"无效供给"，因此，高校在培养过程中不仅要重视理论教学，更要注重学生的实务操作能力，在教学过程中着重培养学生的思维方式，提高学生自主学习的能力，全面提升学生的理论素养和技能水平，培养出符合社会需求的新型会计人才。

第二，高校应根据经济发展需求，扩宽专业教学维度。当下，经济社会纷繁复杂，企业经营逐渐多元化、多领域，企业需要的财会人员不仅要具有传统的问题导向和价值导向的思维模式，更应具备良好的跨界思维能力，以应对企业经营中跨界合作的需要。一方面，高校要增设诸如逻辑学、哲学等课程，开展模拟商业实战的沙盘演练去训练商科学生的跨界思维能力。[2]另一方面，高校在财会专业的培养中不能局限于本专业的课程教学，还要拓宽学科领域，通过开设课程或开展专家讲座等方式，为学生开辟跨专业学习的渠道。

第三，高校应加强会计实践环节，建立校企合作机制。目前，大多高校在会计专业的培养方案中都设有会计实习环节，但主要采用的都是学生自联实习或者委派教师带队集体实习的方式进行，其中八成以上都采用的是自联方式的实习。自联实习是由学生自己联系实习单位参加实习，实习结束后由实习单位出具实习证明，学生自己填写实习报告的方式来完成。自联实习虽然实施起来较为简单，学生能够自由选择实习单位，但其实习效果却难以保证。由于大多数企业常常不愿意接收实习生，而部分实习态度不端正的学生，会以伪造的实习报告蒙混过关。这种"无效实习"的现象导致现阶段很多高校的会计实习环节都无法实现提高学生会计实务操作能力的目的。其实，会计实践的根本目的不仅是学以致用，还是了解社会对会计行业需求的重要方式，因此，高校应当积极利用各方资源，为学生搭建稳定的校企合作实训平台，从硬件和制度上保证学生的实习质量，提高学生实务操作能力，实时了解企业对会计人才的需求状况。

2. 加强企业会计人员培训

皖江城市带企业要追求长远发展，必须提高企业会计团队的综合素质。会计团队作为企业财会工作的主体，拥有较高的职业素养、职业道德和业务能力是企业会计工作平稳运行的重要保障。首先，企业要严格把控会计人员聘用环节，详细考察应聘者的专业素养、职业道德以及思维方式，寻求具有培养潜力的会计人员，而不是只会核算的"账房先生"，从源头上提高会计团队的整体素质。其次，企业要加强对现有会计人员的再培训，可以通过制订培训计划，定期聘请行业专家对会计人员进行培训，让会计人员及时了解经济动态和财经法规的新变化。最后，企业还可以开展行业内交流，组织会计人员到其他企业考察学习，交流经验，提高自身工作效率和业务能力。

（三）推动生态会计发展

供给侧结构性改革的重点在于整合资源配置，提高供给质量，维护我国经济平稳运行。而生态环境保护亦是为了改善人居环境、调节自然资源的供求关系，推动社会经济可持续发展，其最终目的与供给侧结构性改革是一样的。在供给侧结构性改革的要求下，经济发展更应注重对生态环境的保护，供给质量和效率的提高绝不能以生态环境的破坏作为代价。企业要积极承担社会责任，改进生产技术，减少能源损耗，坚持"谁污染谁治理"的原则，将环境污染控制在源头。因此，将生态环境作为一项重要因素纳入会计核算中，将会为供给侧结构性改革提供更加科学的引导方向。所谓生态环境会计，就是在进行财务决策时，将生态环境问题带来的现金流、成本、未来经济效益都纳入会计核算中来，以涵盖生态影响的科学视角来考量企业的经营决策。对于皖江城市带而言，区域内工业企业众多，对生态环境影响较大，对自然资源的依赖性较高，更应注重生态环境会计的发展。

推动生态环境会计发展需要政策和企业自身同时发力，政府部门要加强对环境问题的监管整治力度，勒令污染超标的企业整顿改造，并定期开展随机性抽查，最大限度地将污染遏制在源头；财政部门也应当出台相应的政策法规，细化会计核算，将生态环境因素加入企业会计核算和经济效益的衡量方式之中；[3]企业自身应当在保证清洁高效生产的同时，充分考虑生态环境问题对会计核算的影响，重视对会计人员的再培训，加强会计人员对生态环境会计知识的学习，推动生态环境会计的发展。

参考文献

[1] 蒲丽斯. 对中国会计行业的现状和发展的探析 [J]. 时代金融，2016（3）：160.

[2] 汪卫星，王爽，佟金萍. 供给侧视角下会计人才培养的思维解析 [J]. 财务与会计，2017（4）：57-58.

[3] 徐丽星. 供给侧改革下生态环境会计的发展 [J]. 财讯，2016（24）：47-48.

供给侧结构性改革背景下皖江城市带语言服务行业发展路径研究*

盛榕

本文探析在供给侧结构性改革背景下皖江城市带语言服务行业发展，有效解决当下语言服务行业改革的障碍，从而加速皖江地区经济转型，促进语言服务行业升级成为皖江经济发展的"新引擎"。在供给侧结构性改革背景下，不断提升语言服务产品供给质量，加强语言服务行业竞争力；规范语言服务行业市场机制，优化语言服务行业运行结构；供给侧结构性改革为皖江城市带语言服务行业创造机遇，语言服务供给侧结构性改革是皖江城市带经济腾飞的"助推器"。

一、语言服务行业发展与供给侧结构性改革

（一）语言服务行业概念

语言服务主要指的是采用多种语言服务形式为服务对象提供有关语言类的各种服务。比如常见的语言（翻译）服务属于语言服务的一种，旨在解决人们的语言需求。中国的语言服务行业始于在20世纪80年代，近些年来迅速兴起，主要是为国内市场提供语言为工作内容的服务性行业，在各大行业中具有很大的潜力，并慢慢成长为规模化的行业生态体系。根据有关数据统计，2016年中国的语言服务行业增长率为15.6%，对比其他行业的速度增幅明显，语言服务行业发展前景良好。[1]同时，为响应国家供给侧结构性改革的号召，政府有关职能部门积极重视语言服务行业的发展。

（二）语言服务行业的供给侧结构性改革

供求平衡是一种动态平衡，当消费水平提高、消费结构升级时，就需要更高的供给能力与之相适应。如果供给侧没有跟上这种变化，就会导致供需脱节或错位，造成结构性产能过剩。[2]

目前，我国推动整体经济发展的服务行业结构出现了许多不合理的问题，因此在供

---

* 2016年铜陵学院皖江区域经济"供给侧结构性改革"专项研究课题（编号：2016tlxywjz24）。

给侧结构性改革中实现行业转型升级，是其发展的重要保障。为实现资源优化整合、供给与服务方式转变以及生产方式改革等目标，解决其行业内部结构矛盾与问题。从供给侧与调整语言服务业行业结构入手，提升相关理论认识，并从产业发展、保障制度与市场要素等途径入手制定精准的改革措施，同时也要借助组合支持政策的力量，才能完成提升语言服务质量、控制语言服务成本、扩大生产效益的根本任务。[3]

二、皖江城市带语言服务行业发展现状与问题

（一）发展现状

安徽省主要的九大城市星星点点地分布在长江的周围，由此发展成今日的皖江城市带，受益于国家重点发展中部地区经济的号召，皖江城市带有着得天独厚的地理区位优势，依托长三角地区充分利用皖江区域本身的长处，抓住发展机遇迅速成长为我国现代制造业和服务业大本营。

笔者通过收集近几年的数据进行分析，进一步了解皖江城市带语言服务行业发展市场结构变化，并对皖江地区语言服务行业供给侧的影响程度做 SWOT 分析，以期找出皖江地区语言服务在供给侧结构性改革的背景下存在的机遇与挑战，同时探讨解决问题的对策建议，探索出语言服务行业发展的有效路径。

2013～2016 年，皖江城市带的语言服务项目所占市场份额逐年上升。表 1 数据表明，皖江城市带的语言服务业务从无到有、从小到大，语言本地化和语言服务外包从 2013 年皆低于 10% 到 2016 年的 35.54% 和 52.09%。作为语言服务业基础的服务业务，翻译（口译、笔译）项目一直都在前列，其他新兴发展的项目也保持上升的势头。[4]皖江地区语言服务项目服务于皖江企业，帮助其积极开拓海外市场，皖江企业实现"走出去"战略，语言服务发展要先行一步，只有更成熟的语言服务行业才能有更优质的语言服务质量。

表 1　　　　　　　　2013～2016 年皖江城市带语言服务项目市场份额　　　　　　单位:%

项目	2013 年	2014 年	2015 年	2016 年
翻译（口译）	27.54	50.34	58.32	67.49
语言工具技术	16.91	19.43	21.35	47.69
语言教育培训	27.59	39.33	54.7	63.43
翻译（笔译）	19.73	26.74	48.17	51.16
语言编辑美化	10.52	17.4	21.6	37.82
字幕、配音	24.81	34.7	51.1	65.8
语言本地化	6.91	17.3	28.55	35.54
语言服务外包	9.27	19.62	32.83	52.09

资料来源：《2016 中国语言服务行业发展报告》。

（二）发展问题

笔者就目前皖江城市带语言服务行业的发展，简单做一个 SWOT 分析找到影响的内外部因素，归纳其发展的优势劣势，并找到未来行业发展的机遇和可能遇到的威胁（见表2），目前存在以下几点问题。

表2　　　　　　　　　　皖江城市带语言服务行业 SWOT 分析

		内部原因分析（内在因素）	
		优势（strength）	劣势（weakness）
外部因素分析	机遇（opportunity）：全球化发展带动皖江地区国际化的发展，行业结构升级、消费升级	地理区位优势，带来发展的种子和雨露，有发展的机会；市场潜力巨大，消费需求增多；国家外部环境的影响，响应"一带一路""中部崛起""互联网＋"的号召	语言服务行业发展需要摸索，语言服务企业多数是成长中不具有规模效应；市场的规范性有待加强；行业从业人员水平参差不齐，服务产品质量得不到可靠保障
	威胁（threat）：竞争对手、市场需求		

1. 市场分散，差距明显

皖江城市带主要包括安徽省内九大城市合肥、马鞍山、铜陵、芜湖等，九大城市之间经济发展水平各有差别，语言服务行业作为国内刚刚开始的萌芽行业在皖江九市的落地情况也各有不同。据笔者调研数据表明，语言服务行业在皖江九大城市的市场分布分散程度较高，比如在省会合肥市语言服务行业从业者有 49.23 万人，而语言服务行业在经济欠发达的城市市场需求量小且局限性高，主要的市场需求在语言教育上，所以皖江九市的语言服务市场差别很大，分布不均衡是一个很大的急需解决的问题。[5]语言服务行业市场易于受到环境制约，皖江城市带城市经济发展的水平不一致在一定程度上造成行业不平衡。

据统计，皖江城市带多数语言服务企业是中小型私人企业，进入语言服务市场成本低、入门门槛也较低，当然也有少部分知名的大型专业的语言服务企业。但是由于皖江地区城市发展不均衡，在总体语言服务下，城市之间语言服务水平差距很大，大部分城市的语言服务企业竞争力处于劣势。[6]长此以往，仅依靠几个企业单打独斗撑起语言服务行业是岌岌可危的，单一的企业难以把握市场将会给行业带来毁灭性打击，所以市场分布不均，行业内部差距过大是皖江城市带语言服务行业供给侧结构性改革需要解决的问题。

2. 创新不足，水平不够

作为冉冉升起的新兴行业，语言服务在皖江城市带主要依靠发达的长三角地区给予支持，本地区的语言服务在服务内容上缺乏创意，大多与翻译、语言教育等传统的语言服务挂钩，而国际市场上最新的本地化语言服务、语言技术支持等消费市场依然少，且处于空缺状态，这与皖江城市带快速的制造业发展形成鲜明的对比，助推企业走出国门

的制胜法宝不能有效给众多企业排忧解难，这对于皖江城市带的长期发展而言是有影响的。

同时，值得关注的是，皖江城市带的语言服务水准难以在发达地区的市场上有竞争力，整体行业水平难以达到一个高度，使得行业发展陷入了尴尬的境地。行业消费市场分工不明确，专业化的语言服务水平难以得到保障，没有一个正规的等级划分行业内的语言服务水平，使得相关客户在语言服务中易受到损失，依靠传统的语言服务内容很快就会被淘汰，长此以往行业不能得到长足的发展，对皖江城市带其他行业的语言服务需求也难以得到满足。此外，行业内缺乏权威性的标准和等级划分，也欠缺服务评价机制，在服务上保持无差别对今后皖江地区的客户资源都可能造成流失。

3. 人才匮乏，研究较少

安徽是教育大省，皖江城市带九大城市里科研院所繁多，其中有语言相关专业的包括商务英语、英语、翻译、语言学等语言学科大专院校不在少数，每年大量本科生和研究生毕业进入工作岗位，进入语言服务行业岗位。但是，语言服务行业的发展离不开高端的服务人才培养，专业性的语言服务不仅是翻译还有更多的领域需要人才的支持，只有系统化的培养和不断的实践才能满足皖江城市带企业的语言问题需要。高校在高端定制语言服务人才上依然有所欠缺，主要侧重的还是理论上的语言知识、翻译技巧等，这些不能在未来的语言服务竞争中保持竞争实力，高校在外语培养的基础上对于实践、案例、技术、文化的课程设置上稍显不足。[7]

各大高校在语言服务上的科学研究偏少，更多的是把目光聚集在有科研基础和发展成熟的行业中，语言服务作为新兴的行业还没有得到专家学者们的充分关注，语言服务行业目前在学界的文章还是寥寥无几，对于行业内部管理，行业发展规律或者行业现状调研等研究还是空白。[8]此外高校与语言服务企业的校企合作较少，难以形成校外实践基地，关于语言服务行业发展科学性评估亦难以完成，所以本文以期得到相关部门关注，能相应做出有效调整，满足行业发展。

三、供给侧结构性改革下皖江城市带语言服务行业政策性建议

（一）规范市场体系，建立行业评估

加强皖江城市带语言服务行业供给侧结构性改革，从源头上减少语言服务产品无效供给，改善行业结构的弊端，杜绝市场投机行为，针对语言服务的需求提供优质的产品供应，为了供给侧结构性改革顺利进行，应创设良好的市场环境。语言服务行业内部结构调整是当务之急，加强与其他行业发展相衔接，做好语言服务市场客户需求调研，开发出更好的语言服务产品，不断推动供给侧在行业内的改革。通过考察发达地区语言服务行业发展路径，结合皖江城市带内部特点，在供给侧结构性改革的环境下，总结出符合皖江城市带特点的供给侧发展。同时，注重皖江城市带内部行业调整，改善经济结构，让新兴的语言服务行业拥有更大的空间发展。

（二）提高服务质量，优化行业升级

皖江城市带语言服务行业供给侧结构性改革，为皖江城市带语言服务人才创造工作机会，鉴于皖江九市经济发展不均衡，语言服务行业发展不一致，在语言服务人才选择上需要倡导资格上岗，确保皖江地区语言服务行业差距不能过大。服务质量的提高有助于行业转型升级，不再拘泥于传统的语言服务项目，为高端语言服务人才的培养提供了实践的基地，有利于"双赢"的局面产生。供给侧结构性改革调节行业供需关系，提高语言服务产品产能，优化行业内部配置，增加更多的就业机会，对语言服务行业进一步升级有着至关重要的作用。

语言服务企业是行业发展动力来源，对行业环境、市场需求都有一定的要求。语言服务行业的发展需要发挥企业的价值，供给侧结构性改革为语言服务行业创设优质的外部环境，政府相关职能部门应及时关注制定有效的政策扶持行业发展，净化行业发展环境，促进行业创新供给，实现行业内供给侧结构性改革顺利进行。

参考文献

[1] 冯全功，张慧玉. 全球语言服务行业背景下译后编辑者培养研究 [J] 外语界，2015（2）：65 - 72.

[2] 路卿，刘冀. 语言服务行业视角下复合型英语专业人才培养模式探索——以河北农业大学为例 [J]. 河北农业大学学报，2014（3）：61 - 65.

[3] 饶龙先. 供给侧结构性改革：新常态下中国经济发展方式的转变 [J]. 金融理论与教学，2016（6）：30 - 33.

[4] 边发吉. 服务业供给侧改革始于服务结构创新 [J]. 河北经贸大学学报，2016（4）：83 - 85.

[5] 屈哨兵. 语言服务研究论纲 [J]. 江汉大学学报（人文科学版），2007（6）：51 - 56.

[6] 陈鹏. 行业语言服务的几个基本理论问题 [J]. 语言文字应用，2014（8）：123 - 126.

[7] 仲伟合，许勉君. 国内语言服务研究的现状、问题和未来 [J]. 上海翻译，2016（6）：130 - 134.

[8] 陈文凯. 语言经济学视域下的语言生活与语言服务 [J]. 河南社会科学，2013（9）：37 - 40.

供给侧结构性改革背景下皖江城市带
人力资源服务行业发展研究

徐　婧

2015 年，在全球经济都处于"亚健康"状态的背景下，中央提出了"供给侧结构性改革"，从提高供给质量和效率出发，调整经济结构、推进要素创新，使经济保持持续增长。在新形势下，我国的经济增长已从依靠出口和投资驱动，转为依托服务业、消费和内需的带动。推动服务业和城市化的发展将引领经济进入稳定增长的新阶段。现阶段，人力资源服务业已被国家确定为生产性服务业的重点领域，如何在供给侧结构性改革背景下实现经济可持续发展是人力资源服务业关注的焦点。本文以皖江城市带人力资源服务业为对象进行区域研究，目的在于为皖江城市带人力资源服务业的发展给出可供借鉴的参考。

一、人力资源服务行业发展在供给侧改革中的地位和功能

李克强总理在 2016 年的政府工作报告中，"服务业"这个词汇共计出现 14 次，其他词汇使用频率均低于它，如"城镇化"10 次、"小康社会"9 次、"改革开放"8 次、"市场化"7 次、"创新创业"6 次等。高频率出现"服务业"至少可以推论，它在国家 2016 年经济工作安排中，及在"十三五"时期国家经济社会发展战略中占据了重要的位置，对供给侧结构性改革起到重要的促进作用；同时反映了我国经济发展方式中的结构性变化，具有重要的发展战略意义和偏向于供给侧结构性改革的政策指向性。

人力资源服务业是具有较强的成长性和市场前景的现代服务业。近几年，我国人力资源服务业发展迅速，行业规模不断扩大，截至 2015 年底，人力资源服务业全年营业总收入达 9680 亿元，同比增长 20.1%。[1]人力资源服务业作为现代服务业尤其是现代生产性服务业是产业价值链中具有很大增值空间、竞争优势和战略性的高级环节，同时在该行业中密集地隐藏着巨大的人力资本、技术资本和知识资本，其产出是一种差异化极大的无形产品。因此，从提高供给侧质量和效益的角度研究人力资源服务具有重要的战略意义和产业价值。

二、皖江城市带人力资源服务行业发展现状分析

（一）政策扶持人力资源服务业发展，战略地位不断凸显

2014年，国务院下发《关于加快发展生产性服务业促进产业结构调整升级的指导意见》，人力资源和社会保障部、国家发展改革委、财政部联合下发《关于加快发展人力资源服务业的意见》等国家级重要政策文件，对发展人力资源服务业做出全面部署，体现了国家对人力资源服务业发展的高度重视。安徽省人力资源社会保障厅在同年11月出台了《关于深化人力资源服务机构行政许可制度改革的通知》，结合商事制度改革和"放管服"改革，在全省人力资源服务业推出了一系列改革措施。2015年7月，经安徽省政府同意，安徽省人力资源社会保障厅、安徽省发展改革委、安徽省财政厅出台《关于加快人力资源服务业发展的实施意见》，从9个方面着力推进人力资源服务产业的发展。稳步推进的一系列政策措施，进一步完善了安徽省人力资源服务业的政策体系，将行业提高到了一个新的战略高度，为安徽省包括皖江城市带的人力资源服务业的发展提供了新机遇，对促进人力资源服务业健康快速发展产生了积极作用。

（二）人力资源市场服务范围进一步扩大，业务形态日益丰富

近年来，在政府政策引导和行业需求的推动下，安徽省人力资源服务业的行业规模不断扩大，已经形成政府公共服务机构、国有服务企业、民营服务企业多元化、共同发展的格局。据统计，截至2016年底，安徽省共有人力资源服务机构666家，从业人员1.46万人。从服务机构构成的类别上看，公共就业服务机构30家，占人力资源服务机构总量的4.5%；公共人才服务机构11家，占1.6%；国有人力资源服务企业36家，占5.4%；民营人力资源服务企业589家，占88.5%。其中，被评为"A"信用等级及以上的人力资源服务机构90家，人力资源市场服务网络的覆盖范围进一步扩大，服务质量进一步提升。[2]

同时，随着用人单位和求职人员需求的多元化，各类人力资源服务机构不断拓宽服务领域、扩展服务规模、完善服务手段，人力资源市场服务业态日益丰富。行业服务内容从最初的职业介绍、职业培训、流动人员档案管理等业务，拓展到招聘洽谈会、高级人才寻访、职业指导、人员测评、人力资源信息软件服务、人力资源和社会保障事务代理服务等，分层次、分类别的服务门类基本形成。一些规模较大的人力资源服务机构将多种业态组合形成产业链条，为客户提供更加全面的人力资源外包服务，促进了服务业态之间的融合，实现了商业模式的创新。

（三）加快建设人力资源服务产业园，产业集聚效应初步显现

近年来，安徽省加快推进人力资源服务产业园建设，不断完善本地区人力资源市场的综合服务功能和产业体系，吸引知名的人力资源服务企业入园，引导企业集聚发展，

培育产业链优势，产业集聚效应初步显现。截至 2016 年底，安徽省共有 3 家省级人力资源服务产业园，其中有 2 家位于皖江城市带区域内，分别是马鞍山市和安庆市人力资源服务产业园。这两家产业园各有特色，马鞍山产业园是 2012 年建立的，也是安徽省最早设立的产业园，采用的是人力资源服务企业集聚办公的传统模式；安庆产业园引入了专业的人力资源服务企业进行规划和管理。此外，合肥市新建了人力资源要素市场，于 2015 年开园，采用的人力资源超市模式吸引了 14 家当地知名人力资源服务企业进驻。2015 年 10 月，李克强总理到该市场考察就业情况并做了要让"淮才遍地"不再"怀才不遇"的重要讲话。

产业园区的建设，为皖江城市带在规划区域内吸引人力资源服务企业、促进人力资源服务业发展、借助互联网等现代信息技术搭建了服务平台，对改善地方发展环境、促进经济发展转型和产业结构升级等发挥了积极作用。

（四）人力资源服务机构在促进就业方面发挥重要作用

当前，一边是高校毕业生就业面临巨大压力，另一边是很多企业招不到合适的人。"就业难""招工难"等现象的出现和人力资源市场结构性矛盾的深化，使得人力资源服务机构在人才市场配置中的作用进一步增强，人力资源市场已成为求职招聘的主渠道，在促进就业方面发挥了重要作用。据统计，2014 年安徽省各类人力资源服务机构共接待流动人员 895.5 万人次，登记要求流动人员 287.8 万人次，服务用人单位数 20.8 万家次，帮助实现就业和流动人数 191.1 万人次。2014 年，猎头推荐人才 1.5 万余人，市场化引才能力进一步增强。[3]

三、皖江城市带人力资源服务业发展中存在的问题

（一）人力资源服务业的整体实力较为薄弱

皖江城市带所辖区域人力资源服务机构的规模普遍较小，实力弱，具有行业带动效应的龙头企业不多，大部分人力资源服务机构的中高端服务能力尚待提高，以满足市场日益增长的差异化、高端化的服务需求。[4]总体来看，行业目前处于粗放式发展阶段，在区域服务业中所占比重偏低，发展水平不高，是区域产业发展链条的薄弱环节，迫切需要提质增效升级。

（二）人力资源市场法制和监管体系建设不完善

当前，人力资源服务业相关法律法规还不健全，以往人力资源市场适用的相关法律法规已不能适应新时代新形势下工作的新要求，严重影响到人力资源服务业的健康发展。在全国层面，还缺乏统一的规章制度，从区域层面看，《安徽省人力资源市场条例》《安徽省劳动合同条例》《安徽省劳动保障监察办法》等法律法规，尚在制定中。在实践中，皖江城市带所辖区域人力资源服务机构和各地政府主管部门往往无所适从，

人力资源服务机构在准入、自律、监管、退出等方面尚无统一可循的做法。此外，困扰本地区人力资源服务业发展的因素还有行业标准化水平太低，甚至是绝大部分服务缺乏行业标准。

（三）市场在人力资源服务业发展中的基础性作用还较为薄弱

2011 年，中国人事科学研究院就《国家中长期人才发展规划纲要（2010－2020 年）》颁布一周年的实施情况进行调研，发现我国各地区普遍存在着：政府对人力资源服务业的发展很热心，而各地民营人力资源服务机构较冷淡的现象。目前，皖江城市带各地市的人力资源服务业也大多是在当地人力资源和社会保障部门等政府部门的主导下发展起来的，行政力量在区域人力资源服务行业发展中依然扮演了主要角色。有些地区，政府所属的公共人才服务机构几乎垄断了该地区的人力资源服务业务，这严重影响了当地民营机构的发展，进而制约了该区域内人力资源服务业的发展。这一"政府热、市场冷"的行业现象，是因为政府干预的太多，导致民营机构的作用无法充分发挥，致使市场的功能无法充分体现。部分地区也意识到了这一问题，进而鼓励各类资金投资人力资源服务领域，但由于主管部门拿出的措施不够具体，社会资本参与度仍然不高。[5]

四、皖江城市带人力资源服务业供给侧结构性改革发展的政策性建议

（一）紧密适应我国国民经济产业结构调整升级，制定和完善促进人力资源服务业发展的政策体系

随着我国经济发展进入新常态，产业结构正面临着转型升级的关键时期。尽管服务业整体在区域经济中比重不断上升，服务业增加值比重已至首位，但比照其他地区发展经验，人力资源服务业等生产性服务业的比重仍有待提高。因此，地方政府应该以政策为保障，扩大人力资源服务业对外开放程度，优化地区人力资源服务行业发展环境，推动人力资源服务业向专业化和价值链高端延伸。[6]

人力资源服务业是新兴产业，具有产业发展共性。政策内容框架如表 1 所示。

表1　　　　　　　　　　　　　　人力资源服务业产业政策

序号	类别	小类
1	产业引导政策	产业发展规划
		产业支持计划
		产业发展公共服务
2	产业准入政策	准入许可
		经营许可
		收费许可
		服务审批

续表

序号	类别	小类
3	产业宏观政策	财政政策
		税收政策
		金融政策
		保险政策
4	产业监管政策	人力资源服务机构年审政策
		人力资源服务机构活动监管政策
		人力资源服务机构诚信体系政策
		人力资源服务机构绩效考评制度
		人力资源服务机构退出制度

具体举措如下：一是制定产业引导政策。皖江地区政府应及时出台本区域人力资源服务产业发展规划，明确人力资源服务业产业发展的指导思想、发展目标、基本原则和具体举措等。制定产业支持计划，针对本区域特征，制定有针对性和倾斜性的政策，为地区人力资源服务业发展创造良好的政策环境，推动本区域人力资源服务业有力发展。政府自身还需加强公共服务职能，提供人力资源服务业发展所需的政策咨询、人才引进和培育、市场信息、金融税收、经营场所等方面的公共服务，进一步强化人力资源市场的公共服务效能，使公共服务更加精细化，以满足人民群众日益增长的服务需求。二是制定产业准入政策。为规范行业发展，政府层面应当进一步明确市场准入条件。从行业准入许可上明确人力资源服务机构设立所需要的场地、设施、注册资金、规章制度、人员资质等条件，从经营上明确人力资源服务机构准许开展的业务范围，从收费许可上明确人力资源服务机构服务可收费的项目和标准，从日常管理上明确不同人力资源服务活动开展的审批或备案制度。三是制定产业宏观政策。在财政政策上，明确人力资源服务业发展专项资金和人力资源服务补贴措施的标准和具体适用条件，配合劳动就业政策一并施行。在税收政策上，对特定企业给予一定的税收减免，特别是给针对一般劳动者的人力资源服务企业更多的税收优惠。皖江各地方政府还可以研究开发适合本地区人力资源服务业的保险品种。在金融政策上，解决人力资源服务企业发展所需的融资难问题，人力资源服务企业多为轻资产型企业，地方政府担保机构应多为符合条件的单位提供信用担保。四是制定产业监管政策。为保障区域人力资源服务业健康发展，需不断完善人力资源服务业的监管政策，杜绝滥用行业支持政策和侵害劳动群体的现象，从人力资源服务机构年审政策、人力资源服务机构活动监管政策、人力资源服务机构诚信体系政策、人力资源服务机构退出制度等角度进一步细化措施。

（二）推进人力资源服务业法制化和标准化建设进程

目前，皖江区域人力资源服务业还没有形成依法监管的长效机制。结合国家大部制改革的有关要求，建议从以下几方面着手：一是根据人力资源服务业的发展需要，完善行业法律法规及配套政策，规范区域内人力资源服务业的发展秩序，为行业发展提供更好的法制环境，为有关部门开展行业监管提供切实可行的法律依据。二是加强市场监管，逐步完善人力资源市场监管体系。建议政府对人力资源市场开展常态化的市场监管，完善对事中、事后进行监管的规则，加强监管人才队伍建设，对人力资源服务市场进行有效、及时监管，维护公平竞争的市场秩序。同时，人力资源服务业的管理部门要注意转变角色，从办市场向管市场、重审批向重服务转变，提高指导、监督、规范人力资源服务机构及其活动的能力。建立市场监管信息系统，提高市场监管信息化水平，及时有效查处各类违法违规行为。三是加强标准制定工作，提高行业服务水平。充分发挥政府部门、行业协会、行业内领军企业的作用，推进标准制定。政府要制定或委托行业协会制定可行的区域人力资源服务标准体系和各项人力资源服务标准，按照标准，对人力资源服务领域进行监督、检查和等级评定等。对于带有地方特点和企业特点的人力资源服务机构和相关服务产品，建议考虑制定地方标准。

（三）进一步扩大开放，建立健全人力资源服务业多元投入机制和多元运营模式，提升行业竞争力

根据政企分开、政事分开、事企分开的原则，持续推进皖江区域内政府所属人力资源服务机构体制改革，逐步将目前政府所属人力资源服务机构的市场经营性服务职能和公共服务职能分离，以区域为整体成立国有人力资源服务公司，借助市场机制，有效满足社会需求。

鼓励社会资本进入区域人力资源服务业并力争做优做强。皖江区域之外现已经有中华英才网、前程无忧、智联招聘等知名民营人力资源服务企业，但本区域内有规模或结合"互联网＋"的知名人力资源服务企业几乎没有。做优做强人力资源服务市场，提供更有质量的人力资源服务，一是需要政府给民营企业更多的产业政策和产业支持，激活市场在多层次人力资源供给体系建设中的动能；二是需要区域内人力资源服务企业自身强化品牌意识与服务观念，重视品牌建设，加强品牌宣传，提升服务质量，增强市场竞争力，努力成为国内一流的人力资源服务企业；三是积极建设区域内各地区人力资源服务产业园，完善区域内人力资源市场的综合服务功能和产业体系，培育产业链优势，利用各项政策引导产业发展，促使产业规模持续扩大，增加规模化效益。

同时，皖江区域各级政府还应当鼓励区域外甚至境外人力资源服务业进入本区域，鼓励其与区域内相关企业合作发展，提升行业的生产积极性与竞争力，以促进区域内人力资源服务业平衡、有序、健康发展。

（四）转变政府职能，加强人力资源服务业专业人才培养，建立区域人力资源服务业发展的长效机制

为进一步加强人才工作，促进区域内人力资源服务业长期协调发展，政府人力资源和社会保障部门要转变职能，在制定人才政策法规、构建人力资源服务体系等方面发挥积极作用。一是需要加强行业内专业人才培养。目前，皖江区域人力资源服务业从业人

员素质结构矛盾突出，需要通过扩大专业技能培训，与政府、科研机构、协会等进行产学研对接等途径，边发展边培养，全面提高区域人力资源服务业从业人员的数量与质量。相对传统服务业，人力资源服务业具有很强的劳动力吸纳能力。随着产业信息化的发展，产业链价值的快速提升，人力资源服务业对高层次专业人才和复合型人才的需求也越来越大。政府可以积极引导、培养人力资源服务业高层次专业人才，这不仅有利于优化就业结构，而且有利于提高人力资源服务业的生产水平。二是充分发挥市场在人才资源配置中的基础性作用。在加强政府对人力资源宏观规划控制的同时，充分运用价值规律、发挥市场机制，政府应逐步退出竞争性和经营性服务领域，不与民争利，将属于市场的活动归属于市场。政府要做好引领人力资源服务业发展的"教练员"和监管人力资源服务业发展的"裁判员"角色，而不是提供人力资源服务的"运动员"。只有政府与市场各方角色定位明确、界限明确时，区域人力资源服务业发展的长效机制才能形成。

参考文献

［1］吴江. 中国人力资源发展报告（2013）［M］. 北京：社会科学文献出版社，2013.

［2］孙建立. 中国人力资源服务业发展报告（2016）［M］. 北京：中国人事出版社，2016.

［3］来有为. 服务业供给侧结构性改革重点及建议［N］. 经济日报，2017 - 03 - 04（12）.

［4］刘邦凡. 从供给侧改革看我国现代服务业发展与就业关系［J］. 企业经济，2017（7）.

［5］来有为，袁东明. 我国人力资源服务业的发展状况、问题及政策建议［J］. 生产力研究，2014（2）.

［6］2016 中国人力资源服务业市场研究报告［R］. 上海 Hroot 公司，2016.

铜陵市供给侧结构性改革问题研究

曲泽静

经济新常态下我国依然保持健康、稳定的经济发展势头，但是结构性、体制性矛盾突出，经济发展面临严峻的考验。供给侧结构性改革从供给视角进行宏观调控，是全面调整和优化产业布局，跨越中等收入国家陷阱，实现我国从粗放式向集约式发展模式转变的重要途径。

一、"供给侧"理论的提出

2008 年世界金融危机，改变了全球经济发展格局，世界经济开始步入缓慢稳定的经济发展"新常态"。我国长期以来以外向型经济为导向的经济发展模式，对需求侧的过度刺激，带来传统钢铁、煤炭、水泥等行业产能过剩、库存积压、生态资源环境承载力加大等问题，投资边际效益降低、市场供需错位、市场机制不灵活，要求我国必须去产能、调结构、通过供给侧发力实现产业结构升级与优化。

(一)供给侧理论的发展历程

19 世纪初，萨伊定律的提出是供给制度诞生与发展的基础。20 世纪中后期，全球发达国家"滞涨""通胀""有效需求不足"等经济发展问题引起社会经济学界的广泛关注，凯恩斯自由放任的经济增长模式在现实中也不断受到挑战。以罗伯茨、蒙代尔、吉尔德为代表的通过降低税收、刺激市场竞争活跃度等方式支持企业发展的"里根经济学"成为当时政府的施政纲领，也反映了供给学派基本的政策主张，但是依然没有解决刺激经济增长速度和质量等实质性问题。邓磊、杜爽（2015）提出针对欧洲和全球经济增长中的问题，20 世纪末 21 世纪初，欧盟委员会提出"结构性改革"的基本思想，从劳动力市场、第三产业发展、创新环境改善优化等方面提出相应的政策措施。[1]

我国供给侧结构性改革提出的宏观背景与西方国家有明显的差异：第一，着力点不同。郑志来（2016）指出我国供给侧结构性改革主要针对传统经济增长路径中过分依赖需求侧，供给侧关注不足，需求侧不可持续等问题而提出的。例如，传统煤炭、钢铁、水泥、风电制造等产业刺激过度，大量过剩产能，要素投入边际收益降低，投资风险大幅度提升，结构性矛盾等问题。[2]第二，方向不同。我国供给侧结构性改革是结构性改革与调整，包括生产要素、产业、供给、需求等方面的改革与调整，归根结底是经济增长模式、生产方式的转变，通过向供方发力，在供给层面更好地满足消费者需求，推动产业结构优化与调整。第三，结果不同。我国供给侧结构性改革是通过结构性调整推动产业转型升级与优化，供给侧发力过程中既可以有效解决需求端"存量"和"库存"，又可以通过供给端结构性改革降低交易成本，增加高端供给，提高内生性要素投入比例，实现共享、绿色、高效的经济发展模式。

（二）供给侧理论的研究综述

刘霞辉（2013）在对我国经济发展历程、存在问题及英国和美国供给侧管理实践分析的基础上，提出我国供给侧结构性改革的宏观环境和意义。[3]贾康、徐林、李万寿等（2013）提出在推动供给侧结构性改革过程中，不能直接将供给理论观点拿来使用，而是要结合我国所处的经济发展阶段和特征，做出合理的战略决策，提出新供给经济学观点。[4]贾康、苏京春（2015）主张在供给侧结构性改革过程中要加大配套金融、土地政策的调整，通过创新驱动实现供给侧结构性改革。[5]黄凯南（2015）提出供给侧结构性改革过程中要深化制度改革，制度建设是供给和需求协同发展，推动我国经济转型升级的关键。[6]冯志峰（2016）指出所谓"供给侧结构性改革"就是从需求侧转向供给侧，从制度、机制和技术三个维度进行结构性改革，在制度建设、机制改革、技术创新三个维度实现创新与突破。[7]胡鞍钢、周绍杰、任皓（2016）在对我国供给侧结构性改革背景、意义分析的基础上，提出推动供给侧结构性改革的"五大政策支柱"和"加减乘除"四个创新维度。[8]郑志来（2016）将供给侧结构性改革与共享经济商业模式相结合，通过共享经济两大驱动要素推动我国产业结构调整优化和转型升级，即对供给侧结构性改革过程中传统经济商业模式转型与共享经济模式重塑展开相关研究。[2]

在宏观层面上，供给侧结构性改革是国家在新的经济发展阶段，新的经济发展态势下的战略规划与决策，是改变粗放式经济发展模式，降低经济运行成本，降低资源消耗，实现经济增长模式向集约式、高质量发展阶段转变的重要途径。在中观层面上，供给侧结构性改革的发力是对传统高耗能、高污染、高存量行业进行合理供给规划，实现供给需求精准匹配，实现行业转型升级和竞争力的重要支撑。在微观层面上，企业等微观创新主体抓住供给侧结构性改革的发展契机，有助于改善提升企业内部经营质量，通过技术创新提高全要素生产率，实现企业产品服务升级，从中低端走向高端，实现"去库存、去杠杆、去产能、降成本、补短板"的五大任务。

二、铜陵市供给侧结构性改革的现实意义

铜陵市因"铜"而名，是我国典型的矿产资源城市，是一座拥有3000多年悠久历

史，闻名中外的"铜都"。矿产资源的非再生属性，让这座城市面临严峻的资源危机和生态环境保护压力。2007年国务院出台《促进资源型城市可持续发展的若干意见》，围绕该意见指导思想，铜陵市开始探索资源匮乏型城市转型发展的长效机制和路径，以提升铜陵市经济增长质量，优化生态环境。

首先，供给侧结构性改革是经济新常态下转变经济增长模式，提高经济增长质量的必然要求。进入经济发展新常态，我国经济增幅回落，有色金属需求也持续放缓，表面上看是"需求相对过剩"，其实是供需结构矛盾造成的"制度失灵"。产能配置效率低下，产能过剩，单纯从需方发力扩大内需，会进一步加剧结构性调整的难度。供给侧结构性改革是主动适应经济新常态，引领新常态下经济发展模式的必然。

其次，供给侧结构性改革是需求结构升级的加速器。供给侧结构性改革从供需双方同时发力，推动结构性改革，对有效提升供给能力，解决供需结构性矛盾有重要意义和作用。供给侧结构性改革关注实现需求、有效需求，还关注需求端变化，通过供给侧制度供给、创新驱动引领，指导需求端，形成"供需平衡"的目标。近几年，围绕国家"十三五"规划纲要、"五大发展"理念和国家级循环经济试点示范城市、循环经济示范城市建设要求，铜陵市相继出台了《铜陵市循环经济发展规划》《关于打造铜陵循环经济升级版的实施意见》《铜陵国家循环经济示范城市创建实施方案》等指导意见和方针，打造立体化、产城共融的循环发展之路。但是，仅从需方发力调整产业结构收效甚微、库存较多、企业成本过高、"供需结构失衡"现象无法根本解决、自然生态环境改善、居民消费结构改善等一系列问题也会受阻。

最后，供给侧结构性改革是铜陵市城镇化建设过程中的必然要义。据国家统计局公布的2016年宏观经济数据显示：2016年我国城镇化比率为57.35%，城镇化成为我国经济转型发展的必经之路。一方面，城镇化进程影响劳动力供给结构和方向，大量农村劳动力涌入城市，在不同产业间重新配置；另一方面，城镇化进程加快会带来要素投资的增长。同时，人口规模持续扩大也会对居民消费水平增长产生拉动作用。

铜陵市自2015年开始了新一轮行政区划调整，枞阳县被列为铜陵市行政区划范围，大量农村人口进入城市。在城镇化过程中，居民消费总量对当地GDP增长产生一定程度的拉动作用，需求增量扩大，推动需求和供给协同匹配增长。这不仅是人口转移过程中产生的问题，也是供给侧结构性改革的重要内容。

三、铜陵市供给侧结构性改革的路径

供给侧结构性改革的核心是发挥市场基础性主导地位，释放市场主体活力，通过高效的制度供给，提高要素增长的质量。对铜陵市而言，供给侧结构性改革着眼于当地经济基础和资源要素禀赋，更注重经济可持续增长和新的经济增长点再造，尤其是大力发展循环经济，实现传统经济转型升级。冯志峰（2015）提出供给侧结构性改革可以从三个层面进行剖析，即产业层面、要素层面和制度层面，分别对应着"转型、创新与改革"三种角色和内涵。铜陵市的供给侧结构性改革，"供方发力"是改革的切入点，

"结构调整"是改革路径，"创新与改革"是核心问题，体现出"转型、创新与保障"的内在逻辑关系。[7]

（一）以传统产业升级为支撑，构建现代产业体系

产业转型升级与现代产业体系构建离不开对传统产业的改造，哈默雷和舒米茨（2002）提出产业转型升级的四个阶段，即产品创新、工艺创新、功能创新和链条创新。[9]金属、冶炼加工业既是铜陵市当地的传统产业，也是支柱产业，推动传统铜产业以产品创新为先导、工艺创新为手段、功能创新为主导、链条升级为落脚点，推动铜陵铜产业转型和国际竞争力提升。

第一，推动铜产品加工工艺和产品创新。铜陵市在铜产品加工业具有较强的技术工艺和水平，但是总体而言，与世界先进水平相比还存在一定的差距。要大力推进产品和加工工艺创新，增强企业自主研发和自主创新能力，并加速新技术新工艺市场化进程，加速培育与铜产业相关的新兴产业，通过新的市场需求创造和产品服务供给，打造高质量、具备较强市场竞争力的新产品。

第二，推动"铜加工"产业升级，构建以"铜"为主的现代产业体系。在《铜陵市承接产业转移产业发展指导目录》中依旧把铜产业作为发展之首，体现铜陵当地特色和优势产业，同时，积极推动构建诸如"新材料""高端设备制造业""铜延伸装备制造""与铜相关的高性能铜基材料"等铜相关产业，打造以世界级"铜加工"基地为目标和平台，铜相关新兴产业、高端制造业、服务业为主体的现代产业体系。

（二）强化创新驱动要素供给，提升主导产业层次

第一，提升主导产业技术创新能力。技术创新是经济增长的动力，也是推动传统产业由粗放型向集约型经济增长模式转变的内生性要素。铜陵市是国务院公布的第二批资源枯竭型城市之一，胡成（2010）指出资源枯竭型城市转型不一定要摒弃原有传统产业，对传统产业改造升级与转型也是重塑老工业区形象，提升其经济竞争力的重要途径。通过技术创新推动传统企业技术改造与升级，通过技术创新弥补传统产业发展过程中资源浪费、集约化程度不高，要素投入—产出比较低等问题，基于技术创新延伸和拓展铜产业链，提升产品附加值，实现企业由传统产业链向更高层产业链升级。[10]

第二，配套主导产业制度环境建设。邓磊、杜爽（2015）指出制度供给和建设是供给侧结构性改革的重要组成部分，以市场为基础的经济、社会管理制度的供给，对调动市场主体积极性，发挥市场基础性资源配置角色有重要意义。[1]铜陵市当地传统产业升级离不开创新制度、金融制度、企业制度、产权制度的供给和改革，相关配套制度构建和实施，对规范市场运行环境，调动市场创新主体积极性，让创新主体充分享受创新收益，形成主动创新、积极创新的市场氛围有重要作用。

（三）充分发挥创新驱动的"乘法"效应，形成产业、制度共生共融合力

创新驱动供给侧改革是真正推动产业转型升级，淘汰落后产能的内部动力。胡鞍

钢、周绍杰、任皓（2016）提出发挥创新驱动的乘法效应，形成创新、创业、创智的良好环境是实现供给侧改革目标的路径。[8]铜陵市要实施"互联网＋"行动计划，通过互联网与智能制造、高端服务业相融合及物联网工程技术的实施，提高研发支出强度、环保投资密度、循环产业建设强度、创新环境活跃度，形成产业与制度高度融合，协同发展的开放式创新平台，加速铜加工产业向高端服务业、先进制造业转型升级，构建以创新为核心的产业发展模式，全面提升经济增值质量。

四、政策建议

作为我国举足轻重的铜矿开采、加工基地，铜陵市已经形成了以"铜"为特色产业的发展之路，在资源转型、发展循环经济过程中，结合本地实际情况坚定不移推进供给侧结构性改革，供需双方同时发力，推动产业转型升级与结构性调整。

（一）供给和需求同时发力，协同配合

我国长期以来需求导向型的经济发展模式，需求侧与政府 GDP 息息相关的行业发展迅猛，铜陵市当地资源采掘业、金属加工制造业、冶炼业及房地产行业迅猛发展，但是单纯依靠要素、投资拉动的经济增长模式面临资源匮乏、经济增长乏力等系列问题，转型升级成为经济新常态下增强经济增长活力，推动经济可持续发展的必然要义。铜陵市经济调控的重心要实现从需求侧向供给侧方向倾斜，供需双方同时发力，以解决经济增长过程中成本过高、结构不合理、产能相对过剩等问题。在供方提升企业有效供给能力，提升全要素生产率；在需方继续刺激居民消费行为，只有双方共同努力，才能达到淘汰落后产能，提升企业自主创新能力和产业转型升级的任务，并通过有效供给提升与消费者实际需求的匹配度。

（二）全面提升供给要素的质量，推动产业转型升级

在充分利用劳动力、土地等传统要素基础上，优化要素投入组合，加大对人力资源尤其是高级人力资本的供给，释放人力资本的潜能，提高资本的使用效率，即通过内生性要素投入，优化要素供给层次，为供给侧结构性改革、产业转型升级提供新动力。在资本使用方面，有效利用存量资本和民间资本，推动资本市场发展；促进制度变革和技术进步，在铜矿加工制造环节提升技术含量和水平，提升产品附加值，推动铜产业结构优化，提高产业增长的质量。在要素供给方式、要素供给量、要素供给结构等方面实现全面调整与变革。

（三）构建以铜为特色的均衡化产业发展结构

"均衡"是打造铜产业特色，构建生态、绿色、更加合理的产业结构和地域结构的重要途径。第一，牢牢把握国家战略层面从传统经济业态向新型经济业态转移的发展趋势，推动铜加工制造业向铜文化、旅游等服务业、新经济形态转变，推动传统加工制造

业与新型服务业对接，凸显铜特色产业生态系统，向铜产业链高端和其他领域延伸，促进铜陵产业结构向高端化、智能化发展。第二，推动地域城乡结构协同发展，枞阳县地域优势明显，人口规模效应较为显著，但是经济发展程度和层次有待提升，应加速推动城乡一体化进程，通过城市化提高枞阳当地资源要素利用水平、增加创新创业机会，带动县域居民收入水平提高。通过枞阳县向铜陵市经济体靠拢的大趋势，推进铜陵城市建设和经济繁荣，间接推动县域经济转型升级。

参考文献

［1］邓磊，杜爽. 我国供给侧结构性改革：新动力与新挑战［J］. 价格理论与实践，2015（12）：18－20.

［2］郑志来."一带一路"战略下供给侧结构性改革成因、路径与对策［J］. 经济问题，2016（5）：7－11.

［3］刘霞辉. 供给侧的宏观经济管理［J］. 经济学动态，2013（10）：9－19.

［4］贾康，徐林，李万寿，等. 中国需要构建和发展以改革为核心的新供给经济学［J］. 财政研究，2013（1）：2－15.

［5］贾康，苏京春. 经济学的"新框架"与"新供给"：创新中的重要联通和"集大成"境界追求［J］. 财政研究，2015（1）：8－14.

［6］黄凯南. 供给侧和需求侧的共同演化：基于演化增长的视角［J］. 南方经济，2015（12）：1－9.

［7］冯志峰. 供给侧结构性改革的理论逻辑与实践路径［J］. 经济问题，2016（2）：12－17.

［8］胡鞍钢，周绍杰，任皓. 供给侧结构性改革：适应和引领中国经济新常态［J］. 理论参考，2016（3）：45－45.

［9］Humphrey J., Schmitz H. How does Insertion in Global Value Chains Affect Upgrading in Industrial Clusters［J］. Regional Studies，2002（36）：1017－1027.

［10］胡成. 资源枯竭型城市经济转型若干问题的思考——以铜陵市为例［J］. 吉林工商学院学报，2010，26（3）：48－51.

合肥市供给侧结构性改革问题研究

——以新能源汽车产业为例

谢国根

我国每年的能源消耗均位于世界前列，是名副其实的能源消耗大国。随着中国传统汽车销售量和保有量的快速增长，一方面汽车对石油资源消耗日益剧增，导致化石能源越来越短缺，截至 2017 年 6 月，国内原油进口依赖度逼近 70%；另一方面汽车作为污染物总量的主要"贡献者"，对于近年来环境污染加重和大面积雾霾也有不可推卸的责任。在能源危机与环境污染双重压力持续增大的背景下，低能耗、低污染的新能源汽车产业已成为新的经济增长点和战略制高点，是汽车工业发展的方向，对于节能减排和汽车技术的革新起着至关重要的作用，是推进能源供给侧结构性改革的必然要求。[1]新能源汽车作为我国战略性新兴产业之一，主要包括混合动力汽车、燃料电池汽车、太阳能汽车和氢能源汽车等。[2]近年来，我国新能源汽车发展迅速，但与预期目标仍然有不小差距，与传统的汽车相比，新能源汽车处于"技术示范和商业示范"阶段，[3]高价格、高风险和低需求特性是新能源汽车的致命内伤，如果没有相关政策的支持，新能源汽车的发展将举步维艰。

合肥市作为我国首批新能源汽车试点城市，新能源汽车工业实力雄厚且发展势头强劲，减排效应突出，取得了明显环境效益，为此，本文以合肥市新能源汽车产业为例，从供给侧结构性改革视角出发，探讨新能源汽车产业供给侧结构性改革状况，提高产品供给质量和效率，推进合肥市新能源汽车产业提质增效，并在此基础上，提出合肥市新能源汽车产业发展的政策建议。

一、合肥市新能源汽车产业发展现状

（一）现状描述

合肥市是"十城千辆"工程的试点城市，2009 年被国家科技部、财政部及国家发改委批准为全国首批 13 个节能和新能源汽车推广试点城市行列，并在 2010 年同时批复为 6 个私人购买新能源汽车试点补贴城市，示范应用效应明显。到 2017 年，将基本形成以包河经济开发区为核心的新能源汽车产业聚集发展基地，实现新能源汽车整车年生产能力 6 万辆，形成新能源汽车产业产值 240 亿元，实现税收 12.5 亿元；关键零部件基地内配套率达到 40% 以上，合肥市配套率 50% 以上。①

目前，合肥市新能源汽车产业多项指标处于领先地位，聚集了如安凯客车、江淮汽车、巨一自动化、国轩高科等 40 多家新能源汽车领域的企业，覆盖了整车、电机制造与开发、电池、充电桩制造与建设及金融投资等。新能源汽车开始推广以来，在纯电动客车和纯电动轿车推广总量位于全国试点城市前列，并逐步"驶入"公共交通和政府公务车等诸多领域。在 2016 年 6 月加拿大举办的第 29 届世界混合动力车、纯电动车和燃料电池车展览会上，合肥市获"世界最具影响力电动汽车城市"的称号，并且也是该次大会上唯一一个获此荣誉的中国城市。近年来合肥市新能源汽车推广速度不断加快，基础设施（充电桩等）不断完善（见表1），极大促进了新能源汽车产业的发展，截至 2016 年底，合肥市新能源汽车运行总里程已超过 5 亿公里，节约燃油高达 7500 万升，二氧化碳减排 16 万吨，环境效益显著。②

表1　　　　　　　　　　2010～2016 年合肥新能源汽车产业发展现状

项目	2010 年	2011 年	2012 年	2013 年	2014 年	2015 年	2016 年
新能源汽车推广数（辆）	774	1252	2244	2564	2765	3210	6000
新能源汽车产值（亿元）	10	37	85	111	113	157	226
累计充电桩数量（个）	192	361	592	771	1276	3165	11000

资料来源：根据《合肥日报》《合肥晚报》整理所得。

（二）"供给侧"政策措施分析

相关研究表明，尽管民众能源危机和环保意识日益增强，但是新能源汽车环保特征并不是激发消费者购买的充分理由，[4] 没有对消费者产生足够的吸引力，绝大消费者更加看重的是新能源汽车的价格、续航里程、充电方便性和产品性能等指标。[5] 政府"有形之手"作为促进新能源汽车产业发展的重要手段，近年来合肥市政府主要是从"供求侧"和"需求侧"两个方面进行推动，据统计，"供求侧"政策共有 58 项，而"需求侧"政策有 55 项，二者基本持平。"需求侧"政策主要着力于激发消费者购买新能源汽车的积极性和提升消费者购买能力，为新能源汽车的推广提供拉动力量。就"需求侧"手段而言，主要通过购置补贴、政府采购、税收减免和行驶优先等措施，引导激励消费者购买新能源汽车，然而，尽管"需求侧"手段直接降低了消费者的购买成本，政策效应迅速，但是持续时间比较短。同时政府使用"需求侧"手段推广新能源汽车时，有可能因为信息不对称和消费者逆向选择，造成"虚假销售"等弊端。再加上随着新能源汽车产业的不断发展，政府财力有限，在国家对整车补贴逐步退坡（见表2）的大背景下，合肥市对新能源汽车补贴也在逐步退坡，以 2017 年《合肥市新能

---

① 新能源汽车航母呼之欲出［EB/OL］. 合肥在线，2015 – 09 – 28.
② 合肥新能源汽车发展领跑全国　截至 6 月已推广 3.55 万辆［EB/OL］. 合肥在线，2016 – 08 – 26.

源汽车推广应用财政补助管理细则》为例，新规定对于单位和个人购买续航里程超过150公里的纯电动乘用车，中央和地方配套由2016年的1∶1大幅度下降至2017年的1∶0.5。新能源汽车产业将由政策驱动转向市场驱动，一定程度上加大了合肥市新能源汽车产业发展的不确定性。

表2   国家新能源汽车补贴政策标准

车辆类型	纯电动			插电混动	燃料电池
纯电续驶里程（公里）	100≤R＜150	150≤R＜250	R≥250	R≥50	
2015年补贴金额（万元/辆）	3.15	4.5	5.4	3.15	18
2016年补贴金额（万元/辆）	3	4.5	5.5	3	20
2017～2018年补贴金额（万元/辆）	较2016年退坡20%				20
2019～2020年补贴金额（万元/辆）	较2016年退坡40%				20

资料来源：《合肥市新能源汽车推广应用财政补助管理细则》。

2017年是供给侧结构性改革深化之年，新能源汽车产业"供给侧"思路就是淘汰落后产能，生产高质量适合消费者需求的产品，与"需求侧"政策相比，"供给侧"政策着重于改善供给体系的质量和效率，为新能源汽车推广提供驱动力。有研究表明对新能源汽车产业发展而言，"供给侧"政策效果比"需求侧"政策效果更为显著。[6] 为此，本文将着重讨论合肥市新能源汽车产业"供给侧"政策。

从供给侧视角来看，新能源汽车工业具有显著的正外部性和公共产品性质，必须通过政府政策的支持，供给侧改革才能进行。新能源汽车的"供给侧"改革主要体现在两方面：一是在生产领域，通过创新和创造，掌握核心尖端技术，严把质量关，并注重人性化设计，提供高质量和个性化的新能源汽车；二是通过公共资源的投入及其优化配置，改善新能源汽车消费市场供给体系的质量和效率，为新能源汽车消费市场的商业化提供驱动力。目前，合肥市新能源汽车产业"供给侧"政策主要包括基础设施建设、金融支持、示范效应提升、政策与法规体系完善等方面。

基础设施建设方面。合肥市新能源汽车基础设施主要包括充换电站、维修站及充电配套设施等，目前合肥市对于充电桩实行的是专（私）用为主、公用为辅及桩站先行的原则建设，在2017年出台的《合肥市人民政府关于支持新能源汽车发展的若干意见》中，鼓励社会资本参与充电设施建设，并对于验收合格和管理规范的公（私）用直流充电桩给予200/千瓦的补贴；住宅小区新建充电桩，给予物业管理单位500元/个补贴；对于单独包装的公用充电桩，将以0.6元/千瓦时的标准给予补贴。同时将充电设施建设用地优先安排、优先保障，并简化审批流程。

金融支持方面。鼓励相关金融机构建立适合于新能源汽车产业发展特点的信贷管理体系，创新金融产品，以满足新能源汽车产业生产、经营及消费等环节的融资需求。鼓励符合条件的企业通过上市、发行债券等方式，拓宽融资渠道。支持合肥市汽车金融公司发行金融债券，发挥资本市场融资功能，提升企业融资能力。

示范效应提升方面。合肥市新能源汽车市场存在一定的"叫好不叫座"的问题，在进行推广新能源交通工具时，合肥市政府也在做好表率作用，着力向党政机关、公共机构和企事业单位推广，并规定党政机关、公共机构采购的新能源汽车不得少于当年新购汽车总量的50%，充分发挥示范引领作用。

政策与法规体系完善方面。自2009年《汽车产业振兴与调整规划（2009－2011）》发布以来，合肥市有关促进和规范新能源汽车发展政策和标准出台密集，新能源汽车产业法规体系越来越完善。最新的《合肥市新能源汽车生产企业及产品管理细则》更是明确要求无质量事故才可进入合肥市市场，每辆汽车都要"户口"档案，售后机构必须提供全天候的救援服务，并大力打击骗补和寻租行为。

（三）主要问题分析

从总体上来看，合肥市新能源汽车工业发展迅速，但是出现的一些问题仍值得警惕，主要表现在以下四个方面：

第一，合肥市新能源汽车产业快速发展主要靠政策驱动，同时产品结构与市场需求不匹配。合肥市新能源汽车产业"政策驱动"明显，政府的支持政策力度很大，除了"牌照红利"，还包括减免购置税、开发电动乘车准入和高额的政府补贴等，促使合肥市新能源汽车市场十分火爆，带动了产业的高速发展，但过于依赖于政府高额补贴，产生了一些不合理现象，如有些车型补贴金额甚至可以覆盖其生产成本，导致产能严重过剩，远超市场实际需求。

第二，缺少对核心技术的掌握，不重视核心技术的研发，产品靠东拼西凑，注重规模不重质量，一味追求国家补贴，通过使用低标准电池和虚报续航里程等手段，骗取新能源汽车专项补贴现象也时常发生。

第三，新能源汽车匹配设施不完善，特别充电设施建设严重滞后，原本充电桩就不够用，还有一半的充电桩接口不兼容，充电难问题导致的"里程焦虑"一直阻碍着新能源汽车的推广，[5] 甚至存在破坏充电桩的事件发生。

第四，就当前而言，合肥市新能源汽车产业"供给侧"政策的重点是基础设施（如充电桩等）建设，然而，以基础设施（如充电桩等）建设为主要内容的"供给侧"政策，尽管在促进新能源汽车推广过程中有覆盖面广且作用效果持久的优势，[7] 但是前期需投入大量的资金且作用效果较为迟缓，大量建设成本无法在短期内收回，导致私人企业不愿意承担建设，最后只能由政府出资供给，再加上目前合肥市新能源汽车产业链并未完全形成，大规模建设新能源汽车配套设施，也面临着使用率低下，作用效果滞后等问题。这也是合肥市在新能源汽车产业使用"供给侧"政策时面临问题所在。

根据以上分析，可得出合肥市新能源汽车产业"供给侧"政策功能及面临问题，如图1所示。

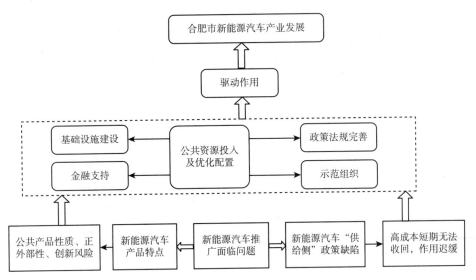

图1 合肥市新能源汽车"供给侧"政策功能及面临问题

二、合肥市新能源汽车产业 SWOT 分析

为进一步深化合肥市新能源汽车产业"供给侧"改革，需对合肥市新能源汽车产业目前的优势和面临挑战有全面的了解，为此，进一步对合肥市新能源汽车产业进行SWOT（优势、劣势、机遇、威胁）分析。

（一）优势（strength）分析

目前，合肥市新能源汽车在交通设施、产业基础、产业集群服务平台、人才支撑和政府政策支持等方面存在一定优势。随着合福高铁、和宁高速、4E 级新桥国际机场等交通设施修建，合肥市成为重要的交通枢纽，为新能源汽车发展提供了特有的区位优势；产业基础方面，合肥市是中国新能源汽车发展最早的城市之一，拥有安凯、江淮、国轩高科等自主品牌，具有一定的自主创新能力，覆盖了整车、电机制造与开发充电桩制造与建设及金融投资等，产业链初步形成；2009 年安徽省汽车产业集群信息服务平台基本完工，该平台收集了安徽 500 多家汽车及零部件企业数据，为合肥市新能源汽车企业提供动态的监测数据和全方位的决策投资功能，做到知己知彼；合肥市聚集了中国科技大学、合肥工业大学、中科院合肥分院、国家（合肥）高性能计算机中心等著名高校和科研所，人力资源和科研实力位于全国同类城市前列，通过产学研有机结合能够为新能源汽车发展提供强大的技术支撑和人才队伍；合肥市政府高度重视新能源汽车的发展，并通过一系列的政策（"供给侧"和"需求侧"）倾斜，为新能源汽车产业的发展提供了坚实的政策保障和创新环境。

（二）劣势（weakness）分析

技术劣势方面，尽管近年来新能源汽车和核心零件取得了一定的进步，但是与欧美发达国家相比，技术差距仍然较大。如特斯拉的续航里程已达 300 公里以上，宝马 i3 更是采用了模块化设计及碳纤维增强塑料轻量车身，在一些高端汽车上搭载的辅助驾驶系统已经实现在高速上自动驾驶，日本丰田公司的燃料电池技术已成熟，并实现了量产。规模聚集效应劣势方面，总体来看合肥市汽车企业规模普遍较小，配套企业竞争和合作意识不强，零部件生产数量较少，还未能形成模块化生产，导致生产成本居高不下。

（三）机遇（opportunity）分析

合肥市新能源汽车产业迎来了良好的发展机遇。在需求机遇方面，近年来国家越来越关注节能环保问题，在石油需求剧增、进口依赖度越来越高、机动车污染日益严重等能源和环保的双重压力下，发展新能源汽车已成为必然趋势；在市场机遇方面，随着中国经济高速发展，人民生活水平不断提升，再加上人口庞大，新能源汽车消费市场潜力巨大，已经成为世界上汽车产销最大的国家。另据麦肯锡估计，若中国电动汽车占乘用车总量的 20% ~30%，则电动汽车的市场可达 7000 亿 ~15000 亿元，[8] 可见国内新能源汽车市场潜力之大。

（四）威胁（threat）分析

合肥市新能源汽车发展的主要威胁是国内外大型汽车企业竞争和成本居高不下。如国外的丰田、大众和通用等巨头均投入巨资研发新能源汽车，已达到规模化生产销售阶段，特斯拉热卖都会影响国内汽车的价格体系。国内的一汽、上汽更是把新能源汽车发展作为重中之重，就连安徽省内的奇瑞汽车也对合肥市新能源汽车企业形成了巨大压力。在成本及价格方面的威胁同样不容乐观，新能源汽车作为高科技产业，前期研发资金投入较大，使其在价格上不占优势，尽管合肥市政府进行了补贴，但是作为中部地区的普通省会城市，财力十分有限，在补贴力度上无法与国外发达地区和国内上海、北京等发达城市相比较，成本和价格的威胁同样对合肥市新能源汽车的发展带来了巨大的阻力。

三、供给侧结构性改革下合肥市新能源汽车产业发展的对策建议

供给侧结构性改革对于合肥市新能源汽车产业发展来说是非常重要的契机，通过采用创新供给模式，促进合肥市新能源汽车产业高质量、高效率的发展，并结合上述研究结果，提出以下建议：

（一）新能源汽车"产品 + 服务"供给模式

提高产品质量，注重核心技术研发，在保障产品质量的条件下，通过研发复合型、环保型、可回收型和低成本型的车身新材料，自主掌握汽车和零配件核心技术，降低制造成本，进一步提高产品创新和供给质量，为新能源汽车市场提供高水平的供给，满足

消费者多样化需求。在充电等基础设施方面，合理规划充电桩的建设和布局，构建新型充电服务模式，统一标准、适当超前建设、与互联网平台结合，解决电动车充电设施不足的问题，才是促进合肥市新能源汽车发展的重中之重。

（二）新能源汽车"互联网＋成本"供给模式

在我国互联网高速发展的背景下，互联网模式已渗透到新能源汽车的生产、销售、售后等各个环节，一些互联网巨头已通过创新商业模式、充电核心技术、汽车大数据平台进入新能源汽车领域。合肥市新能源汽车企业应当借供给侧改革东风，加强与互联网企业的合作，借助互联网销售、众筹、互助等平台，促进销量、降低成本及提高效率，增强竞争力。

（三）新能源汽车"融资租赁＋分时租赁"供给模式

新能源汽车作为高科技产品，价格较高，金融租赁模式不仅可以缓解企业购买新能源汽车一次性付款的压力，同时也可以解决动力电池的维护保养和整车寿命匹配的难题。例如出租车公司如果选用新能源车，可以和金融机构签订合同，由金融机构出资购买，而出租车公司租赁使用，这样就可以免除出租车公司大量购车一次性付款的压力。对于部分企业和个人，可根据具体需求，采用分时租赁供给模式，按照小时、天数或者月份给消费者租赁，这样不仅可以解决消费者用车需求、降低使用成本，新能源汽车企业还可以收取租金、降低成本，也能对供给侧结构性改革中的"去库存"起重要作用。

（四）统一标准，注重法规体系完善，实现政策驱动向市场驱动的转变

新能源汽车作为一个新兴产业，市场标准参差不齐（如新老充电桩不兼容），统一标准对于政府管理、规范产品设计和引导产业发展意义重大。合肥市新能源汽车快速发展很大程度上依赖于政府"需求侧"和"供给侧"政策扶持，但这不是长久之计，最终目标是通过以市场为导向的政策和法规，让市场在资源配置中起基础性作用，摒除地方保护主义、引入竞争机制和鼓励市场自由竞争，从而达到优胜劣汰的目的，以实现合肥市新能源汽车产业的健康持续发展。

参考文献

[1] 刘学元，孙敏，Wujin Chu. 我国新能源汽车产业创新发展对策研究——基于中德日韩美五国的问卷调查 [J]. 科技进步与对策，2015（21）：77 – 83.

[2] 龙子泉，常敬敏，陈植元. 激励政策对新能源汽车推广的研究——基于修正 Bass 模型的实证分析 [J]. 科技管理研究，2016，36（4）：138 – 144.

[3] 熊勇清，黄健柏. 新兴产业发展阶段、成长导向与稳健性评估：以光伏、风电、光热产业为例 [J]. 中国科技论坛，2015（8）：58 – 64.

[4] Florenthal B. , Corssman P. Z. Barriers to Adoption of Hybird Cars in the Midwest：Focusing on Generation Y [J]. Behavioral Sciences，2009，21（1）：64 – 79.

[5] 张勇，浦勇健，史乐峰. 电动汽车充电基础设施建设与政府策略分析 [J]. 中国软科学，

2014（6）：167 – 181.

[6] 熊勇清，陈曼琳. 新能源汽车需求市场培育的政策取向：供给侧抑或需求侧 [J]. 中国人口·资源与环境，2015，26（5）：129 – 137.

[7] 孙晓华，王林. 范式转换，新兴产业演化与市场生态位培育：以新能源汽车为例 [J]. 经济学家，2014（3）：135 – 140.

[8] 曾艳英. 广东省新能源汽车产业发展相关模式和建议 [J]. 技术与市场，2017，24（2）：116 – 120.

马鞍山市供给侧结构性改革问题研究

——以钢铁行业为例

韩德春

一、引　言

自改革开放以来，我国主要依靠消费、投资和净出口从需求侧带动经济发展，[1]钢铁工业也随着城镇化和工业化的进程加快了发展的脚步，我国粗钢产量成直线上升趋势（见图1）。在新常态下，我国经济增长速度呈现出由高速增长向中高速增长转变的下滑趋势，经济增长速度的放缓进一步限制了工业和建筑业的发展，钢材需求逐渐萎缩，产能严重过剩。供求决定价格，价格决定盈亏，我国钢铁行业在这样的特殊阶段，仅从需求侧入手已无法满足经济持续增长和人们消费结构不断升级的需求，必须从供给端发力，加快自身的结构改革和技术创新以实现转型升级，才能使我国的钢铁行业重焕生机。

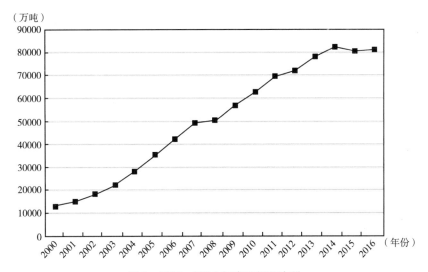

图1　2000～2016年我国粗钢产量

资料来源：国家统计局。

马鞍山市是一座典型的资源型城市，是我国十大钢铁基地之一，钢铁行业支撑着马鞍山市的经济发展。然而，近年来在我国钢铁行业产能迅速膨胀与市场需求持续低迷的双重困境下，马鞍山市钢铁行业也面临着严峻形势，企业不得不化解过剩产能，寻找经济发展的新出路。2015年11月在中央财经领导小组第十一次会议上，习近平总书记首次提出"供给侧结构性改革"的概念，[2]供给侧结构性改革的提出可以解决传统供给与现实需求的不匹配现象，为马鞍山市化解钢铁行业过剩产能提供了政策导向，促进马鞍山市钢铁企业以创新带动钢铁新需求，促进马鞍山市经济持续健康发展。

二、马鞍山市钢铁行业发展的宏观环境

（一）钢铁产能严重过剩

产能过剩即生产能力的总和大于消费能力的总和的一种供需不匹配的现象，一般用产能利用率来衡量产能过剩与否。产能利用率是衡量产能利用情况最直接的指标，反映了企业的生产资源是否得到了有效利用、资源配置是否有效、经济结构是否合理，是否存在产能大量闲置以及成本和资源的浪费。目前对产能过剩程度的界定，业界并没有统一的衡量标准，中国钢铁工业协会常务副会长罗冰认为，从全世界情况看，由于市场的变化，对产品结构进行调整时产能发挥85%左右就是正常状态，就不能称之为产能过剩。据工信部、国际钢铁协会对我国及全球粗钢产能利用率的统计显示，自2012年开始我国产能利用率就属于"严重过剩"，虽然2016年我国粗钢产能利用率有所回升，但仍属于"严重过剩"（见表1）。

表1　　　　　　　　　中国及全球粗钢产能利用率变化趋势　　　　　　　单位：%

年份	中国粗钢产能利用率	全球粗钢产能利用率
2008	75.8	81.6
2009	81.1	70.8
2010	82.0	77.2
2011	79.2	80.1
2012	72.0	77.3
2013	72.0	76.8
2014	70.7	73.6
2015	67.0	70.0

资料来源：工信部、国际钢铁协会。

（二）钢材需求放缓

近年来，国内制造业危机、基础设施建设速度放缓，国际市场贸易保护主义频繁，国内、国际市场对于钢铁的整体需求持续下降。表2为对2013年至2017年上半年我国房地产开发增速、房屋新开工面积以及新接船舶订单量所做的统计，统计结果显示，不

管是全国房地产开发投资增速还是房屋新开工面积以及新接船舶订单量，5 年以来连续下滑，表明国内市场中建筑用钢、造船用钢均减少。在家电行业方面，虽然小家电新品类不断开拓新市场，但大家电市场趋于饱和，用钢需求增长受限。在汽车生产制造行业方面，虽然 2017 年上半年汽车产、销量较上年同期有所增长，但汽车产销同比增速分别低于上年同期 1.9 个百分点和 4.3 个百分点。在铁路运输业方面，据中国报告大厅对全国铁路运输业固定资产投资额的监测统计显示，2017 年 1~7 月全国铁路运输业固定资产投资增速放缓。从钢铁出口来看，钢铁出口虽然保持高速增长，但出口的增长无法扭转内需的回落，此外，钢铁出口属于大宗商品贸易，容易引起贸易摩擦，如各国对我国钢材发起的反倾销调查，一定程度上遏制了我国钢材出口需求。

表 2　2013 年至 2017 年上半年我国房地产开发投资增速、房屋新开工面积及新接船舶订单量

项目	2013 年	2014 年	2015 年	2016 年	2017 年 1~8 月
全国房地产开发投资增速（%）	19.8	10.5	1.0	6.9	7.9
房屋新开工面积（亿平方米）	20.12	17.96	15.45	16.69	11.5
新接船舶订单量（万载重吨）	6984	5676（1~11 月）	3126	2107	1585

资料来源：国家统计局。

（三）钢铁产品结构性供应不足

在供给结构方面，我国存在中低端钢铁产品产能过剩，而高端特殊钢供给严重不足的问题，难以满足居民更高层次的需求。2016 年，我国特殊钢产量约 3725.51 万吨，仅占我国 2016 年粗钢总产量的 4.61%，而同期日本特殊钢产量占同期日本粗钢产量的 22.94%，是我国特殊钢占比的近 5 倍。根据 2012 年科技部编制的《高品质特殊钢科技发展"十二五"专项规划》显示，工业发达国家的特殊钢产量占粗钢总产量的比例普遍较高，2011 年美国和韩国已达 10% 左右，法国和德国达 15%~22%，瑞典则高达 45% 左右。[3] 与欧美工业发达国家相比，我国特殊钢产品结构低端化，钢铁行业产能过剩主要体现在中低端产品上，企业主要生产附加值较低的螺纹钢、小型材、线材等，产品差异化程度严重不足。而不锈钢板、冷轧和热轧薄板、硅钢片、镀锌板等高附加值和高技术难度的中高端特殊钢自给率却不足，这些产品要么是国内不能生产，要么是虽能生产但是产品质量不达标，只能依赖进口来满足国内消费者有效需求。追根究底，国内钢铁产品结构性供应不足主要是由以下两方面原因导致的：

1. 技术研发能力弱

多年来，我国钢铁行业将重心始终放在如何提高钢铁产能上，因此一味追求企业规模的扩张，而忽略了产品研发的重要性，使得低碳冶金、非高炉炼铁、快速加热新法炼焦等前沿技术跟踪开发均落后于先进国家。2009~2013 年，我国大中型钢铁企业科技投入仅占主营业务收入的 1.9% 左右，其中自主研发的投入比重更加有限，仅占主营业务收入的 1.4% 左右，与发达国家高额研发资金投入下的自主研发相比，我国更倾向于采用投入成本较低的技术溢出或者技术引进形式。科技作为第一生产力，目前却是我国钢铁行业发展的短板。因此，钢铁企业需加快转型升级，加强自身层面供给侧结构性改革，尽快实现产品的升级换代，实施创新驱动，不断研发新产品，提升钢铁行业的盈利空间。

2. 工艺及技术装备相对落后

据对我国钢铁核心骨干企业的统计显示，众多钢铁生产设备中，达到国际水平的技术装备以高炉比例最高，然而也仅占高炉生产总能力的 25% 左右，其他各工序平均仅占 10% 左右。随着我国钢铁企业对国外技术和装备的引进，加快了钢铁行业技术改进的步伐，但世界钢铁格局变化无常、形势逼人，国外技术壁垒的限制使我国钢铁企业再次陷入困境，工艺技术装备的落后直接导致钢铁产品生产效率低、成本高、产品质量也不尽人意，严重困扰着我国钢铁企业的正常运行。

三、马鞍山市钢铁行业发展现状

（一）现状描述

马鞍山钢铁股份有限公司是马鞍山钢铁行业的代表，其生产的"板、型、线、轮"钢铁产品独具特色。作为安徽省最大的工业企业，马钢不但是我国特大型钢铁联合企业之一，而且是继宝钢、鞍钢和沙钢之后第四个进入世界级钢铁企业的中国钢铁企业。马钢的前身是成立于 1953 年的马鞍山铁厂；1958 年马鞍山钢铁公司成立；1993 年成功实施股份制改制，并且在上海和香港两地上市。拥有本部、长江钢铁、合肥公司三大钢铁生产基地，其中本部、长江钢铁坐落于马鞍山市。目前，马钢的发展现状主要表现在以下几个方面：

1. 钢材价格涨跌互现

钢铁行业为马鞍山市最大的主导行业，自 2016 年以来受益于国家去产能相关政策，钢铁产品价格有所回暖。图 2 为马钢五种主要钢材价格走势。据图可知，2016 年 1~4 月，五种钢铁产品价格整体呈上升趋势，然而，从 4 月底开始，这些钢材价格又快速回落。此次钢铁产品价格短期上涨并非来源于市场供求关系的转变，而是受短期因素、政策预测和市场炒作影响，钢铁产能严重过剩的局面并未得到任何改观，钢铁产品价格难以持续快速上涨。

2016 年 6 月到 2017 年第一季度，马钢增长势头强劲，以马钢股份、长江钢铁为代表的钢铁企业再次呈现出量价齐升的可喜态势，分别完成工业总产值 146.22 亿元和 29.31 亿元，同比分别增长 1.1 倍和 1 倍。

然而好景不长，自 2017 年 3 月份开始，国内各大钢铁企业相继下调钢材出厂价格，价格的上行走势被打破，五个品种中有两个下跌（其中，冷轧卷板（1mm）第一季度下跌 473 元/吨，下跌 9.67%；热轧卷板（5.5mm）第一季度下跌 190 元/吨，下跌 4.83%）；三个品种创新高（其中，线材（Φ6.5m）第一季度上涨 587 元/吨，涨幅

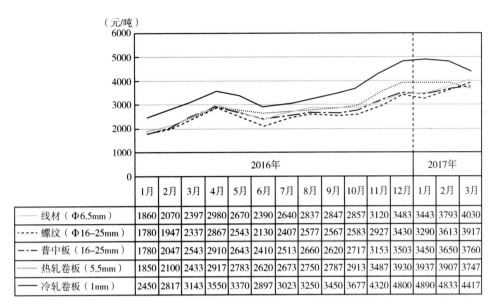

（元/吨）	1月	2月	3月	4月	5月	6月	7月	8月	9月	10月	11月	12月	1月	2月	3月
线材（Φ6.5mm）	1860	2070	2397	2980	2670	2390	2640	2837	2847	2857	3120	3483	3443	3793	4030
螺纹（Φ16-25mm）	1780	1947	2337	2867	2543	2130	2407	2577	2567	2583	2927	3430	3290	3613	3917
普中板（16-25mm）	1780	2047	2543	2910	2643	2410	2513	2660	2620	2717	3153	3503	3450	3650	3760
热轧卷板（5.5mm）	1850	2100	2433	2917	2783	2620	2673	2750	2787	2913	3487	3930	3937	3907	3747
冷轧卷板（1mm）	2450	2817	3143	3550	3370	2897	3023	3250	3450	3677	4320	4800	4890	4833	4417

图2　2016年1月至2017年3月马钢五种钢材出厂价走势

资料来源：马钢集团官方网站。

17.05%；螺纹（Φ16－25mm）第一季度上涨627元/吨，涨幅19.06%；普中板（16－25mm）第一季度上涨310元/吨，涨幅8.99%）。总体来看，马钢股份公司3月钢材均价环比下降1.7%。

2. 马鞍山市供给侧结构性改革取得阶段性成效

钢铁行业的发展状况直接影响马鞍山市的地区GDP，对地区经济增长是不利的。图3为马鞍山市2001～2016年的GDP走势，据图3可知，自2001年以来，马鞍山地区生产总值总体呈上升趋势，但自2011年GDP首度突破千亿大关后，经济增幅由2010年的14.7%一直下滑到2016年的9.0%。

作为马鞍山市的支柱产业，在马鞍山市委市政府的坚强领导下，近几年马鞍山市钢铁行业扎实推进供给侧结构性改革，并取得了不小的进步。2017年上半年，"三去一降一补"成效明显，其中粗钢、钢材产量增幅分别比第一季度回落5.4个百分点和3.7个百分点，但产能过剩仍然是最为严重的问题。化解过剩产能着眼于两个方面，除了从数量上清除过剩产能外，还需要从质量上进一步优化钢铁行业产品结构，加强钢铁行业产品创新，提高中高端钢比例，在这方面，马鞍山市钢铁行业仍然存在很大的进步空间。因此，依靠供给侧结构性改革化解钢铁行业产能过剩是带动当地经济发展的关键所在。

（二）相关结论

钢铁行业PMI指数是多种指数加权合成的综合指数，是钢铁行业的重要评价指标，是反映钢铁行业景气度变化的"晴雨表"。钢铁企业可以根据钢铁PMI指数判断当前或未来行业供应及整体走势，判断其对企业目标实现的潜在影响，从而更好地进行决策。同时，企业也可根据行业整体状况对市场的影响，从而确定采购与价格策略。图4为我

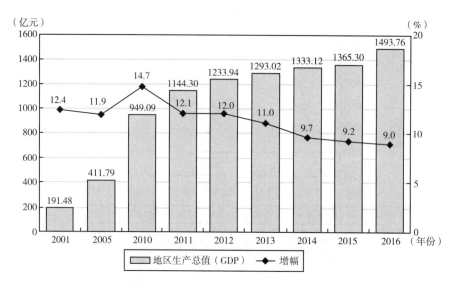

图 3　2001～2016 年马鞍山 GDP 走势

资料来源：马鞍山市 2001～2016 年国民经济和社会发展统计公报。

国钢铁行业 PMI 指数走势图，如图所示，从 2015 年 1 月到 2016 年 3 月我国钢铁行业 PMI 指数连续 15 个月在 50% 的枯荣线下方，从 2016 年 4 月起，PIM 指数有所回升，但仍应警惕未来需求下滑可能造成的负面影响、出口环境恶化、融资难等问题。马鞍山市钢铁行业生产经营环境依然不容乐观，当前和未来钢铁行业走势状况依然严峻，依然面临着严重的产能过剩问题。

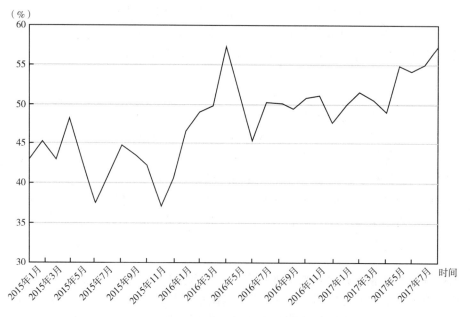

图 4　国内钢铁行业 PMI 指数

资料来源：中物联钢铁物流专委会。

四、改革路径

供给侧结构性改革的核心是提质增效，通过创造新的供给，淘汰无效、落后的过剩产能，将稀缺资源要素从那些产能严重过剩、增长空间有限的行业中释放出来，优化供给端，提高供给质量，以满足消费者需求结构不断升级变化的要求，创造新的生产力。为此，就马鞍山市钢铁企业实施供给侧结构性改革提出如下建议：

（一）提质增效，化解过剩产能

要彻底化解钢铁过剩产能，必须着眼于国内、国际两个市场，通过政策体系的支持，压缩国内钢铁过剩产能，并将部分过剩产能转移至国际市场。具体来说，可从以下两方面着手：

（1）完善供给侧结构性改革相关政策法规体系，加快去产能步伐。化解钢铁行业过剩产能不是一朝一夕就能完成的，它是一项长期的、复杂的、循序渐进的系统工程。为此，必须不断制定、修改和完善钢铁行业在环境保护、质量保证、工艺技术等方面的法律法规与行业政策，通过政策支持和法律手段推动钢铁行业去产能工作的顺利开展，并积极引导"僵尸企业"依法依规平稳退出，降低低端钢铁产品市场供应量，培育壮大新产能，在优化供给端的同时，发展新经济，加快国内基础设施建设，以进一步带动下游行业对钢材需求。此外，还可通过使用"负面清单制"来压缩钢铁行业的过剩产能，以从制度层面确保钢铁行业不再有新的产能扩张。面对工业经济下行压力持续、资源型城市转型形势严峻的双重压力，马鞍山市积极推进去产能工作，并于2016年7月印发了《马鞍山市扎实推进供给侧结构性改革实施方案》和《关于在化解钢铁行业过剩产能中做好职工安置工作的实施意见》。在该意见中，提出围绕调结构，推进去产能，在全市范围内深入开展去产能行动，并计划于2018年底基本实现"僵尸企业"市场出清，完成安徽省下达的淘汰落后产能任务，于2020年实现产能利用率达到合理水平，转型升级取得明显成效，与此同时积极支持马钢做好职工安置工作。

（2）开拓钢铁企业国际市场，转移部分钢铁过剩产能。面对资源供应紧张、国内环境压力较大以及中国经济增速放缓等长期不利局面，我国钢铁企业在国内施展拳脚的空间受到限制，不利于钢铁企业的可持续发展。为此，马鞍山市政府应在国家"一带一路"倡议的引领以及技术支持、税收、融资等相关政策的支持下，帮助钢铁企业开拓国际市场，鼓励钢铁企业"走出去"。在物联网技术发达和供应链管理技术比较成熟的有利条件下，企业可以轻而易举地进行跨境流通、开拓海外市场，这为转移钢铁企业过剩产能至国际市场、促进企业经营国际化提供了便利。

（二）加强技术创新，优化产能结构

目前，我国钢铁产能结构性过剩主要是因为钢铁产品供需不匹配。钢铁产品的更新速度远远落后于市场需求的升级速度，导致中低端钢铁产品比例太高、产能严重过剩；

而高端钢产品需求量大却供给不足，主要依靠进口来满足国内消费者需求。虽然近年来我国出台的"一带一路"倡议、"供给侧结构性改革"等均有助于化解钢铁行业过剩产能，但要想彻底治愈我国钢铁行业内部的顽疾，仅靠推动大战略是不够的。[4]因此，马鞍山市钢铁行业供给侧结构性改革应以减量提质为出发点，通过加强技术创新，优化产能结构，淘汰落后产能，提高有效供给质量。另外，还可以通过创新驱动钢铁行业结构、钢铁企业组织结构、布局结构的全面优化升级，推动钢铁行业最终实现整体转型升级，进而从根本上解决钢铁行业产能过剩的问题。

加强技术创新，优化产能结构主要从以下四方面着手实现：一是加强研发平台的建设与优势互补。通过加强与国内外同行业相关研究机构、科研院所、高校的合作实现资源共享与优势互补，借助外力提升马鞍山市钢铁行业的研发水平与质量。二是弘扬工匠精神。钢铁行业供给侧结构性改革注重提质增效，离不开工匠精神的支撑，工匠精神的实质在于精益求精、不断改进，这也是促进我国由"制造大国"向"制造强国"跨越的基础。三是引进人才。技术创新离不开人才，而人才是提升马鞍山市钢铁行业有效供给质量最根本的战略资源。人才引进既可以通过实施薪酬、科研启动经费、股权与分红激励等实施，也可以通过"产学研"搭建企业与高校以及研究院所的高层次人才对接平台，当然还可以充分发挥马鞍山市毗邻南京市的地理优势及交通便利性，吸引南京地区的高层次人才利用周末时间参与马鞍山市钢铁行业技术创新研究。[5]四是引进国际先进的工艺及技术装备。这是从硬件方面加强技术创新、优化钢铁产能结构的必备条件。

（三）大力发展钢铁"互联网＋"

大数据时代的来临为马鞍山市钢铁行业的发展带来了巨大的支撑，通过建立行业监测监控系统，政府机构可以实时掌握钢铁企业的动态信息，产品的质量高低、价格高低一目了然，强化了对过剩钢铁产能的跟踪治理，同时合理竞争的市场还会自动清理劣势企业，推动优势企业发展，继而引领整个行业的供给导向，促进钢铁行业的转型升级。另外，钢铁"互联网＋"已成为钢铁行业发展的必由之路，目前我国钢铁企业在研发、生产、销售、环保等一系列的流程发展上基础扎实，已具备在互联网上发展的基本条件，通过引入"互联网＋"概念，[6]建立马鞍山市钢材供给、需求和交易平台，一方面可以有效促进生产要素的重新整合，提升钢铁行业的供给效率，化解过剩产能；另一方面通过企业与客户的直销，能直接降低中间成本，方便供需双方的信息互联互通，提升资金周转速度和物流效率。

五、结　论

钢铁行业去产能是促进地区经济发展的一大利器，对马鞍山市来说，化解钢铁行业过剩产能是当务之急。本文通过对马鞍山市钢铁行业发展现状的分析，得出马鞍山市钢铁行业目前主要面临钢铁产能严重过剩、钢铁需求放缓以及钢铁产品结构性供给不足等问题。针对此问题，本文就马鞍山市钢铁行业供给侧结构性改革提出相应建议，指出应通过化解过剩产能，加强技术创新、优化产能结构以及大力发展钢铁"互联网＋"几方面扎实推进马鞍山市钢铁行业供给侧结构性改革，淘汰落后钢铁产能，清理钢铁"僵尸企业"，提高有效供给质量，从本质上解决马鞍山市钢铁行业产能过剩的问题。

参考文献

［1］王蕾. 河北钢铁产能过剩及供给侧结构性改革研究［D］. 保定：河北大学，2016.

［2］陈爱雪. 供给侧改革背景下我国钢铁产业产能过剩问题的解决路径研究［J］. 工业技术经济，2016（10）：133－137.

［3］中国产业发展研究网. 2017 年中国特钢产业结构及行业供给分析［EB/OL］. http：//www. chinaidr. com/news/2017－05/113090. html.

［4］陈一，李友倩. 供给侧结构性改革下钢铁行业转型升级路径研究［J］. 价格理论与实践，2015，5（6）：81－84.

［5］赵玲，周鹏. 结构性改革中扩大马鞍山市有效供给问题研究［J］. 安徽工业大学学报（社会科学版），2015，32（6）：22－24.

［6］孙雯. 供给侧改革背景下河北省钢铁产业产能过剩问题探究［J］. 经济研究导刊，2016（33）：29－30.

芜湖市供给侧结构性改革问题研究

张美玲 许 咏

一、引 言

自 2011 年以来，我国 GDP 增速明显下滑，尽管国家每年都会出台一些保增长的刺激政策，但是效果却每况愈下。这意味着传统经济增长方式源泉式微，不再能够维持长期以来近两位数的经济高速增长。这引起了党中央领导人以及经济学家们的高度重视，并提出一系列战略对策。"供给侧结构性改革"就是在这种形势下提出来，成为经济转型的突破口。所谓供给侧结构性改革，是指经济发展不能只关注需求面因素，还要关注劳动力、资本、要素生产率等供给端质量和效率，实现经济发展方式转型、推动经济持续增长。[1]

二、供给侧结构性改革与地方经济发展的关系

无论是需求侧改革还是供给侧改革，都是为了解决经济发展过程中存在的问题，提高经济发展水平。推进供给侧结构性改革，具体来说，其精髓在于去产能、去库存、去杠杆、降成本、补短板这五大任务。去产能要求淘汰钢铁、水泥等产能过剩行业中不能适应市场需要的企业；去库存主要是打通供需通道，化解房地产库存，稳定房地产市场；去杠杆是指降低金融市场的负债率，防范金融风险压力；降成本，是指降低企业的各种制度性交易成本，转变政府职能、简政放权，从而激发企业的生产积极性，提高全要素生产率；补短板是指补基础设施建设短板，解决基础设施和公共服务设施建设滞后，如地下管网老旧、水电气暖及环卫设施不配套等问题。无疑，落实好这五项任务能够更好地实现资源的优化配置，降低企业风险，减轻企业负担，实现规模效益。同时推动供给侧结构性改革还能够有效促进制度供给创新，促进制度供给与经济增长的长远目标相匹配，从而促进地方经济转型升级。[2]长远看来，这些都会对地方经济的持续健康发展有着巨大的推动作用。芜湖市是安徽省经济发展的中坚力量，在新形势下经济发展遇到许多梗阻，应该持续推进供给侧结构性改革，打破传统的地方经济发展思路，加快培育新的发展动能，推动芜湖市经济更快更优发展。

三、芜湖市供给侧结构性改革评价

(一) 芜湖市经济发展描述

芜湖市坐落在长江中下游，属于皖南区域，有着"长江巨蚌、皖之中坚"的美誉，无论是经济、政治还是文化在安徽省都有重要位置。2010 年，国务院批复《皖江城市带承接产业转移示范区规划》，将皖江城市带承接产业转移示范区建设纳入国家发展战略，作为"双核"之一的芜湖市迎来了难得的发展机遇。近年来，芜湖市积极推动产业结构优化调整，有效组合各种资源，充分发挥城乡一体化发展优势、制度优势、社会环境优势和先进文化优势，经济发展成效显著。目前，芜湖市汽车及零部件、材料、电子电器、电线电缆四大支柱产业规模不断壮大，奇瑞汽车、美的电器等龙头企业核心竞争力不断增强，越来越多的"芜湖制造"成为"芜湖创造"。据芜湖市统计局官网显示，2015 年度芜湖市人均 GDP（年度）为 6.39 万元，超过安徽省的 3.17 万元，甚至超过合肥市的 5.07 万元。

(二) 芜湖市供给侧结构性改革进展

近年来，芜湖市在经济面临复杂的"三期叠加"形势和严峻挑战的外部环境下，稳步推进供给侧结构性改革，围绕新产业、新技术、新模式、新业态+资本市场，通过优化要素配置和调整产业结构提高供给体系的质量和效率，并取得骄人成绩。具体表现在以下三个方面：第一，在简政放权中激发市场活力。芜湖市在安徽省率先启动权责清单建设，建成市、县、乡三级政府权责清单体系。同时，芜湖市积极落实税降费政策，全面推开营改增试点后，电子、建材、汽车、生物制药四大行业纳税人直接应缴税收减少 18.1 亿元，下降 31.5%。降低企业社会保险费率，截至 2016 年 8 月底，因降低费率减征社会保险费 5.3 亿元；对困难企业缓缴社会保险费 7150 万元。芜湖市持续优化投资环境，打造投资洼地，让一批优秀企业愿意来、留得住、发展得好。例如吸引美的集团在芜湖市投资企业 28 家、信义集团 17 家。第二，在增强后劲中补齐短板。芜湖市不断培育壮大战略性新兴产业，改造提升传统产业，加快发展现代服务业，加强基础设施建设，增强发展后劲。例如经济开发区的新型显示、鸠江区的机器人、三山区的农机、芜湖市的通用航空、高新区和南陵县的新能源汽车、繁昌县的 3D 打印、镜湖区的"互联网+"、无为县和大桥开发区的新材料产业均呈现集群发展态势。第三，在集聚人才中加速去库存。芜湖市对高校毕业生、专业技术人才购房分别给予契税补贴和安家补助，截至 2016 年上半年，超过 5000 户获得补助，其购房面积占同期商品房销售总量的 20.14%。与此同时，对应届大学毕业生入住公租房的，首年租金全免，次年按租金的 20% 收取。强有力的人才政策促进了人才大规模集聚，人才的大规模集聚又促进了商品房的销售。同时，芜湖市积极引导进城农民购房，对进城购房农民发放补助。自 2015年以来，在市区稳定就业的农民购房套数占市区同期商品房销售总量的 13.62%。芜湖市还将农民工纳入住房公积金制度范围，截至 2016 年 8 月底，已有 1008 户农民工缴存公积金，其中超过 60% 已使用公积金贷款购房，总购房面积达 7.23 万平方米。

（三）芜湖市供给侧结构性改革中出现的短板

芜湖市经济运行中也存在许多不确定、不稳定因素，一些短板和问题势必会成为经济持续发展的阻力，需要引起重视。2011 年以来，芜湖市地区生产总值的增幅出现明显下滑趋势（见图 1），这在一定程度上说明芜湖市推进供给侧结构性改革过程中面临着"结构调整阵痛期"，经济增长动力转换任务艰巨。下面从芜湖市经济发展过程中的短板入手，给出芜湖市供给侧结构性改革持续推进的对策建议。

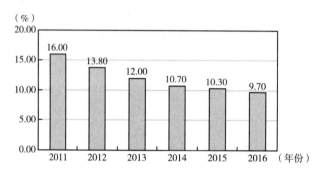

图 1   2011～2016 年度芜湖市地区生产总值增幅——本年比上年增幅
资料来源：安徽省统计局地区年度数据。

1. 产业结构失衡突出

芜湖市经济发展过程中出现明显的结构性失衡问题，首先表现在芜湖市三大产业比例不协调。如表 1 所示，尽管 2010～2015 年的 6 年间，三大产业的经济绝对值都在增加，但是第二产业占比过高，第一、第三产业占比较低，以 2015 年为例，芜湖市第二产业生产总值约为 1405.43 亿元，占比约为 57.2%，而第一、第三产业生产总值占比分

表 1   2010～2015 年芜湖市三大产业占地区生产总值比重

年份	地区生产总值（亿元）	第一产业		第二产业		第三产业	
		生产总值（亿元）	占比（%）	生产总值（亿元）	占比（%）	生产总值（亿元）	占比（%）
2010	1341.12	90.96	6.8	851.25	63.5	398.90	29.7
2011	1658.24	107.01	6.5	1092.55	65.9	458.68	27.6
2012	1873.63	117.63	6.3	1234.24	65.9	521.76	27.8
2013	2101.01	111.53	5.3	1351.02	64.3	638.46	30.4
2014	2309.55	118.04	5.2	1476.00	63.9	715.50	30.9
2015	2457.32	120.02	4.9	1405.43	57.2	931.87	37.9

资料来源：芜湖市统计局官网。

别约为 4.9% 与 37.9%。具体来说，芜湖市第一产业劳动生产率较低，且农产品结构有待优化，农产品种类较为单一；芜湖市第二产业的优势主要体现在加工组装环节，而这是在廉价劳动力的基础上获得的，导致产品的附加值较低，缺乏竞争力，不利于产业结构的转型升级；芜湖市第三产业发展相对滞后，虽然也有一些优势产业，但服务业的发展主要集中于传统行业，而金融、房地产、医疗、教育等领域仍然薄弱，缺乏竞争力，仍需进一步努力。[3]

2. 产能过剩、供需结构错配

产能过剩与供需结构错配是我国当前经济运行中的重要矛盾，这一矛盾在芜湖市也有突出表现，过剩产能处置缓慢，而多样化、个性化、高端化需求难以得到满足。例如在芜湖市工业方面，许多传统企业缺乏新的盈利增长点，导致市场需求不旺盛，且产能利用率较低，钢铁、水泥、纺织、建材等行业面临较大的产能过剩压力，发展前景不容乐观。2015 年，芜湖市规模以上工业企业单位数约 2101 个，但是工业集约化、智能化程度不高，许多企业没有从根本上改变粗放的经济增长模式，创新力不足，生产效率不高，生产出来的产品附加值不高，且能耗较多，对环境保护不利。[4]总的来说，产能过剩企业的共性包括：产品差异化较低，国内外需求突降，政府优惠政策过多等。

目前，供需错配极大地阻碍了芜湖市经济发展，上述产能过剩并非简单的供给过剩，而是供给间错配严重，芜湖市中高端的需求不断攀升并且日益多元化，人们更加倾向于个性化定制的产品与差异化服务。另外，芜湖市供给端明显滞后，产品结构较为单一，服务理念滞后。[5]再加上供给端与需求方的信息不对称使得需求外流严重，一方面许多居民喜欢通过"代购"购买各种外国商品；另一方面芜湖市过剩产能依然大量存在，供需端的失衡严重制约着芜湖市经济的向前发展。

3. 创新型人才队伍建设有待加强

近几年，在合芜蚌自主创新综合试验区建设中芜湖市迅速抓住机遇发展，坚持由创新机制带动地区发展。为了强化企业创新意识，提高科技型人才的创新动力，自 2010 年以来，芜湖市计划并实行了振兴产业的"千名人才"的方针，取得了一定的效果，但是在创新型科技人才队伍建设上仍然存在一部分的不足。首先，研究与开发的费用投入较少，科技人才的创新需要无法满足。近年来，芜湖市研究与开发的经费在 GDP 中的占比低于全国的平均标准，例如在 2013 年，芜湖市的 GDP 约为 2100 亿元，该市的全社会研究与试验发展（R&D）费用仅为 30 亿元左右，R&D 在 GDP 中的占比为1.42%，而当年全国平均的数值则为 2.08%。[6]其次，对已有人才的后续发展重视程度不够，高级人才外流的问题严重，企业往往更看重短期的利益，对于眼前的困境更倾向引入外来人才来帮助解决，对企业内部研究团队的发展，科技人才的后续培养方面缺乏重视，在花时间培养已有人才方面没有足够的耐心和长远的规划，从而导致了相当部分的创新科技人才因为个人发展环境不佳、薪资不高等方面的原因外流。最后，高级创新人才的不足，有影响力的科技研究成果较少。虽然在整体科研实力的指标中，芜湖市新技术、产品的推出频率较高，专利数目也不低，但高级创新人才不足的问题不容忽视，如中国科学院、中国工程院院士这一层次的高级创新人才仍然空缺，具有突出贡献的青中年专家较少，当地企业中拥有国际竞争力的偏少，当地院校的科技研究实力偏弱，重点实验室一类的科研创新硬件设施不足，高新产业发展水平不高，对高级人才来芜创业的吸引力不足。

4. 生态环境问题日益凸显

随着生态文明建设和绿色发展理念的生根，芜湖市委、市政府坚持抓生态就是促发展的理念，推进环境污染防治，取得了良好成效。然而，近几年来芜湖市生态文明建设的效果越来越不明显，这是由于一方面面对周边城市的竞争压力，芜湖市加快了工业化及城镇化的步伐，而这在一定程度上是以牺牲生态环境为代价的；另一方面芜湖市目前尚且缺乏完善的生态文明制度体系，例如，第一，领导组织机制尚不健全，有关部门无法统筹兼顾芜湖市的经济发展与生态环境保护二者之间的矛盾，往往是重经济发展的业绩高于环境的保护。第二，监管体系有待完善，表现在芜湖市有关生态环境保护的法律法规不太健全，且现有的法律法规约束力不强，执法不严，惩戒力不够，还存在许多企业乱排废气废水的现象，屡禁不止。[7]第三，缺乏居民参与机制作为补充。社会公众作为重要的环境保护监督者之一，并没有发挥其能动性，往往是在政府的倡导下被动参与监督，而较少采用网络、电话举报违法排污等环境污染现象。

供给侧结构性改革是芜湖市改变目前经济增速下滑，取得进一步发展的关键举措。但是从上文可见，目前芜湖市供给侧结构性改革过程中仍然存在很多问题。因此，要积极探索芜湖市经济供给侧结构性改革过程中的新思路，尤其是针对上述短板的对策建议。

四、进一步深化芜湖市供给侧结构性改革的建议

（一）加快推进产业结构调整

芜湖市的三大产业失衡是其经济持续发展的制约，要加快推进芜湖市产业结构优化升级。首先，芜湖市要加大对农业的重视程度，要发展规模化、现代化作业方式，加大对农民的补贴，提高农民生产积极性，引导农民延长农产品产业链，增加农产品附加值。其次，芜湖市需要引导和带动第三产业的发展，第三产业发展程度是衡量经济社会现代化水平的重要标志。芜湖市要及时调整工作思路，转变发展方式，积极谋划第三产业发展新的支撑点和增长点，要大力培育服务业市场主体，优化服务业组织结构，充分发挥芜湖市比较优势，合理规划，尽快形成充满活力、适应市场、优劣势互补的服务业发展格局，全力打造芜湖市服务业集聚区。最后，要充分利用互联网技术提升服务质量和效率，打造服务业的知名品牌。此外，对于芜湖市目前发展较好的第二产业，也要进一步促进优化升级，保证第二产业总量持续增长，加大对传统产业的人才与技术引进力度，寻找新的市场需求点，开发出新的产品；还要加大对新能源、节能环保新兴产业的投入力度。[8]总之，芜湖市要通过促进三大产业的协调发展和第二产业的结构优化实现做强农业、做优工业、做大服务业的目标。

（二）促进供给结构优化升级

针对芜湖市的产能过剩问题，要提高行业集中度和资源配置效率，促进水泥等产能过剩行业结构优化、提质增效，严禁新增过剩产能。对于现存的"僵尸企业"，应该定期摸排，积极稳妥处置，促进兼并重组，对于一些连年亏损而又没办法改善近况的企业尽快实现市场出清，在这一过程中，要注意职工安置问题，尊重职工的合法权益。对于过剩产能，可以遵循"一带一路"倡议，向印度尼西亚、缅甸、老挝、柬埔寨、俄罗斯等国家转移，鼓励企业利用互联网将过剩产能实现跨境销售。

针对芜湖市的供需错配问题，第一，增加有效供给。有效供给的增加一方面离不开科技的进步以及由此带来的生产效率的增加；另一方面还要尊重市场机制的作用，改变传统的供方观念，树立视消费者为上帝的理念，生产适销对路的产品和服务。第二，优化供给结构。要转变经济发展方式，改变以往单一的资源能源要素投入结构，转向依靠劳动、土地、资本、创新等要素投入，提高供给效率；随着居民生活水平的提高，居民从过去关注产品价格转向对产品品质的重视，整个社会已经进入高品质制胜的时代，未来，个性化、多样化消费将渐成主流，通过技术、产品和服务等创新来扩大有效供给，将是芜湖市供给侧结构性改革的重要手段。因此，芜湖市要积极推进产业结构调整，生产高质量的产品，加快产品创新，满足消费者的高品质和个性化需要，提升供需匹配度。第三，完善市场产品质量监管体系，健全有关法律法规，加大对假冒伪劣产品的惩戒力度，构造出良好的市场消费环境。总而言之，通过优化升级芜湖市供给结构，促进其与需求结构的平衡与匹配，促进芜湖经济供给侧结构性改革顺利进行。[9]

（三）加大科技创新力度

首先，坚持创新驱动发展战略，加大芜湖市科研经费投入，采取科技创新鼓励政策。提高高校的科研经费，促进产学研结合和科技成果转化，对于企业的研发费用可以适当给予补贴或者直接给予所得税减免优惠，引导企业积极进行研发。其次，实施高新技术企业培育计划，突出重点、分类指导、政策引导、系统培育，支持科技型中小微企业发展。推动创新和研发生产经营等产业活动融合，推动产业产品高端化、品质化。最后，大力发展职业教育。加快推进皖江人力资源执业训练基地项目，建立高质量、多样化人才培养基地，开展首席技师评选和职业技能竞赛活动，发挥高技能人才在技术创新、技术攻关中的引领示范作用，大力弘扬工匠精神，推进技工强市建设。同时，还要培育创新文化，鼓励各类人群创新创业，尤其是利用安徽省大规模进行网络创业培训的契机，推进"互联网＋"创业的进程，大力推进众创、众包、众筹、众扶等新型创新创业模式。在高校举办各类创新创业大赛，培养大学生创业意识，进一步推进大学生创业扶持计划，构筑包括信息、人才、导师、项目和政府补贴的创新创业平台。[10]用科技创新带动劳动生产率的提高，用创新增加有效供给、激发新需求，用创新降低企业经营成本、提高产品品质，打造高端品牌，让芜湖市出现更多的国内乃至国际知名品牌。

（四）加强生态文明建设

供给侧结构性改革的理念与目标是通过制度革新促进全要素生产效率的提高，从而使得经济持续发展，而坚持这一发展理念就必须要加强以绿色发展为本质的生态文明建设。[11]在新常态下，芜湖市政府要建立并完善生态文明建设长效管理机制，对于生态文明建设过程中遇到的困难与"瓶颈"逐一破除；芜湖市要树立生态红线意识，推进产业经济绿色转型，持续改进生态环境质量，倡导居民绿色文明生活方式，构建和谐人居环境，使得芜湖市成为一个天蓝水绿、宜居宜业宜游的生态文明城市。同时，政府还要实施大气污染联防联控，按照水体达标方案要求，深入推进流域综合治理；还要加强鼓励新能源的开发力度，引导增加太阳能、风能、生物能等的利用程度。此外，强化约束性指标管理，实行能源消费和碳排放总量与强度双控，全面节约和高效利用资源，加大对企业乱排乱放现象的惩治，鼓励居民参与监督，实行举报有奖策略，从源头上减少环境污染。最后，要大力发展循环经济，将一些废弃物进行无害化处理并加以循环利用，多措并举，促进芜湖市经济建设与生态文明建设的平衡发展。

五、结　语

芜湖市除了在着力处理以上提到的短板以外，还需要关注部分产业集团资金脱离实体经济向金融业务方面集中的问题，以及各类没有金融牌照但存在准金融类业务的民间机构业务缺乏约束和管理的现象等。针对这一类综合性较强，难以穿透监管，业务结构复杂的行业，监管部门需要严守各类风险点，防范可能出现的风险事件，让监管及时跟上业务创新。同时要明白，供给侧结构性改革是一项长期的工程，是一场需要坚定信心、攻坚克难的战斗，需要我们以更长远、可持续的发展眼光和深层次的解决思路来解决经济发展和环境保护的问题。更要在实施政策措施的过程中考虑到地区的差异，改变资源错配的局面。

参考文献

［1］吴敬琏等. 供给侧改革——经济转型重塑中国布局［M］. 北京：中国文史出版社，2016：86－87.

［2］陆岷峰，吴建平. 供给侧改革背景下区域经济发展的机遇和对策［J］. 华北金融，2016（6）.

［3］夏妍. 芜湖市产业结构优化调整研究［J］. 产业经济，2012（2）.

［4］俞东毅，成青青. 供给侧结构性改革与县域经济发展［J］. 经济研究导刊，2016（20）.

［5］朱明. 信阳市供给侧结构性改革问题研究［J］. 理论探索，2017（10）.

［6］刘金峰，刘嘉琪. 区域创新型科技人才队伍建设的思考——以安徽省芜湖市为例［J］. 安徽商贸职业技术学院学报，2016（1）.

［7］刘畅. 张家港市生态文明建设畅销管理制度研究［J］. 绿色科技，2017（5）.

［8］胡功杰，李源等. 深化供给侧结构性改革，培育长期发展新优势——以新常态下安徽省为例

［J］. 经济管理，2016（7）.

［9］郑朝霞. 新常态下东北经济供给侧结构性改革研究［D］. 长春：吉林大学，2017.

［10］刘志亭. 青岛市推进供给侧结构性改革的方向与重点研究［J］. 青岛职业技术学院学报，2016（7）.

［11］李佐军. 推进供给侧改革，建设生态文明［J］. 党政研究，2016（2）.

池州市供给侧结构性改革问题研究

何一頔

一、引　　言

"十二五"以来，我国经济增速明显放缓。究其原因，主要是国内市场需求和供给结构往往不能有效对接。一方面，产能过剩、高库存问题突出；另一方面是居民有效需求得不到满足。[1]2015 年 11 月，习近平总书记在中央领导小组第十一次会议上提出"在适度扩大总需求的同时，着力加强供给侧结构性改革，着力提高供给侧质量和效率，增强经济持续增长动力，推动我国社会生产力水平实现整体跃升"。在中央财经领导小组第十二次会议上，习近平总书记再次强调，供给侧结构性改革其根本目的是提高社会生产力水平。由此"供给侧"成为热议话题，对于区域供给侧改革的研究也正逐步深入。

池州市位于安徽西南部，长江之滨，市辖贵池区、东至县、石台县和青阳县，总面积 8271 平方公里，全市常住人口 144.3 万人。作为长江城市群成员城市，皖江城市带承接产业转移示范区和"两山一湖"旅游区的重要组成部分，池州市拥有着优越地理位置、良好的发展潜力。[2]改革开放以来，国家政府一直致力于推动经济协调、全面发展，各地政府也积极响应。池州地区由于多方因素制约，依旧存在着产业结构不合理，经济发展不均衡等情况。"十二五"期间，池州全市的生产总值持续稳定增长，总量依旧处于全省较低水平，人均生产总值不高，商品进出口总额位于全省靠后位置，社会消费品零售总额更是居全省末位。[3]综合来看，在全省的经济版图中，池州市总体偏弱，属于欠发达地区。若这一现状不能及时、合理解决，将加深地区矛盾，影响区域内乃至全省的"全面小康"目标实现。本文以池州市为研究对象，就该市三大产业进行分析，阐述该市在供给侧结构性改革下的现状，分析不足，并提出相应的对策建议，为池州区域在供给侧结构性改革下经济发展提供了新的思考方向，从理论上说明该地区未来经济保持中高速稳定发展的可能。

二、池州市经济发展现状评价

（一）农业发展现状

池州市具有"七山一水一分田"的地貌特征，土地资源多样，四季分明，优越的生态地理环境造就了农业资源的多样性，盛产粮、油、棉、茶、水产等产品。各地区依据自身特色，积极进行产品结构调整，形成了一批高水平、规模化的农产品生产基地，池州市在特色农业发展上已有一定基础。[4] 地区经济总体保持着稳定向上的态势下，第一产业增加值逐步提高，截至2016年底生产总值达到71.15亿元（见图1）。相关从业人员比例较大，占全市总从业人口的40%左右，第一产业占地区生产总值比重小，仅13%。从近年池州市地区农作物产量相关数据来看，粮食作物产量相对稳定，经济作物中油菜籽和棉花产量大幅下降，较2015年而言，2017年油菜籽和棉花产量皆下降了超过1/4（见表1）。随着科技农业发展，山多地少的池州市地区机械普及率也逐年攀升，截至2016年，农用机械总动力达1295755千瓦，较上年增长3.4%，大型拖拉机的使用增加了58%，有1457台。[5]

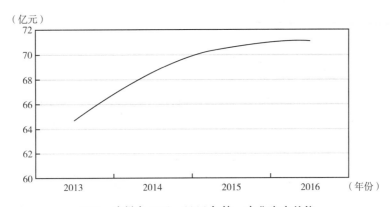

图1　池州市2013～2016年第一产业生产总值

资料来源：根据《池州统计年鉴》（2017）整理而得。

表1　　　　　　　　　2016～2017年池州市主要农产品产量及增长率情况

产品名称	2015年		2016年		2017年	
	产量（万吨）	比上年增长（%）	产量（万吨）	比上年增长（%）	产量（万吨）	比上年增长（%）
粮食	70.5	3.7	67.6	−4.2	68.8	1.8
油菜籽	9.4	−1.2	7.1	−24.3	6.7	−5.0
棉花	2.9	−11.1	2.7	−7.6	2.1	−23.8
茶叶	0.8	9.4	0.8	−0.2	0.9	5.5

资料来源：根据《池州统计年鉴》（2017）整理而得。

（二）工业发展现状

丰富的自然资源、优越的生态环境、完善的交通网络为工业发展提供了优渥的土壤。池州地区矿产资源四十余种，铅、锌等有色金属储存量居全省首位，非金属类矿产资源量大质优，相关产业集群地已经形成。该市水资源丰富，森林覆盖率高，生态优势明显，地区经济发展后劲足，此外身处泛长三角地区、皖江经济带，九华山国际旅游机场通航、铜九、宁宜铁路通车，投资吸引力大。[4]

"十二五"期间，池州政府坚持工业强市的战略，科技创新能力提升，地区经济发展有了长足成长，工业化率稳步上升，到2015年为止工业化率已达到36.3%，接近工业化中期水平。到2016年底，规模以上企业个数605家，其中外商及港澳台企业18家。工业总产值从2011年3715974.3万元增长到2016年的8052373万元，增长率近117%，工业增加值增长了近90%，然而近些年经济下行，工业增加值年增长率逐年递减，下降幅度明显。[6]

（三）服务业发展现状

就2017年产业数据来看，池州市第三产业超过地区总产值的40%，与第二产业并肩，是拉动地区经济发展的"两驾马车"，在经济下行的背景下，为地区发展做出了巨大贡献（见图2）。当年池州市第三产业产值达到284.1亿元，较上年增长5.8%，从业人员共43.36万人，其主要增长动力来自政府对于旅游业的重视。池州市境内有中国四大佛教名山之一的九华山、国家级自然保护区牯牛降，还有"中国鹤湖"之称的国家级自然保护区升金湖等一批风景名胜，自古享有"千载诗人地"的美誉，历史文化底蕴同样深厚。

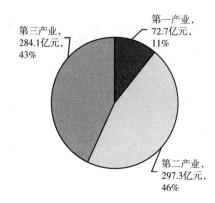

第三产业，284.1亿元，43%
第一产业，72.7亿元，11%
第二产业，297.3亿元，46%

图2　2017年池州地区三大产业生产总值占比情况

资料来源：根据《池州统计年鉴》（2017）整理而得。

从地区上来看，池州各县区中贵池区保有的服务性企业数量最多，从业人数最多，但也是经济亏损最严重的地方，除此以外，石台县和平天湖地区同样存在亏损情况，九华山为全市带来的收益最大，占全市营业利润总额的66.4%，其主因是境内有中国四大佛教名山之一的九华山景区。开发区凭借自身的科技、政策等发展优势创造营业利润10212万元，位居全市第二位，池州各地区服务业发展还具有很大的潜质（见表2）。

表2 2017年池州市各区县第三产业有关情况

分县区	规模以上企业个数（个）	规模以上企业从业人数（人）	规模以上企业营业利润（万元）
池州市	106	14864	31568
其中：贵池区	41	5901	−2350
东至县	18	1044	2677
石台县	6	405	−640
青阳县	23	2015	1715
九华山	5	4712	20968
开发区	10	651	10212
平天湖	3	136	−1014

资料来源：根据池州市2017年国民经济和社会发展统计公报整理而得。

三、池州市供给侧结构性改革面临的问题

（一）农业供给侧结构性改革面临的主要问题

1. 产业结构不均衡，有效供给不足

池州市多山地，林业资源丰富，全市面积超过一半以上为林地，渔业资源同样富饶，临近长江，域内水域面积较大。但是图3清楚表明池州地区以农业为主，产值比率最高，达到近40%，林业反而产值最低，其次为渔业，两者产值比率皆不足20%。由此可得出，该地区农业资源构成与农业发展结构并不契合，林业、渔业资源并未得到合理的利用，造成了资源浪费，制约了经济发展。

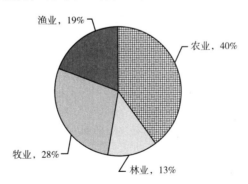

图3 2016年池州市农林牧渔业构成情况

资料来源：根据《池州统计年鉴》（2017）整理而得。

由于经济基础薄弱，池州市生产总值仍位于安徽省倒数，导致基础设施薄弱，生产技术落后，农业发展规模小，生产成本高，生产质量得不到保证，大大削弱了产品竞争力，反观市场上进口大米、蔬菜等农产品却比比皆是。另外地区消费者购买力伴随经济

增长而增加，对产品的品质要求更高，对于消费模式内容要求更为丰富。由此来看池州地区市场与消费不匹配情况较为明显，有效供给严重不足。

2. 劳动力流失，人员素质较低

由于池州市以农业人口为主，由表3可知，年轻农业劳动力流失严重，35周岁以下仅占总从业人员的5%，从结构上也出现了老龄化的情况。表4指出，池州地区从事农业的劳动力受教育水平有限，小学及以下学历的人员占了六成，高中及以上学历只有5%左右。以上种种因素直接导致了池州市农业发展中存在劳动力不足、素质偏低、科技水平不高等问题。小农意识浓厚，新的产业理念不易在此生根发芽，进而带来了产业间融合度不高、产业效率不高等问题，虽然第一产业从业人数多但创造的价值十分有限（40%的从业人员仅创造了13%GDP）。如此现状下，针对劳动力自身的供给侧结构性改革颇为必要。

表3　　　　　　　　　　　2016年池州市从事农业生产人员年龄占比情况

从事农业生产人员年龄分组	35周岁以下	36~54周岁	55周岁以上
占总农业生产人员比率（%）	5	50.2	44.7

资料来源：根据《池州统计年鉴》（2017）整理而得。

表4　　　　　　　　　　　2016年池州市从事农业生产人员受教育情况

人员学历划分	未受教育	小学	初中	高中、中专	大专及以上
占总农业生产人员比率（%）	15.2	48.9	30.7	4.1	1

资料来源：根据《池州统计年鉴》（2017）整理而得。

3. 环境破坏，生产效益低

伴随农业的发展，环境问题日益凸显。盲目追求高产量，超标使用化肥农药，土地破坏式、低水平的开垦，加之不科学的土地配置，这些早已超出生态环境承载的能力。[8]长此以往，农作物的产量以及质量安全难以得到保障，在消费者愈发追求高品质的市场环境下，这种掠夺式的农业发展方式终将削弱产品竞争力，引发消费者对产品的不信任。此外，自然资源同样作为生产成本的一部分，以破坏环境为代价的生产，代价高昂。

（二）工业供给侧结构性改革面临的主要问题

1. 企业结构不合理，投入成本过高

截至2016年底，池州市有规模以上企业605家，其中中大型工业企业仅29家，过亿元产值的企业不足总数的30%，展现出该地区工业企业总体规模较小、普遍质素较弱的特点。生产商品存在附加值不高、科技含量较低、品质参差、个性化不足等问题。[6]投入成本高是池州市工业企业面临的另一重大问题，据年鉴数据显示，2016年该市规模以上企业主营业务成本已达667亿元，较上一年增幅明显（9%），而当年主营业务收入仅为774亿元。其主因是企业制度性交易成本高，包括养老保险费用、土地成

本税收成本等，由此可见池州市降成本工作任重而道远。[5]

2. 产业结构不合理，缺少优势产业

从 2005 年起，池州市重工业发展增速明显，工业结构重"重工业"的倾向明显。以 2016 年为例，规模以上重工业企业 370 家，增加值为 138 亿元；轻工业企业 235 家，增加值却仅为 41 亿元，两者增加值相差 3 倍之多。[5]伴随商事制度改革，池州地区出现一批高能耗的"僵尸企业"，大多处于产能过剩行业，导致各项资源配置失衡，阻碍产业健康发展。此外，由于地区重工业发展高度依赖资源开采，以资源密集型企业为主，对生态环境破坏大，商品要求的科技水平较低，因此产品体现为种类单一、核心竞争力不高的特点，且没有形成能迅速拉动经济的特色产业。相反，在国际产业链中处于优势的技术密集型产业，如生物医药、信息技术、高端材料设备等产业，在该地区的发展处于较低水平，面对消费者需求结构的转变，亟待产业转型升级。

3. 资金配置不合理，金融环境不佳

池州地区金融机构人民币存款余额日益攀升，截至 2016 年底，存款余额达到 870 亿元，居民存款也从 2011 年的 250 亿元增长到了 540 亿元。同时，地区贷款余额为 500 亿元，其中中长期贷款 310 亿元。[6]从数据上看，地区的经济发展为人民带来了丰厚的物质生活，另外，金融机构中过高的储蓄金额和较低的贷款金额也反映出地区投资环境的不理想，政府的投资引导不到位。在储蓄资金不断增加的现状下，融资渠道单一、融资金额低依旧是当地中小企业面临的发展"瓶颈"。

（三）服务业供给侧结构性改革面临的主要问题

1. 产业水平偏低，现代服务性产业占比低

服务业涵盖面广，一般划分成以下几个层次：第一层次是流通部门；第二层次是生产和生活服务部门；第三层次是为提高科学文化水平和居民素质服务部门。传统意义上的劳动密集型服务业主要集中在第一层次和第二层次。[7]从产业结构来看，池州地区传统服务业占比过高，而属于现代服务业的信息化行业和教育业占比过小。传统产业对知识、技术要求低，附加值小，发展潜力有限，可见池州地区服务业水平不高，结构不合理。

2. 区域间发展不均衡，产业成本高

由于前期产业水平不同，自然资源存在差异，社会劳动力分布不均，各地区发展的重点各有侧重等因素影响，池州市各区县第三产业的发展存在明显的差异。[8]从有关数据来看，池州市服务业企业发展主要集中在贵池区、青阳县、九华山地区，这与池州市作为旅游城市的战略定位密切相关。然而贵池区经济亏损最为严重，这主要是由于地区产业主要为传统性产业，其成本过高。与九华山高创收的情况不同，平天湖地区经济亏损情况也较为严重，究其原因是地区收入不高且管理成本过高导致。由此说明区县的服务业发展存在较大的问题，地域性不平衡现象未能彻底改变。

3. 产业发展需求与基础设施建设不足之间存在不匹配

基础设施包含酒店住宿、交通往来、医疗安全、娱乐休闲等方方面面的设备，基础设施的不断提高完善，无疑是推进地区服务业逐步发展的重要保证。[7]近年来，池州市"食、宿、住、行、购、娱、教"基础设施在原有的基础上已有所改善，但受到薄弱经济基础的制约和地区位置多丘陵因素的影响，要素间发展存在不平衡、不衔接，很难适应当前地区服务业的发展。地区内不少地方存在着医疗设备不到位、安全设备简陋老化等问题，在著名的九华山景区依旧存在通信条件差、食宿酒店数量不足的问题。以旅游业为例，池州地区2017年入境游客已达到95万人，[5]但针对外国游客的服务（小到外文标识的警示牌，大到专门面向国外游客的旅游产品）很有限，景区的停车位不足、交通拥堵等矛盾突出。发展滞后的基础设施一定程度上会制约今后池州市服务业的发展和效益。[7]

四、池州市供给侧结构性改革建议

（一）农业发展供给侧结构性改革建议

1. 优化结构，提供有效供给

池州地区存在较为突出的农业结构性问题，为了解决这一问题，必须立足于消费者的需求，以市场配置资源，调优产业结构，适度减少饱和产品的种植，因地制宜，优化农产品品种、质量。树立大农业理念，狠抓产业的治理、发展，使各产业间有效结合，打造符合池州市的立体农业。

针对市场上对于高品质产品的高需求，我们需要将生产要素从原来高库存产品合理转移到具有良好发展前景的产品生产上来，弥补生产链中的薄弱环节，提升品质。通过提升产品科技含量，精细、规模化加工，延长产业链等方式，提高有效供给，满足消费者的高端需求。着力培育各产业的龙头企业，打造特色品牌，依托地区优势产业，将霄坑绿茶、石台富硒茶、东至麦鱼、九华黄精等打造成享誉内外的国际品牌。完善相关法律、法规，建立有效的监督管理制度，严守质量安全线。

2. 降低生产成本，减少库存

池州地区农产品生产中的高成本直接导致了高库存、低收益的现象。因此若想要去库存、提收益，必先降成本。现代化绿色农业是产业降成本、转模式、提效益的必经之路。第一，降低自然资源成本的消耗，修复已遭破坏的生态环境，减少农药化肥使用，休耕养息。第二，促进传统农业经营方式转变，统一经营，联合合作，克服传统承包经营规模小，组织化程度差、现代化程度低、抗风险能力弱等缺点，通过规模经营降低成本。第三，重视科技成果的普及、推广，加速推动农业发展机械化、标准化，提高生产效率，降低生产成本。

3. 政府扶持，提高人员素质

农业发展离不开政府的支持。一方面给予政策上的扶持，增加对农业基础设施投入，拓宽筹资渠道，鼓励金融机构有选择性地对优势、特色产业进行帮扶，同时充分利用境外资金和民间资金；另一方面积极发挥政府的导向作用，在各地金融、财税部门引导下正确使用资金，使其价值最大化。人才是促进农业供给侧结构性改革中的推动力，地区政府应加大对新型农民的培养，加强队伍内涵建设，让农民走进课堂，让专家走下讲台，提高农民文化修养，技术水平，生产、经营能力。在这群"领头羊"的带领下，才能推动产业的改革，才能将供给侧结构性改革落到实处。

（二）工业发展供给侧结构性改革建议

1. 剔除落后产能，推动企业改革

"僵尸企业"往往不能自主存活于市场，依靠补贴、借款、融资等方式才能勉强运营，导致社会资源配置不合理，使用效率低下，不利于有序市场竞争的实现，增加地区金融风险，影响经济发展。然而由于形成的原因各异，评判企业"僵尸化"的标准不一，因此对于"僵尸企业"的清除工作应具体分析，分别对待。针对已经处于产能过剩，且亏损严重的落后企业要加速清理，对于暂时亏损，依旧有发展潜力的企业要积极推动其产业改革、升级。统一标准，构建能全面、及时评估企业经营状况的系统，并对于现有不合理的政策加以调整、修正。

2. 合理机制，调整结构

现阶段，只有引入合理的市场机制，采用经济、法制手法才能破解池州地区产业结构不合理的困局，一方面，从资源密集型产业入手，通过市场机制引导部分产能过剩企业主动退出市场；另一方面，通过机制促进创新性新经济模式形成，以经济效率为导向，以信息化技术为基础，以优化生态环境为前提，增加要素投入，提升企业创新能力，打造智能制造。过程中深化供给侧结构性改革的意义，从工业生产链中的薄弱环节入手，增强人才的培养力度，补齐地区工业产业中信息智能技术不足的"短板"，降低税费，贷款利率，减少企业水电等能源成本，优化行政服务，培养促进工业结构革命的"硬实力"。

3. 改善投资环境，对接区域发展

为投资者提供良好投资环境，提供法制、诚信、高效的市场环境，打破原有制约发展的条框，制定"互利共赢"的战略，刺激居民投资热情，吸引外商，吸纳优秀的生产管理经验。加强政府机构与企业沟通，了解企业所需，为企业发展提供有力政策扶持，鼓励金融部门提供平台、渠道，真正落实企业融资难、贷款难的问题。由于池州市现阶段经济水平有限，地区企业发展需要寻找助力，寻找新突破口，形成新的经济增长点。采取"走出去"策略，借助皖江城市带承接产业转移示范区的身份，积极融入周边经济圈，促进资源要素合理流动，有效配置。

（三）服务业发展供给侧改革建议

1. 升级传统服务业，发展现代服务业

一方面，引进现代化的管理手段，先进的科学技术，推进传统产业的升级改造，剔除落后、高成本的环节，提升企业运作效率。"互联网＋"和科技知识为服务业和制造业提供有力的后盾与技术支持，从供给侧发力，提供优质服务、产品，满足消费者高要求。充分利用长三角地理优势、中部崛起政策上的支持，抓住发展机遇，完成产业发展模式的转变。另一方面，加速现代服务业发展进程，扩大信息、教育、金融、旅游等产业占比。立足各区县资源优势，着重发展优势产业，减少地区产业发展差异，加快地区的城镇化程度。开创"大池州、大区域"新理念，注重城市整体开发，统筹管理，增加投入，积极寻求与周边地区的合作，吸纳优秀经验，促进地区服务产业多层次、全方位的发展。

2. 统筹规划，完善基础设施建设

在现有基础上，继续增加对基础设施的建设，完善功能。增设停车位、游客服务中心、医疗点、公厕等基础设施。还需着力提升公路基础设施的承载能力，无论是外部接连池州市的主要高速公路，还是区县间普通道路，都应当纳入基础设施发展的规划中。除道路基础建设、养护外，还需注意道路标识语言的规范性、准确性。针对不同群体，提供更加人性化的设施服务，如在老年人集中的社区提供健身设施，投建社区医院等。抓住九华山、平天湖等旅游资源优势，兴建旅游基础设施，增设外文标识牌，增设外文旅游指导手册取阅点等，将城区设施建设与景区设施建设统筹规划，极大增加服务兼容性、统一性。

3. 加强政府引导，完善法律监管

服务业产品一般没有实物，因此消费者更注重消费体验。企业发展时应更加注重结合互联网技术，打造电子商务平台，做到产业链协同合作，共同创新生产，为顾客提供客制化、个性化服务。在此过程中，政府需注意对产业知识产权，创新成果的保护，加强政府监管力度，定期对产业发展进行评估，营造企业良好成长环境。完善法律，加速针对电子商务、大数据等领域的立法，加大惩处力度，提高犯罪成本。这些措施可以坚定企业发展信心，激发企业创新，促进经济成长。

参考文献

［1］着力加强供给侧结构性改革［EB/OL］. 新华网，http：//news. xinhuanet. com/comments/2016 –01/14/c_1117776578. htm,2016 –01 –14.

［2］安徽省 2017 年国民经济和社会发展统计公报。

［3］安徽省统计局，国家统计局安徽省调查总队. 安徽统计年鉴（2017）［M］. 北京：中国统计出版社，2017.

［4］胡文海. 池州市特色农业发展的 SWOT 分析与对策［J］. 中国农学通报，2007，23（7）：529 – 532.

［5］池州市统计局. 池州统计年鉴（2017）［EB/OL］. http：//sjcz. chizhou. gov. cn/tjnj/index. htm.

［6］池州市 2017 年国民经济和社会发展统计公报。

［7］王思语，林桂军. 供给侧背景下的我国服务业发展思考［J］. 中国经贸，2017（3）：15 – 21.

［8］陆珉峰，吴建平. 供给侧改革背景下区域经济发展的机遇和对策［J］. 华北金融，2016（6）：4 – 10.

安庆市供给侧结构性改革问题研究

汪 滢

一、引 言

当前，正是安庆市全面建成小康社会的关键时期，供给侧结构性改革对安庆市"十三五"乃至更长时期发展具有非常强的指导性，有效推行供给侧结构性改革，解决安庆市供给侧结构性改革过程中的问题，从根本上促进潜在增长，有利于促进安庆市经济社会的可持续发展。

二、安庆市供给侧结构性改革的政策背景及改革举措

（一）政策背景

所谓供给侧结构性改革，就是从提高供给质量的角度出发，用改革的办法推进结构调整，矫正要素配置扭曲，扩大有效供给，提高全要素生产率，提高供给结构对需求变化的适应性和灵活性，以促进经济社会持续健康的发展。供给侧结构性改革的根本目的是提高社会生产力水平，要在适度扩大总需求的同时，去产能、去库存、去杠杆、降成本、补短板，从生产领域加强优质供给，减少无效供给，扩大有效供给，使供给体系更好地适应需求结构的变化。[1]

改革开放30多年来，中国经济持续高速增长，成功步入中等收入国家行列，已成为名副其实的经济大国。但随着人口红利衰减、"中等收入陷阱"风险累积、国际经济格局深刻调整等一系列内因与外因的作用，经济发展正进入"新常态"。我国供给体系出现了中低端产品过剩、高端产品不足、传统产业产能过剩、结构性的有效供给不足、房地产库存严重、地方政府债务风险累积等问题。

2015年11月，习近平总书记在中央财经领导小组第十一次会议上指出，要着力加强供给侧结构性改革，着力提高供给体系质量和效率，增强经济持续增长动力，推动我国社会生产力水平实现整体跃升。

2016年5月16日，中共安徽省委、安徽省人民政府印发《安徽省扎实推进供给侧结构性改革实施方案》，并发出通知，要求各市、县委，各市、县人民政府，省直各单位，各人民团体，结合实际认真贯彻执行。安徽省供给侧结构性改革的任务和措施包括

"三去一降一补"五大任务＋"环境保障"。（1）去产能：扎实推进去产能促进产业结构转型升级，突出抓好职工分流安置、债务化解和资产盘活等工作，努力实现煤炭钢铁行业脱困发展和转型升级。（2）去库存：扎实推进去库存促进房地产市场健康发展，继续加大差别化调控力度，促进供需基本平衡、市场潜在风险得到有效管控。（3）去杠杆：扎实推进去杠杆促进经济金融良性互促，全面加强金融监管和政府债务管控，疏通金融进入实体经济管道。（4）降成本：扎实推进降成本促进质量效益稳步提升，深入开展降低实体经济企业成本行动，提高政策的兑现率和受惠面。（5）补短板：扎实推进补短板促进发展后劲持续增强，注重项目带动，努力补齐产业发展、基础设施、公共服务、生态环境等短板。（6）环境保障：扎实履行政府职责促进形成供给侧结构性改革良好环境，各级各部门要勇于承担责任，干好自己该干的事，促进各项工作"盯住看、有人管、马上干"。

作为中小城市，供给侧结构性改革的核心任务是进一步深化改革，从而解放生产力，提高生产效率，带动中小城市经济的发展。2016 年以来，安庆市委、市政府认真落实省委、省政府重大决策部署，大力推进供给侧结构性改革，着力化解过剩产能，推进传统企业转型升级，不断扩大对外合作，取得初步成效，全市经济运行总体平稳。

（二）改革举措

安徽省安庆市经信委实施"五着力"，推进供给侧结构性改革。一是着力稳增长。加强运行调控，对"三新一专"、亿元以上项目进行实时调度。研究制定《工业转型升级意见》《工业强基实施方案》《"互联网＋"行动计划》《关于加快推进全市工业绿色发展的实施意见》等文件，引导企业加快发展。二是着力去产能。开展困难企业摸底，制订《企业兼并重组计划》，分业施策，坚持"多兼并、少破产"原则，引导困难企业平稳退出。深入开展工业燃煤锅炉、煤堆场和非煤矿山整治改造，淘汰落后产能。三是着力去库存。组织推荐工业企业参加国内外各类展销会，积极开拓市场。谋划新能源汽车和汽车零部件、农产品加工产需对接会。组织本地企业参加招投标，加大产品销售力度。搭建企业间对接平台，加大整机和零散企业配套。四是着力降成本。开展降低工业企业成本行动，推动落实结构性减税、普遍性降费和金融支持实体经济等各项惠企利企政策。加快推进工业电价改革，扩大电力直接交易试点。五是着力补短板。开展质量品牌提升专项行动和改善消费品供给专项行动，推动轻工、纺织、食品等产业推行新技术、开发新产品。

具体工作举措包括：一是大力实施"五大攻坚战"，不断提升经济发展质量和效益，补齐短板。二是充分发挥新型工业、现代农业、现代服务业、自主创新、金融业等产业促进政策的撬动作用，扶持实体经济发展。三是加快推进国家专项建设基金项目，确保前六批基金项目发挥效益。四是继续深化投融资改革，加快企业上市（挂牌）步伐，大力发展股权投资，深化 PPP 模式创新。五是学习借鉴上海自贸区等地的成功经验，进一步深化简政放权、放管结合、优化服务改革，加强政府绩效管理，推进机关效能革命。

在安庆市"十三五"规划中,安庆市提出深入实施创新驱动发展战略,着力加强供给侧结构性改革。突出企业创新主体地位。落实创新企业百强计划,扩大企业在技术创新决策中的话语权,提升企业创新意识、创新地位,支持科技型中小企业健康发展。到 2020 年,高新技术企业达到 300 家。搭建科技创新平台。面向大中型企业和战略性新兴产业发展基地,培育一批国家级工程研究中心、企业技术中心、工业设计中心等科技创新平台。深化与中科院、清华大学、北京化工大学、华东理工大学、东南大学等名校名所产学研合作。依托中船、4812 厂等企业,搭建军民先进技术合作平台。到 2020 年,各类科技创新平台达 180 家。完善科技创新体制机制。深入实施科技创新"一招鲜"工程,以集聚创新要素、培育创新主体、发展产业集群为重点,完善支持研发项目、创新平台、创新团队、科技金融、协同创新、集群培育的政策体系。推动政府职能从研发管理向创新服务转变,围绕企业研发需求部署政府创新资源。扩大高校院所自主权,赋予创新型领军人才更大人财物支配权、技术路线决策权。到 2020 年,专利申请量和授权量分别达到 2 万件和 1 万件。

三、安庆市供给侧结构性改革的成效及存在的问题

(一) 改革成效

2016 年,安庆市完善产业支持政策,大力发展战略性新兴产业,改造提升传统产业,产业结构更趋合理,安庆经济转型、结构调整折射出了新方向、新希望。

农业方面,安庆市以农业供给侧结构优化为目标,做强现代农业,加快农业产业化步伐。由《2017 年安庆市人民政府工作报告》中可知,在不到两年时间里,安庆市已经基本建成"五个百万"基地,新增省级以上农业产业化龙头企业 12 家,安庆市省级龙头企业总数达 107 家,数量居安徽省第一。示范农民专业合作社 20 家、家庭农场 24 家;太湖成为全国农产品质量安全示范县。安庆市耕地流转率 49.6%,居安徽省前列。2016 年,安庆市农产品加工产值再破 1000 亿元大关,稳居安徽省第二位。2016 年农村居民可支配收入 10834 元,同比增长 8.5%。

对于工业而言,安庆市依托现有产业基础和优势,瞄准市场和产业前沿,改造提升传统产业,大力发展新能源汽车、化工新材料、高端装备制造、新一代信息技术等战略性新兴产业。2016 年,曙光化工园年产 25 万吨丁辛醇项目生产出首批合格产品。安庆化工新材料战略性新兴产业集聚发展基地已经初步形成了以安庆石化、曙光化工为龙头,近 50 家配套服务企业以及 10 多家各类创新载体为支撑的产业集群。晨兴机器人、睿博特机器人项目均已竣工投产,鸿庆精机与富士康合作生产五轴联动数控机床规模不断壮大——高端装备制造业发展方兴未艾。

2016 年,安庆市高新技术产业增加值增长 24%,发明专利申请量突破 1 万件,授权量 3000 余件,增幅均保持全省前列。

2016 年,安庆市积极推进服务业跨越发展。抢抓"互联网+"发展机遇,阿里巴

巴跨境电商综合服务中心入驻安庆市，电商园区基本实现县域全覆盖，快件发送量3100万件，增长95%；八佰伴、新城吾悦等城市综合体投入运营；潜山、岳西、太湖、宜秀获批创建国家全域旅游示范区。安庆市服务业转型发展提质增量。

2016年，安庆市三次产业结构为13.1∶50.4∶36.5，第三产业占比提高1.6个百分点。安庆产业结构在增减之中更趋合理，折射出安庆市经济转型、结构调整的新方向、新希望。

根据安庆市2016年《关于1~11月份供给侧结构性改革的督查通报》，政府督查结果如下：去产能方面，推动困难企业兼并重组，2016年9家企业完成兼并重组盘活资产11.74亿元；深化国资国企改革，全市400多户国有企业完成股份制公司制改革，改革面80%。去库存方面，商品住房去库存周期9.6个月，比2015年末减少10.6个月；非住宅去库存周期75.3个月，比2015年末减少2.8个月。去杠杆方面，创新置换存量债务资金管理，共争取置换债券资金121.2亿元，其中市本级64.6亿元；持续开展金融环境整治专项行动，打击恶意逃废债行为；引导金融机构加快信贷投放，1~10月，新增贷款144.96亿元。降成本方面，降低税费成本，涉企收费项目由252项减少到68项，精简73%；降低融资成本，落实金融业政策，建立15亿元的安元基金和1亿元的天使基金。降低用工成本，缓缴社保金额在8000万元以上、发放稳岗补贴2000万元以上；创新用工招聘制度，招聘用工3.3万人，支持企业开展技能培训。降低能源成本，降低水、电、气价，推进电力直接交易，降低企业用电成本4679万元。补短板方面，487个省"大新专"项目，1~10月完成投资583.92亿元，完成年度计划的104.8%；1~10月战略性新兴产业完成产值406.05亿元，增长12.2%；加强重大基础设施建设，合安高铁开工建设，望东长江公路大桥全线通车，G206、S332、石化管廊带迁建等工程快速推进。

（二）改革存在的问题

1. 经济基础薄弱，总量不高，均量更低

安庆市面积、人口占安徽省1/10，但经济实力并不与之相称，总量不高，均量更低。近年来，安庆市在全省位次一直处于下游，多数年份经济增长速度低于全省平均水平。2016年，安庆市在生产总值、财政收入、全社会固定资产投资、社会消费品零售总额占全省的比重均有所下降，发展落后于全省的平均水平。而且与沿江及周边城市相比，差距就更为明显，追赶压力很大。可以说，安庆市作为皖江经济带的一个大市，开放发展的经济基础还很薄弱，距离成为全省经济增长极、在全省率先发展的要求还有很大差距。

2. 经济外向程度有待提高

根据《2016年安庆市国民经济和社会发展统计公报》，从对外贸易上看，安庆市出口产值占地方国民生产总值的比重偏低，2016年进出口总额为17.56亿美元，比上年下降16.34%。其中，出口14.46亿美元，下降21.36%；进口3.1亿美元，增长18.98%。在出口中，机电产品出口、高新技术产品占全部出口的比重由上年的

23.72%下降到21.36%。出口产品结构不合理，主要集中在劳动密集型产品上，高新技术产品出口不多，出口品种单一。从招商引资上看，利用外资总量小，外商直接投资下滑明显。2016年新批外商投资企业10家；合同利用外商直接投资7126万美元，下降50.2%；实际利用外商直接投资18074万美元，与上年持平。与本省的合肥、芜湖，邻省的九江、上饶相比，利用外资量不大。

3. 县域经济薄弱且发展不平衡

安庆市所辖的6县1市中，农业人口占总人口的53%，尚有4个国家级贫困县，县域经济总体发展落后，且发展很不平衡，客观上不仅影响了安庆市的经济总量和均量，也影响了安庆市在安徽省的位次和整体综合实力。中心城市不强加上县域经济的落后，区域负担过重，制约了安庆市经济的腾飞。

4. 园区经济发展滞后

安庆市的工业园区大多起步较晚，发展滞后。受国家调控政策影响，普遍面临土地规划"瓶颈"，吸收投资增量受到制约，同时多数园区仍处起步阶段，大多面临基础设施建设资金不足，筹资渠道狭窄，培养税源、税收优惠与先期财政支出矛盾突出，而且各开发区之间的产业布局优化、引资的协调合作以及公共资源的共享等均存在行政障碍，没有一体化协调发展。

四、进一步深化安庆市供给侧结构性改革的政策性建议

（一）巩固改革成效，继续优化产业结构

安庆市政府应进一步改善营商环境，加强社会保障基础建设，减轻企业经营负担，激发企业活力。具体做法如下：

一是坚持改革开放道路，增强企业经营信心。鼓励企业与跨国企业合作，打造世界一流企业；进一步改善营商环境，加强社会保障基础建设，减轻企业经营负担；保护企业家的合法权益，给予企业更多自由、独立的空间，激发企业活力。

二是充分发挥市场作用，加快新旧动能的转化。倾斜性的产业政策在我国经济追赶期发挥了一定效果，对特定产业实现大规模化发展起到促进作用。但我国目前进入了创新时期，政府没有能力确定新的产业发展目标，只能发挥市场的决定性作用。政府的政策目标应从重视经济目标向解决就业、社会保障等社会目标转变。产业政策的作用应向引导市场和营造公平公正的市场环境转变。

三是加快落实国有资本投资运营公司试点工作，促进国有经济结构调整。国有经济可以通过国有资本投资运营平台，实现国有经济布局的战略调整，利用市场手段，实现战略性重组。

四是做好打"持久战"的准备。目前，材料、装备以及关键零部件和技术成为我国产业转型升级的"瓶颈"，这些领域的突破需要长期的技术积累，"运动式"的鼓励政策会适得其反，政府和企业都需要"耐得住寂寞"，尊重科技规律。

（二）政府合理管理，释放企业活力，强化企业质量[2]

企业最接近市场，对市场变化最直接、最敏感。在供给侧结构性改革中，政府应该确定的是企业在生产经营中要遵守的原则性问题，包括市场的准入准则、退出机制、安全标准这样一些问题，而一些具体生产经营中的问题应该由企业内部、行业组织去解决。政府要完善创新奖励机制，促使企业树立品牌意识，释放企业活力。企业在"供给侧结构性改革"最深层发力，就是要提升供给的质量和品牌，提高产品的竞争优势和附加值，推动进出口产品的升级。落实到细节上，就是要提升企业的全要素生产率。2016 年出台的《关于推行首席质量官制度的实施意见》便是安庆市新一轮科技革命和产业变革做出的对策。

（三）推进教育供给侧改革，补齐人才短板

人才工作关系到一个地区能否实现科学发展、快速发展。近年来安庆市人才政策不断创新，推动了人才队伍不断发展，但是与省内其他地区相比还存在差距，安庆基础教育发达是一大优势，人口占全省 1/10 的安庆高考录取率达 1/4，但安庆市人才外流现象严重，经济发展也受到影响。人才问题突出表现为体制障碍和机制不活问题。人才管理中存在行政化、"官本位"的现象，人才培养和评价的机制需要进一步创新，人才"引得进、留得住、流得动、用得好"的政策需要进一步巩固和完善，人才创新创业的激励政策措施需要进一步落实等。在人才培养中，更加突出经济社会发展需求导向，更加明确应用型人才培养定位，建立人才培养专业、类型动态调整机制，特别是要加强产业人才需求预测，加快培育重点行业、重点领域、战略性新兴产业人才。同时注重人才创新意识和创新能力培育，探索建立创新创业为导向的人才培养机制，完善产学研用结合的协同育人模式，不断提高人才培养质量，扩大有效的人才供给，适应经济社会发展需要。

（四）注重区域平衡，发展县域经济

安庆市为推进乡村振兴战略的实施，加快构建现代农业产业体系、生产体系、经营体系、服务体系，实现质量兴农、绿色兴农，夯实乡村振兴战略经济基础，促进产业兴旺，结合本市实际，制定了促进现代农业发展若干政策。内容包括支持构建现代农业产业体系，如支持招大引强和社会多元投入、支持培育龙头企业、支持发展休闲农业及乡村旅游业、支持农村一二三产业融合示范发展、支持农业废弃物资源化利用等，以及支持构建现代农业生产体系，如支持培育新型农业经营主体、支持农业经营主体发展现代营销、鼓励农村集体产权制度改革，支持构建现代农业服务体系，如支持培育社会化服务组织、支持提升质量品质、支持创建整合品牌等，助力脱贫攻坚，确保"户脱贫、村出列、县摘帽"，如支持在贫困村建基地、支持在贫困村建扶贫车间发展农产品加工、支持在贫困村发展休闲农业等。[3]

（五）深入推进能源革命，推动生态文明建设

推动绿色发展、建设生态强市。严守资源环境承载力红线，严格落实生态文明建设考核评价和责任追究制度，形成有利于生态保护的鲜明导向和体制机制。针对节能工作经费少，节能改造项目资金来源渠道单一，开展公共建筑节能型城市建设，推广合同能源管理、政府和社会资本合作模式（PPP）等市场化改造模式，推动建立公共建筑运行调适制度。作为保障措施，政府要加强组织领导，各级公共机构主管部门要加强对节约能源资源工作的组织领导和统筹谋划，明确细化目标任务和保障措施，逐级逐年分解落实。建立评估奖罚制度，建立考核评价机制，促进各项节能工作任务落实和目标完成。

完善资金筹措机制，完善公共机构节能资金保障机制，发挥财税、金融等政策的引导作用。充分利用现有政策，市财政部门安排公共机构节能改造专项资金，切实加大公共机构节能工作的经费投入。加大宣传培训力度，积极采用节能宣传周和日常宣传相结合的方式，有针对性地开展形式多样、内容丰富的节能宣传活动，积极利用各种媒体宣传公共机构节能的方针政策、法律法规和标准规范。

（六）加大外经贸发展政策支持力度 提高经济外向度

要树立全球视野，增强开放意识，推动安庆市优质企业、优质服务走出去。一是推动企业"走出去"。结合国际产能和装备制造合作，支持安庆环新集团、安徽华茂集团等优势企业对产业链上下游企业进行兼并重组、海外并购，在全球范围内整合资源，带动产品、技术、劳务"走出去"。鼓励中小企业通过合资、合作等方式靠大联强，融入全国、全球产业链、价值链、供应链。支持企业研究消费意愿，抢占细分市场，满足不同层次的消费需求。二是推动服务"走出去"。顺应新的消费需求，依托安庆市优质的教育、文化、旅游资源，以产业思维推动文教卫体等社会事业发展，加快"在线教育之都""健康养老服务业示范基地""黄梅戏数字文化制作后台中心"等项目谋划建设，增强公共服务供给能力，满足面向全国的多层次需求。[4]

2017 年 7 月 25 日，安徽省检验检疫局与安庆市人民政府签署战略合作备忘录，检政双方以对外开放大通道、大平台、大通关建设为切入点，深化六项合作，不断提高安庆经济外向度，扩大进出口总量。

安庆市位于国家"一带一路"和长江经济带的交汇点，安庆口岸是长江安徽北岸唯一的深水港口，特别是进境粮食、汽车整车进口指定口岸和安庆（皖西南）保税物流中心（B 型）等开放平台建设，为安庆开放型经济发展注入了新动能。2017 年上半年，全市实现进出口额 5.84 亿美元，居安徽省第 8 位。安庆市应当利用好自身的区位优势，积极推进口岸平台建设，打造特色口岸。同时，安庆市也应不断加大外经贸发展的政策支持力度，不断完善口岸技术查验、信息化平台等基础设施建设，发挥好对外开放平台的产业拉动作用，提升贸易便利化和开放型经济发展水平。[5]

参考文献

［1］林毅夫. 供给侧改革的短期冲击与问题研究［J］. 河南社会科学，2016（1）.

［2］鲁慧楠，汪国钦. 关于我国开展供给侧改革的对策研究［J］. 农村经济与科技，2016，27（13）.

［3］安庆市人民政府关于印发安庆市2018年促进现代农业发展若干政策的通知［Z］. 安庆市农委，2018 – 05 – 03.

［4］关于供给侧结构性改革对我市影响分析及对策建议［Z］. 安庆市发展与改革委员会，2015 – 12.

［5］安庆加大外经贸发展政策支持力度 提高经济外向度［EB/OL］. 凤凰网安徽，2017 – 07 – 31.

滁州市旅游产业供给侧结构性
改革问题研究

曹佳蕾

党的十八大以来，供给侧结构性改革成为中国经济发展的热点课题，中央频繁表态要对我国的经济发展实行供给侧结构性改革，中国官方经济学思想已由以前的注重强调需求管理、重短期刺激，转变为供给方管理和改革。供给侧结构性改革在未来五年内甚至更长的时间内将会被摆在一个突出的位置上，将为中国经济未来行稳致远、健康活力发挥重要作用。[1]

一、供给侧结构性改革与旅游产业发展的关系

供给管理通常被认为是作用于潜在产出、促进经济增长的长期政策，而非应对经济周期的短期宏观调控政策。[2]而事实上，20世纪70年代美国经济陷入滞胀，继续通过扩大需求推动经济增长可能会加剧通货膨胀，在这种情况下，美国采用了"里根经济学"，通过减税措施，把改变供给侧配置作为短期的宏观调控手段，提高了生产要素的利用率，成功应对了短期经济衰退问题。通过美国化解经济危机的方式说明，一个经济体的自然资本、资源、技术、劳动力等各项生产要素在短期内不太可能有较大的变化，但生产要素在各部门之间的配置及利用效率却是可以随时调控的。供给侧改革是对改革精神的回归和深化改革的必然。[3]改革开放以来的很长一段时间里，我国政府明显过度地干预了微观层面的经济，同时为了获得宏观层面的经济高速增长，又过度刺激总需求，从而导致很多行业出现了不易去除的产能过剩，此外金融供给杠杆失衡，造成了大量企业不能得到有效供给的局面，新的经济形势下，需要通过增加有效供给，让市场在资源配置中起到决定性作用，从而提高生产要素的利用率，减少或消除过剩产能，供给侧结构性改革是解决发展困境的有效方法。

当前，我国的旅游业已经进入大众旅游时代，中国旅游业目前所面临的主要矛盾是旅游产业结构失衡与游客日益增长的个性化、多样化需求之间的矛盾。而国内的旅游产业发展缓慢，结构单一，积累了很多结构性的矛盾，主要表现在两个方面：一是供给的旅游产品结构不合理，主要表现为传统类型的旅游产品供给过剩，陈列观光式的景点过多，旅游产品同质化严重，而有创意、多样化的旅游产品供给不足；二是旅行社、酒店、交通、购物品等配套的供给不合理，供需错位，配套设施的供给结构不合理，供给

缺乏竞争力，难以满足游客多样化的需求，成为制约旅游业发展的"瓶颈"。因此，在当前阶段，以供给侧结构性改革思维为指引，着力解决好旅游产品供给结构不平衡，以满足广大群众多元化的旅游需求，是旅游产业发展的必然选择。

二、滁州市旅游产业发展现状评析

（一）滁州市产业经济发展现状

滁州市作为皖江城市带的"桥头堡"，链接长三角经济圈，承东启西，与南京市隔江相望，下辖全椒县、来安县、定远县、凤阳县，横跨"南京都市圈"和"合肥都市圈"。2011 年以来，滁州市将家电信息、硅（玻璃）、盐化工、农副产品精深加工、装备制造、新能源（新材料）确定为六大支柱产业，作为滁州工业强市的战略突破口。2013～2017 年，滁州市实现生产总值（GDP）逐年上涨，从 2013 年的 1086.17 亿元增长到 2017 年的 1607.7 亿元，见图 1。总量居安徽省第 5 位，增速居安徽省第 4 位。

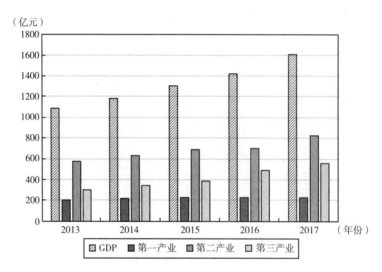

图1　2013～2017 年滁州市 GDP 及三次产业生产值

资料来源：滁州市统计公报。

然而，滁州市的固定资产投资增速由 2013 年的 21.9% 下降至 2017 年的 13.5%，见图 2；财政收入增速也由 2013 年的 16.7% 下降至 12.8%，见图 3；2017 年滁州市的农村居民人均可支配收入为 11947 元，位居全省第 10 位，城镇居民人均可支配收入为 28612 元，仅位居全省第 12 位；分析 2011～2015 年滁州市三次产业比重可以发现，滁州市的第三产业增速缓慢，行业发展差距大，三次产业比例不均衡。在人口红利逐渐消失的新经济常态下，滁州市依靠人口优势、粗放式工业和大量基础建设支撑的经济发展方式显然遇到了增速疲软的困境。在此状况下，大力发展第三产业创造新的经济增长点显然成为滁州市发展的重中之重。

皖江经济发展研究报告

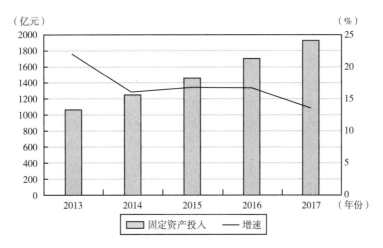

图 2　2013～2017 年度滁州市固定资产投资及增速

资料来源：滁州市统计公报。

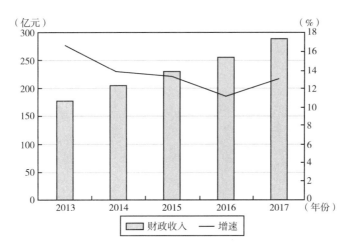

图 3　2013～2017 年滁州市财政收入及增速

资料来源：滁州市统计公报。

（二）滁州市旅游产业发展现状

地方经济的发展需要突出地方优势，充分利用本地资源。显然滁州市在发展的过程中利用区位优势和人口优势，当地的工业取得了一定的发展，但作为一座历史悠久的文化城市，相对于其他工业基础较为深厚的工业城市，滁州市更适宜利用当地的人文和自然资源发展旅游业。然而，目前滁州市拥有丰厚的文化底蕴、旅游价值较高的文化旅游资源，却没创造出与之相对应的旅游经济价值。

滁州市适合开展文化旅游活动的人文旅游资源十分丰富。滁州市拥有国家级风景名胜区、国家森林公园、全国重点文物保护单位 8 处，省级自然保护区和重点文物保护单位 11 处，境内有名山、亭台楼阁、寺庙、历史文化等自然景观和其他 100 多处风景区，国家重点开放寺 2 座。2016 年，中国旅游业统计公报显示 2016 年国内旅游人数达到 44.4 亿人次，收入 3.94 万亿元人民币，分别比上年增长 11% 和 15.2%；全年全国旅游业综合贡献为 8.19 万亿元，占 GDP 总量的 11.01%。而从表 1 可以看出，2013～2017 年滁州市旅游业收入增长较慢，对滁州市 GDP 的贡献值也低于全国平均水平。从滁州市的文化旅游产品的供应的量来看，滁州市目前共有 284 处旅游资源单体，而开发成功的 4 处五级旅游资源、9 处四级旅游资源、9 处三级旅游资源，供应量相对较低；从滁州市的文化旅游产品的供应的质来看，滁州当前文化旅游产品开发，多停留于初级开发阶段，仅适合观光，与目前旅游发展日益注重游客参与及互动发展趋势不相适应。开发方没有意识到游客参与的重要意义，使得旅游项目开发多以单纯陈列为主。从旅游设施配套的供给来看，滁州市在吃、住、购、行等环节的配套相对薄弱，2017 年滁州市的旅游饭店仅 15 家，旅游商品定点生产企业也只有 32 家，而国内旅行社全市也只有 62 家，围绕旅游的配套企业在很大程度上没有形成规模效应，没有形成自己的核心竞争力，一定程度上阻碍了滁州市文化旅游业的整体推进。

表 1　　　　　　　　　　滁州市 2013～2017 年旅游事业情况统计

供给要素	指标	2013 年	2014 年	2015 年	2016 年	2017 年
星级旅游饭店供给情况	星级旅游饭店（家）	19	21	18	17	15
旅行社供给情况	国内旅行社（家）	61	59	60	62	62
企业供给情况	旅游商品定点生产企业（家）	29	29	31	27	43
旅游景区供给情况	A 级旅游景区点（个）	27	26	24	27	32
	国内旅游人数（万人次）	1263.4	1437.8	1687.2	1998.1	2374.8
	旅游业总收入（亿元）	97.5	112.9	137.5	166.0	206.1
	旅游业收入占 GDP 比重（%）	9.21	9.53	10.53	8.26	8.63

资料来源：根据 2014～2018 年《安徽统计年鉴》和《滁州统计年鉴》计算整理得到。

（三）滁州市旅游产业的发展成果

按照国家旅游资源标准分类，滁州市的旅游资源可以分为人文旅游资源和山水文化资源。人文旅游资源的形成受到历史、文化、民族等各种社会因素的影响，人文旅游资源是一个地区人类生产生活活动的文化结晶和艺术成果，具有人为性、民族性、地域性等特点。滁州市自古便是江淮地区水陆交通要道，人文历史悠久，这些都是滁州市得天独厚的社会人文旅游资源。根据滁州志统计，滁州的人文旅游资源主要涵盖：历史文化资源，包括古人类遗址、摩崖石刻、名人故居等；古建筑文化资源，包括醉翁亭、凤阳鼓楼、明皇陵、乌衣老街等；艺术文化资源，包括凤阳花鼓戏、玉雕、凤画、玻璃雕刻等；餐饮文化资源，包括凤阳流水席、雷官板鸭、凤阳酿豆腐、凤阳叫花鸡等；民俗文化资源，包括琅琊山庙会、凤阳庙会、腰镇庙会等。这些人文旅游资源都极具地方特色，而当前这些资源的利用和开发程度都有很大的提升空间。

除了丰富的人文旅游资源，滁州市的山水文化旅游资源同样类型丰富、种类繁多，拥有较大的开发潜力。滁州市位于北亚热带区域，植被覆盖率较高，整体为低山丘陵地带。从南到北有琅琊山、全椒神山、凤阳韭山等自然山水景观，尤其是韭山独特的熔岩地貌在北方地区较为罕见。较为著名的地文景观旅游资源有琅琊山、韭山洞、女山、雪鸿洞、禅窟洞等，水域文化旅游资源包括淮河、沙河、卧牛湖等。此外还有大量未完全开发的自然风貌景观景点。

（四）滁州市旅游产业供给侧存在的问题

1. 旅游发展理念供给不足

滁州市旅游开发理念陈旧，多数现有景点的开发均以政府为主导，缺乏共同协作管理的理念，忽略了旅游产业的发展需要文化、林业、企业、当地群众等多个利益共同体协作管理。缺乏顶层设计理念，各地的开发规划没有统筹设计，各个县区各自为政，相关部门没有统一的规划，造成旅游产业发展混乱，影响结构合理性。缺乏"地域联合发展"理念，滁州市与周边旅游发达的城市之间缺少资金、信息、技术等方面的交流，而本市范围内的旅游规划也都是以县区为单位。缺乏以市场为导向的理念，旅游开发往往出发点在完成地方经济发展任务，忽视市场需求和发展条件，造成资本、劳动力等资源要素配置错误。缺乏持续发展理念，开发旅游景点不注重资源的可持续利用，提前开发不具备开放条件的景点，造成资源不可恢复的破坏。

2. 旅游产品供给总量不足

2016 年，我国的国内游客人数已从 2000 年的 7.44 亿人，上升到 44.4 亿人，国民人均出游次数达到 3.3 次，[4] 旅游需求旺盛。但从目前滁州市的旅游市场表现来看，旅游产品的供给量远远不能满足这一巨大的市场需求。当然这种供需不平衡的另外一个重要原因就是我国不完善的休假制度，因为我国的休假制度导致民众的出游时间过于集中，平时景点人流量小，景区、酒店、交通空置率高，而一到长假期间，景点人流暴涨，交通拥堵，酒店一房难求。如何解决因季节性供需失衡而导致的旅游产品供给总量不足的难题，已成为滁州市旅游业发展必须面对的问题。

3. 旅游产品供给结构单一

随着国民经济收入的提高，游客的旅游需求更加趋于多元化和个性化，传统的观光旅游吸引力逐渐下降，而休闲类的度假旅游、娱乐类的邮轮旅游以及探索类的研学旅游等新型旅游模式越来越受到人们的追捧。从滁州市当前供应的旅游产品看，观光产品出现了供应过剩，而新型旅游产品却供不应求。旅行社为游客提供的产品大多以传统的团体观光为主，个性化旅游、休闲旅游产品极少。酒店方面普通的商务酒店、快捷酒店很多，但特色民宿、主题酒店等具有地方文化色彩的特色配套产品供给不足。单一的旅游产品，已不能满足游客日益增长的多样化旅游消费需求，滁州市旅游产品的有效供给明显不足。

4. 旅游产品缺乏文化特色

滁州市是一座历史悠久的城市，文化底蕴深厚，文化是旅游的精髓，而最能体现文化特点的是旅游目的地的旅游产品。具有地方文化特色的旅游产品，能够给游客带来独特的旅游文化体验,获得了游客的青睐。经过多年的发展,国内的游客大都积累了丰富的旅游经验,对特色旅游产品的供给需求越来越高。然而,客观地评价滁州市旅游市场上供给的旅游产品,大多产品没有高端设计,对地方特有文化内涵的挖掘不深入,缺乏创意,各地提供的旅游产品品质精细的少,层次低端的多。这些导致很难满足各界游客对旅游产品的高层次需求。

(五) 滁州市旅游产业发展的综合评价

从前文的分析看,滁州市现有的旅游资源不仅各有特色,具有较高开发价值,而且区位条件也比较优越。丰富的文化底蕴以及独特的地理环境为滁州市旅游产业发展提供了较强的竞争力,尤其是滁州市独具特色的地方文化、餐饮、风俗等均能成为打造地方特色旅游的潜在资源。另外,从地理位置上看,滁州市与江苏省会南京市直线距离仅50公里,自驾车程约1小时。2015年,滁州市提出要打造"南京都市圈"及"合肥经济协作圈"的双圈经济,推进与南京同城化。同时深化与合肥经济圈协作,以便捷交通为重点,实现在更大范围优化配置资源。交通互联的建设规划将大大缩短南京市与滁州市、合肥市与滁州市之间的距离,为滁州市旅游产业发展带来新的动力。当然,旅游产业发展理念落后,管理部门之间缺乏协作,地方资源开发程度不高,配套设施较差,旅游产品供给单一,产品缺乏创意等一系列问题都是困扰滁州市旅游产业发展的重要因素,滁州市旅游产业的发展亟待一次创新性的改革。

三、深化滁州市旅游供给侧结构性改革的建议

(一) 转变发展理念,推行"跨区域旅游"

要实现滁州市旅游业的全产业链均衡发展,首先要转变滁州市旅游业的发展思路,采取跨区域化发展理念,统筹全市各区、县旅游产品,推出更多的跨区域旅游产品,对滁州市全境及周边城市地区实行全覆盖,实现滁州市旅游产品多元化、旅游市场多样化。结合文化、休闲、娱乐、康体等产业的融合发展,打造配合大数据、"互联网 +"时代背景的一体化发展模式。充分整合各方资源,融入"创新、协调、绿色、开放、共享"五大发展理念,协调滁州市各类旅游资源与周边旅游产业融合发展,以绿色方式开发旅游产业、构建开放式的旅游格局,共享旅游产业发展成果,以新的理念引导滁州市旅游业的供给侧结构性改革。

(二) 优化生产要素配置,深度开发旅游资源

要改变滁州市观光型旅游产品产能过剩,缺乏新型旅游产品的现状,需要通过优化要素配置,提高旅游资源的开发效率。首先,滁州市要在旅游产品供给方面补齐短板,解决出行、住宿、购物方面的供给不足,或供给质量低下的问题。因此,滁州市需要加强旅游产业的基础设施供给,尤其是当前经济发展形势下,自驾游快速兴起,解决自驾

游交通线路，停车休息等基础设施建设应该成为重点要素进行配置；在购物方面，滁州市要结合地方文化，盘活人文资源，开发出具有地域文化色彩的旅游纪念产品，以满足游客多样化的购物需求。其次，滁州市要逐步放开旅游投资市场，逐步改变由政府部门主导投资开发旅游资源的局面，协调好政府宏观调控与市场机制的局面，让市场需求主导旅游资源要素的配置以提高生产要素配置效率，降低投资成本，建立多元化的融资渠道，扩大滁州市旅游业发展的资金来源，加大资金投入，深挖旅游资源的地缘文化底蕴，结合自然观光和人文文化，形成特色旅游产品，同时缓解小微旅游企业融资问题，提升供给效率和供给质量。

（三）推动产品升级，实现旅游产品供给多元化

滁州市要顺应目前旅游产业发展时代趋势及游客需求的变化，侧重旅游产品供给的动态调整。从当前国内的旅游消费趋势来看，"体验式""主题式"是旅游产品中的热点，而消费人群的结构也以"散客式"为主流，游客对旅游的选择更加注重按照自身的情况安排时间、行程以及餐饮和住宿，更加注重旅游的舒适度和品质。因此，传统的限定时间空间，"走马观花"式旅游产品越来越难满足游客的需求，滁州市必须将更多的资源用于开发更加适应新旅游时代的个性化旅游产品中。一方面，要发掘旅游产品本身的文化内涵，提高游客的参与度，让游客在愉快的游玩过程中体验文化的气息，更多地参与互动，提升整个旅游产品的消费档次；另一方面，要针对市场需要推出个性定制化的旅游产品，将消费者个体爱好的需求融入旅游产品中，作为地方特色旅游选项推出，如"旅游＋美食""旅游＋养生""旅游＋民俗体验"等，合理构建多元化的旅游产品市场。

（四）加快旅游信息化建设，提升滁州市旅游服务软实力

随着科技的进步，我国已经进入"互联网＋""大数据"时代，利用网络科技合理供给旅游公共服务，能够直接影响游客的旅游感受，并能带来良好的网络营销扩散效果。要重点打造高速便捷的旅游交通网络，加快旅游景点之间的快速交通路线，运营互联网及云数据等新兴科技工具为游客个性化定制旅游线路提供便捷，着力打造旅游信息网络，让游客能够利用移动终端掌握景区交通情况，游客接待量等信息，避免交通拥堵和景区超限影响旅游体验。通过及时更新和公布旅游公共信息，解决游客、投资者对旅游地、旅游产品之间信息不对称的问题。[5]通过构建旅游数据库，以大数据引导旅游发展，可有效对旅游消费者的需求做出准确判断，适时开发满足游客需求的旅游产品，合理引导游客需求。[6]

（五）完善制度供给，协调旅游经济发展

制度改革是供给侧结构性改革得以有序推进的重要保障。[4]实行滁州市旅游供给侧结构性改革，需要完善制度的供给，改革滁州市旅游的行政管理体制，提高管理效率。要建立全市各行政区域间联合发展的机制，形成资源、信息、资金等发展要素共享机

制。旅游管理部门要与文化、林业、国土、交通、农业等多部门之间建立良好的信息沟通渠道，建立多部门联席会议制度，实现齐抓共管，但要厘清责任，避免出现"九龙治水"的局面。要设法联合周边城镇，合理打造有影响力的旅游品牌，如与南京联合打造"历史人文"旅游品牌。要完善旅游产业发展的投资制度，逐步创造良好的融投资环境，善于利用多种融投资模式，引导民间资本、私人投资公司进入旅游业，打造滁州市旅游业可持续发展的资本市场。

参考文献

［1］马常艳. 解读"供给侧改革"［J］. 商周刊，2015（25）：18－19.

［2］林卫斌，苏剑. 理解供给侧改革：能源视角［J］. 价格理论与实践，2015（12）：8－11.

［3］陆岷峰，吴建平. 供给侧改革背景下区域经济发展的机遇和对策［J］. 华北金融，2016（6）：4－10.

［4］胡孝平. 苏州旅游产业供给侧改革研究［J］. 常熟理工学院学报，2016，30（3）：59－63.

［5］龙虹伏. 经济新常态背景下贵州旅游供给侧改革的路径探索［J］. 中国集体经济，2017（11）：47－49.

［6］徐金海，夏杰长. 以供给侧改革思维推进中国旅游产品体系建设［J］. 河北学刊，2016，36（3）：129－133.

宣城市供给侧结构性改革问题研究

胡雪琪

在 2015 年 11 月召开的中央财经领导小组第 11 次会议上，习近平总书记指出，"在适度扩大总需求的同时，着力加强供给侧结构性改革，提高供给体系质量和效率，增强经济持续增长动力。"供给侧结构性改革问题自此迅速引起了理论界的积极反响和广泛共鸣。为全面贯彻落实习近平总书记视察安徽重要讲话精神和《安徽省扎实推进供给侧结构性改革实施方案》要求，打好供给侧结构性改革攻坚战，为经济持续增长培育新动力、打造新引擎，宣城市委市政府决定围绕调结构、稳市场、防风险、提效益、增后劲，推进去产能、去库存、去杠杆、降成本、补短板，加快推进宣城市供给侧结构性改革。

一、宣城市供给侧结构性改革的必要性

宣城市毗邻长三角核心区域，发展机遇凸显，前景广阔。要大力构建更具特色的产业体系，推进传统产业和现代产业融合发展、文化和旅游产业特色发展、战略性新兴产业集聚发展，加快产业迈向中高端水平。要加快构建更加开放的空间格局，着力抢抓机遇、深化改革，在营造开放环境上下更大功夫，让宣城市开放的空间宽广起来，开放的形象亮丽起来，开放的人气积聚起来。要积极构建更有魅力的生态家园，牢固树立生态就是财富、生态就是生产力的思想，大力发展绿色低碳循环产业，加快建设生态优美的特色小镇和美丽乡村，积极参与大黄山国家公园创建，着力厚植生态优势，转化生态优势，累积生态财富。因此，近年宣城市要完成好供给侧结构性改革"去产能、去库存、去杠杆、降成本、补短板"这五大重点任务，最为突出的关键任务在于对工业、农业和旅游业三大方面的改革。

二、对宣城市供给侧结构性改革的基本评价

(一) 宣城市供给侧结构性改革的主要进展

近年来，面对复杂的国内外经济环境，在宣城市委市政府的坚强领导下，宣城市深入贯彻党的十八大和十八大三中、四中、五中、六中全会精神，坚持"好为标准、快

字当先"工作向导，主动适应经济发展新常态，在统筹推进供给侧结构性改革的同时，坚持稳中求进，坚持以提高发展质量和效益为中心，全面做好稳增长、促改革、惠民生、防风险等各项工作，促进社会持续平稳健康发展，实现了一个良好的开端。

1. 农业方面

经过多年不懈努力，我国农业农村发展不断迈上新台阶，已进入新的历史阶段。农业的主要矛盾由总量不足转变为结构性矛盾，突出表现为阶段性供过于求和供给不足并存，矛盾的主要方面在供给侧。《中共中央　国务院关于深入推进农业供给侧结构性改革加快培育农业农村发展新动能的若干意见》指出，推进农业供给侧结构性改革，要在确保国家粮食安全的基础上，紧紧围绕市场需求变化，以增加农民收入、保障有效供给为主要目标，以提高农业供给质量为主攻方向，以体制改革和机制创新为根本途径，优化农业产业体系、生产体系、经营体系，提高土地产出率、资源利用率、劳动生产率，促进农业农村发展由过度依赖资源消耗、主要满足量的需求，向追求绿色生态可持续、更加注重满足质的需求转变。

2. 工业方面

2016 年，宣城市工业经济发展稳步增长。2016 年，全市规模以上工业实现增加值430.7 亿元，同比增长 9.4%，比上半年和上年分别提高 0.4 个和 1.7 个百分点，比全省高 0.6 个百分点，居全省第 10 位。① 2016 年，宣城市扎实推进供给侧结构性改革，全面落实减税降费政策，工业经济稳步发展，企业实现利润增加，亏损企业减少，亏损额下降。

3. 服务业方面

2014～2016 年，服务业已经成为我国国民经济第一产业和就业第一主体，在国民经济所占比例中逐年上升，对国民经济的带动和支撑作用明显增强。2016 年，宣城市服务业增速比第二产业高出 1.7 个百分点，三次产业结构由上年的 12.5∶48.7∶38.8 变化为 12.1∶47.5∶40.4，服务业比重比上年提高 1.6 个百分点。② 从上述数据可以看出，宣城市各县市第三产业的生产总值仍然低于第二产业，各县市的指标较安徽省其他地区也排列较后，服务业还存在较大的发展潜能。在"十三五"规划的指导下，宣城市服务业发展潜能将进一步释放，服务业新动能将快速成长，服务业将继续领跑第三次产业。

（二）宣城市供给侧结构性改革存在的主要问题

1. 农业方面

宣城市当前的改革思路可以总结为结构优化和机制改革。其中，结构优化是当务之急，机制改革是重中之重。

（1）结构优化。

第一，产品结构。从图 1 可以看出，宣城市 2012～2016 年粮食种植面积虽有略微

---

① 宣城市统计局，http：//tjj. xuancheng. gov. cn/。
② 宣城市 2016 年国民经济和社会发展统计公报。

上升的趋势，但是粮食总产量呈现波动下降趋势。主要原因在于，多年来宣城农民要么种植水稻单一作物，要么种植烟叶单一作物，水稻生产地块与烟叶生产基地"泾渭分明"。这导致了土壤肥力持续下降，病虫害比较严重，化肥和农药施用量不断增加，土壤污染和农药残留问题突出，粮食作物和经济作物品质都相对较差，农民种田效益不高。从图2可以看出，2012～2016年，宣城市水稻、油料、棉花产量呈现波动下降趋势，烤烟、茶叶产量虽有所上升，但是增幅不明显。其中，宣城市种植烤烟的面积最大，但是单位面积产量不及其他地区。

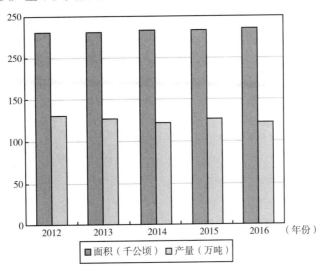

图1　2012～2016年宣城市粮食种植面积和产量

资料来源：宣城市统计局。

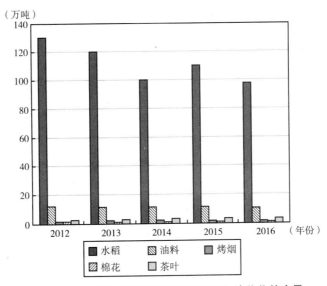

图2　2012～2016年宣城市粮食作物和经济作物的产量

资料来源：宣城市统计局。

皖江经济发展研究报告

如何提高农产品供给，减少低端供给？其一，要保护耕地面积，大力实施田地轮作制度，以树立示范户的方式，建立起烟叶生产—水稻生产—轮作单季稻生产的种植制度，减少单一种植耕作方式所带来的各种弊端，提高有效供给；其二，将种植业与养殖业有机集合，大力推进"稻渔综合种养双千工程"，采用"一季稻、一季虾"的稻虾轮作模式，在基本不减少粮食产量的同时，在稻田中养殖一季小龙虾，有效增加农民收入；其三，借鉴其他地区种植烤烟的经验，提升烤烟单位面积的产量；其四，茶叶市场需求大，价格有回暖现象，应加大茶叶种植力度，发展茶叶在经济发展中的作用。

第二，经营结构。农业经营主体的经营素质和规模结构，很大程度上决定着农业供给的质量效率，也是影响农业成本的重要因素。为了真正实现"去库存"目标，宣城市积极培育新型农业经营主体，2016年培育现代农业产业化联合体80个，其中省级6个以上。促进农民专业合作社、家庭农场规范化发展，新增省级示范家庭农场40个、农民专业合作社示范社7个，培育新型职业农民2500名；① 改变传统的经营手段，加大对第一产业的固定资产投资，大力实施机械化生产；改变传统的农产品营销手段，大力发展"互联网＋"，2015年农产品电商销售额11.2亿元，同比增长47%，2016年农产品电商销售额突破15亿元，获得较好成绩；② 涌现出以"适度规模、类型多样"为特色的"郎溪模式"，拥有专业种植大户3496户；登记注册家庭农场2120个，共流转承包耕地41.5万亩，占流转总面积的49%。[1]宣城各县市还需建成并不断完善农业信息网，利用其他互联网手段更好地服务农业发展，利用互联网等渠道，面向各类新型农业经营主体提供信息服务。

第三，区域结构。宣城市地理位置优越，紧紧依托资源和区位优势，积极构建生态高效农业体系，优化区域结构，重点在于建设好粮食生产功能区、重要农产品生产保护区、特色农产品优势区，粮食主产区和主要农产品生产功能区重在"内涵式"调整，着力调优品质、节本增效，推广清洁生产方式和循环农业模式。表1表明，宣城市2012～2016年积极打造绿色有机、无公害农产品，全国绿色原料生产基地有6个，省级以上标准化禽畜小区数目逐年增加，增长到41个，省级农业标准化生产基地至2014年止已发展为17个。这在安徽省内已经趋于前列。除此之外，宣城市还着重突出特色产业，培育"一村一品"。利用地方生态、资源优势，大力开发地方特色农产品，加快特色村的建设进程。围绕地方特色，加快特色产业向主导产业转变，重点发展畜禽养殖、经济林果、名优茶叶、特色蔬菜和休闲农业等产业。截至目前，宣城市已经建立起63个省级"一村一户"示范村，列为国家级的有8个，其中茶叶占多数。目前全市省级以上名牌（农）产品94个，其中中国名牌（农）产品3个。虽然品牌创造已初获成绩，但要加快推动农业供给侧结构性改革，稳步农业经济健康可持续发展，还需要进一步打造更多的品牌，宣城市政府、财政部门等机构要大力支持，加大扶持力度，建立专项资金，用于奖补绿色食品、有机食品认证和龙头企业品牌宣传，鼓励和支持企业加大品牌创建力度。

---

① 《2017年宣城市政府工作报告》。
② 宣城市"互联网＋"发展现代农业［EB/OL］. 安徽省人民政府网，2016－11－16.

表1　　　　　　　　　　2012～2016年宣城市绿色农业区

项目	2012年	2013年	2014年	2015年	2016年
无公害农产品（家）	96	69	83	74	112
绿色食品（家）	121	98	99	108	117
有机食品（家）	59	65	137	139	126
全国绿色原料生产基地（个）	5	6	6	6	6
省级以上标准化禽畜养殖小区（个）	31	32	36	39	41
省级农业标准化生产基地（个）	14	15	17	—	—

资料来源：宣城市统计局。

第四，产业结构。宣城市第一、第二、第三产业"各自为政"，融合度不够，为扎实推进农业供给侧结构性改革，加快转变农业发展方式，积极探索符合宣城市实际的第一、第二、第三产业融合发展新途径。

①推动农产品加工业转型升级。一是要建立起规模较大、实力较强的龙头企业，引领行业发展；二是精深加工和品牌创建，发挥品牌最大效益；三是解决部分中小企业融资难，发展资金短缺的问题。

②推动传统农业转型及旅游产业升级。大力发展休闲农业和乡村旅游，积极将资源优势转换为产业优势，要加强政府推动力度，旅游、农业、林业、水务、公安、环保、工商、卫生、质监等职能部门通力合作，建立联席会议制度，共同推进全市乡村旅游发展。宣城市要大力发挥地理优势，大力种植茶叶，将茶叶与旅游生态结合在一起，加大促进宣城市农业产业结构调整。

③推动农业金融业的融合。宣城市要积极开展现代农业发展"融资担保平台"建设，力推农金合作，创新推出多种适合小农的信贷产品，化解新型农业经营主体融资难问题。

（2）制度改革。一是农业科学技术创新。宣城市很多本土农民放弃耕作，是因为同样品种的作物获得不到相应的成果，所以优良品种对农业生产发展至关重要，要推出产量高、质量好的优良品种。要推广科学栽培技术，改进农艺措施，科学施用化肥农药。二是价格机制创新。农产品产量不足时，宣城市要通过实行临时收储政策调动农民积极性。推进农产品价格形成机制改革，已经显得非常迫切。要在宣城各县市开展农产品价格试点活动，努力维护农民的切身利益。

2. 工业供给侧结构性改革问题研究

宣城市的工业方面存在结构不优、企业成本上升、工业经济效益指数下降等问题。

（1）工业结构。从内部结构来看，结构层次较为明显，2016年宣城市三大门类中的采矿业规模以上工业增加值同比下降2.9%，电力、热力、燃气及水生产和供应业同比增长20.4%，全市全部规模以上制造业实现增加值412.8亿元，同比增长6.7%，占全部规模以上工业增加值比重为93.5%，对全市规模以上工业增长的贡献率达88%。高新技术产业实现工业增加值187.6亿元，增速同比增长22.5%，比2015年提高7.1

个百分点，高于全省平均水平 5.8 个百分点，增速居全省第 5 位；增加值占全部工业比重为 43.6%，较上年提高 6.9 个百分点。从行业结构上看，2016 年，宣城市规模以上企业利润虽然有所增加，但是比较集中，宣城市规模以上工业企业利润比上年增长 7.3%，新增利润 7.6 亿元。34 个大类行业中橡胶和塑料制品业、化学原料和化学制品制造业、非金属矿物制品业三个行业合计新增利润 8.0 亿元，占宣城市新增利润的 105.3%。若扣除这三个行业，宣城市利润同比下降 0.7%。另外，主营业务收入增长提速主要体现在高耗能行业上。2016 年，宣城市六大高耗能行业实现主营业务收入 680.5 亿元，同比增长 8.7%，增速比上年提高 10.7 个百分点。其中，化学原料和化学制品制造业实现主营业务收入 229.7 亿元，同比增长 17.1%，增速比上年提高 5.5 个百分点；黑色金属冶炼和压延加工业实现主营业务收入 130.3 亿元，同比增长 11.3%，增速比上年提高 12.6 个百分点。从上述数据可以得出，高新技术等新兴产业已初具规模，在整个工业中所占比例较高，但是在经济下行巨大压力下，宣城市整体工业结构还不够优化，调整进度还比较缓慢，依然要把传统产业转型升级作为重点工作。①

（2）从企业层面，降低企业成本，完善企业创新发展环境。2016 年，宣城市规模以上工业企业发生主营业务成本 1556.2 亿元，同比增长 7.5%，增速比上年高 5.7 个百分点。每百元主营业务收入中的成本为 86.92 元，比上年提高 0.26 元。目前企业经营面临的最大困难还是各种成本偏高，降成本依然是一项长期任务。②

另外，降低制度性交易成本也是宣城市各企业关心的热点问题，虽然已初具成效，但是仍然要继续全面的推行。要加快建设网上审批制度，全面推行市县乡三级公共服务清单和市县两级行政权力中介服务清单制度建设，实现审批事项"一站式"网上运行。同时，进一步完善涉企收费清单，做到所有涉企收费项目全部进清单，清单之外无收费。[2]

（3）从产业层面化解产能过剩，实现工业经济增长动能转换。化解产能过剩，主要处置"僵尸企业"。[3]"僵尸企业"，即很多长期未经营的企业。这些企业不具有自生能力，主要依靠政府补贴、银行贷款、资本市场融资或借债不断"输血"而勉强维持运营的企业。大多分布在产能过剩的行业，包括处于钢铁、水泥、电解铝等行业。在"去产能"的大背景下，依法有序加快处置"僵尸企业"，让"僵尸企业"退出市场，可以有效化解过剩产能。宣城市经济高速发展，在招商引资过程中出现了很多高污染、高排放、高耗能的企业，在供大于求的情况下，这些企业的问题已经全部暴露出来。对于目前出现生产困难、面临关停倒闭的一些企业，宣城市各县市进行了摸排和准备。2016 年，宣城市各县市对 169 家"僵尸企业"采取了一些存量调整的措施，进行了分类处理。宣州区已经对 3 家企业采取了关停并转的措施，盘活了资源；宁国市已经对 5 家企业开展了调整存量的处理"僵尸企业"的工作，并取得了明显效果。但是淘汰过剩产能是一个持续的长久的过程，不仅仅是当前的工作，将来伴随经济发展的过程中更会一直存在。既引进增量又要做好现实存量的工作，这是宣城市政府永远的话题。宣城

市要全面评估"僵尸企业"经营困难程度、成因和未来发展潜力的基础上，抓住重点、分类化解、精准施策，协调推进，通过市场竞争机制决定"僵尸企业"的破产、重组还是存续以及存续企业转型、改革的方向。另外，从工业生产者出厂价格指数（PPI）来看，2015 年工业生产者价格继续回落，全年 PPI 下降 5.6%，已是连续 30 个月处于下降通道。钢铁、水泥等主要行业产品价格均呈下行走势。2016 年，在稳增长、去产能、去库存政策作用下，工业品行业供需矛盾有所缓解，工业品价格持续回升。2016 年 12 月，宣城市工业生产者出厂价格（PPI）环比、同比分别上涨 1.8%、4.1%；工业品价格虽有所回暖，但是目前还是负增长情况，这背后隐含的产能过剩问题依然严峻。

3. 服务业供给侧结构性改革问题研究

推进服务业供给侧结构性改革，优化服务业供给结构，培育经济增长新动力，尤为重要。

宣城市的服务业并不存在产能过剩问题，而是面临着有效供给不足，中段供给不足的问题，难以满足人们的需求。

（1）服务业增值较小，传统服务业仍占主要地位。2012～2016 年，宣城市第二产业和第三产业实现的地区生产总值都在不断稳步增加，但是第三产业的增加值明显低于第二产业（见图 3）。按照两者所占比重来看，第二产业比重有所下降，第三产业呈现上升趋势，但是截至 2016 年，第三产业所占比重仍明显低于第二产业。宣城市服务业增幅出现如此局面，一方面是由于宣城市工业发展速度较快；另一方面宣城市服务业的发展主要依赖于传统的商贸服务，旅游休闲、金融保险、中介服务等新兴产业发展较缓慢，贡献率较低。

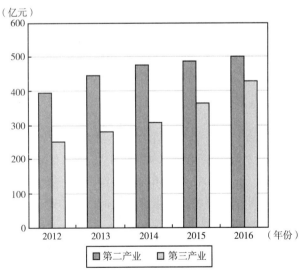

图 3　宣城市第二、三产业生产总值

资料来源：宣城市 2012～2016 年国民经济和社会发展统计公报。

（2）与城市扩张式发展相比，服务业配套设施欠缺。随着宣城市经济的不断发展，宣城城镇和乡村居民的人均收入水平有所提高，消费性支出也在逐年增长，但是从其支出比例来看，食品支出、衣着支出、交通通信支出、居住支出所占比重较大，医疗保险支出、娱乐教育文化支出虽有增长，但是所占比重相对较低。2012～2016年，城乡居民恩格尔系数值不断增加。如表2所示，至2016年，城市恩格尔系数为32.6%，农村恩格尔系数为35%，高于安徽省平均水平。另外，宣城市各县市对教育、科学技术、文化体育与传媒及金融方面的财政支出力度不够，低于同省大部分地区。这些数据说明，宣城各县市在文化休闲及娱乐性上的消费不足，主要与宣城市各地区服务业配套欠发达有关。

表2　　　　　　　　　　　2012～2016年城乡恩格尔系数值　　　　　　　　　　单位:%

地域	2012 年	2013 年	2014 年	2015 年	2016 年
城市	38.5	37.7	32.2	31	32.6
农村	38.8	37.1	32.2	33.7	35

资料来源：宣城市2012～2016年国民经济和社会发展统计公报。

（3）现代服务业比重不高。现代服务业是融合了现代技术、现代经营方式和组织形式的服务业。宣城市服务业一直以来都以传统服务业为主导，现代服务业近年来比重有所增长，但比重依然不足，仍需要重视。现代服务水平的高低取决于信息产业的发展。2016年，宣城市信息传输、计算机服务和软件业实现增加值8.35亿元，占服务业增加值的2.2%。[①]

基于宣城市优越的地理位置和环境，旅游业也是制约现代服务业发展的另外一个重要因素。宣城市旅游资源较为充足，位居安徽省前列，拥有1个国家级名胜风景区、4个省级名胜风景区、17个国家重要文物保护单位和众多省级文物保护单位、2个国家级自然保护区和3个省级自然保护区。但是宣城市的旅游收入仅为165.6亿元，占安徽省旅游收入的4.16%，位居第7。[②] 宣城市对于旅游业的开发力度不够，未充分发挥出旅游业对经济的拉动作用。

（4）生产性服务业所占比重不高。宣城市近几年来工业化进程加快，但生产性服务业发展不足。金融业是现代最为重要的生产性服务业之一，宣城市金融业增加值占第三产业比重的6.12%，虽较上期增长了3.4%，但是仍然低于全国水平。2016年，宣城市金融机构人民币贷款余额1041.4亿元，在皖江地区的城市中，宣城市占第10位，增幅占第8位。[③] 情况表明，宣城市金融业对生产的服务不够，经济社会发展中的融资难的状况没能发生根本转变。

导致宣城市服务业发展相对滞后的原因：第一，宣城市是一个农业市、后发市，其

① 宣城市统计局。
② 《宣城市旅游发展规划》。
③ 《宣城统计年鉴》（2017）。

全部产业的物质基础都以传统产业为主体。第二，2016年宣城市对第三产业的投资比重达到53.13%，略高于第二产业（见表3），但是，房地产、水利环境公共设施和电力燃气三项就已经达到33.43%，其余用于发展服务性的投资仅占19.7%。第三，宣城市各地区重视度不高，在科学技术以及金融业等生产性服务业的财政支出力度不够。

表3　　　　　　　　　　　　2016年分行业固定资产投资

行业	金额（亿元）	占投资额比重（%）
固定资产投资总额	1414.2	
农业	45.9	3.25
采掘制造建筑业	616.9	43.62
第三产业	751.4	53.13
房地产	227.1	30.22
水利环境公共设施	176.6	23.50
电力燃气	69.0	9.18
公共管理和社会保障、组织	10.3	1.43
交通物流邮政	172.3	22.93
居民和其他服务	3.5	0.17
文化体育娱乐	15.9	2.11
住宿餐饮	25.5	3.39
教育	7.9	1.05
批发零售	15.0	2.00
信息软件	1.2	0.16
卫生和社会工作	14.2	1.89
租赁商务服务	5.9	0.79
科学技术勘察	4.7	0.63
金融业	2.3	0.31

　　资料来源：宣城市2016年国民经济和社会发展统计公报。

　　（5）现代服务业集聚效应较弱、竞争力不强。当前，"转方式调结构"的倒逼压力和"新常态"的新要求，把服务业推向了一个前所未有的高度。服务业正在成为各地竞相发展、抢占新一轮制高点的主攻方向。在这种背景下，加快服务业集聚发展似乎已经成为必然。

　　宣城市现代服务业聚集效应虽然初显成效，但是依然存在部分问题。一是服务业集聚的领域还主要是物流、批零、住宿餐饮等传统行业，存在简单"集合、扎堆"现象，信息化程度不高，整合度不够；二是信息软件、金融保险等现代服务业集聚区虽发展较快，但仍处在产业演进的初始阶段和幼稚阶段，普遍规模较小、集聚度低、引领带动能力弱。

宣城市政府首先要明晰目标，用科学的目标引领现代服务业的发展，伴随着工业的推进，要着力培育生产性服务业，促进现代制造业与现代服务业有机的融合以及互动的发展；要围绕生态、旅游资源优势，大力发展休闲旅游业，要不断强化旅游项目建设，着力提升旅游要素生产能力，打造精品旅游系列产品，培育旅游龙头企业，大力发展旅游经济。其次，针对旅游业物质基础薄弱的问题，要大力加强载体建设。重点建设现代服务业集聚区以及交通物流基础设施，充分利用网络技术，加强信息基础的建设。另外，宣城市必须要转变发展观念，要在工业化进一步加深的同时着力推进现代服务业的发展，不仅要建立服务业的龙头企业，还要重点打造现代服务业的品牌。

（三）宣城市供给侧结构性改革的综合性评价结论

综上所述，宣城市全面贯彻落实相关方案，推进供给侧结构性改革的实施，为经济持续增长培育新动力、打造新引擎，积极推进去产能、区库存、去杠杆、降成本、补短板，已取得了初步成绩。但是，宣城市还需要在原有成绩的基础上，进一步加快推进步伐，解决实施过程中的问题。（1）产业结构不优，集群规模偏小。（2）部分企业经营困难加大。（3）科技创新力度不足，金融支撑力度有限；企业创新能力不足，转型升级难度大。（4）企业要素制约仍然存在。（5）现代服务业尤其是文化旅游业急需解决。（6）市政府创新工程尚未实施。市政府工作效率低，信息化建设速度缓慢。

三、进一步深化宣城市供给侧结构性改革的建议

宣城市要突出抓重点、补短板、强弱项，拿出硬措施，打赢攻坚战，着力做好以下重点工作：

第一，调结构，推进去产能。基本要实现"僵尸产业"市场出清，加快传统产业改造升级；加快建设创新型现代产业体系；大力推进科技创新，较快制造强市建设，积极发展智慧经济，提升质量强市建设水平。

第二，稳市场，切实筑牢发展根基。要积极培育较强的实体企业，同时要强化产业政策扶持，提升产业配套能力，加快推动项目建设，加大项目建设力度。

第三，防风险，推进去杠杆。着力开展金融创新，增强金融机构抗风险的能力。

第四，提效益，推进降成本。着力降低制度性交易成本、企业运营成本、企业融资成本，同时要加大信贷投促发展。

第五，增后劲，推进补短板。加大基础设施的建设，实施现代农业专项工程，培育新型农业经营主体，发展生态休闲观光农业。加快战略性产业集聚发展，积极采用"互联网＋"技术。

第六，深入践行"两山"理念，建设绿色发展创新实验区。充分发挥生态优势，以建设安徽（宣城）绿色发展创新实验区为抓手，打造生态文明建设宣城样板。要加大生态建设保护力度，加快传统产业绿色化改造，强化绿色、循环、低碳发展，提升文化旅游产业，促进绿色服务发展。

第七，要提升经济外向水平，打造内陆开放新高地。大力推进对接合作，持续加强招商引资，促进外贸优化升级。

第八，加强保障和改善民生，为宣城人民创造更加美好的生活。努力加强就业和社会保障，优先发展教育事业及文化事业，加强和创新社会治理。

第九，从政府自身建设上来讲，要旗帜鲜明，尽职尽责，讲法制，努力提高办事效能，真抓实干，勇于担当。

参考文献

［1］安庆宣城：构建新型农业经营体系［EB/OL］. 徽商网. https：//www. ah. cn/display. asp？id=11390.

［2］汪晔宇. 安徽省推行权力清单制度研究［D］. 合肥：安徽大学，2015.

［3］魏新璋. 处置好"僵尸企业"助推供给侧改革［N］. 人民法院报，2016－12－22（008）.

合肥市县域供给侧结构性改革问题研究

瞿娟娟

合肥市现辖4区、4县和1个县级市，而可划分为县域的分别是长丰县、肥东县、肥西县、庐江县和巢湖市。2015年末合肥市县域总面积为10064平方千米，占全市总面积的88.16%，县域人口为463.74万人，占全市总人口的64.62%。

一、供给侧结构性改革对发展县域经济的重要作用

（一）供给侧结构性改革引领经济新常态创新

新常态下，我国经济发展面临的调整与转换需要通过供给侧结构性改革来实现。经济增长速度下降，由高速转为中高速，想要维持中高速的增长态势，需要通过推进供给侧结构性改革来培育和创造新的增长点；发展方式从规模速度型粗放增长转向质量效率型集约增长，必须通过提高全要素生产率来实现经济增长；经济结构不断优化升级，必须通过调整存量和优化增量来实现突破；经济动力从要素驱动、投资驱动转向创新驱动，必须通过从过去的经济增长主要依靠需求侧的驱动转向供给侧的驱动。对于县域经济，不管是制度变革、结构优化还是要素升级，都要依赖于供给侧结构性改革。尤其在创新机制、创新人才上，县域经济较为落后，但供给侧结构性改革有利于改变过去县域经济粗放增长的状况，增强经济可持续发展的动能。[1]

（二）供给侧结构性改革贯穿"十三五"规划工作主线

"十三五"规划确立的创新发展、协调发展、绿色发展、开放发展和共享发展的"五大发展理念"，推进供给侧结构性改革，已成为贯穿"十三五"时期的工作主线。要在适度扩大总需求的同时，着力推进供给侧结构性改革，重点是去产能、去库存、去杠杆、降成本、补短板，增强供给结构对需求变化的适应性和灵活性。从县域经济来看，供给侧结构性改革存在诸多难题，而其有效解决取得的成果，将有力推动县域经济水平整体飞跃。

（三）供给侧结构性改革优化资源配置、经济结构

推进供给侧结构性改革，要处理好政府和市场的关系，形成市场作用和政府作用有

机统一、相互协调、相互促进的格局，使市场在资源配置中起决定性作用。政府要转变职能，该放给市场和社会的权一定要放足、放到位，该政府管的事一定要管好、管到位。过去由于政府干预过多、市场主体发挥不够，导致要素配置扭曲，引发各种结构性矛盾。通过供给侧结构性改革，在市场机制和政府干预同时作用下，调整各类扭曲的政策和制度安排，实现效益最大化和效率最优化。对于县域经济，一方面我们要遵循市场规律，另一方面政府要勇于承担责任，优化资源配置、优化经济结构。

（四）供给侧结构性改革实现"供需匹配"

我国经济现阶段的主要矛盾是供给与需求不匹配、不协调和不平衡。市场看似有效需求不足，实则是有效供给不足，结构失衡、供需错配。随着外需收缩和内需饱和，传统产业产能过剩，产品供给超过市场需求。同时，随着生活水平的提升，人们对各类消费品的要求越来越高，特别是在个性化、高端化等方面尤为突出，但有效供给难以跟上。因此，供给侧结构性改革的重点在于释放新需求，创造新供给。在适度扩大总需求的同时，要打通供需通道，实现供需匹配。当前，作为县域经济，必须注重减少无效供给、扩大有效供给、提高供给结构对需求结构的适应性。[2]

二、合肥县域供给侧结构性改革成效

（一）经济运行总体平稳，结构调整稳步推进

2016 年，合肥县域四县一市中，肥东县全年生产总值 528.7 亿元，按可比价格计算，比上年增长 10.0%。其中第一产业增加值 64.3 亿元，增长 1.3%；第二产业增加值 343.7 亿元，增长 10.4%；第三产业增加值 120.7 亿元，增长 14.1%。按年末户籍人口计算，人均 GDP 为 49866 元。肥西县全年生产总值 605.0 亿元，按可比价格计算，比上年增长 9.5%。其中，第一产业增加值 51.5 亿元，增长 2.4%；第二产业增加值 393.7 亿元，增长 9.7%；第三产业增加值 159.9 亿元，增长 11.3%。按年末户籍人口计算，人均 GDP 为 74853 元，比上年增加 5842 元。长丰县 2016 年全县地区生产总值 400.1 亿元，按可比价格计算，比上年增长 10.4%。分产业看，第一产业增加值 59.5 亿元，增长 2.8%；第二产业增加值 245.3 亿元，增长 11.9%；第三产业增加值 95.3 亿元，增长 11.6%。按年末户籍人口计算，人均 GDP 达 51980 元，比上年增加 4381 元。庐江县全县实现生产总值 245.3 亿元，按可比价格计算，增长 10.1%。分产业看，第一产业增加值 47.5 亿元，增长 3.5%；第二产业增加值 110.6 亿元，增长 12.8%；其中工业增加值 92.5 亿元，增长 12.9%；第三产业增加值 87.2 亿元，增长 10.5%。巢湖市全年生产总值 268.7 亿元，按可比价格计算，比上年增长 9.1%。其中，第一产业增加值 30.5 亿元，增长 3.8%；第二产业增加值 141.2 亿元，增长 11.4%；第三产业增加值 97.0 亿元，增长 7.4%。按常住人口计算，人均 GDP 为 37111 元，比上年增加 2406 元（见表 1）。

表1   2016 年合肥县域生产总值及其增长速度

指标		肥东县	肥西县	长丰县	庐江县	巢湖市
生产总值	总数（亿元）	528.7	605.0	400.1	245.3	268.7
	比上年增长率（%）	10.0	9.5	10.4	10.1	9.1
第一产业	生产总值（亿元）	64.3	51.5	59.5	47.5	30.5
	比上年增长率（%）	1.3	2.4	2.8	3.5	3.8
第二产业	生产总值（亿元）	343.7	393.7	245.3	110.6	141.2
	比上年增长率（%）	10.4	9.7	11.9	12.8	11.4
第三产业	生产总值（亿元）	120.7	159.9	95.3	87.2	97.0
	比上年增长率（%）	14.1	11.3	11.6	10.5	7.4

资料来源：根据合肥县域国民经济和社会发展统计公报整理得出。

肥东县三次产业结构不断优化，由 2015 年的 13.1∶66.0∶20.9 调整为 2016 年的 12.2∶65.0∶22.8。肥西县经济结构保持"二三一"格局，三次产业结构调整为 8.5∶65.1∶26.4。其中，第二、第三产业增加值占 GDP 的比重为 91.5%，比上年提高 0.6 个百分点；第三产业增加值占 GDP 的比重为 26.4%，比上年提高 1.3 个百分点。全县服务业增加值完成 148 亿元，同比增长 10.5%。品牌连锁和品牌经营企业纷纷入驻，电子商务快速普及，全县网购交易量 7.5 亿元，占全县社会消费品零售总额的 8%，跨境电子商务交易额达 2500 万美元。三河镇、华南城省级服务业集聚区稳步推进，乾龙物流成功申报省级服务业集聚区，全县 3 家物流企业达国家 4A 级标准。大力发展文化旅游产业，向旅游强县大步迈进。三河三汊河湿地公园、刘铭传纪念馆、祥源花世界、官亭 4A 景区创建及紫蓬山基础设施功能提升等项目正有序推进中。长丰县三次产业结构为 14.9∶61.3∶23.8，第三产业增加值占 GDP 比重比上年提高 2.1 个百分点。庐江县三次产业结构由 2015 年的 20.7∶45.3∶34.0 调整为 19.4∶45.1∶35.5，第三产业比重同比提高 1.5 个百分点。现代服务业提质增效，实施"全域旅游"发展战略，成功列入"国家全域旅游示范区"创建单位，汤池温泉文化旅游集聚区成功申报省级服务业集聚区。全县旅游总接待人数和旅游业总收入分别达 450 万人次、37 亿元，同比分别增长 12%、15.6%。加快电子商务发展，重点建设"迪乐购"站点，构建农村电子商务服务平台，推进传统商业线上线下融合。出台促进养老服务业发展意见，推动养老产业发展。着力发展商贸流通，安德利百货成功上市。巢湖市三次产业结构为 11.4∶52.5∶36.1，其中第三产业占 GDP 比重比上年上升 1.0 个百分点。

（二）金融服务体系日趋完善，农村信用体系建设扎实有效

合肥县域金融体系经过多年的发展，呈现多样化发展态势，各类金融机构支农功能定位分工相对合理：农村合作金融机构充分利用"点多面广"的优势，为区域农村发展提供强有力的支持；国有商业银行按照"两个不低于"的目标加大对"三农"贷款

的投放力度；股份制银行和政策性银行重点加大对生产规模大、竞争力强的农业产业化龙头企业、农村小微企业、个体工商户等的支持；村镇银行等新型农村金融机构快速发展，服务农村经济发展的作用不断提高。

目前，合肥县域有金融机构 26 家。其中国有商业银行 5 家，股份制银行 6 家，政策性银行 1 家，城市商业银行 3 家，农村商业银行 6 家，村镇银行 5 家，各类经营网点 420 个，实现所有乡镇全面覆盖，形成了多家银行竞相发展、竞争服务的良好局面，为地方经济发展注入了新的活力。各银行服从国家宏观调控的决策部署，主动融入经济社会发展大局，认真贯彻执行国家保增长、扩内需、促发展有关政策，积极争取上级行的信贷和政策倾斜，加快信贷投放，为辖区经济的加快发展注入了源源不断的资金支持。据统计，截至 2016 年 6 月末，合肥县域贷款余额 1204 亿元，比年初增加 126 亿元，同比增加 19.86%，高出全省平均水平 4.3 个百分点。

中国人民银行巢湖中心支行广泛开展征信知识进社区、进乡镇、进校园活动，率先在全国建立银校合作机制，在巢湖学院开设征信管理课程，不断扩大征信业的社会影响力。深化小微企业信用体系建设和农村信用体系建设，持续推进肥东县农村青年信用示范户建设，在长丰县探索建立新型农业经营主体信用信息共享服务平台，试行主办银行制度，截至 2015 年底，共收集新型农村经营主体信用档案信息 157 户，农委推荐市级示范家庭农场 13 户，已支持新型农村经营主体 48 户，金额 4223 万元。2016 年，长丰县被列为合肥市农村信用体系建设示范县，研发"安徽省农村信用信息服务平台"数据接口软件，持续推进农村信用体系建设。

（三）项目投资带动有力，招商引资成果显著

2016 年，肥西县完成全社会固定资产投资 590 亿元，增长 11%，继续保持高位运行态势，有力拉动了经济增长和社会发展。142 个省、市"大新专"项目实现投资 409 亿元，超额完成目标任务。制定项目管理总体办法，全面归纳总结项目管理各项体制机制，将"六个一批"、"四位一体"、领导包联、摄像督查、项目调度、督办、评估、奖惩等项目管理推进制度进行有机整合，进一步提升项目管理信息系统，压实"四位一体"的项目推进机制。庐江县 2016 年全年列入省、市"大新专"项目分别累计完成投资 82 亿元、110 亿元，同比分别增长 109.4%、111.2%。虎洞湖生态度假区项目、安德利广场、年产 2 万吨食品添加剂项目等重大投资项目加快推进；星源材质、中国供销（庐江）农产品物流园、神皖电厂送出工程等牵动性大项目开工建设。结合"十三五"规划编制，全年谋划亿元以上大项目 150 个，总投资 300 亿元，庐江动车综合服务基地、庐-巢-马-扬城际、合肥资源综合利用（静脉）产业园、环巢湖生态文明先行示范区等一大批重大项目进入国家和省市规划。

2016 年，肥西县招商引资到位省外资金总量 320 亿元，同比增长 13%，全县累计到位境外资金总量 1.9 亿美元，肥西县实际到位省外资金、工业项目到位资金和境外资金在合肥四县一市均处于领先地位。人民电器、伟光汇通、中关村意谷等项目积极推进，中日韩产业园、正阳通航产业园等重大项目成功签约。庐江县通过创新

招商方式，提升服务水平，全年招商引资到位资金 201 亿元，其中工业项目到位资金 139 亿元。[3]

（四）重点领域改革深入，创新驱动成效明显

肥西县大力实施战略性新兴产业集聚、传统产业提升、现代服务业提速、现代农业提效、园区转型升级、创新驱动发展、人才高地建设、质量品牌塑造、民营经济壮大"九大工程"，推动经济健康较快发展。庐江县出台规范县政府部门行政审批行为文件，全力推进行政审批"两集中两到位"管理体制，加快建设政府外网和"一库四平台"，持续深化权责清单制度建设。

2016 年，肥西县新增高新技术企业 25 家，全县共计拥有国家级高新技术企业达到 111 家。创新创业平台建设步伐加快。桃花科创中心省级孵化器规模进一步扩大，在桃花工业园工投二期新建 1.8 万平方孵化器，围绕造电子信息、智能制造、生物医药、节能环保、新材料等战略新兴产业，布局发展专业化众创空间，积极争创国家级。[4]推行"专业孵化＋创业导师＋天使投资"的孵化模式。鼓励大型骨干企业、科研机构、有实力的民营企业等建立专业孵化器。惠州科技创业园、合肥广告创意产业园等创客空间运行较好。①

三、推进供给侧结构性改革的误区与问题

（一）产业形态滞后，产业发展层次不高

县域经济基本上以传统产业为主，工业规模不大，实力不强，高新产业稀缺，深加工精加工严重不足，产业结构处于产业链和价值链的低端。支柱产业多为依靠县域资源禀赋的地域特色产业，传统制造业高能耗、高污染、低产出、低效益，已经成为制约县域经济转型升级、制约供给侧结构性改革的难题。且各行业横向扩展，无纵向连接，没有形成产业链条，聚集带动效应不突出，制约行业良好发展。工业产业园区分立各地，各自发展，缺乏互助发展能力；以旅游、物流、餐饮、娱乐为代表的服务性商贸行业缺乏聚集带动效应，没有形成链条式商贸产业。

（二）金融机构创新能力弱化，无法满足经济转型升级需求

长期以来，县域金融机构在支持地方经济发展过程中，创新了一系列信贷产品和模式，有效拓宽了实体经济、"三农"和小微企业融资渠道。但近年来，县域金融机构信贷产品创新的积极性和力度明显减弱。其主要原因：一是基层商业银行信贷权限被上收，金融产品自主创新权利和空间受到制约，而上级行创新的金融产品几乎都是基于大

---

① 根据《合肥统计年鉴》和合肥县域国民经济和社会发展统计公报整理得出。

中城市经济较发达的经营环境而设计的,与县域经济发展实际难以匹配;二是信贷产品创新本身伴随着一定风险,在经济高速增长时期经营收益能够覆盖这些风险,其推广相对顺利,但在经济下行大环境下,新型金融产品隐藏的风险和问题会持续暴露和放大,给创新者带来较大的压力和负担;三是面对当前银行不良贷款持续攀升、信贷资产质量加速下滑的局面,基层商业银行普遍将工作重心转入控制和化解风险,无暇顾及信贷产品的创新与推广,导致金融创新停滞不前。

(三) 存在"重"招引新兴项目"轻"传统产业转型升级的弊端

虽然大力招引新兴项目是供给侧结构性改革的重点,但传统工业的转型升级同样重要。供给侧结构性改革实际上是给传统企业带来一次根本的转型调整的契机,以促使企业转型脱困,去除无效供给。然而在实际操作中,往往重招引新兴项目、轻传统产业转型升级。认为招引新兴项目是"显性绩效",而传统产业转型升级是"慢功细活",其表现在组织程度和奖惩力度上有较大落差。同时,面对"低端过剩、高端不足"的过剩产能,缺乏耐心,往往想采取"一刀切"的方法了事。过剩生产能力也并不都是无用的生产能力,要把旧动能转换为新动能,对这些企业提振改造,这也是供给侧结构性改革的关键所在。

(四) 动力支撑不足

供给侧结构性改革的核心就是创新。而县域经济增长以密集型劳动力、生产要素、自然资源的大量投入驱动为主,缺乏适合转型升级的创新型人才与工作经验,缺少供给侧结构性改革专业知识。自主创新能力不强,由新技术新动能进步而产生的全要素生产率增长,还未成为县域经济增长的主要动力。

四、合肥县域经济发展的路径选择与对策建议

(一) 规划特色产业发展,形成产业链条聚集效应

多数县域经济发展具有相当大的不对称性,但在资源禀赋领域各有特色优势。就合肥县域而言,可围绕贯彻落实中央的供给侧结构性改革方针政策,充分整合县域区划内的矿工业、农业、劳动力以及文化旅游等资源,综合开发利用,加大整合力度。做好改造升级老字号、深度开发原字号、培育壮大新字号工作,加快优势产业聚集壮大。加快发展集商贸旅游、物流配送、餐饮娱乐、文化创意于一体的商贸服务产业。另外,建立新兴产业的发展方向策略,做好配套产业的建设,细化发展新型产业结构,组织精英队伍,全面提升产业的附加值。

(二) 加大金融创新力度,增强金融支持经济发展的驱动力

商业银行总分行应指导和鼓励基层分支行开展自主创新,开发、推广适合县域经济

和产业特点的信贷模式与产品，并在此基础上及时总结经验、树立标杆，对基层商业银行自主创新的好产品、好做法积极进行跨区域推广；同时适当下放审批权限，赋予基层分支行一定的自主决策空间，为基层分支行开展自主创新提供信贷政策保障。在金融支持民营经济和小微企业层面，大力推广不动产担保、应收账款融资、订单融资、速贷通、网贷通等产品，着力为小微企业和个人客户量身定制特色信贷产品；在金融支持"三农"层面，进一步创新抵押担保方式，通过扩大抵押物范围，巩固仓单质押、林权抵押、船舶抵押贷款等现有支农信贷产品创新成果，持续探索开展农村土地承包经营权和农民财产所有权抵押业务试点，增强与新型农业经营主体的合作关系，加快建立财政支持的农业巨灾保险制度，全面拓宽农户融资渠道和改善农业融资环境。

（三）依靠有效投入，解决投资难题

县域的经济投入都会比较少，随着近年来合肥县域招商引资力度的增加，投资的项目正在增多，但也出现了一些盲目投资的问题。对县域加大投资力度会极大地推进经济发展，但一定要依据县域的特点，投资好县域的主导经济产业，坚持严格审查投资门槛、加大监管力度与服务质量。利用集中整治的管理措施，将无效的、高污染的投资项目进行整改或者关停。全面推进绿色可持续发展农业的进行，建立好合肥县域自己的农业品牌。尤其是对制造与生产性服务业的投资比重，要充分与互联网进行结合，将县域发展的消费与文化消费信息充分挖掘出来，加快城镇化发展改革的步伐，增强基础设施的投入建设，大力改善生产与实际生活的条件。利用国家改造棚户区的发展机遇，加强国家金融政策的实施，运用引进 PPP 模式，使改造、环境保护、设施建设和县域发展等符合我国的基本政策导向。

（四）树立新观念，创新促发展

注重大众创新、万众创业。2017 年，国家创新驱动发展战略将向纵深推进，这为县域经济补齐创新短板提供了难得的机遇。为推动县域创新发展，就要把招引各类创新资源放在首位，加大科技创新投入，强化科技金融结合，围绕县域产业发展需要，打通科技成果转化通道，不断提升产业技术创新能力和产品附加值。[5]民营经济是县域经济的主体，也是县域区域间竞争的主体力量。要想在竞争中不被淘汰并实现赶超，只有大力发展民营经济。同样，县域经济的发展也促进了民营经济的发展，农业产业化为县域民营经济的发展提供了广阔的经营空间，县域工业化赋予民营经济更多的重任，同时也为民营经济发展提供了更多的机遇。因此，要扶持小微企业的发展，大力发展民营经济，扎实推进乡镇创业园的发展。

参考文献

［1］李佩莹，胡登峰. 供给侧改革视角下我国中西部地区县域产业选择研究——以安徽省五河县为例［J］. 科技和产业，2017（5）.

［2］俞东毅，成青青. 供给侧结构性改革与县域经济发展——基于海门市的实践与思考［J］. 上

海市经济管理干部学院学报，2016（11）.

　　［3］朱保平. 新形势下县支行机构金融业务的发展思考［J］. 安徽金融，2015（7）.

　　［4］徐东海. 以供给侧结构性改革推动县域经济转型发展［J］. 唯实，2016（7）.

　　［5］桑亦玮，疏爽. 基于供给侧结构性改革下的县域经济发展的探寻和思考——以安徽省固镇县为例［J］. 赤峰学院学报（自然科学版），2017（7）.

无为县供给侧结构性改革问题研究

陈兆荣　江　平

一、供给侧结构性改革与县域经济发展的关系

供给侧结构性改革是从供给端、生产端入手，在适度扩大总需求的同时，去产能、去库存、去杠杆、降成本、补短板。当前县域经济总需求与总供给之间存在结构性错位，主要表现为有效供给不足，难以满足消费升级需要，"僵尸企业""僵而不死"，产能过剩问题突出，房地产泡沫风险聚集。供给侧结构性改革为县域经济提供巨大发展机遇，应因势利导构建开放性县域经济体系，提高供给侧结构适用性和灵活性，实现县域经济供给和需求平衡。

（一）供给侧结构性改革可以优化县域产业结构

县域经济发展应加快产业转型升级。一是用新理念谋划农业，发展"农业＋电商""农业＋文化""农业＋旅游""农业＋生态"等农业发展新模式，拉长农产品深加工产业链条。二是用新业态引领工业，改造提升传统产业，运用先进信息技术改造传统产业生产工艺、制造流程、管理系统和服务体系，带动传统工业改造升级。三是用"互联网＋"新引擎助推现代服务业，发展旅游、零售、文化创意、金融保险等行业，扶持壮大信息服务、社区服务和文化教育卫生体育等服务业，逐步实现产业化。

（二）供给侧结构性改革可以做强县域产业经济实体

实体经济是县域经济发展的支撑力，应围绕供给侧结构性改革的目标任务，构建多元发展的现代产业体系，壮大实体经济规模。首先，实施产业集群战略。优先发展电子信息、先进制造业、新能源、新材料等战略性新兴产业，注重培养传统行业中的骨干企业，提高传统产业的技术含量。其次，推进产城融合发展。以产业发展支撑城市发展，以城市提质带动产业升级，通过统筹城镇发展规划，优化产城融合新空间，满足产城融合新需求。再次，以工业园区为平台，做好园区发展规划。通过产业招商，引导产业向园区聚集，建立健全园区公共服务配套设施，建设小微企业创新引导服务平台，以环境、服务等吸引客商投资。最后，做好实体企业的帮扶工作。通过调研、走访，了解企业所想所需，根据产业优势和企业发展前景制定优惠力度，以激励和倒逼企业转型升级。

（三）供给侧结构性改革可以补齐发展短板，激发经济发展活力

一是补齐区域发展短板，切实做好农村贫困地区脱贫工作，缩小农村与城市的差别，使农村与城市拥有同等的发展机会和平等的发展权利。二是补齐发展要素短板。运用经济和法律手段挤存量、抓闲置，规范政府性融资平台建设，控制政府金融贷款风险，鼓励商业银行对诚信经营、发展前景好、产品适销对路的重点企业贷款给予优惠利率支持。三是补齐公共服务短板。通过增加供给和保障公平等统筹并举，推进基本公共服务均等化，落实降税降费政策，为企业减负，厘清政商关系边界，推动政务服务工作迈上新台阶。

二、对无为县供给侧结构性改革现状的基本评价

（一）无为县供给侧结构性改革现状

2017 年，无为县地区生产总值 417.9 亿元，比上年增长 8.5%。其中，第一产业增加值 42.4 亿元，增长 5.8%；第二产业增加值 209.8 亿元，增长 9.0%；第三产业增加值 165.7 亿元，增长 8.6%。第一产业增加值占国内生产总值的比重为 10.2%，第二产业增加值比重为 50.2%，第三产业增加值比重为 39.6%。按户籍人口计算，人均 GDP 达 34460 元（折合 5419 美元），比上年增加 4035 元。完成固定资产投资 392.9 亿元，比上年增长 14.1%。其中第一产业投资 53.8 亿元，比上年增长 7.2%；第二产业投资 208.2 亿元，比上年增长 13.1%；第三产业投资 131 亿元，比上年增长 18.8%。三次产业投资比重为 13.6∶53.1∶33.3。全年新开工亿元以上项目 83 个，其中超 5 亿元项目 10 个、超 10 亿元项目 6 个，安高电气、信义渔光互补光伏电站、华电福新四期风电场、金马电器等一批项目建成投产，三只松鼠产业综合体、易酒批产业综合体等重点项目正在加快建设。无为县经济开发区完成征地 6600 亩、拆迁 12.7 万平方米，建成主干道路 6.9 公里，沙湾站除涝一期工程基本建成，新落户亿元以上项目 11 个；高沟经济开发区 6 个项目建成投产，道口园区路网加快建设，框架正在拉开；羽毛羽绒产业园 12 个新项目开工建设，总投资 16.8 亿元；城东、绿泉污水处理厂投入运营，高沟污水处理厂年底前竣工。[1]

（二）供给侧结构性改革中取得的主要进展和成绩

1. 产业结构不断优化

2017 年，无为县规模以上工业企业新增 21 家、达 288 家，其中产值超亿元企业新增 15 家、超 10 亿元企业新增 3 家，工业对全县 GDP 增长贡献率达 46%，提高 1.6 个百分点；电缆电器及配套产业企稳回升、量价双提，期末订单增长 15%、产值增长 17%；羽毛羽绒产业快速发展，产值增长 24%；战略性新兴产业加速成长，产值增长 20%，占规模以上工业产值比重提高 0.5 个百分点。现代农业稳步推进，新增省级农民

合作社 2 个、家庭农场 3 家，市级示范产业化联合体 11 家，农产品加工产值达 150 亿元、增长 7.1%；第三产业实现增加值 165 亿元、增长 8.8%，规模以上服务业企业新增 13 家、达 104 家，完成营业收入 49 亿元、增长 24%；电商企业新增 66 家、达 308家，实现交易额 16.3 亿元、增长 12.4%，"国家电子商务进农村综合示范县"绩效考核居安徽省第二位；旅游业实现总收入 5.8 亿元、增长 10.7%，红色山水涧成功创建国家 4A 级景区，西九华风景区通过省 4A 级景区测评，山里中国一期投入运营、二期开工建设，新增三星级旅游饭店 1 家、三星级以上农家乐 4 家、旅游公厕 15 座，旅游接待能力明显提升；实施"项目提升年"活动，实行包保责任、分层调度、分级约谈，加速项目落地，全年新开工亿元以上项目 83 个，其中超 5 亿元项目 10 个、超 10 亿元项目 6 个，安高电气、信义渔光互补光伏电站、华电福新四期风电场、金马电器等一批项目建成投产，三只松鼠产业综合体、易酒批产业综合体等重点项目正在加快建设。[2]

2. 城乡建设加快推进

城市建设扩容提质，投入 46.3 亿元实施 53 项城建重点工程，建成区面积扩大 1.5平方公里；棚户区改造发放货币化补偿资金 2.5 亿元、房票 7.7 亿元，解决安置房历史欠账 2252 户；新建续建市政道路 11 公里，滨河北路、锁埂路、金塔东路、府苑北路建成通车，巢无路改建一期工程顺利完工，金塔路改造工程春节前通车；新增、改造绿化面积 52 万平方米，建成各类管网 36.6 公里、停车场 2 个、路灯 1150 盏；房地产市场健康发展，出让土地 1002.6 亩，新建商品房 114 万平方米、完成销售 104.5 万平方米，分别增长 205%、27%；创建第四届"安徽省文明县城"，泉塘镇得胜村入选第五届"全国文明村镇"，高沟镇、开城镇羊山村继续保留"全国文明村镇"称号，泥汊镇、红庙镇、泉塘镇和泥汊镇日新村荣获第四届"全省文明村镇"称号。生态环境不断改善，强力推进长江岸线集中整治，拆除砂站 43 座、码头 5 个、船舶修造点 16 个，顺利通过国家验收；扎实推进"绿盾行动"，铁腕整治铜陵淡水豚国家级自然保护区内违法违规项目，6 个挂牌项目完成拆除；美丽乡村建设持续推进，完成 8 个镇政府驻地整治和 12 个中心村建设；新增造林 3.4 万亩，建成绿色长廊 107 公里，创建省级森林城镇 6个、森林村庄 59 个，泉塘镇、赫店镇成功创建省级生态乡镇，鹤毛镇万年台村入选"全国生态文化村"。交通建设全面提速，北沿江高速、芜湖长江二桥连接线基本建成，通江大道一级路改造和比亚迪大桥建成通车，打通无城东向第二通道；全面提升乡道和"村村通"道路等级，建成农村道路畅通工程 404 公里，改造危桥 5 座。投入 9.5 亿元，实施了西河上段治理、裕溪河治理二期、花渡闸迁建、小水库除险加固等重点水利项目。新建改建农村低压台区 124 个、10 千伏线路 186.9 公里，增容升级严桥等 6 个变电站，优化改造石涧等 3 个镇网架线路，电力保障水平进一步提升。[2]

3. 社会民生逐步改善

精准脱贫扎实推进，出台各项扶贫攻坚政策，整合扶贫资金 5.8 亿元，出台 27 项配套政策，完成年度 35 个贫困村出列、22964 个贫困人口脱贫任务；光伏扶贫建成 2个村用和 1632 个户用电站，教育扶贫让 7709 名贫困家庭学生受益，推行产业、就业、金融"三项联动"，探索推出"36410"产业扶贫"无为模式"，实现产业扶贫全覆盖。

民生保障持续加强，筹集资金 34.7 亿元，实施 32 项民生工程；社会保障方面，全年发放各类养老金 9.9 亿元，完成 19 家敬老院公共设施改造；城镇、农村低保标准分别提高 5%、10%；城乡救助力度加大，投入 1240.7 万元救助孤儿、残疾人等特困群体，"一站式"医疗救助 13613 人次、1084.3 万元，兑现大病保险 8003 人次、2955.6 万元，新农合实际补偿达 4 亿元；就业促进工程扎实推进，城镇新增就业 9632 人，城镇登记失业率控制在 4% 以内。社会事业稳步推进，坚持教育优先发展，投入 1.3 亿元，改造学校 70 所，推动 146 所中小学办学条件达到标准化；加强医疗服务能力建设，县医院综合楼、疾控中心业务用房加快建设，县中医院住院楼工程正式启动。[2]

三、深化无为县供给侧结构性改革的措施建议

（一）调整产业结构

第一，处置"僵尸企业"。坚持因地制宜、分类有序、精准处置，通过兼并重组、债务重组、破产清算等方式，实现"僵尸企业"市场出清。停止对"僵尸企业"的财政补贴和各种形式保护。积极争取国家、省政府在财税支持、不良资产处置、失业人员再就业和生活保障等政策方面扶持，保持社会稳定。[3]第二，优化产业结构。依托"无为经济开发区""高沟经济开发区""石涧新材料产业园"等载体，集聚发展战略性新兴产业。围绕产业链，集聚发展新材料、新能源、生命健康等战略性新兴产业。支持电线电缆、羽毛羽绒、纺织服装等企业加大技术改造力度，升级装备水平和智能化程度，建设一批智能工厂、数字车间示范工程，打造一流的产品和优势企业。培育发展现代物流、电子商务、金融保险、商务服务、科技信息等生产性服务业，促进二三产业融合发展。大力发展旅游休闲、健康养老、文化和社会服务、教育培训等生活性服务业。

（二）加快房地产去库存

第一，加快农民市民化进程。深化户籍制度改革，促进有能力在城镇稳定就业和生活的农业转移人口进城落户。深化农村产权制度改革，维护好进城落户农民的土地承包经营权、宅基地使用权、集体收益分配权，将农民的户口变动与"三权"脱钩。对自愿退宅进城购买普通商品住房的农民，县财政按实有建筑面积给予一次性购房补助和契税补助。将有稳定就业的农业转移人口纳入住房公积金制度范围，连续缴存住房公积金满 6 个月的，享有住房公积金提取、贷款等相关权益。第二，推进"棚改"货币化安置。加大"棚改"安置和住房保障货币化力度，县政府将不再新建安置房和各类保障房，优先采用"房票"等货币化方式安置。做好保障房、安置房的需求与商品房供给之间的衔接，引导受保障居民家庭选择购买或租住合适的商品房。第三，保障土地供应。编制年度商品房用地供应计划，推进差别化供地和闲置土地、低效用地的再开发利用。根据市场需求变化适时调整土地供应计划，保持房地产用地市场供需基本平衡。自 2016 年起，每年土地供应量保持在 800 亩左右。第四，推进结构调整。在符合城乡规

划的前提下，鼓励房地产开发企业将库存工业、商业地产改造为科技企业孵化器，引导房地产开发企业建设中高档商住房，满足不同层次的消费需求。

（三）防范金融风险

第一，扩大企业直接融资规模。推进"太平洋电缆""华菱电缆""东隆羽绒"等企业在主板上市，"香枫新材料""蓝田龟鳖""欧赛电气"等企业在中小板、创业板、"新三板"、区域性股权交易市场上市（挂牌）。大力发展天使投资、创业投资、新兴产业引导基金等各类股权投资基金。支持企业发行企业债券、短期融资券、中期票据、中小企业集合票据等债务融资工具，不断优化融资结构，降低融资成本。第二，合理适度控制政府债务。建立以政府债券为主体的地方政府举债融资机制，推进政府和社会资本合作，实行政府债务限额管理。开展政府存量债务置换，用3年左右时间实现存量债务全置换，降低政府债务利息负担。严格举债程序，完善预算管理，将政府债务分类纳入一般公共预算或政府性基金预算管理，严格新增政府性债务审批程序。第三，健全金融服务体系。引进浦发银行、华夏银行、光大银行、中国民生银行在无为县设立分支机构，推动无为农商行进入资本市场。主动迎接国内非银行金融机构辐射，加强与国内各金融集团、产业基金的联系，争取在无为县设立代办处或分理处。改善农村地区支付环境，实现惠农金融服务室行政村全覆盖。深化与安徽省信用担保集团合作、安徽省农业信贷担保有限公司等单位合作，争取设立农业担保分支机构。创新金融产品，积极拓展股权质押、仓单质押等多种形式的贷款业务。第四，有效防范和化解金融风险。加强金融风险监测预警，建立健全政府与银行联席会议制度、去杠杆风险监测和信息通报机制，制定和完善金融各行业应急预案，研究制定金融诈骗、非法集资等金融风险重点问题监测预警制度。坚持分类指导、因企施策，出台《无为县规模以上工业企业分类暂行办法》，分别实施重点支持、帮扶化解、快速处置等政策手段，化解企业债务问题。

（四）降低企业运行成本

第一，降低制度性交易成本。落实国务院取消和调整行政审批项目等事项，清理规范中介服务、社会服务，简政放权，放管结合，优化服务，降低服务成本。深化固定资产投资项目"模拟审批""多评合一"改革，推行终端审批负责制等改革，提高行政审批效率。完善电子政务平台建设，推进政务服务网上申请、网上受理、网上办理、网上审核、网上监督等全程电子化。探索建立市场准入负面清单制度，建立行政审批中介服务收费清单、基本公共服务清单，推动市场主体依法平等进入清单之外领域。第二，降低企业人工成本。落实国家降低企业职工基本养老保险、失业保险缴费费率、企业住房公积金缴存比例等政策。支持符合条件的企业申请补贴。创建无为县创业就业信息网，建设无为县公共就业和社会保障服务中心，打造线上线下一体化公共就业服务平台，着力缓解企业招工难。第三，降低企业税费负担。落实国家结构性减税、企业研发费用税前加计扣除，以及小微企业、高新技术企业税收优惠等政策，落实"营改增"、资源税从价计征改革。进一步落实涉企收费清单制度，逐步降低收费标准，开展涉企收费专项督查，坚决遏制各种乱收费。第四，降低企业财务成本。健全商业银行考核办法，将商业银行平均贷款利率等指标纳入考核，引导金融机构合理定价，抑制企业融资成本不合理上升。开展电线电缆企业应收账款清欠帮扶工作，降低流动资金占用成本。落实用地、用电等各类优惠政策，支持企业增加技术改造、研发创新投入，对县内企业采购无资产关联的本县电线电缆、羽毛羽绒等企业原材料及产品给予优惠政策。第五，降低企业用电成本。落实工商业用电价格下调政策。实施售电市场改革，引入售电公司参与售电市场，有序开放工商业用户进入售电侧市场，赋予电力用户用电选择权，通过售电市场的充分竞争，降低用电成本。支持用电大户开展直供电，实现与电力企业直接交易。积极开展电力需求侧管理，提高企业用电效率，改变用电方式，在满足同样用电功能的同时减少电量消耗和电力需求。第六，降低企业物流成本。贯彻落实各级扶持物流企业发展的政策措施，支持现代物流项目建设，扶持物流企业提升流通网络化、信息化水平。规划建设无城、高沟等物流园区，开工建设高沟港区，实现公铁水联运，促进物流业与制造业互动发展。大力发展电子商务，推进羽毛羽绒、电线电缆、农产品加工等产业与电子商务融合发展。

（五）补齐社会发展短板

第一，推进创新改革试验。积极参与"合芜蚌综合创新示范区"建设，着力打造创新战略平台，鼓励和支持企业建立研究中心、企业技术中心、工程实验室、产业技术研究院、博士后科研工作站，支持具备条件的企业申报国家或省级中心、实验室。鼓励龙头企业加强与国内外创新资源的科技合作，支持企业与高校、科研院所组建多种形式的产学研联合体，开展产业关键技术和共性技术研发。支持企业通过自主研发、购买先进技术和专利技术等方式开发新产品，支持企业参与国家、省级科研项目攻关和行业标准制定。第二，加快城乡基础设施建设。协调推进"庐铜铁路"建设，推动北沿江铁路规划建设。加快建设北沿江高速巢湖—无为段、芜湖公路长江二桥无为连接线、铜陵长江公铁大桥无为连接线 3 条高速公路，开工建设 G347、S208 道路改建工程，完成"无六路"、通江大道工程建设。扩建无为站高铁，建设城东客运站、城西客运站及城南客运站综合客运枢纽。加快城市停车场建设。实施农村电网改造升级工程，实施城乡供水、垃圾处理、供气、污水处理、公共交通"五个一体化"工程。加强农田水利建设，重点实施中小河流治理、长江洲滩圩垸治理、小型水库除险加固、水利中小灌区建设、山洪灾害防治、万亩圩口防洪达标、5000 亩以上圩口堤防加固等工程。实施村村通光纤工程，扩大广大农村地区宽带覆盖面。第三，加强民生领域的扶持力度。一是打赢脱贫攻坚战。围绕全县 63 个贫困村，大力实施精准扶贫、精准脱贫，确保如期完成脱贫任务。切实做好市、县、乡（镇）"三级帮扶"工作，实行贫困村扶贫驻村工作队制度，全面落实"单位包村、干部包户、驻村工作队"制度。完善扶贫投入机制，加大财政投入，整合涉农资金，全方位动员社会力量，引导社会资本投向脱贫攻坚，加强扶贫资金监管，确保安全有效。二是完善社会保障制度。完成新型农村合作医疗、城镇居民和城镇职工基本医疗保险制度并轨，扩大职工基本养老保险覆盖面。全面落实最低生活保障、重点优抚对象、被征地农民社会保障制度，加大对困难群体救助帮扶的力度，落实社会救助和保障标准自然调整机制。大力发展残疾人事业、福利事业，建设县残疾人康复中心，改扩建县儿童福利院。建立完善机构养老、社区养老、居家养老等多位一体的养老服务体系。三是提升医疗卫生服务能力。建立健全现代医院管理制度和分级诊疗制度，提高医疗卫生服务可及性、服务质量、服务效率和群众满意度。完善公共卫生服务体系。重点改善卫生监督、精神卫生、农村应急救治、食品安全等专业卫生服务机构基础设施条件，提高公共卫生服务和应急救治处置能力。建成无为县疾控中心、县卫生监督所、农村饮用水水质检测中心、县急救中心等卫生服务设施。完善医疗服务体系，以三级医院标准提升县医院、县中医院整体功能，将县医院建设成区域医疗中心。

参考文献

［1］无为县人民政府. 无为 2017 年国民经济和社会发展统计公报 ［EB/OL］. http：//gk. wh. cn/xxgkweb/blue/showView. jsp？unit＝784943065&newid＝1486375，2018－04－08/2018－9－25.

［2］无为县人民政府. 2017 年无为县政府工作报告 ［EB/OL］. http：//gk. wh. cn/xxgkweb/blue/index. jsp？unit＝＝784943065&type＝mulu&xxfl_id＝100000&sort＝0&name＝%E6%94%BF%E5%BA%9C%E5%B7%A5%E4%BD%9C%E6%8A%A5%E5%91%8A,2017－01－01/2019－9－25.

［3］芜湖市人民政府. 芜湖市人民政府关于补短板增强经济社会发展动力的实施意见 ［EB/OL］. http：//www. wuhu. gov. cn/content/detail/582e660c7f8b9afb0abc18dc. html，2017－01－01/2018－9－25.